D1752257

Traversen 10

Daniel Illger

HEIM-SUCHUNGEN
Stadt und Geschichtlichkeit im
italienischen Nachkriegskino

Vorwerk 8

Bibliografische Information der Deutschen Nationalbibliothek
Die Deutsche Nationalbibliothek verzeichnet diese Publikation in der Deutschen Nationalbibliografie; detaillierte bibliografische Daten sind im Internet unter http://dnd.d-nb.de abrufbar.

Gedruckt mit Unterstützung des SFB 626 »Ästhetische Erfahrung im Zeichen der Entgrenzung der Künste« an der Freien Universität Berlin.

Zugelassen als Dissertation am Fachbereich Philosophie und Geisteswissenschaften an der Freien Universität Berlin.

Die Reihe Traversen wird herausgegeben von Hermann Kappelhoff.

© 2009 Vorwerk 8 | Berlin
www.vorwerk8.de

Gestaltung | Veruschka Götz | götz typographers[berlin]
Satz | Stella Sattler | Vorwerk 8 | Berlin
Druck, Weiterverarbeitung | Interpress | Budapest

ISBN 978-3-940384-26-3

INHALT

009 **Einleitung**
009 Die Neubegründung des Kinos
012 Großstadt-Symphonien und Gangsterfilm
015 In genealogischer Perspektive: Stadt und Geschichtlichkeit

020 **I. Die Poetik der Schmerzensspuren: NAPOLI CHE CANTA**

021 **Von Diven und Muskelmännern**
022 Cabiria, Maciste, Assunta
024 Die *sceneggiata*
026 »Sinnliche, gequälte Geschöpfe«
029 Die Stadt und ihre Einwohner: Konstruktionen von Historizität

031 **Das »Denken der Bilder«**
033 Handlungsraum, Erzählraum, Bildraum
037 Verschiedene Dimensionen des kinematografischen Bilds
039 Der Blick des Zuschauers und die Wahrnehmungswelt des Films

043 **Durch die Augen der Stadt – Walter Ruttmanns** BERLIN, DIE SINFONIE DER GROSSSTADT **und Dziga Vertovs** ČELOVEK S KINOAPPARATOM
044 »Nicht einmal poliertes Material«
047 Eine kinematografische Bankrotterklärung
049 Einladung zum Demiurgentum
052 Die Versöhnung des Belebten mit dem Unbelebten
054 Der Riss im Gewebe der Zukunft

057 **Der große Abschied**
058 Rhythmisierung der Einsamkeit
060 Liebende und Emigranten
062 Elegischer Individualismus

064 **Die ausgelöschte Signatur**
064 »Ein kleines, von den meisten Betrachtern gewiss übersehenes Unglück«
067 Zum Werk W.G. Sebalds
071 Ein doppeltes Paradoxon
075 Abtritt vom historischen Theater
079 Etwas Immer-schon-Verlorenes

083 **II. Die vertikale Stadtreise: über den klassischen US-Gangsterfilm**

083 Bier und Blut
083 Die Goldenen Zwanziger
088 Unauflösliche Ambivalenzen

091 In einer leeren Gasse – D. W. Griffith' THE MUSKETEERS OF PIG ALLEY
092 Tod der Mutter, Tod der Mobster
095 Kapitulation vor dem ›Wir‹

097 Der Außenseiter und seine Wege
099 Die Stadt und das Scheitern: der Gangsterfilm als Spielart der Tragödie
103 »Die tiefe Zweideutigkeit des Wirklichen«
110 Das Ambivalenz-Prinzip
115 »Unaufhaltsam sich entrollende Fatalitäten«

118 Vom Schatten in den Schatten – Mervyn LeRoys LITTLE CAESAR
118 Die Phantasmagorie eines Unortes
122 Immer prunkvollere, leuchtendere Räume
125 Star und Nobody
128 Rückkehr in den Tartaros

129 Richter ihrer selbst
129 Eine Idee von Bewegung und ein Entwurf von Gesellschaft
132 Rico, Tom und Tony: die Söhne der Emigranten
137 Der dreifache Sinn tragischer Ironie
144 Der Blick aus dem Grab

151 **III. Eine andere Geschichtlichkeit: die Städte des italienischen Nachkriegskinos**

151 Das Paradigma der Stadtinszenierung
151 Die Schmerzensspuren und die Stadtreise: ein Resümee
159 Widersprüche der Historiografie
167 Neorealismus, *neorealismo rosa* und Autorenkino
172 Der Königsweg zum Spukhaus
174 »Ein anschaulicher Modus des Denkens«

176 Ein exemplarischer Film – Vittorio De Sicas UMBERTO D.
176 Bazin, Kracauer und die Quadratur des Kreises
182 Prozesse von Vereinigung und Trennung

185 Die Fremdheit im eigenen Leben
188 Eine unausgesetzte Verhandlung
192 Die Geschichte: niemandes Held
195 Zwischen Avantgardepoetik und Genrekino

199 Gespaltene Perspektiven – Alessandro Blasettis PRIMA COMUNIONE
200 Naschwerk und Gekröse
203 Teilhabe am Verfall
206 Die Tochter des Straßenkehrers und die Frau des Konditoreibesitzers
208 Der gute Schluss und das böse Ende

211 Uns retten nur noch Wunder – Roberto Rossellinis DOV'È LA LIBERTÀ...?
211 Der Krieg als Nullpunkt
213 Kein Weg zurück
215 Lob der Gefangenschaft
216 Die erschütternde Komik des Hampelmanns

220 Heimführung des Vaters – Pietro Germis IL FERROVIERE
220 Überdruss am Manichäismus
222 Das männliche Gasthaus, die weibliche Wohnung
226 Gang durch die Welten
229 Ein neuer *Genius Loci*

230 Lebende und Tote – Luchino Viscontis LE NOTTI BIANCHE
230 »Ein Träumer ist kein Mensch...«
233 Die Imitation einer Stadt
235 Unbehaustheit und Wohlstand
238 Verkörperte Vergangenheit
241 Jenseits der Geschichte

243 Am Ende der Stadt – Michelangelo Antonionis L'ECLISSE
243 Summarium des Paradigmas
255 Ein Puzzlespiel von Blinden?
259 Zeitliche und ontologische Faltungen
263 »Die Welt hofft auf ihre Bewohner«
268 Abschied von der Gemeinschaft

278 **Literaturverzeichnis**
285 **Filmografie**
286 **Danksagung**

Einleitung

Die vorliegende Arbeit zielt zum einen darauf, die Stadtinszenierungen des italienischen Nachkriegskinos als ein ästhetisches Paradigma zu bestimmen; diesem Vorhaben ist natürlich die Behauptung inhärent, dass es überhaupt so etwas gebe wie eine spezifische Form von Stadtinszenierung, die das italienische Kino nach 1945 hervorgebracht hat. Zum anderen – und vor allem – soll der Erweis erbracht werden, dass sich das italienische Nachkriegskino unter Bezugnahme auf seine Stadtinszenierungen als eine Idee von Geschichtlichkeit denken lässt, als der distinkte Versuch, den Einzelnen und die Gesellschaft, die Gegenwart und die Vergangenheit, den gegebenen Zustand einer Sozietät mit ihrem Potential ins Verhältnis zu setzen. Und zwar nicht vermittels der Agitierung der Zuschauer im Sinn einer vorgängigen Ideologie. Diese Filme beabsichtigen weder, ihrem Publikum die Welt zu erklären, noch streben sie danach, es von der Gültigkeit einer politischen Doktrin zu überzeugen. Gerade umgekehrt wollen sie den Frauen und Männern im Kinosaal die Mittel an die Hand geben, um ihren eigenen Platz in ihrer Zeit, ebenso wie die Beschaffenheit dieser Zeit, zu befragen und zu verhandeln. Eine derartige Konzeption des Zuschauers ist aber selbst noch Teil der zu ergründenden historischen Konstellation, kann zur Gänze erst verstanden werden, wenn man sich klarmacht, wogegen das westeuropäische Nachkriegskino insgesamt sich abzuheben bemühte.

Die Neubegründung des Kinos
Im Versuch, die Formierung dieses Kinos zu konturieren, beschreibt Hermann Kappelhoff eine gedankliche Bewegung, die von einem kinematografischen Ideal weg- und zu einem anderen hinführte: Es waren die avantgardistischen Filmpoetiken, die nach 1945 in die Kritik gerieten, verbanden sie doch »mit der ästhetischen Erfahrungsform ›Kino‹ den Entwurf einer neuen Subjektivität der Massengesellschaft jenseits des bürgerlichen Individuums.«[1] Die hier angestrebte »neue Subjektivität« zielte letztlich auf den historischen Horizont kollektivistischer Utopien; die Filme entwarfen ihr Publikum als ein zu formendes Material, an dem sie ihr Genügen fanden im selben Maße, wie es sich den Träumen vom kommenden Menschen einpassen ließ. Mit der Rede vom Massenmedium korrelierte demnach nicht nur eine soziologische Bestimmung, die den Kreis derer ausmaß, die ins Kino gingen, sondern auch eine politische, die darauf verwies, dass das Medium sich seine Massen gewissermaßen erst zu erschaffen hätte – als Unterpfand einer, wie immer gedachten, idealen Gesellschaft. Ganz offensichtlich jedoch waren die »Erfahrung

1 Kappelhoff 2008, 55.

nationalsozialistischer Herrschaft als Einheit einer neuen Form von Medienkultur, Unterhaltungsindustrie und Staatsterror sowie die Funktionalisierung des Films während der Propagandaschlachten des Zweiten Weltkriegs«² dazu angetan, derartige Vorstellungen von der Siebten Kunst und ihrer Mission nachhaltig zu diskreditieren.

So gesehen verwundert es nicht, dass zumindest das westeuropäische Kino einer Umorientierung bedurfte, um sich im Anschluss an den Friedensschluss neu zu begründen. Diese Umorientierung vollzog sich nicht nur in den Filmen selbst, sondern auch im Denken über die ihnen eignenden Möglichkeiten der Welterkundung. Auch die zwei wohl einflussreichsten Filmtheorien der Nachkriegszeit hatten offenkundig ihren Teil an jener Revision, die sich sowohl an die Geschichte des Mediums richtete als auch sein ästhetisches Potential zu rekonzeptualisieren suchte: »André Bazins Plädoyer für ein Kino der Transparenz, in dem der Zuschauer eine Anschauung von Realität begründet, die nicht durch ideologische Urteile vorgeprägt ist, und Siegfried Kracauers Ethos der Errettung der physischen Realität.«³ Beiden Autoren ist gemein, dass sie das Kino als einen spezifischen Erfahrungsmodus entwerfen, der dem Publikum einen unverstellteren Zugang zur Wirklichkeit eröffnet, einen Blick gestattet, der nicht vorgegeben ist oder eingefangen wird durch eine filmische Konstruktionsweise, die immer nur die Imprägnierung gemäß *a priori* feststehender Gewissheiten über die Beschaffenheit von Gesellschaft, Historie und Menschen anstrebt.

Im gegebenen Zusammenhang muss Bazin und Kracauer noch ein weiterer Theoretiker beigestellt werden, dessen Arbeiten zwar weniger bekannt sind, nichtsdestotrotz aber einen gewichtigen Beitrag leisten können zum Verständnis der ästhetischen Disposition des westeuropäischen Nachkriegskinos. Das Denken Robert Warshows, um den es hier geht, findet seinen Ausgangs- und Fluchtpunkt im Begriff der Erfahrung, unabhängig davon, ob er über das Kino, Comics, den Tod des Vaters oder den Niedergang der amerikanischen Linken unter dem Einfluss des Stalinismus schreibt.[4] Von besonderem Interesse für uns sind freilich seine Essays zum Gangsterfilm und zum Western, zum sowjetischen Montagekino und zu Rossellini – man könnte noch weitere einschlägige Texte nennen –, in denen Warshow versucht die Möglichkeiten des Kinos auszuloten. Vor allem ist ihm an einer Bestimmung der Zuschauerpositionen gelegen, die die jeweiligen Filme konstruieren und an denen sich nachvollziehen lässt, wie das Kino manches Mal eine, um es

2 Ebenda, 55.
3 Ebenda, 56.
4 Vgl. Cavell 2001, 294-300. Im Zuge seiner Überlegungen zu Warshow vergleicht Cavell dessen Erfahrungsbegriff mit jenem Benjamins; *en passant* legt er dabei nahe, dass beiden Theoretikern eine ähnliche Bedeutung zukomme.

emphatisch zu sagen, authentischere Welt- und Selbsterfahrung ermöglicht, manches Mal das glatte Gegenteil bewirkt. So erblickt Warshow im US-Gangsterfilm vor allem der Depressionszeit eine ästhetische Konfiguration, die dem Zuschauer eine Auseinandersetzung mit grundlegenden Konflikten der modernen Gesellschaften erlaubt, die außerhalb des kinematografischen Erfahrungsmodus so eben nicht zu haben ist. Damit wäre ein Stichwort gegeben, das die Brücke zum zweiten Teil von Kappelhoffs Argument schlägt. Ist es in seiner Perspektive doch das klassische Genrekino Hollywoods,[5] das die Avantgardepoetiken der zwanziger und dreißiger Jahre nach 1945 als kinematografisches Leitbild ablöste: Sowohl Bazin als auch Kracauer hätten ein Realismuskonzept entwickelt, »das auf eine Form subjektloser Rede zielt, die sich nicht auf die Intentionalität eines Autors, sondern auf eine dem kinematografischen Bild selbst eignende ästhetische Erfahrungmodalität gründet.«[6] Es handele sich hierbei um eine Erzählweise, die beide »eher im amerikanischen Genrekino denn im europäischen Kunstkino« verwirklicht sahen.[7] In der Hinwendung zu Hollywood, so könnte man ausgehend von diesen Überlegungen sagen, artikulierte sich eine einschneidende Veränderung im Verständnis sozialer Zusammenhänge ebenso wie eine Neujustierung der Praxis des politischen Diskurses, die dem ästhetischen Erfahrungsmodus eine neue Funktion zuwies. Und eine wesentliche Konsequenz dieser Neujustierung bestand darin, dass das populäre Genrekino nunmehr einzustehen hatte »für die Idee einer neuen, auf egalitärer Demokratie gegründeten Gesellschaft.«[8] Der Umstand, dass dem Hollywoodkino in den Jahren nach dem Zweiten Weltkrieg eine solche Bedeutung zuwuchs, lässt sich aber nicht vorwiegend auf die beispielsweise von Screwball-Comedies oder Western erzählten Geschichten zurückführen, auch wenn diese stets um Zerwürfnisse und Kittungsversuche zwischen dem Einzelnen und dem Gemeinwesen kreisen. Im Vergleich zu den Avantgardepoetiken ist vielmehr der Umstand entscheidend, dass sich, bezogen auf den Zuschauer, die Blickrichtung der Filme umkehrt:

---

5 In diesem Zusammenhang sei darauf verwiesen, dass der Begriff des »klassischen Hollywoodkinos« selbst noch im Zuge der Bemühungen um eine Neubegründung der Filmästhetik nach dem Zweiten Weltkrieg aufkam, namentlich von Bazin in seinen Essays zum Western geprägt wurde. Bazin spricht hier von John Fords STAGECOACH (HÖLLENFAHRT NACH SANTA FÉ, USA 1939) als dem »Idealbeispiel für die Reife eines klassisch gewordenen Stils.« Bazin 2004a, 267. Eine Auffächerung der verschiedenen genretheoretischen Ansätze – strukturalistisch, historisch, feministisch, ideologiekritisch – findet sich in den drei von Barry Keith Grand herausgegebenen Sammelbänden zum Thema; s. Grant 1986, 1995, 2003.
6 Kappelhoff 2008, 56.
7 Vgl. Ebenda, 56.
8 Ebenda, 56.

Das Kinopublikum fungiert nicht mehr als Repräsentant einer neuen kollektiven Existenzweise, sondern wird als das angesprochen, was es von Anfang an war: eine Ansammlung anonymer Individuen, die der komplexen Erscheinungsweise moderner Massengesellschaften verständnislos und unverstanden gegenüber steht.[9]

Wenn man so will, trägt das Genrekino, im Gegensatz zu den Avantgardefilmen, also dem gegenwärtigen Sein der Zuschauer Rechnung; ein Sein, das es akzeptiert und sogar bejaht – bis hin in die Konfusion und Überforderung, die damit einhergehen –, das es nicht aufgehoben sehen möchte in einem der Zukunft angehörigen, vielleicht eines Tages sich verwirklichenden Entwurf einer optimierten Humanität. Mehr noch: das Genrekino misstraut derartigen Entwürfen, da es in dem mühsamen und unabschließbaren Prozess, in dem die Einzelnen darüber verhandeln, was sie trennt und was sie verbindet, die notwendige Voraussetzung einer jeden »auf egalitärer Demokratie gegründeten Gesellschaft« erblickt. Zugespitzt ließe sich sagen, dass den Avantgardepoetiken das Kinopublikum schlussendlich als Mittel zu einem höheren Zweck diente, wohingegen sich das Verhältnis zwischen den Genrefilmen und ihren Zuschauern als gleichberechtigt darstellt.

Großstadt-Symphonien und Gangsterfilm
Die hier entwickelten Thesen zur Formierung des westeuropäischen Nachkriegskinos umreißen die heuristische Perspektive der vorliegenden Arbeit. Demgemäß sollen die Zuschreibungen an die Avantgardepoetiken und das US-amerikanische Genrekino zunächst tatsächlich als Zuschreibungen gelten, als Zeugnisse einer spezifischen historischen Konstellation, mit anderen Worten, die ihrerseits einen gedanklichen Zugang zu dieser Konstellation ermöglichen. Die Erwartung ist zum einen, dass sich das Paradigma der Stadtinszenierung in Auseinandersetzung mit den Avantgardepoetiken und dem Genrekino formiert hat; zum anderen, dass ein Verständnis des Verlaufs und der Ergebnisse dieser Auseinandersetzung es in einem nächsten Schritt ermöglicht, die ästhetische Disposition des italienischen Nachkriegskinos, wie sie sich aus dem Blickwinkel der Stadtinszenierungen darstellt, als den Entwurf einer Geschichtlichkeit zu fassen.
Das Ziel der folgenden Recherchen besteht also zunächst darin, eine Genealogie der Stadtinszenierungen vorzulegen, um dann dieses kinematografische Paradigma in Hinblick auf die in ihm angelegten Konzepte von Historizität zu analysieren.[10] Der erste Teil der Arbeit widmet sich

9 Ebenda, 57.
10 An dieser Stelle sollte kurz die Frage nach dem »Warum« aufgeworfen werden. Warum Stadtinszenierungen? Der Grund hierfür besteht darin, dass die Stadt beziehungsweise die Großstadt

dabei dem Verhältnis zwischen den Stadtinszenierungen und dem Avantgardekino der zwanziger Jahre, vertreten durch die Großstadt-Symphonien; der zweite Teil führt eine entsprechende Untersuchung in Hinblick auf das US-amerikanische Genrekino der dreißiger Jahre durch, namentlich dient der frühe Gangsterfilm als Bezugspunkt. Dass die Großstadt-Symphonien und der Gangsterfilm in unserem Zusammenhang für die Avantgarde beziehungsweise das Genrekino einstehen können, ergibt sich daraus, dass die jeweilige Idee von Kino in ihnen – im Gegensatz beispielsweise zum sogenannten abstrakten Film[11] oder dem klassischen Horrorfilm – untrennbar sich verbindet mit der ästhetischen Konstruktion der Großstadt. Es erscheint naheliegend, dass dieser Nexus eine genealogische Herleitung der beschriebenen Art wenn nicht überhaupt erst möglich macht, so doch deutlich vereinfacht – schließlich soll ja die Annäherung an ein kinematografisches Paradigma vollzogen werden, das sich konstituiert über eine bestimmte Gestaltung urbaner Topografien. Im Zentrum der Studie zu den Avantgardepoetiken der Zwanziger steht NAPOLI CHE CANTA, ein Film Roberto Leone Robertis aus dem Jahr 1926, der, nach gegenwärtigem Kenntnisstand der Forschung,[12] den einzigen

als *der* paradigmatische Ort der Moderne gelten kann. Georg Simmel, der Begründer der Stadtsoziologie, erklärt dies in seinem enorm einflussreichen Aufsatz »Die Großstädte und das Geistesleben« – erschienen 1903 – damit, dass die Funktionsweise einer im Zeichen des Kapitalismus sich entwickelnden Gesellschaft ihren zugespitzten Ausdruck in der Organisation des großstädtischen Lebens findet. Die umfassende Nivellierung, die, wie Simmel sagt, Kennzeichen der Geldwirtschaft ist, hat unter den Bedingungen der Großstadt höchst ambivalente Folgen für das Dasein der Individuen. Sie bringt an ihnen eine Herrschaft des Verstandes über das Gefühl hervor, die das Korrelat darstellt zu der Macht des Geldes, alles auf seinen Tauschwert zu reduzieren – ein kühldistanzierter Intellektualismus, der dafür sorgt, dass der Großstädter geneigt ist, seine Mitmenschen zu entindividualisieren, sie zu Zahlen in einem Rechenexempel zu machen, immer schon eingerückt in Kosten-Nutzen-Relationen. Dem Großstädter wird Seinesgleichen also zur graugesichtslosen Masse, und um nicht unterzugehen in dieser Masse, um nicht degradiert zu werden zu einem der zahllosen flüchtig-belanglosen Eindrücke des urbanen Alltags, muss es ihm gelingen, den Anschein zu erwecken, dass er gerade nicht Teil der Masse sei, muss er sich, mit anderen Worten, als Individuum installieren. In der Logik des Geldes gesprochen: Unsere vorgebliche Einzigartigkeit ist das Pfund, mit dem wir wuchern müssen, um unseren (Tausch-)Wert zu erhalten. Eben die Bedingungen also, die die Großstadt zur Entwerterin des Individuellen und Persönlichen machen, sorgen dafür, dass es ihren Bewohnern zur Lebensnotwendigkeit wird, unermüdlich zu betonen, was immer an ihnen als individuell und persönlich durchgehen mag. Es ist präzise diese Dialektik, welche die Großstadt, folgt man Simmel, zum entscheidenden Schauplatz der Moderne erhebt. Sie lässt sich ohne weiteres übersetzen in den Konflikt zwischen Individuum und Masse, zwischen partikularen und übergreifenden Interessen – einen Konflikt, den auszutarieren und stets aufs neue auszutarieren eine der wichtigsten Herausforderungen demokratisch verfasster Gesellschaften darstellt. Auch deshalb verwundert es kaum, dass die Großstadt zum wesentlichen Ort eines Kinos avancieren konnte, dessen Begründung im Zeichen des Strebens nach egalitärer Demokratie stand und im Schatten der Gräueltaten von Diktaturen sich vollzog, die diesen Konflikt ein für alle Mal zu lösen geglaubt hatten. Vgl. Simmel 1984.
11 »Diese Richtung der Avantgarde war sehr idealistisch und sah im Film das utopische Ziel einer universalen Sprache von reiner Form verwirklicht, unterstützt von den synästhetischen Ideen aus Kandinskys *Über das Geistige in der Kunst*, das nach Übereinstimmungen zwischen den Künsten und den Sinnen sucht.« Rees 1998, 91.
12 Wir werden in dem Leone Robertis Film zugedachten Kapitel auf diesen Punkt zurückkommen.

Beitrag Italiens zu den Großstadt-Symphonien darstellt. Der Modus Operandi von NAPOLI CHE CANTA – wie entwirft der Film die Stadt, die er im Titel trägt – soll vermittels einer zweifachen Abgrenzung herauspräpariert werden. Einerseits werden die Inszenierungsstrategien Leone Robertis vor dem Hintergrund der wesentlichen Strömungen des zeitgenössischen italienischen Kinos diskutiert, andererseits verglichen mit den beiden bekanntesten Großstadt-Symphonien: Walter Ruttmanns BERLIN, DIE SINFONIE DER GROSSSTADT (D 1927) und Dziga Vertovs ČELOVEK S KINOAPPARATOM (DER MANN MIT DER KAMERA, SU 1929). Auf diese Weise gerät in den Blick, was das Besondere ist an dem Versuch von NAPOLI CHE CANTA, den Einzelnen und seine Stadt in ein Verhältnis zueinander zu setzen und mit dem Entwurf einer Geschichtlichkeit zu verbinden. Leone Robertis bringt hierzu eine Reihe ästhetischer Verfahren zur Anwendung, die sich – im Rückgriff auf die Schriften W.G. Sebalds, vor allem sein Buch *Austerlitz* (2001) – als eine *Poetik der Schmerzensspuren* beschreiben lassen. Diese Poetik ist dadurch gekennzeichnet, dass sie das Individuelle und Allgemeine, das Harmlose und Katastrophische, das Randständige und das Epochale in einer nicht-linearen Zeitlichkeit ineinander faltet und dabei eine Zuschauerposition entwirft, die eine Dechiffrierung opaker Bildstrukturen verlangt. Grundlage der Untersuchung von NAPOLI CHE CANTA, wie auch der folgenden Einzelstudien zu Produktionen des Hollywoodkinos und des italienischen Nachkriegskinos, ist das filmanalytische Modell Kappelhoffs, in dessen Zentrum der Versuch steht, das Verhältnis zu bestimmen zwischen dem Film, verstanden als einer Modellierung von affektiven, perzeptiven und kognitiven Prozessen, und dem Zuschauer, dem diese Modellierung Potentiale des Denkens und Fühlens eröffnen soll.

Die Untersuchung zum US-Gangsterfilm der dreißiger Jahre nimmt ihren Ausgang von einer Skizze über die historische Folie des Genres. Dabei werden einige Entwicklungslinien der amerikanischen Gesellschaft der zwanziger Jahre nachgezeichnet, mit groben Strichen, wobei der Schwerpunkt auf den Hintergründen und Folgen der Prohibition liegt. Den Gangsterfilm solcherart in eine geschichtliche Flucht einzurücken, schien unabdingbar, um von Anfang an klarzustellen, dass die Aufschlüsselung der Genrepoetik nicht im Geiste eines cineastischen Nullsummenspiels betrieben wird. Für die vorliegende Arbeit ist die Frage, wie der Gangsterfilm funktioniert, nicht an sich von Bedeutung; vielmehr geht es darum zu verstehen, wie namentlich die paradigmatischen Genreproduktionen – vor allem Mervyn LeRoys LITTLE CAESAR (DER KLEINE CAESAR, USA 1931) – mit ihren kinematografischen Mitteln das Bild einer Gesellschaft entwerfen, unter steter Bezugnahme auf die Vergangenheit dieser Gesellschaft, die zugleich kaum je unvermittelt sich darstellt. Die Annäherung an ein Verständnis der Genrepoetik wird dann selbst noch einmal in genealogischer Perspektive vollzogen, setzt ein mit der Analyse von D.W. Griffith' THE MUSKETEERS OF PIG ALLEY (DIE MUSKETIERE VON PIG ALLEY, USA), der im Jahr 1912 gedreht wurde und bereits in nuce einige grundlegende Merkmale der Ästhetik des klassischen Gangsterfilms aufweist. Vor allem gilt dies für das Motiv der Stadtreise, das, als *vertikale Stadtreise* zum Strukturprinzip ausgebildet, für die Funktionsweise von Filmen wie LITTLE CAESAR so kennzeichnend ist wie kaum ein anderes Verfahren. Der Gangsterfilm braucht die vertikale Stadtreise, damit der tragische Gesellschaftsentwurf, welcher den Kern der Genrepoetik bildet, nicht eine narrative Behauptung verbleibt, sondern in eine Zuschauererfahrung sich transformieren kann.

Diese These wirft natürlich die Frage auf, in welchem Sinn man davon sprechen kann, der Gangsterfilm ziele auf einen tragischen Entwurf von Gesellschaft. Zwar ist es seit Robert Warshows Aufsatz »The Gangster as Tragic Hero« (»Der Gangster als tragischer Held«) von 1948 durchaus üblich geworden, das Genre in die Nähe der Tragödie zu rücken; das Gros der Forschungsliteratur bleibt allerdings eine Erklärung schuldig, was das eigentlich bedeuten soll, zumal es weder Warshows Essay noch das Konzept des Tragischen eingehend diskutiert. Die vorliegende Studie nun erhebt mitnichten den Anspruch, eine eigenständige Theorie der Tragödie vorzulegen, versucht aber, im Rückgriff auf Gedanken unter anderem von Theresia Birkenhauer und Christoph Menke, die Verbindung zwischen Genrekino und dramatischer Form sorgfältiger zu betrachten, als dies zumeist geschehen ist. Hierbei bildet die Etablierung eines Konnexes zwischen Gangsterfilm und Tragödie die unabdingbare Voraussetzung dafür, dass die vertikale Stadtreise als eine Idee von Bewegung begriffen werden kann, vermittels derer sich die paradigmatischen Genreproduktionen strukturieren, um nach und nach das Bild einer finsteren und ungnädigen Gewalten unterworfenen Sozietät entstehen zu lassen.

In genealogischer Perspektive: Stadt und Geschichtlichkeit
Die Poetik der Schmerzensspuren und die vertikale Stadtreise sind, als ästhetische Konstruktionsprinzipien gefasst, grundlegend für die Stadtinszenierungen des italienischen Nachkriegskinos und den Entwurf von Geschichtlichkeit, der sich in ihnen ausdrückt. Auf dieser Einschätzung beruht der dritte Teil der Arbeit. Er beginnt deshalb mit einer Rekapitulation der Ergebnisse der genealogischen Recherchen, die bislang den Gegenstand der Untersuchung bildeten, um daran anschließend in filmhistorischer Perspektive aufzuzeigen, was gewonnen ist mit der Annahme eines Paradigmas der Stadtinszenierung. Zu diesem Zweck wird die Rekonstruktion gängiger Lesarten der Geschichte des italienischen Nachkriegskinos unternommen. Es zeigt sich, dass eine Unterteilung in Epochen, die etwa auf die Abfolge von »Neorealismus«, »*neorealismo rosa*« und

»Autorenkino« hinausliefe, der Klarheit ihrer Zuschreibungen die Möglichkeit opfert, mit den Filmen selbst zu denken. Im gleichen Zug muss sie es auch aufgeben, das italienische Nachkriegskino insgesamt als einen Entwurf von Geschichtlichkeit zu fassen, da ein solcher Entwurf sich eben nicht durch die Verteilung von Etiketten bestimmen lässt, sondern nur in einer Analyse der ästhetischen Formen.

Dass mit der Rede vom Paradigma der Stadtinszenierung nicht einfach ein weiteres Etikett zurechtgeschnitten wird, dies zu erweisen obliegt den Einzelanalysen, die der filmhistorischen Abhandlung folgen. Der ersten dieser Analysen, die sich UMBERTO D. (I 1952) von Vittorio De Sica widmet, kommt dabei eine dreifache Aufgabe zu: Zum einen soll sie zeigen, was die Poetik der Schmerzensspuren in Hinblick auf die Stadtinszenierungen bedeutet – die durchaus nicht in allen Punkten mit NAPOLI CHE CANTA einverstanden sind –, und wie sich die vertikale Stadtreise des Gangsterfilms in eine horizontale Stadtreise transformiert. Diese Darlegung erlaubt es zugleich, die Geschichtlichkeit des italienischen Nachkriegskinos in ihren Grundzügen zu entfalten – als eine Verhandlung über den Zustand des Gemeinwesens, die ihren Ausgang nimmt in der Frage, was aus den Hoffnungen geworden ist, die sich mit dem Friedensschluss verbanden, und ganz programmatisch keinen Abschluss findet. Schließlich lässt sich über die Diskussion von UMBERTO D. eine Auffächerung des Paradigmas einleiten, da De Sicas Film die Merkmale einer Stadtinszenierung in beispielhafter Weise realisiert. Die anschließenden Studien zu Alessandro Blasettis PRIMA COMUNIONE (DER GÖTTERGATTE, I/F 1950), Roberto Rossellinis DOV'È LA LIBERTÀ…? (WO IST DIE FREIHEIT?, I 1954), Pietro Germis IL FERROVIERE (DAS ROTE SIGNAL, I 1956) und Luchino Viscontis LE NOTTI BIANCHE (WEISSE NÄCHTE, I/F 1957) werden denn auch ein ums andere Mal auf die Analyse von UMBERTO D. rückbezogen. Die ersten Seiten des letzten Kapitels fassen die Ergebnisse dieser Studien zusammen und ergänzen sie um den Abriss weiterer – nicht aller – Stadtinszenierungen; damit soll, gewissermaßen als Summarium des Paradigmas, ein Eindruck davon vermittelt werden, inwiefern es tatsächlich für das italienische Nachkriegskino insgesamt einstehen kann. Die Arbeit schließt dann mit einer Untersuchung über Michelangelo Antonionis L'ECLISSE (LIEBE 1962, I/F 1962), die exemplarisch dartun möchte, dass aus der Perspektive der Stadtinszenierungen mitunter auch Filme, denen der Ruch des Solipsismus anhaftet, an der unausgesetzten Verhandlung über Wohl und Wehe der Gesellschaft teilhaben, welche konstitutiv ist für die Geschichtlichkeit des italienischen Kinos der Jahrzehnte nach dem Zweiten Weltkrieg. Zudem will die Studie zu L'ECLISSE die Grenzen des Paradigmas der Stadtinszenierung aufzeigen, die erreicht sind, wenn eine bestimmte Vorstellung von Gemeinschaft an ihr Ende kommt – ein Begriff, dem wir uns zuvor über die Auseinandersetzung mit einigen Überlegungen Jean-Luc Nancys anzunähern versucht haben, und der uns im Verlauf unserer Recherchen immer wieder begegnet sein wird, als ein Fluchtpunkt der ästhetischen Konstruktion der Stadtinszenierungen.

Die Filme, die im dritten Teil der Untersuchung in extenso analysiert werden, entstammen einer Periode von zwölf Jahren, von 1950 bis 1962. Zwar bezeichnen die Fünfziger, zumindest was die Häufigkeit ihres Vorkommens betrifft, die Hochzeit des Paradigmas der Stadtinszenierung; es hätten aber durchaus Arbeiten späteren oder früheren Datums herangezogen werden können, um jenes Paradigma und die Geschichtlichkeit des italienischen Nachkriegskinos zu bestimmen, beispielsweise De Sicas LADRI DI BICICLETTE (FAHRRADDIEBE, I 1948), Carlo Lizzanis LA VITA AGRA (I 1964) oder Blasettis 10, 10, 10... E GLI ALTRI (I/F 1966). Tatsächlich gab es bereits in den letzten Kriegsjahren mancherlei Vorläufer der Stadtinszenierungen, unter anderen Mario Mattolis L'ULTIMA CARROZZELLA (I 1943) oder die bittersüßen Liebeskomödien, die Mario Bonnard mit Aldo Fabrizi drehte, AVANTI C'È POSTO... (I 1942) und CAMPO DE' FIORI (I 1943). Ja selbst im italienischen Kino der Dreißiger lassen sich einige Filme ausmachen, die mit den Stadtinszenierungen der Nachkriegszeit weit mehr gemein haben als nur den urbanen Schauplatz, was man ohne weiteres etwa an Gero Zambutos FERMO CON LE MANI! (I 1937), übrigens das Leinwanddebüt Totòs, aufzeigen könnte. Umgekehrt sind gewisse Gestaltungsprinzipien des Paradigmas noch im italienischen Genrekino der Siebziger wirksam (tauchen also auf in Zusammenhang mit kinematografischen Formen, die eindeutig nicht mehr der historischen Konstellation des *dopoguerra* angehören), wo sie namentlich auf die *poliziotti* oder *film polizieschi* einen beträchtlichen Einfluss ausgeübt haben – man denke etwa an Fernando Di Leos MILANO CALIBRO 9 (MILANO KALIBER 9, I 1972), Sergio Martinos MILANO TREMA – LA POLIZIA VUOLE GIUSTIZIA (I 1973), Marino Girolamis ROMA VIOLENTA (VERDAMMTE HEILIGE STADT, I 1975) oder Umberto Lenzis NAPOLI VIOLENTA (CAMORRA – EIN BULLE RÄUMT AUF, I/F 1976).[13] Gewiss bedürfte es eigener Studien, um zu einem profunden Verständnis der ästhetischen Gesetzmäßigkeiten derartiger Vorformen und Umwandlungen zu gelangen.[14] Dessen ungeachtet soll an dieser Stelle die Ver-

---

13 Die zwei letztgenannten Filme gehören insofern zusammen, als Maurizio Merli in beiden dieselbe Figur spielt – was etwas merkwürdig ist, da der Commissario Betti bereits am Ende von ROMA VIOLENTA stirbt. Nichtsdestotrotz hat er dann noch einen finalen Auftritt in ITALIA A MANO ARMATA (COP HUNTER, I 1976), für den ebenfalls Girolami verantwortlich zeichnet.
14 Desgleichen bietet die vorliegende Arbeit keinen Platz für die Dorf- und Kleinstadtinszenierungen des italienischen Nachkriegskinos, obwohl diese in einem recht engen Verhältnis zum Paradigma der Stadtinszenierung stehen. Die Unterscheidung zwischen Stadt- und Dorf- beziehungsweise Kleinstadtinszenierungen sollte dabei nicht als beckmesserisch abgetan werden. Vielmehr stellen die Dorf- und Kleinstadtinszenierungen eine distinkte kinematografische Form dar, die man auf ihre eigene Genealogie hin perspektivieren müsste. Ihre bekanntesten Vertreter

mutung geäußert werden, dass das italienische Kino in ihnen eine Möglichkeit entdeckte, bei je verschiedenen historischen Bezugspunkten ähnliche Fragen zu stellen, wie sie auch die Stadtinszenierungen der späten vierziger, fünfziger und sechziger Jahre aufwerfen. Während zuvörderst L'ULTIMA CARROZZELLA die Annahme nahelegt, die Vorläufer des Paradigmas hätten das Ziel ihrer Sehnsucht in einer unbestimmten ›guten alten Zeit‹ erblickt, deren segensreiche Präskriptionen zugleich den Maßstab abgaben, um komparativ die Verhandlung über den gegenwärtigen Zustand des Gemeinwesens zu eröffnen, erscheint es wahrscheinlich, dass die *film polizieschi* an den tragischen Entwürfen des klassischen US-Gangsterfilms sich orientierten, um, diesmal ausgehend von den Widersachern der Gangster, das Bild einer Gesellschaft zu zeichnen, die in immer heillosere Kalamitäten gerät, da ein Ausgleich zwischen dem Individuum und der Masse endgültig nicht mehr zu bewerkstelligen ist – und zwar unabhängig davon, ob der Einzelne um Gerechtigkeit kämpft, als sadistischer Gewalttäter sich geriert oder von den sozialen Verwerfungen zu profitieren sucht.[15]

Jedenfalls steht fest, dass die dem Paradigma der Stadtinszenierung zuzurechnenden Filme von ihren Verwandten aus den dreißiger, frühen vierziger und siebziger Jahren sich deutlich durch die in ihnen gestaltete Idee von Historizität unterscheiden. Diese kennzeichnet die wesensmäßige

sind Viscontis LA TERRA TREMA: EPISODIO DEL MARE (DIE ERDE BEBT, I 1948), Fellinis I VITELLONI (DIE MÜSSIGGÄNGER, I/F 1953), die beiden von Luigi Comencini gedrehten Teile der PANE, AMORE E...-Reihe – PANE, AMORE E FANTASIA (BROT, LIEBE UND FANTASIE, I 1953) und PANE, AMORE E GELOSIA (BROT, LIEBE UND EIFERSUCHT, I 1954) – sowie die ersten drei Filme der Quintologie um Don Camillo: Julien Duviviers DON CAMILLO (DON CAMILLO UND PEPPONE, I/F 1952) und LE RETOUR DE DON CAMILLO (DON CAMILLOS RÜCKKEHR, F/I 1953) und Carmine Gallones DON CAMILLO E L'ONOREVOLE PEPPONE (DIE GROSSE SCHLACHT DES DON CAMILLO, I/F 1955). Im Zusammenhang mit den Dorf- und Kleinstadtinszenierungen des italienischen Nachkriegskinos muss auch unbedingt Pietro Germi erwähnt werden, der mit IN NOME DELLA LEGGE (IM NAMEN DES GESETZES, I 1949), DIVORZIO ALL'ITALIANA (SCHEIDUNG AUF ITALIENISCH, I 1961), SEDOTTA E ABBADONATA (VERFÜHRUNG AUF ITALIENISCH, I/F 1964) und SIGNORE & SIGNORI (ABER, ABER, MEINE HERREN..., I/F 1965) einige der bedeutendsten Filme des Paradigmas gedreht hat.
Thematisch kreisen die Dorf- und Kleinstadtinszenierungen häufig um einen Fremden, der, nicht selten aus der Großstadt stammend, in einen entlegenen Winkel der Welt gelangt, wo er beim Versuch, die Dinge zum Besseren zu wenden, sowohl sich selbst als auch seine Umgebung verändert (IN NOME DELLA LEGGE und PANE, AMORE E FANTASIA), oder sie behandeln im Inneren des Gemeinwesens selbst aufbrechende Konflikte, die sich meist an Fragen nach der Gültigkeit überkommener Wertvorstellungen entzünden, die von den einen herausgefordert, von den anderen verteidigt werden (DON CAMILLO und SIGNORE & SIGNORI). Dabei verdeutlichen bereits die Namen der hier genannten Regisseure – Visconti, Comencini, Germi –, dass das Paradigma nicht auf einzelne Genres festgelegt ist und der Unterscheidung zwischen künstlerisch hochstehendem und kommerziellem Kino keinerlei Bedeutung beimisst; ganz genau übrigens wie die Stadtinszenierungen, die diese Studie fokussiert.

15 Keineswegs soll die gängige These bestritten werden, dass der italienische Polizeifilm der siebziger Jahre sein unmittelbares Vorbild in Don Siegels DIRTY HARRY (USA 1971) fand. Aus der Perspektive der Stadtinszenierungen ist es allerdings nötig, die Linien der filmhistorischen Genealogie deutlich zu verlängern, um die Konstruktionsprinzipien etwa von NAPOLI VIOLENTA aufzuschlüsseln.

Unabschließbarkeit der Verhandlung über Wohl und Wehe der italienischen Gesellschaft, wohingegen sowohl die Präformationen des Paradigmas als auch die *poliziotti* schnell, eindeutig und unwiderruflich zu ihrem Urteil kommen, das dort für gewöhnlich in einem Freispruch, hier in der Verhängung der Höchststrafe besteht: Alle Hoffnung in eine Besserung des Delinquenten wird fahrengelassen.

Zu sagen bleibt, dass die genealogische Untersuchung, aus der die vorliegende Studie ungefähr zur Hälfte besteht, *eine* Perspektive auf das Paradigma der Stadtinszenierung, das italienische Nachkriegskino und die den Filmen eingeschriebene beziehungsweise von ihnen entworfene Geschichtlichkeit eröffnen soll. Unbenommen, dass andere Spuren verfolgt, andere Linien gezeichnet werden könnten. Das spricht an sich weder für noch gegen die im Folgenden durchgeführte Herleitung, da diese nicht den Ehrgeiz hat, letzte Wahrheiten zu verkünden. Sie ist bereits zufrieden, wenn es ihr gelingt, Möglichkeiten aufzudecken.

I. DIE POETIK DER SCHMERZENSSPUREN: NAPOLI CHE CANTA

> Ist aber etwas, das weder sprechen kann, noch ausgesprochen wird, das in der Menschheit stumm verschwindet, ein kleiner, eingekratzter Strich in den Tafeln ihrer Geschichte, ist solche Tat, solcher Mensch, solche mitten in einem Sommertag ganz allein niederfallende Schneeflocke Wirklichkeit oder Einbildung, gut, wertlos oder bös?
>
> Robert Musil, Tonka

Weiß, ganz weiß unter dem Vollmond, so heißt es zu Beginn von Roberto Leone Robertis NAPOLI CHE CANTA (I 1926), umfasse die Stadt, die krummen und spitzen Zacken ins Meer vorgestreckt, ihr Meer wie in einer Umarmung.[1] Es folgt ein Schnitt, der seltsam schroff wirkt nach der Liebesmetaphorik des Eingangstextes, dann die ersten Bilder des Films: Man sieht den Hafen Neapels, rechts im Vordergrund eine abgetakelte Jolle, links dahinter die dunklen Silhouetten kleiner Boote, in denen sich schemenhaft Gestalten erkennen lassen; weiter im Hintergrund andere Boote, die, ebenso wie eine zweite Jolle, von rechts nach links über das Wasser ziehen; noch weiter im Hintergrund schließlich die Häuser der Stadt, deren – tatsächlich – beinahe leuchtendes Weiß sie deutlich scheidet von der Erhebung des Vomero mit dem Castel Sant'Elmo und den am Horizont getürmten Quellwolken. Als nächstes erscheint die Flucht einer Promenade, die ganze Breite des Kaders ausfüllend; ein paar Gespanne und Fußgänger sind unterwegs, weit weg jedoch, kaum mehr denn Schatten; in der Ferne ragt wiederum der Hügel mit der mittelalterlichen Festung auf, wiederum von Wolken umlagert. Die folgende Einstellung schließlich öffnet den Blick zum Meer hin; zwischen Büschen und Bäumen, schwarz im Gegenlicht, wird es sichtbar, freilich nicht, wie die erste Texttafel behauptet, ausgebreitet unter dem Vollmond, sondern von der sinkenden Sonne beschienen; vor allem aber verwundert, dass die Stadt selbst, die ihr Meer doch so gerne umschließen möchte, nirgends zu sehen ist; nur ein Küstenstreifen reckt sich wie ein Arm.

Die ersten Bilder von NAPOLI CHE CANTA also, drei bläulich viragierte Totalen: zwei von ihnen entrücken das, was das zugleich Zentrum ihrer Komposition ausmacht, die Boote, die Gespanne, dem Betrachter, wohingegen die dritte – in einer bemerkenswerten Weigerung, das poetische Versprechen der eröffnenden Worte einzulösen – rundweg ausspart, was eigentlich ihren Gegenstand bilden müsste: Neapel, sehnsüchtig das Meer an sich drückend. Von Anfang an inszeniert Roberto Leone Roberti

---

[1] Im italienischen Original lautet der entsprechende Zwischentitel: »La città, bianca bianca sotto il plenilunio, con le sue punte ricurve ed aguzze, protese nel mare, stringe il *suo mare* come in un amplesso.« Alle Übersetzungen stammen, so nicht anders angegeben, von mir.

eine Abwesenheit; in Hinblick auf die unmögliche Vereinigung von Gestein und Wasser könnte man auch sagen, NAPOLI CHE CANTA beschwöre bereits mit seinen ersten Einstellungen eine Sehnsucht, die von vornherein unerfüllbar ist.
Tatsächlich verweist dieser insistierende Mangel auf ein wesentliches Prinzip der Ästhetik des Films. Etwas fehlt hier, vom ersten bis zum letzten Augenblick, aber was? Ganz offensichtlich verzichtet Leone Roberti auf eine durchgängige Handlung und individuierbare Figuren: NAPOLI CHE CANTA erzählt in einer assoziativ wirkenden Abfolge flüchtige Episoden aus unverbundenen Leben, deren Logik sich kaum auf Anhieb offenbart. Weiterhin erscheint die Stadt selbst, nicht nur während der ersten Einstellungen, eigentümlich absent; so unterlässt es Leone Roberti mit bemerkenswerter Konsequenz, die Kamera auf die sogenannten Sehenswürdigkeiten Neapels zu richten: Zwar erblickt man momentlang die Cavalli di Bronzo, die beiden Pferdestatuen am Tor der Giardini Reali, die Mauern des Castel Nuovo und die Kolonnaden von San Francesco di Paola an der Piazza Plebiscito.[2] Doch wartet der Zuschauer vergebens auf Bilder des Palazzo Reale, dessen Eingang die Cavalli di Bronzo bewachen, der Galleria Umberto I. und des Duomo San Gennaro. Die berühmtesten Bauwerke der Stadt zeigt uns Leone Roberti überhaupt nicht oder auf eine Weise, dass sie kaum zu erkennen sind, wie das Castel dell'Ovo, durch einen Meeresstreifen vom Betrachter getrennt, fern und dunkel. Allein nicht nur das offizielle, auch das pittoreske Neapel meidet der Regisseur: Nur wenige Einstellungen sind dem überschäumenden Leben gewidmet, das – *comme il faut*, möchte man sagen – Gassen, Treppen und Plätze der Altstadt erfüllt, den Straßenverkäufern und Marktfrauen, die lauthals ihre Ware feilbieten, den Menschen, die zugleich eilig und müßig, hektisch und gelassen wirken auf ihren Wegen durch die sonnengleißende Stadt. Die Bestimmung dessen, was ›Neapel‹ hier alles *nicht* bedeutet, geht offenbar recht leicht von der Hand. Hingegen fällt es deutlich schwerer, das ästhetische Konstruktionsprinzip aufzudecken, welches der Abwesenheit so vieler, vermeintlich obligatorischer Bilder zugrunde liegt. Was für eine Stadt ist es, die Leone Robertis Film in seiner nur halbstündigen Laufzeit entwirft?

Von Diven und Muskelmännern

Um diese Frage zu beantworten, soll NAPOLI CHE CANTA zunächst in den filmhistorischen Kontext eingeordnet werden. Roberto Leone Roberti,

---

[2] Dass aber ausgerechnet diese klassizistische Kirche wiederholt ins Bild kommt, irritiert geradezu in einem Film, der schon in seinem ersten Zwischentitel emphatisch die ureigene Identität Neapels beschwört, derart offensichtlich ist es, dass sich die Baumeister hier Pantheon und Petersplatz zum Vorbild nahmen.

übrigens der Vater von Sergio Leone, drehte seinen Film Mitte der zwanziger Jahre, zu einer Zeit, da das italienische Kino an einem Tiefpunkt angelangt schien:[3] Im Bemühen, dem wachsenden Erfolg Hollywoods etwas entgegenzusetzen, griffen die Produzenten und Regisseure – so ließe sich die gängige Einschätzung zusammenfassen – auf Genreformeln zurück, die Italien vor dem Beginn des Ersten Weltkrieges, trotz vergleichsweise bescheidener Mittel, zu einer der wichtigsten Stätten der Weltkinematografie gemacht hatten, und erlagen dabei dem Irrtum, »die Ruinen ihres ehemaligen Ruhms«[4] mit den Steinbrüchen eines neuen Kinos zu verwechseln.

Cabiria, Maciste, Assunta
Beispielsweise versuchte man, augenscheinlich erfolglos, vermittels Remakes oder zumindest ähnlich angelegten Produktionen erneut die verschwenderische Opulenz von Historienfilmen wie Eleuterio Rondolfis GLI ULTIMI GIORNI DI POMPEI (DIE LETZTEN TAGE VON POMPEJI, I 1913), Enrico Guazzonis QUO VADIS? (I 1912) und vor allem Giovanni Pastrones CABIRIA (CABIRIA, I 1914) zu evozieren.[5] Der letztgenannte Film, für Paolo Cherchi Usai ein »majestätisches Drama«, gar die »Apotheose« seines Genres,[6] spielt vor dem Hintergrund der Punischen Kriege

---

[3] Paolo Cherchi Usai macht »die geografische und finanzielle Zersplitterung der Produktionszentren, das Fehlen einer systematischen Koordination des Filmverleihs und die Auflösung eines großen Teils des Produktionssystems«, verschlimmert durch »die drückende Verpflichtung der schwachen Wirtschaft des Landes zu Kriegsleistungen«, für den Niedergang des italienischen Kinos verantwortlich. Cherchi Usai 1998, 121. Pierre Sorlin weist darauf hin, dass viele Filmschaffende die Konsolidierung des Faschismus in den frühen Zwanzigern begrüßten, da sie sich von Mussolini – im Übrigen weitestgehend vergeblich – eine interventionistische Wirtschaftspolitik zugunsten ihrer Industrie erhofften. Vgl. Sorlin 1996, 51.
Jedenfalls vermag bereits ein Blick auf den quantitativen Ausstoß der italienischen Studios das Ausmaß der Krise zu verdeutlichen. Sorlin schreibt: »From 371 feature-length films shot in 1920 (which was the peak year), the number fell to 114 in 1923 and 8 in 1930. In that year, Italian production amounted to less than ten per cent of domestic cinema income.« Ebenda, 53. Kristin Thompson und David Bordwell nennen ähnliche Zahlen: »During the early 1920s, Italian films made up only 6 percent of those screened. In 1926, output sank to a mere twenty features.« Thompson/Bordwell 1994, 206.
[4] Cherchi Usai 1998, 123.
[5] Vgl. Thompson/Bordwell 1994, 206; vgl. auch Brunetta 2003, 34.
[6] Vgl. Cherchi Usai 1998, 119. Pierre Sorlin zufolge erklären »Italian film specialists« CABIRIA, der einige Monate vor D.W. Griffith' THE BIRTH OF A NATION (DIE GEBURT EINER NATION, USA 1915) fertig gestellt wurde, gerne zum ersten Meisterwerk in der Geschichte des Kinos. Vgl. Sorlin 1996, 35. Tatsächlich sind CABIRIA und THE BIRTH OF A NATION nicht nur aufgrund ihrer technischen Brillanz, sondern auch bezüglich ihrer ideologischen Tendenzen vergleichbar. In einschlägiger Lesart entspräche dem unverhohlenen Rassismus von Griffith' Film bei Pastrone und Gabriele D'Annunzio, der für die Zwischentitel verantwortlich zeichnete, die justifizierende Haltung gegenüber dem italienischen Imperialismus. Sorlin kommentiert: »The prevailing colonialist sensibility accounts largely for the triumph of a movie which denounced the barbarian Africans and extolled the civilizing vocation of ancient Italy.« Ebenda, 37. Ganz ähnlich heißt es bei Marcia Landy: »The image of fire as dominant and integrative thread throughout the film further reinforces the threat of chaos identified with the non-Roman world and of the inhumane Africans. Their negative role suggests the need for the more civilized, purifying power of Rome.« Landy 2000, 34.

zwischen Rom und Karthago. Die Titelheldin (Carolina Catena/Lidia Quaranta) wird in dem Chaos, das ein Ausbruch des Ätna hervorruft, von Piraten entführt, die sie nach Karthago verkaufen, wo sie in die Hände des Hohepriesters Karthalo (Dante Testa) fällt. Dieser gedenkt Cabiria zu Ehren des Gottes Moloch bei lebendigem Leib zu verbrennen, doch ehe es dazu kommen kann, wird das Mädchen von Fulvius Axilla (Umberto Mozzato), einem römischen Edelmann, und dessen Gefährten, dem Sklaven Maciste (Bartolomeo Pagano), aus der Gefahr errettet – im Gegensatz offenbar zu zahlreichen anderen Kindern, denen nicht das Glück eines derart heroischen Beistands zuteil wird und die folglich in den Flammen landen.[7]

Mit Maciste jedenfalls verbindet sich eine zweite wichtige Strömung des italienischen Kinos der zwanziger Jahre, der zumindest ein großer kommerzieller Erfolg beschieden war. Der todesmutige Sklave, neben der karthagischen Königin Sophonisba (Italia Almirante-Manzini) zweifellos die eindrucksvollste Figur aus CABIRIA, erwarb sich im Zuge des Erfolgs von Pastrones Epos eine solche Popularität, dass ihm bald schon Rollen auf den Reckenleib geschneidert wurden. 1915 hatte Maciste sein erstes großes Engagement in einem nach ihm benannten Film von Vincenzo C. Dénizot und Romano L. Borgnetto; ein Jahr später durfte er in MACISTE ALPINO (MACISTE IN DEN ALPEN, I 1916) von Luigi Maggi und wiederum Romano L. Borgnetto den Krieg gegen die k.u.k. Monarchie gewinnen; 1925 schließlich trat er in Guido Brigones MACISTE ALL'INFERNO (MACISTE IN DER HÖLLE) gegen Dämonen, Drachen und den Satan höchstselbst an. Allein zwischen 1915 und 1926 waren es weit über ein Dutzend Filme, in denen der ehemalige Sklave reüssierte[8] – stets von

---

7 Diese erste Rettung stellt freilich nur den Auftakt zu den Prüfungen dar, die Fulvius Axilla, Maciste und Cabiria bestehen müssen. Während Fulvius die Flucht aus Karthago gelingt, haben sein Gefährte und seine zukünftige Geliebte weniger Glück: Maciste wird gefangengenommen, gefoltert und an einen Mühlstein gebunden, Cabiria zur Sklavin gemacht. Erst ein Jahrzehnt später bekommt Fulvius die Gelegenheit, Maciste und mit dessen Hilfe schlussendlich auch Cabiria aus der karthagischen Gefangenschaft zu befreien.
8 Vgl. Sorlin 1996, 48. Pierre Sorlin geht so weit, eine – rein spekulative, wie er selbst einräumt – Verbindung zwischen dem staunenswerten Erfolg der Maciste-Filme und dem Imagewandel Mussolinis nach dem Ersten Weltkrieg zu ziehen: »Previously a slim, nervous man with a meagre face and a moustache, he transformed himself into an athletic, heartening, protective fellow, keen on sport, alert, ready for action. Was there not an unconscious association, in the mind of lots of Italians, between the shielding hero and the vigilant leader? Did not Mussolini borrow a few features from the favourite actor?« Ebenda, 50.
Die Anhängerschaft von Maciste beschränkte sich aber nicht auf die Schwarzhemden und deren Sympathisanten. Das könnte man jedenfalls daraus ableiten, dass noch in einem Film von 1954 der heroischste Antifaschist den Namen des Recken trägt. Carlo Lizzanis in den zwanziger Jahren spielender CRONACHE DI POVERI AMANTI (CHRONIK ARMER LIEBESLEUTE, I), um den es hier geht, erzählt von der Entwicklung, welche die Anwohner einer armen Florentiner Straße vollziehen – eine Ansammlung disparater Individuen, deren Dasein zunächst ganz aufgeht in den Verwicklungen pekuniärer und amouröser Ökonomien, ehe sie sich allmählich zu einer Gemeinschaft verschworener Widerstandskämpfer wandeln.

Bartolomeo Pagano gespielt, der sich schließlich sogar unter dem Namen des Helden in den Besetzungslisten aufführen ließ. In ihrer Langlebigkeit bildet die Maciste-Serie die Speerspitze des Genres der sogenannten Muskelmänner-Filme, »deren Protagonisten mit außergewöhnlicher Kraft und einer ungetrübten Einfalt der Gefühle ausgestattet waren«[9] und etwa Sansone, Saetta oder Galaor hießen.

Die dritte wesentliche Strebe, auf die sich das italienische Kino jener Zeit zu stützen suchte, bestand aus Variationen der grundlegenden melodramatischen Formel, die bekanntlich auf den Konflikt zwischen Gut und Böse, Liebe und Sexualität, Unschuld und Korruption zielt, die Ohnmacht moralischer Integrität gegen die zerstörerischen Kräfte des nach Erfüllung strebenden Lasters in Stellung bringt.[10] Schon vor dem Krieg ein beliebtes Genre, erreichte das italienische Melodrama seinen ersten Höhepunkt mit ASSUNTA SPINA (I 1915), gedreht nach einem Stück von Salvatore Di Giacomo.[11] Der Titelheldin, eine junge, arme Neapolitanerin, werden ihre Schönheit, ihr Freiheitswille und ihr Geliebter Michele zum Verderben. Dieser kommt ins Gefängnis, nachdem er, vor Eifersucht rasend, über die, wie er meint, untreue Assunta hergefallen ist und ihr die Wange zerschnitten hat. Was Assunta jedoch nicht daran hindert, sich zu prostituieren, um ihrem Geliebten zu helfen; am Ende nimmt sie sogar die Strafe für einen Mord auf sich, den Michele, kaum auf freiem Fuß, in einem neuerlichen Eifersuchtsanfall begeht.

Die sceneggiata
ASSUNTA SPINA lässt sowohl hinsichtlich des Milieus, das der Geschichte ihr Gepräge gibt, als auch aufgrund der Tatsache, dass viele Szenen – bemerkenswert nicht nur für jene Tage – in den Straßen Neapels gedreht wurden, eine vage Verwandtschaft zu Leone Robertis NAPOLI CHE CANTA und dem italienischen Neorealismus erkennen;[12] aufgrund derselben Merkmale erscheint der Film von Bertini und Serena zugleich wie ein Vorläufer einer der beiden Spielarten des Melodramas, welche in den zwanziger Jahren die Leinwände des Landes regieren sollten. Die Rede ist

---

Übrigens führte der seit Ende der Fünfziger sich vollziehende Aufstieg des italienischen Genrekinos auch zu einer Wiederbelebung der Maciste-Serie und der ›Muskelmänner-Filme‹ im Allgemeinen.
9 Cherchi Usai 1998, 123.
10 Spätestens seit Thomas Elsaessers einflussreichem Essay »Tales of Sound and Fury« gehören vergleichbare Definitionen zu den Standards der filmwissenschaftlichen Melodramen-Forschung. Vgl. Elsaesser 1972, 1986 und 2008.
11 Diesem ersten Film nach dem Stück Di Giacomos, bei dem Francesca Bertini und Gustavo Serena nicht nur Regie und Drehbuch übernahmen, sondern auch die Hauptrollen – Assunta und Michele – spielten, sollten zahlreiche weitere Bearbeitungen für das italienische Kino und Fernsehen folgen; die bedeutendsten sind sicherlich die Interpretationen aus den Jahren 1930 und 1948, für die Roberto Leone Roberti und Mario Mattoli verantwortlich zeichnen. In letztgenanntem Film stellt Anna Magnani die unglückliche Assunta dar.
12 Vgl. Landy 2000, 4 und 40f.

von jenen Filmen, die aus der *sceneggiata*, einem im Neapel der ersten Nachkriegszeit entstandenen, volkstümlichen Theatergenre, hervorgegangen sind.[13] Die entsprechenden Stücke fußten jeweils auf einem erfolgreichen Lied – wie *Fenesta ca lucive*, *O sole mio* oder *Zappatore* –, dessen Titel und musikalisches Thema sie aufgriffen und als Vorwurf für einen dramatischen Prosatext nutzten, Gesang, Tanz und Schauspiel in einer einzigen Darstellungsform vereinend. Für gewöhnlich bestand eine *sceneggiata* aus drei Akten, den Schauplatz stellten zumeist die Gassen Neapels. Erzählt wurden Geschichten von Liebe, Verrat und Ehre, manchmal angesiedelt im Unterweltmilieu, stets aber bildete die Dreiheit von *isso* (»er«, der Held), *essa* (»sie«, die Heldin) und *'o malamente* (»der Schurke«, der Antagonist) den Mittelpunkt des Geschehens – die beiden Männer, die einander bis aufs Blut bekämpften, die Frau, die mal dem einen, mal dem anderen den Vorzug zu geben schien –, um den herum weitere, klar bestimmte Figuren angesiedelt waren: *'a mamma* (die zweite Frau), *'o nennillo* (»das kleine Kind«, ein Junge, zumeist Sohn des Paares) sowie *'o comico* und *'a comica* (Rollen, an die sich die witzigen Gesänge des Stückes richteten). Zu den Gesetzmäßigkeiten, nach denen eine *sceneggiata* gebaut war, gehörte neben häufigen Anspielungen auf das soziale Elend Neapels auch, dass *essa* eine grundlegende Doppelgesichtigkeit auszeichnete: bereit, ihren Mann zu betrügen, erfüllte sie das Bild der liebenden, treuen und fürsorglichen Frau ihrem Sohn gegenüber – eine Konstruktion, die, wenigstens aus der Perspektive von *isso*, an den Schluss erinnert, zu dem Gertrud Koch in ihrer Analyse der Geschlechterverhältnisse in Filmen über Preußen gelangt: »So sind auf ewig die ›guten‹, ›pflegenden‹, ›Leben spendenden‹ Mütter-Frauen getrennt von den ›bösen‹, ›vernichtenden‹, ›verführerischen‹ Huren-Frauen.«[14]

1918 führte das Ensemble von G. D'Alessio *Pupatella* auf – nach dem gleichnamigen Lied Libero Bovios –, eines der ersten Beispiele für eine *sceneggiata*, und schon im darauf folgenden Jahr hatte sich das neue Theatergenre etabliert. Bis in die Zeit des Zweiten Weltkriegs hinein erfreute sich die *sceneggiata* großer Beliebtheit bei der Bevölkerung Neapels (deren Anteilnahme soweit gegangen sein soll, dass auch vor der Bühne Eifer-

---

13 Vgl. zu Geschichte und Ästhetik dieses Genres: Scialò 2002. Die folgenden Ausführungen stellen eine kursorische Wiedergabe einiger Gedanken des von Scialò herausgegebenen Buches dar

14 Koch 1989, 57. Offenbar parodiert Vittorio De Sica diese Vorstellung von Weiblichkeit in der Neapel-Episode seines Filmes IERI, OGGI, DOMANI (GESTERN, HEUTE UND MORGEN, I/F 1963) – einer der, wie man liest, eher nichtssagenden Komödien seiner späteren Jahre Vgl. Shiel 2006, 93. Erzählt wird hier die Geschichte der Adelina Sbaratti (Sophia Loren), die auf dem Schwarzmarkt mit Zigaretten handelt und sich, um einer drohenden Gefängnisstrafe zu entgehen, von ihrem Mann Carmine (Marcello Mastroianni) über Jahre hinweg in einem Zustand unausgesetzter Schwangerschaft halten lässt – damit ein Gesetz ausnutzend, das verbot, Frauen, die sich ›in anderen Umständen‹ befinden, vor Gericht zu stellen.

süchteleien aufbrachen, Messer gezückt und Fäuste geschwungen wurden) und brachte es schließlich sogar weit über die Stadtgrenzen hinaus zu einer gewissen Popularität, namentlich unter den italienischen Emigranten im New Yorker Little Italy, wo zahlreiche Aufführungen nach heimatlichem Vorbild stattfanden.[15]

Vor diesem Hintergrund nimmt es nicht wunder, dass das Kino bald schon seine eigenen *sceneggiate* entwickelte. So brachte Emanuele Rotonnos Studio Miramare film nach dem Erfolg des Filmes LUCIA, LUCI... (I 1919)[16], gedreht von Ubaldo Maria Del Colle, bis 1927 an die hundert weitere Produktionen heraus, welche, im Großen und Ganzen, dem oben skizzierten Muster folgten und offenbar recht einträglich waren. Als die wichtigsten Filme des Genres gelten indessen A SANTANOTTE (I 1922) und È PICCERELLA (I 1922); beide entstanden unter der Regie Elivra Notaris, die gemeinsam mit ihrem Mann Nicola die Dora Filmgesellschaft führte, für die sie noch zahlreiche weitere *sceneggiate* drehte. Diese wurden nicht nur im Mezzogiorno vertrieben, sondern gelangten zudem in die größeren Städte des Nordens und mitunter, ganz wie die theatralischen Vorbilder, auch dorthin, wo immer sich neapolitanische Emigrantengemeinden niedergelassen hatten, in die Vereinigten Staaten ebenso wie nach Brasilien oder Argentinien. Tatsächlich erlebten die Filme Notaris ihre New Yorker Premiere häufig, noch ehe sie in die Kinos von Rom kamen.[17]

»Sinnliche, gequälte Geschöpfe«
Wo die *sceneggiate* und Melodramen früherer Tage wie ASSUNTA SPINA die Viertel, Straßen und Wohnstätten der Armen zum Schauplatz wählten, erträumte sich die zweite für das italienische Kino der Zwanziger bedeutsame Spielart des Melodramas eine gänzlich andere Welt. Namentlich waren die sogenannten Divenfilme, um die es hier geht, in aristokratischen, zumindest aber großbürgerlichen Salons, Villen und Gärten angesiedelt: einem gleichsam jenseits von Zeit und historischer Bedingtheit verorteten Reich, das keinerlei materielle Nöte kannte, dagegen unter der strengen Herrschaft eines dem Tod verschwisterten Liebesideals stand und Geschichten voller unerfüllter Sehnsüchte und rasender Leidenschaften hervorbrachte, die sich, hierin immerhin dem Begehren der Armen gleichend, in Intrigen und blutigen Rivalitäten ausagierten.[18]

15 In den sechziger und siebziger Jahren erlebte die *sceneggiate* eine freilich eher flüchtige Rückkehr zum Erfolg, was hauptsächlich auf die Bemühungen von Pino Mauro und Mario Merola zurückzuführen ist.
16 Je nach Quelle wird das Produktionsjahr von LUCIA, LUCI... mit 1919, 1921 oder 1922 angegeben.
17 Vgl. Cherchi Usai 1998, 123, und Bruno 1997, 51.
18 Am Ende, nach hartem inneren Kampf, sahen sich die Heroinen des italienischen Divenfilms laut Marcia Landy regelmäßig dazu gezwungen, ihr (hetero-)sexuelles Verlangen aufzugeben und sich als neues, lohnenderes Liebesobjekt das Vaterland zu erwählen. Vgl. Landy 2000, 6.

Die Machart der Divenfilme, die ihren Ursprung in Mario Caserinis MA L'AMOR MIO NON MUORE aus dem Jahr 1913 haben;[19] zielte dabei wesentlich darauf ab, die physische Präsenz und den Darstellungsstil der großen Schauspielerinnen jener Tage – Lyda Borelli, Maria Carmi, Rina De Liguoro (die Assunta Spina von 1930), Hesperia, Soava Gallone, Italia Almirante-Manzini oder eben Francesca Bertini – zur Geltung zu bringen. In ihren Rollen entwarfen diese Diven

> [...] sinnliche, gequälte Geschöpfe, gefangen zwischen zarter Melancholie und Ängstlichkeit, die durch manierierte Posen zum Ausdruck gebracht wurden. Sie lebten in einem luxuriösen und teilweise bedrückend opulenten Milieu, in dem die erregten Blicke und die heftigen Bewegungen die Üppigkeit der Kostüme und der Dekoration reflektierten.[20]

Ganz abgesehen von ihrem leicht despektierlichen Ton kann die Beschreibung Paolo Cherchi Usais eine ungefähre Vorstellung davon vermitteln, wie ein solcher Divenfilm ausgesehen und sich angefühlt haben mag. Sie lässt sich mit der ungleich emphatischeren Darlegung Gian Piero Brunettas verbinden, der zumindest den *divismo* der zehner Jahre feiert als »canto silenzioso« und den Diven selbst innerhalb dieses Gesangs der Stille unter anderem die Rolle zuweist von Priesterinnen des Libertinismus und Symbolismus, »della cultura dannunziana e pucciniana«, von Erbinnen der Soprane des 19. Jahrhunderts und von Töchtern der Protagonistinnen der präraphaelitischen Malerei.[21] Allerdings sieht auch Brunetta nach Ende des Ersten Weltkrieges den unaufhaltsamen ästhetischen Verfall des Divenfilms einsetzen und befindet sich damit im Einklang mit der allgemeinen Wahrnehmung, der Aufstieg des Faschismus habe nicht nur den politischen und sozialen, sondern auch den künstlerischen Niedergang Italiens herbeigeführt.[22]

Fest steht jedenfalls, dass es um den italienischen Stummfilm der zwanziger Jahre noch kläglicher bestellt ist als um den entsprechenden Bestand anderer großer Kinonationen und schlicht kaum eine Produktion jener Epoche die Zeit überdauert hat, weshalb sich streng genommen nur

---

19 Vgl. Brunetta 2003, 42.
20 Cherchi Usai 1998, 122. Pierre Sorlin versucht, den besonderen Schauspielstil von Lyda Borelli und Francesca Bertini, den beiden größten italienischen Filmdiven jener Tage, wie folgt zu erfassen: »Borelli made use of her entire body; she was slim, graceful and supple; she could, in one little movement, turn round on herself, cross a room, jump on to a sofa; she tossed her head back briskly, then remained idle for a long moment, delicately quivering and finally vanished in some corner. Bertini, being more wooden, used her face to find endlessly renewed, unexpected, staggering expressions, she had an amazing capacity to express something by just slightly modifying her features.« Sorlin 1996, 33.
21 Vgl. Brunetta 2003, 43.
22 Vgl. ebenda, 42.

wenig sagen lässt über Filme wie Baldassarre Negronis L'ORA TERRIBILE (I 1923), Amleto Palermis LA VIA DEL PECCATO (I 1924) oder Roberto Leone Robertis LA GIOVINEZZA DEL DIAVOLO (I 1925). Im Ergebnis scheint der melancholische Titel, den Renzo Renzi einem Buch gab, das sich dem italienischen Stummfilm insgesamt widmet, einen geradezu schicksalhaften Beiklang zu erhalten: Sperduto nel buio[23] – verloren, verlassen im Dunkeln.

Deshalb bleibt man etwas ratlos zurück, wenn renommierte Forscher wie Pierre Sorlin, Paolo Cherchi Usai und Marcia Landy in Hinblick auf dieselben Filme zu sehr verschiedenen, gar widersprüchlichen Urteilen kommen. Cherchi Usai schreibt beispielsweise über Elvira und Nicola Notari, es sei ihnen gelungen, ihren sceneggiate eine »Einfachheit und Authentizität zu verleihen, die weit entfernt war von der langweiligen ›Modernität‹ der kommerziellen Filme, die für das Publikum des ganzen Landes gedreht wurden.«[24] Sorlin hingegen erblickt in den Produktionen der Notaris, übrigens ohne auf das Genre der sceneggiata einzugehen, wenig mehr als Sexismus in kinematografischem Gewand.[25] Landy hebt ihrerseits hervor, dass die Regiearbeiten Elvira Notaris – weit entfernt zumindest von jenen Formen der »Einfachheit und Authentizität«, die in einem Konstrukt wie essa ihren Niederschlag finden – spezifisch weibliche Themen und Probleme fokussierten.[26] Die Dunkelheit, von der Renzi spricht, erweist sich als recht undurchdringlich.

Nichtsdestotrotz genügt der hier gegebene historische Abriss, um eine erste Einordnung von NAPOLI CHE CANTA zu ermöglichen. Offensichtlich hat Leone Robertis Film ebenso wenig mit Maciste, Sansone, Galaor und anderen Muskelmännern zu schaffen wie mit den ins Gigantomanische strebenden Produktionen um historische und biblische Stoffe. Aber auch die verschiedenen Spielarten des Melodramas berühren ihn nur am Rande. Was die Divenfilme mit ihren erlesenen Heldinnen und verschwenderischen Dekors betrifft, so ist dies offensichtlich. Das Gleiche gilt jedoch für die sceneggiate, die sich von NAPOLI CHE CANTA zunächst einmal dadurch unterscheiden, dass Leone Roberti nicht auf ein formelhaftes Handlungsschema setzt, sondern eher den umgekehrten Weg

---

23 Renzi 1991; der Titel des von Renzi herausgegebenen Buches stellt übrigens eine Anspielung auf Nino Martoglios Film SPERDUTI NEL BUIO von 1913 (oder, nach anderen Angaben, 1914) dar, der in der Tat verloren gegangen ist. Vgl. ebenda, 5.
24 Vgl. Cherchi Usai 1998, 123.
25 Vgl. Sorlin 1996, 39.
26 Vgl. Landy 2000, 5. Ganz ähnlich argumentiert Giuliana Bruno, die zugleich Elvira Notaris Status als »Italy's first and most prolific woman film-maker, excised from historical memory« hervorhebt. Vgl. Bruno 1997, 50-54. Bruno verweist weiterhin darauf, dass Frauen einen beträchtlichen Teil des Publikums der Immigrantengemeinden stellten; sie erklärt sich diesen Umstand damit, dass das Kino einen Raum der Freiheit innerhalb eines unterdrückten Alltags schuf – ebenso wie es den Ausgewanderten insgesamt die Möglichkeit gab, die Erfahrung von Fremdheit, mit der sie stetig konfrontiert waren, in dem ästhetischen Erlebnis zu verhandeln. Vgl. ebenda, 52.

beschreitet, indem er jeglicher konventionellen Dramaturgie eine Absage erteilt und stattdessen, wie gesagt, assoziativ-flüchtige Bilderfolgen erschafft, welche die Fragmente verschiedener Leben nach den Gesetzmäßigkeiten einer noch zu bestimmenden Poetik verbinden.

Diese Methode nun markiert auch einen wesentlichen Gegensatz zwischen NAPOLI CHE CANTA und der ASSUNTA SPINA Francesca Bertinis und Gustavo Serenas – ein Film, der Leone Robertis Arbeit in seiner eindrücklichen Darstellung der Stadt Neapel ähnelt, dabei aber dem dramaturgischen Prinzip des Melodramas verbunden bleibt. Wenn Assunta nämlich den Gang ins Gefängnis antritt, um die Strafe auf sich zu nehmen für ein Verbrechen, das ihr Geliebter Michele begangen hat, dann inszenieren Bertini und Serena die »Enträtselung der vorgetäuschten und der versteckten, der wahrhaftigen und der betrügerischen, der verstellten und der sich plötzlich enthüllenden Gefühle.«[27] Bei der hier beschworenen »Enträtselung« handelt es sich freilich nicht darum, dass Assunta plötzlich die wahre Größe von Micheles Empfindungen für sie erkennte und aus Bitterkeit über die eigene Untreue zur Aufopferung ihres Lebens sich entschlösse. Weit eher ist hier jener Einbruch einer alle Träume und Sehnsüchte zuschanden machenden Realität inszeniert, der sooft am Ende des Weges der melodramatischen Heroinen steht, die tief fallen müssen aus der Liebeshoffnung. Nunmehr erblickt sich Assunta mit den Augen der anderen, erkennt ihre heillose Verworfenheit, die Unmöglichkeit, sowohl die ihr zugedachte Rolle anzunehmen als auch von dieser freizukommen, und zieht die Konsequenz, sich selbst aus einem Gemeinwesen zu entfernen, in dem sie keinen Platz finden kann.[28]

Die Stadt und ihre Einwohner: Konstruktionen von Historizität
Zusammenfassend lässt sich sagen, dass Leone Robertis Film quer steht zu den vorherrschenden Strömungen des italienischen Kinos der zwanziger Jahre. Eine genauere Bestimmung des Trennenden, um das es hier geht, wird möglich, wenn man eine zweite Einordnung von NAPOLI CHE CANTA vornimmt, diesmal im internationalen Maßstab. Allein der Titel des Filmes evoziert hierbei die Nähe zu einem Genre, das Anfang der

---

27 Kappelhoff 2004, 41. Im »Wechselspiel der unterschiedlichen Blickpositionen«, das mit dieser Konfiguration einhergeht, erkennt Kappelhoff »ein dramaturgisches Muster, das die melodramatische Darstellungsweise per se begründet«. Vgl. ebenda.
28 Dies jedenfalls ist Marcia Landys Deutung des Endes von ASSUNTA SPINA. Sie schreibt: »The law is not merely another vacuous convention but an integral dimension of woman's social containment that invokes legality. Its presence speaks to the melodramatic connection between women's sexuality and the necessity of the law. By confessing to a crime she does not directly commit, Assunta assents to a different infraction – namely, her violation of codes of feminine behaviour, already enumerated by Michele's mother and foreseen by the fortuneteller. These maternal roles link the literal aspects of justice portrayed in the courtroom scenes to the power of the state. Domestic transgressions involve the integrity of the family, and expectations of female monogamy, service, and loyalty are deemed the basis of civil order.« Landy 2000, 43.

zwanziger Jahre entstand und in der verbleibenden Zeit der Stummfilmära eine kurze Blüte erlebte: dem Genre der Großstadt-Symphonien.²⁹ Die bekanntesten Protagonisten dieses Genres sind Walter Ruttmann und Dziga Vertov beziehungsweise deren Filme BERLIN, DIE SINFONIE DER GROSSSTADT (D 1927) und ČELOVEK S KINOAPPARATOM (DER MANN MIT DER KAMERA, SU 1929), die – zugleich unter die bekanntesten Werke der kinematografischen Avantgarde insgesamt zählend – demgemäß den Fokus der Analyse bilden. Die folgende Untersuchung zielt dabei nicht nur darauf, NAPOLI CHE CANTA präziser in filmhistorischer Perspektive zu verorten. Vielmehr soll die Gegenüberstellung verschiedener Großstadt-Symphonien auch ein Verständnis davon befördern, wie das Bild der Stadt zum Bild der Geschichte werden kann. Es wird zu zeigen sein, dass die Filme Ruttmanns, Vertovs und Leone Robertis in der Art und Weise, wie sie die Stadt, deren Blickwinkel sie einnehmen, ins Verhältnis zu ihren Einwohnern setzen, zugleich geschichtsphilosophische Positionen markieren. Weiterhin wird zu zeigen sein, dass NAPOLI CHE CANTA einen ganz anderen Weg einschlägt als BERLIN, DIE SINFONIE DER GROSSSTADT und ČELOVEK S KINOAPPARATOM, wenn es um die Frage geht, welche Bedeutung dem Einzelnen innerhalb dieser Konstruktion zukommt.

Es ist präzise die Verbindung zwischen der Gestaltung eines Blickpunktes der Stadt und der simultanen Betonung der Unhintergehbarkeit des Individuums, die Leone Robertis Film von den übrigen Großstadt-Symphonien unterscheidet. Dasselbe Spezifikum erlaubt zudem, NAPOLI CHE CANTA zum Ausgangspunkt einer genealogischen Untersuchung zu machen, die auf die Bestimmung einer Formierung des italienischen Nachkriegskinos abhebt. Namentlich die Stadtinszenierungen dieses Kinos haben, so die Behauptung, in einem wesentlichen Element der Poetik von NAPOLI CHE CANTA ein Vorbild für ihre eigene Verfahrensweise erkannt, obgleich sie sich – wie wir sehen werden – in vielerlei Hinsicht sehr weit von Leone Robertis Film entfernen. Dessen ungeachtet muss betont werden, dass die Arbeiten Ruttmanns und Vertovs, wenn es um ein kinematografisches Paradigma der (westeuropäischen) Nachkriegszeit geht, eine solche Funktion niemals hätten übernehmen können, da sie sich rigoros dem avantgardistischen Grundanliegen verpflichtet sehen, Subjektivität jenseits des Individuums zu denken, auf einer kollektiven Ebene neu herzustellen.

Die hier vorgenommene Abgrenzung zwischen NAPOLI CHE CANTA auf der einen Seite und BERLIN, DIE SINFONIE DER GROSSSTADT sowie

---

29 Als ein Genre werden die Großstadt-Symphonien beispielsweise von Bordwell und Thompson bezeichnet. Vgl. Bordwell/Thompson 2004, 444. Im Folgenden wollen wir uns diesem Gebrauch anschließen. Aber natürlich handelt es sich bei den Großstadt-Symphonien um ein Genre, das avantgardistischen Poetiken folgt, mithin etwas kategorial Anderes darstellt als das Erzählkino Hollywoods, das üblicherweise mit dem Begriff ›Genre‹ belegt wird.

ČELOVEK S KINOAPPARATOM auf der anderen Seite strebt natürlich nicht die Unterscheidung von einem ›guten‹ und einem ›schlechten‹ Kino an. Sie in ihrer Tragweite zu verstehen ist aber unabdingbar, um sich klarzumachen, wie und warum das Nachkriegskino seinen Entwurf von Historizität entwickelte und welche Idee von Geschichte und Gesellschaft solcherart konfrontiert werden sollte. Man muss sich außerdem ins Gedächtnis rufen, dass in jener Zeit nicht nur die Filme selbst, sondern auch die maßgeblichen Theoretiker des Kinos an diesem Entwurf einer anderen Historizität gearbeitet haben. Wenn in der Diskussion von BERLIN, DIE SINFONIE DER GROSSSTADT also ausführlich auf Siegfried Kracauers Kritik an der Konzeption des Films Bezug genommen wird, so nicht nur, weil hiermit eine viel zitierte Position benannt wäre. Vor allem kann Kracauer einstehen für ein Denken über die Möglichkeiten des Kinos, das, wir haben es bereits vermerkt, die Fähigkeit des Mediums ins Zentrum rückt, die Wirklichkeit in ihrer unendlichen Potentialität dem einzelnen Zuschauer immer wieder neu zu erschließen. Obgleich die Begründungen Kracauers für seine Ablehnung von BERLIN, DIE SINFONIE DER GROSSSTADT im Einzelnen zu kurz greifen, bezeichnet die prinzipielle Ausrichtung seiner Kritik – es ist die Geringschätzung, mit der Ruttmanns Film dem Individuum begegnet, die ihn abstößt – in dieser gedanklichen Flucht ein wesentliches Element des Ethos der Stadtinszenierungen des italienischen Nachkriegskinos wie vermutlich des westeuropäischen Nachkriegskinos überhaupt.

Ehe wir uns aber der Diskussion von BERLIN, DIE SINFONIE DER GROSSSTADT und ČELOVEK S KINOAPPARATOM zuwenden, scheint es angebracht, den folgenden Überlegungen eine theoretische Grundlage zu geben: sowohl, was die filmanalytische Ausrichtung, als auch, was eine Vorstellung von den Möglichkeiten des Kinos betrifft.

Das »Denken der Bilder«

Die Städte des italienischen Kinos, die vorliegende Arbeit zu vermessen sucht, stellen (wie auch jene des US-amerikanischen Gangsterfilms und natürlich erst recht der Avantgarde) niemals Abbilder empirischer Städte dar, sondern projizieren – da mögen sich die Filme, wie im Neorealismus der ersten Nachkriegsjahre, noch so dokumentarisch gerieren – Ideen von Städten: eine Idee beispielsweise von ›Rom‹ oder ›der mediterranen Großstadt‹ oder gar ›der Stadt in der Nachkriegsgesellschaft‹. In dergleichen Projektionen artikuliert sich nicht zuletzt der Versuch, im Konfliktfeld historisch präzise bestimmbarer Konstellationen eine Antwort auf die Frage zu geben, wie das Individuum zu der Gesellschaft steht und was für einen Sinn der Begriff »Gemeinschaft« haben kann, wenn ihm denn einer zukommt. Bezogen auf den einzelnen Zuschauer ist mit dem Entwurf der Stadt deshalb stets ein Entwurf von Menschsein verbunden: davon, was es bedeuten mag, an einem winzigen Ort in der Zeit sich zu bewegen, den unauslotbare Finsternis scheidet von allem Davor und Danach, mit denen er gleichwohl verbunden ist durch Hoffnungen, Träume und Schmerzen, die durch die Generationen herabkommen wie Wasser, das in Erde sickert.

Den kinematografischen Bauplan dieser Städte zu untersuchen heißt also immer auch, die Konstruktion eines Bildes von Sozietät und Geschichte nachzuvollziehen, wobei der mehr als leise Zweifel impliziert ist, ob derartige Konzeptionen, die der allerkonkretesten Erfahrung entsprechen und zugleich die allerluftigsten Gedankengebilde formen, jenseits einer solchen Konstruktion – die sich natürlich nicht nur mit dem Medium Kino vornehmen lässt – überhaupt erfasst werden können. Um das Paradigma der Stadtinszenierung zu ergründen, bedarf es demgemäß eines filmanalytischen Modells, das seinen Gegenstand nicht in der Zergliederung von Motiven und der Entschlüsselung von Botschaften erschöpft sieht, sondern vermittels der einzelnen Filme je eigene Räume des Denkens aufzutun sucht. Ein Modell, anders ausgedrückt, das in der Filmanalyse selbst eine Form der Theoriebildung erblickt, eine Möglichkeit, die kinematografischen Konfigurationen – verstanden als Modellierungen ästhetischer Erfahrung – dahingehend zu befragen, welche Welt- und Lebensentwürfe in ihnen angelegt sind, welche Potentiale, das »Ich« in Beziehung zu einem »Wir« zu setzen und beider Grenzziehungen zu untersuchen.

Ein solches filmanalytisches Modell soll nun mit Hermann Kappelhoffs Bildraum-Theorie erschlossen werden.[30] Dabei steht weder das ›Kino an sich‹ zur Debatte, noch geht es darum, immer neue Runden auf einem abgesteckten intellektuellen Parcours zu drehen. Entsprechend bezeichnen die hier skizzierten Konzeptionen auch weit eher einen Ausgangs- als einen Endpunkt: Keineswegs zielt die im Verlauf der kommenden Seiten unternommene Rekapitulation auf die Behauptung, dass man Filmanalyse grundsätzlich so und nicht anders zu betreiben hätte. Allerdings verbindet sich mit ihr die Annahme, dass eine bestimmte filmanalytische Praxis – eben die Aufschlüsselung konkreter Bildraum-Konstruktionen – als unabdingbar für die vorliegende Arbeit gelten kann. Ob diese Annahme zurecht besteht, wird sich letztlich an den Einzelanalysen erweisen müssen.

---

30 Es gibt wohl keinen Zweifel, dass Kappelhoff mit seiner Konzeption des »Bildraums« tatsächlich ein distinktes filmanalytisches Modell entwirft, auch wenn er selbst einmal das Gegenteil behauptet hat. Vgl. Kappelhoff 2005, 139. Übrigens stammt der Begriff ursprünglich aus Walter Benjamins Surrealismus-Aufsatz, wo er als Metapher für die Entwicklung revolutionären Bewusstseins fungiert. Vgl. Benjamin 1966, 214f., und Kappelhoff 1998, 97f.

Handlungsraum, Erzählraum, Bildraum
Der Begriff des »Bildraums« stellt, wie bereits angedeutet, die grundlegende Kategorie von Kappelhoffs filmanalytischem Modell dar. In der allgemeinsten Definition bezeichnet der Bildraum die »bildhafte Dimension kinematografischer Darstellung im formalistischen Sinne: der Raum der Farben, der Formen, des Lichts, der Raum der fotografischen Gestaltung des filmischen Bewegungsbilds.«[31] Etwas weiter gefasst, schließt er »aber auch jene Dimension des fiktionalen Zusammenhangs, der nicht auf den Analogien zu alltagsweltlichen Wahrnehmungsbezügen gründet«[32], mit ein.

Was das bedeutet, wird leichter verständlich, wenn man eine für das in Rede stehende Modell wesentliche Unterscheidung – zunächst losgelöst von der konkreten filmanalytischen Perspektivierung – nachzuvollziehen sucht: jene zwischen »Bildraum« auf der einen und »Erzählraum« beziehungsweise »Handlungsraum« auf der anderen Seite. Das Konzept des »Erzählraums« oder des *narrative space* fußt, laut Kappelhoff, auf der Einsicht,

> [...] dass der illusionäre Realismus des Films nicht allein durch das mediale Dispositiv – den kinematografischen Apparat – zu begreifen ist. Es sei vielmehr erst der Prozess der Erzählung, der die filmische Darstellung in eine Form transponiere, die der Realitätswahrnehmung entspricht. Dieser Prozess lässt die Brüche und Ellipsen der filmischen Montage zu den Nahtstellen eines Bildes werden, in dem die räumlichen Parameter kinematografischer Darstellung mit dem Raum der Alltagswahrnehmung zur Deckung kommen: zur Deckung kommen im Blick des Zuschauers.[33]

Indem die »filmische Erzählweise mit ihren grammatikalischen Grundfiguren des ›unsichtbaren Schnitts‹, der ›subjektiven Perspektive‹ und der ›Schuss-Gegenschuss-Auflösung‹« diesen Blick also mit den »geometrischen Perspektivierungen des Bildes« verschränkt, erschafft sie die »Illusion des homogenen Raums«[34] – eine »räumliche Illusion«, vermittels derer das Kino wiederum »eine Art transzendentaler Apperzeption« entstehen lässt, die sich eben mit der Position des Zuschauers verbindet: »die geschlossene Sicht eines Blicks, der zum Ursprung der Erzählung wird, die sich selbst als ursprungslose Rede präsentiert. Diese scheinbar ursprungslose, also mythische Redeweise ist der Kern dessen, was man den Realismus des Kinos nennt.«[35]

---

31 Kappelhoff 2006a, 404.
32 Ebenda, 404.
33 Kappelhoff 2005, 138.
34 Ebenda, 138.
35 Ebenda, 138f.

Der Begriff des Erzählraums verweist offenbar auf von Stephen Heath entwickelte Konzepte;[36] allerdings geht Kappelhoff zufolge auch das Konzept des »Handlungsraums«, das er mit Positionen der neoformalistischen Schule David Bordwells identifiziert, von der Illusion eines homogenen, kontinuierlichen Raums aus, begreift diese aber nicht mehr »als ideologische Funktion der narrativen Struktur«, sondern wandelt sie »zum apriorischen Wahrnehmungsmuster« um.[37] Der solcherart vorgenommenen Verschiebung liege die »mehr oder weniger explizite Annahme« zugrunde, dass sich dem Zuschauer

> [...] die Parameter filmischer Raumbildung in dieselben Vektoren [übersetzen], die auch seine räumliche Orientierung unter den Bedingungen der Alltagswahrnehmung steuern. Es sind die gleichen kognitiven Aktivitäten, die seine pragmatische wie seine ästhetische Wahrnehmung strukturieren.[38]

Kappelhoff kritisiert an diesem Konzept, dass es »das semantische Potential [...], das in den differierenden Raumkonstruktionen selber liegt«, weitgehend außer Acht lässt.[39] Hingegen sei nach kinematografischen Räumen zu fragen, »die sich zwar auf die Realität der Alltagswahrnehmung beziehen, deren ästhetische Funktion sich aber nicht in deren Reproduktion erfüllt.«[40] Das kinematografische Bild nämlich konstituiere eine »doppelte Wahrnehmungsbewegung«, indem es einerseits »eine räumliche Repräsentation« darstelle, »zu der sich der Zuschauer kognitiv schließend verhält«, andererseits »in der Spannung von sichtbarem Bildfeld und dem Außerhalb des Bildes den Raum seiner Imagination« strukturiere.[41] Laut Kappelhoff können derartige Räume – ›Visionen im dunklen Raum‹ – erschlossen werden, wenn man das »filmische Sehen« nicht

---

[36] Vgl. Heath 1986. Die Alternative zu derartigen Gestaltungen filmischer Räume erblickt Heath in einer Art kinematografischem Verfremdungseffekt, der, beispielsweise mittels ungewöhnlicher Kameraeinstellungen oder sprunghafter Montage, die Maschinerie des Dispositivs (wieder) sichtbar machen soll. Vgl. ebenda. Davon abgesehen gemahnt der Begriff *narrative space* an grundlegende Theoreme der psychoanalytischen Filmtheorie: »Another way of defining psychoanalytic film theory's conception of the gaze is in terms of the point-of-view and reverse-shot structures, editing figures that combine with the apparatus in the construction of the spectator as a fantasmatic entity. The association of enunciation and vision suggests the central position held by the textual organization of the gaze in producing that slippage between author and viewer activated in spectatorship. The editing figures that accomplish this utilize the spectator's ability to construct an imaginary coherence – a filmic space-time dimension – by articulating the logic of viewer/viewed. In the classical model of the fiction film, narrative storytelling, seamless editing and secondary identifications (with characters) contribute to the production of an illusory world with its own internal consistency.« Stam/Burgoyne/Flitterman-Lewis 1992, 166.
[37] Vgl. Kappelhoff 2005, 139.
[38] Ebenda, 139.
[39] Ebenda, 139.
[40] Ebenda, 140.
[41] Ebenda, 141.

länger mit der pragmatischen Alltagswahrnehmung identifiziere, sondern es in die Nähe der »träumerischen Halluzination von Wahrnehmungsbildern« rücke, mit der es im Übrigen auch mehr gemein habe als mit »der Einbildung des Lesenden.«[42] In diesem Zusammenhang betont er, dass sowohl »die Dichotomie von reflexivem Autorenfilm und unterhaltendem Erzählkino« als auch jene zwischen »stilistischem Ausdruck und Erzählkonvention« den »Sachverhalt« eher verstellten als erhellten:[43]

> Genau diese halluzinatorische Funktion scheint mir der wesentliche Bezugspunkt *aller* filmischen Inszenierungsweisen zu sein. Sie ist weder, wie im Begriff des Erzählraums, als Illusion eines allwahrnehmenden Blicks noch, wie in dem des Handlungsraums, als apriorisches Wahrnehmungsschema festzulegen. Im Gegenteil: Sie bezeichnet die Ebene der Differenzierung der ästhetischen Möglichkeiten kinematografischer Wahrnehmung.[44]

Die Konzeption des Bildraumes dient nun zunächst dazu, einen filmanalytischen Zugriff auf jene Ebene »der Differenzierung der ästhetischen Möglichkeiten kinematografischer Wahrnehmung« zu ermöglichen. Denn in seiner komplexen Definition umfasst der Bildraum

> [...] etwa die Topografie einer parabolischen Landschaft, die architektonische Gefügtheit eines Hauses, in der sich das Prinzip einer poetischen Welt vergegenständlicht, oder das komplexe Gefüge eines imaginären Weltganzen, in dem sich in jedem Zug seiner Gegenständlichkeit das schicksalhafte Gesetz dieser mythischen Welt enthüllt.[45]

In dieser Perspektive erhält die Frage nach dem Realismus des Kinos eine andere Bedeutung. Sie meint nicht mehr den Versuch, die kinematografischen Bilder daraufhin zu untersuchen, inwieweit ihre Konstruktionen mit dem übereinstimmen, was die Straße, das Haus, der Baum, der Mann und die Frau in unserer Alltagswahrnehmung und für unser Alltagsbewusstsein bedeuten, oder, anders ausgedrückt, ob und inwiefern sie einer der ästhetischen Erfahrung im Kino vorgängigen Idee oder Phantasie von Wirklichkeit entsprechen. Vielmehr zielt sie nun darauf, in der Analyse der Abweichung des Bildes der Straße, des Hauses, des Baumes, des Mannes und der Frau von dem vermeintlich Bekannten das aufzudecken, worin das Kino etwas zur Anschauung bringt, was sonst nicht

---

42 Ebenda, 142.
43 Ebenda, 140.
44 Ebenda, 142. Die Hervorhebung stammt von mir.
45 Kappelhoff 2006a, 404f.

gesehen werden kann, und dem Denken damit neue Positionen, neue Räume und also Potentiale eröffnet:

> Erst die ästhetische Transformation der äußeren Wirklichkeit hebt an den alltäglichen Erscheinungsformen eine spezifische Phantasmatik, eine unvermutete Bildlichkeit hervor. Sie lässt ein Bild entstehen, das nicht auf etwas zurückweist, was ohnehin bereits da ist. Vielmehr rückt dieses Bild die sinnlich-physische Realität ins Sichtbare, die den historischen Grund unserer Subjektivität ausmacht, die gesellschaftliche Form, als welche unsere subjektive Wahrnehmungs- und Empfindungsweise überhaupt erst erkennbar ist.[46]

Kurz gesagt: das Kino stellt, zumindest seinem ästhetischen Potential nach, kein repräsentatives System dar. Ganz im Gegenteil erscheint es – aus der Perspektive der Bildraum-Theorie betrachtet – als der Ort »an dem nie einfach etwas wahrgenommen wird, sondern wo der Wahrnehmung stets die Konstruktion einer spezifischen Art und Weise zu hören und zu sehen vorausgeht.«[47] Und weiter: »Im Blick der Kamera ist die Wahrnehmung immer schon wahrgenommene Wahrnehmung. [...] Insofern bezeichnet das Objektiv die tiefste Ironie des Kinos: die Welt in der Reflexion eines leeren und unbegrenzten Bewusstseins; die Welt im Reflex eines mechanischen Auges.«[48]

Wir haben es hier also mit einem »Denken der Bilder« zu tun, einem genuin ahumanen Denken, das »jenseits der Wahrnehmung« zu verorten ist, das erschlossen und für das humane, in seinem Potential stets unausgeschöpfte Denken, das Denken des Zuschauers, nutzbar gemacht werden muss.[49] Damit scheint auch die Bewegungsrichtung der komplexen gedanklichen Figur markiert, auf die Kappelhoff verweist, wenn er die verschiedenen Bedeutungsebenen auffächert, die dem Begriff »Bildraum« seinem Verständnis nach zukommen. Dieser

> [...] erschöpft sich [...] weder in den handfesten Eigenschaften der Bildobjekte (dem abbildlichen Raum des Fotos, der Raumbildung des Gemäldes, dem montierten Raumbild des Films, der Rauminstallation), noch meint er eine mentale Entität (ein Vorstellungsbild, eine Metapher, ein Phantasma, ein Traumbild). Das eine wie das andere bezeichnet nur die Pole seiner Erscheinungsweisen.[50]

---

46 Kappelhoff 2008, 63.
47 Kappelhoff 1999, 306.
48 Ebenda, 318.
49 Vgl. ebenda, v.a. 306-308.
50 Kappelhoff 2006a, 405.

Verschiedene Dimensionen des kinematografischen Bilds
Nun lässt sich die konkrete filmanalytische Arbeit nicht konzeptualisieren, ohne die hier skizzierte Idee von Kino rückzubeziehen auf Beschreibungskategorien audiovisueller Bildformen. Es wäre beispielsweise zu kurz gegriffen, Erzählungsraum, Handlungsraum und Bildraum als alternative Entwürfe kinematografischer Gestaltungsmöglichkeiten zu verstehen, etwa in dem Sinne, dass ein Film entweder Handlungsräume *oder* Bildräume aufweise. Zumindest für diese beiden filmanalytisch wesentlichen Begriffe gilt vielmehr, dass sie – um eine für das vorliegende Modell wesentliche Unterscheidung aufzunehmen – *verschiedene Dimensionen* des kinematografischen Bildes betreffen.

Wie gesagt, bindet der Handlungsraum das kinematografische Bild an die Alltagswahrnehmung des Zuschauers, in ihm sind beide »auf das Engste« miteinander verschränkt und »beziehen sich auf einen Raum, der jeder Bewegung, die wir sinnlich erfassen, notwendig voraus liegt.«[51] Demgemäß entspricht dem Handlungsraum »die erste Dimension des kinematografischen Bilds«. Er beschreibt nichts anderes »als das Koordinatenkreuz, mit dem wir uns die bewegten Bilder als Aktionen im Raum übersetzen; er bezeichnet die Rahmung, die es uns erlaubt, die Aktionen Faden für Faden zu einem narrativen Gewebe zu verbinden«[52], denn sämtliche in ihm sich vollziehenden Bewegungen finden ihren Ursprung und ihr Ziel in diesem »Apriori des gegebenen Raums.«[53]

Geht man hingegen von der zweiten Dimension des kinematografischen Bildes aus, so ist das Verhältnis umgedreht. Diese nämlich zielt auf eine Bewegung, »die sich auf den ersten Blick gar nicht auf der Ebene des Handlungsraums vollzieht, sondern in der Darstellungsform selbst liegt.«[54] Die Bewegung, die hier in Rede steht, wird sich dem Zuschauer nur dann erschließen, wenn er die kinematografischen Konfigurationen nicht mehr den Mustern und Gesetzmäßigkeiten seiner Alltagswahrnehmung unterzuordnen strebt, ist jene doch gerade abhängig von filmischen Gestaltungsmitteln, für die es vorderhand keine Entsprechung in unserem gewöhnlichen Sehen gibt:

> In *Kadrierung* und *Rekadrierung*, in *Plansequenz*, *Schnitt* und *Montage* formieren sich rhythmische Bewegungsmuster, die eine eigene Dimension des Dargestellten bezeichnen. Mit Blick auf diese Bewegung ist der Raum eine Funktion, ein Raumkonstrukt, ein Raumbild, das selbst als etwas Dargestelltes wahrgenommen, d.h. auf Intention und sinnhafte Struktur bezogen wird.[55]

51 Kappelhoff 2006b, 206.
52 Ebenda, 208.
53 Ebenda, 206.
54 Ebenda, 208f.
55 Ebenda, 209.

Für die Bewegung der zweiten Dimension des kinematografischen Bildes gilt also, dass sie »ein Raumbild [artikuliert], das dem Dargestellten nicht mehr vorhergeht, sondern als eine Figuration räumlicher Modulationen aus dieser Bewegung erst hervorgeht.«[56] Mit anderen Worten: »Der Raum ist keine apriorische Gegebenheit unserer Wahrnehmung mehr, sondern eine Funktion der gestalteten Bewegung des kinematografischen Bildes selbst. Die räumlichen Koordinaten unserer Wahrnehmung sind selbst in die Bewegung hineingezogen.«[57]

Dieses Raumkonzept und diese Idee von Bewegung lassen sich beide nur auf der Ebene der Konstruktion und Komposition audiovisueller Bildformen verstehen, die, ohne Rückbindung an unsere Alltagswahrnehmung, untersucht werden müssen in Hinblick auf das ihnen eignende semantische Potential. Kappelhoff bezeichnet sie als »räumliche Bewegungsfiguration«[58]: die zweite Dimension des kinematografischen Bildes. Es muss betont werden, dass diese beiden Konzepte von Raum und Bewegung – jener Raum und jene Bewegung, die an unsere Alltagswahrnehmung angebunden sind (»die Bewegung von Personen und Objekten in einem gegebenen Raum«[59]), und jene, die sich nur durch die Mittel filmischer Komposition realisieren (»die Bewegung, die auf die Kamera und die Montage zurückgeht und die sich als Modulation räumlicher Figurationen darstellt«[60]) – in ihrer Polarität zwar die »grundlegenden Koordinaten« des kinematografischen Bildes darstellen, indessen aber in keinem solchen Verhältnis zueinander stehen, dass das eine auf das andere zurückgeführt werden könnte.[61] Was aber bindet die verschiedenen Dimensionen von Bewegung zusammen, was macht den Film zu etwas Ganzem?

Diese Frage – und das ist von entscheidender Bedeutung – lässt sich »weder auf der Ebene des repräsentierten Geschehens noch auf der des *Schnitts*, des *Ausschnitts* oder der *Mise en Scène* beantworten«[62] Damit wären wir bei der dritten Dimension des kinematografischen Bildes angekommen, dem Bildraum. Genauer gesagt handelt es sich um »die Zeit, in der sich der Film für den Zuschauer als ein genuiner Bildraum entfaltet«,[63] denn »weder das Bild noch das im Bild repräsentierte Geschehen tritt uns als ein greifbares Objekt entgegen«,[64] das sich ablösen ließe von diesem Wahrnehmungsprozess. Die Präzisierung erklärt, warum »Handlungsraum«

---

56 Ebenda, 209.
57 Ebenda, 209.
58 Ebenda, 213
59 Ebenda, 217.
60 Ebenda, 218.
61 Vgl. ebenda 210.
62 Ebenda, 212.
63 Ebenda, 213.
64 Ebenda, 213.

und »Bildraum« (oder »Erzählraum« und »räumliche Bewegungsfiguration«), zumindest filmanalytisch betrachtet, keine einander ausschließenden Konzepte sind – sie erfahren nämlich ihre Vereinigung im Blick des Zuschauers –, und führt zugleich zum Kern des hier diskutierten Modells: der Zuschauertheorie.

Der Blick des Zuschauers und die Wahrnehmungswelt des Films

Denn für Kappelhoff ist das kinematografische Bild »ein zeitliches Gefüge, das sich nur in der konkreten Dauer eines realen Wahrnehmungsaktes verwirklicht; es ist immer nur als ein Bild greifbar, das sich in der Zeit des Wahrnehmens eines leibhaft gegenwärtigen Zuschauers verwirklicht.«[65] Mit anderen Worten:

> Die Dauer des Films bezeichnet [...] nicht einfach die Zeit, die er in Anspruch nimmt, um gesehen zu werden. Es ist zugleich die Zeit, in der sich in der leibhaften Gegenwart des Zuschauerblicks die spezifische Sinnlichkeit als das Gesetz eben dieser Welt enthüllt und vollendet. Innerhalb der Dauer dieses Prozesses beschreibt jede Einstellung eine Veränderung, eine Ausdehnung, eine neue Perspektive der filmischen Wahrnehmungswelt; und darin ist jede Einstellung immer schon, wie der Ton einer musikalischen Komposition, auf das Ganze dieser Wahrnehmungswelt bezogen.[66]

Derartige Ausführungen verweisen darauf, dass ein Film, im Gegensatz zu einem Buch oder einem Gemälde, kein Artefakt darstellt. Diese Unfasslichkeit des Mediums – im wörtlichen wie metaphorischen Sinn – gehört zu den grundlegenden Erfahrungen jedes Filmzuschauers: Die Freude darüber, einem stetigen Strom von Farben, Bewegungen und Klängen zu begegnen, aber auch, bezieht man sich auf die Rezeptionssituation im Kino, das Bedauern, kein einziges Bild, wie schön oder anrührend es sein mag, nur für einen Augenblick festhalten zu können. »Das Wort, der Begriff, der Gedanke sind zeitlos. Das Bild aber hat eine konkrete Gegenwart und lebt nur in dieser«, um es mit Béla Balázs auszudrücken.[67]
›Der Film‹ ist also das, was dem Zuschauer widerfährt, wenn er sich einen Film ansieht. Was wie eine Binsenweisheit klingt, markiert das Distinkte des Bildraum-Modells[68]; hier nämlich produziert das Kino viel eher emo-

---

[65] Ebenda, 213.
[66] Ebenda, 217.
[67] Balázs 2001, 29.
[68] »Distinkt« meint freilich nicht losgelöst von allen vorherigen Ansätzen. Beispielsweise hat Vivian Sobchack in ihrer neophänomenologischen Filmtheorie ein ähnliches Verständnis vom Film als einer Erfahrungsform, einer zeitlichen Modellierung der Wahrnehmung des Zuschauers entwickelt »Im Gegensatz zur Photographie ist ein Film – semiotisch gesehen – nicht bloß eine mechanische

tionale Aggregatzustände als Texte. Der Film findet immer nur statt als Wahrnehmungsprozess, als Affizierung – er hat kein Dasein außerhalb der Wahrnehmung des Zuschauers. Letztlich bedeutet dies auch, dass ein Film nicht aus Bildern besteht, sondern ein einziges audiovisuelles Bild gestaltet, welches sich eben nur in einem prozesshaften Vollzug fassen lässt. Das zielt nicht auf die Beschwörung einer Distanzlosigkeit: Die intellektuelle und emotionale Aktivität des Zuschauers setzt aber gerade ein in der Reflektion der ästhetischen Erfahrung, die ihm zuteil geworden ist, und diese Erfahrung besteht eben mindestens so sehr in Bewegungen, Farben, Geometrien, Klängen und so weiter, wie in einer erzählten Geschichte oder Phantasien über die Innenwelt einer Figur. Oder anders ausgedrückt: Für den Zuschauer realisieren sich Geschichten und Figuren auch nur soweit, wie sie zu seiner Affizierung gelangen in der »Verwirklichung der Wahrnehmungswelt eines Films«[69].
Das heißt:

> Die »Gefügtheit des Gefüges« vermittelt sich dem Zuschauer nicht als Struktur der Komposition, sondern in der Modellierung seiner affektiven, perzeptiven und kognitiven Operationen: Man könnte sagen, sie verwirklicht sich in der Stilisierung seines Sehens und Hörens durch den Prozess filmischer Darstellung. Ausdruck verwirklicht sich ausschließlich in der ästhetischen Aktivität des Publikums, er ereignet sich in der Zeit des Zuschauens, wird durch den Prozess der Darstellung am Zuschauer selbst hervorgebracht.[70]

Objektivierung, nicht bloß eine Reproduktion, nicht bloß ein Objekt, das man ansehen kann. Ganz unabhängig von der Mechanik seiner Herstellung wird das bewegliche Bild als subjektiv und intentional erfahren, man nimmt an, dass es eine *Darstellung* der objektiven Welt *vorstellt*. Weil er zugleich ein Subjekt des Sehens ist und ein Objekt, das gesehen wird, erleben wir einen Film nicht (wie eine Photographie) als ein *Ding*, das wir ohne weiteres beherrschen, festhalten oder im materiellen Sinn besitzen können. Ein Betrachter kann in an der Vorstellung und Darstellung verkörperter *Erfahrung* in einem Film teilhaben (und in sogar bis zu einem gewissen Grad interpretativ verändern), aber er konnte (bis vor kurzem) Fluss und Rhythmus des Films in ihrer Eigenständigkeit und Vergänglichkeit nicht beherrschen, er konnte seine belebte Erfahrung nicht im materiellen Sinn besitzen (heute kann man immerhin schon mühelos den unbelebten ›Körper‹ dieser Erfahrung besitzen).« Sobchack 1988, 421f.
Des Weiteren sind Kappelhoffs Arbeiten durch einen steten – obgleich zumeist impliziten – Rekurs auf Gilles Deleuze, namentlich dessen filmtheoretische Schriften, gekennzeichnet. Wenn Deleuze bereits im Vorwort zu seinem Buch über das »Bewegungs-Bild« erklärt, sein Text wolle nichts anderes sein »als eine Illustration der großen Filme« (vgl. Deleuze 1989, 12), so ist das zumindest insofern ernst zu nehmen, als er über hunderte von Seiten enorme Anstrengungen unternimmt, um nicht über die Bilder, sondern *mit* ihnen und *durch* sie zu denken. Freilich behandelt Deleuze die einzelnen Werke dabei zumeist kursorisch, so dass die Frage nach der filmanalytischen Relevanz seiner Ausführungen letztlich offen bleibt. In dieser Perspektive könnte man etwas zugespitzt sagen, dass Kappelhoffs Bemühen unter anderem darauf zielt, Deleuze' grundlegende Theoreme für einen filmanalytischen Ansatz fruchtbar zu machen.

69 Kappelhoff 2006b, 213.
70 Kappelhoff 2004, 169f.

Aus all dem lässt sich schließen, dass das ästhetische Potential des Mediums Kino – von der Warte der Bildraum-Theorie aus betrachtet – entschieden aufseiten des Zuschauers anzusiedeln ist. Für den Zuschauer nämlich kann das Kino ein Mittel sein, seinen Platz in der Welt zu befragen und zu verhandeln, sich durch die Filme einen Standpunkt zu erschließen, von dem aus ein neuer Blick auf die gesellschaftliche Wirklichkeit möglich wird, in der sich sein tägliches Dasein vollzieht.

So betrachtet, bezeichnet der Bildraum nichts anderes als das System, in dem festgelegt ist, was in der je projektierten Welt sichtbar und hörbar, was sagbar und machbar ist: Er bezeichnet das System, das die sinnliche Verortung der Körper der Protagonisten, ihre Wahrnehmungs- und Empfindungsweisen, den Radius ihrer Handlung und das Spiel ihrer Sprache regelt. Der Form nach ist diese Welt mit unserer Alltagswahrnehmung vergleichbar; was wir aber sehen, ist ein Raum, der eine andere Weise des körperlich-sinnlichen In-der-Welt-Seins beschreibt, die anderen Gesetzen und Bedingungen des Wahrnehmens und Empfindens folgt.[71]

Dieser Raum, diese »spezifische Weise des Empfindens und Wahrnehmens«, enthüllt sich indessen nur dann, »wenn ich den Film auf einen gegenwärtigen Wahrnehmungskörper außerhalb der filmischen Welt beziehe«[72], eben den Zuschauer. Zumindest hinsichtlich Kappelhoffs eigener Theorien gilt daher, was er als Summe des Denkens von Siegfried Kracauer beschreibt:

Der kinematografische Erfahrungsmodus betrifft zuallererst die Subjektivitätseffekte der Kinozuschauer. Er erschließt eine sinnliche, eine physische Wirklichkeit, die eben deshalb nicht Teil unseres alltäglichen Wahrnehmungsbewusstseins sein kann, weil unser Wahrnehmungsbewusstsein umgekehrt selbst noch ein Teil dieser physischen Realität ist.[73]

Die »Verwirklichung der Wahrnehmungswelt eines Films« eröffnet dem Zuschauer also die Möglichkeit eines souveräneren Blicks, weil sich in ihr vereinen kann, was für die Alltagswahrnehmung in unzählige Fragmente zersplittert und zerfallen ist. Das heißt natürlich nicht, dass jeder Zuschauer dieses Potential auszuschöpfen wüsste oder dass sich das Publikum im Stand der Willkür die Filme erfände. Die Bildraum-Konzeption muss sowohl von den »gängigen Topoi vom Zuschauer als Produzen-

71 Kappelhoff 2006b, 217.
72 Ebenda, 216.
73 Kappelhoff 2008, 65.

ten des Films« als auch von der Frage nach dem »subjektive[n] Erleben empirischer Zuschauer« abgegrenzt werden[74] – geht es hier doch weder um »die kognitive Verrechnung audiovisueller Informationen mit den gegebenen Systemen unserer Alltagswahrnehmung«[75] noch um eine soziologische Bestimmung von Sehgewohnheiten und -vorlieben, sondern um die Konnexion zwischen einem bestimmten Bildtypus und einer Idee von Subjektivität, die sich theoriegeschichtlich seit den Avantgarden der zwanziger Jahre mit dem Kino verbindet: eben die Vorstellung, dass das neue Medium es vermöge, komplexeste soziale Zusammenhänge unmittelbar sinnlich erfahrbar zu machen und den Zuschauer mit einem neuen Sehen und Hören auszustatten.[76] Diese Idee von Subjektivität aber ist selbst noch Teil einer ästhetischen Utopie, die einzulösen dem Kino immer wieder zugemutet wurde – eine Utopie, die Kappelhoff wie folgt beschreibt:

> In Frage stehen die historisch gewachsenen, apriorischen Bedingungen sinnlicher Erfahrungshorizonte, seien diese nun durch symbolische, diskursive oder mediale Dispositive bestimmt; in Frage steht die sinnlich-konkrete, die physische Verortung der individuellen Existenz im Raum des Sozialen; in Frage steht die durch diese Verortung gegebene Perspektive, in der sich das gesellschaftliche Leben nur höchst fragmentarisch darstellt. Das kinematografische Bild erscheint als Möglichkeit, einen konkreten Zusammenhang zwischen diesen fragmentierten Weltwahrnehmungen herzustellen und die gesellschaftlichen, historischen und medialen Bedingungen, die den Raum alltäglicher Wahrnehmung und damit die sinnliche Erfahrbarkeit der Welt festlegen, selbst noch sinnlich greifbar, anschaulich, evident zu machen.[77]

---

74 Vgl. Kappelhoff 2006b, 213.
75 Ebenda, 213.
76 So schreibt Kappelhoff über die »Neue Sachlichkeit«, dass sich die Perspektive auf sie verändere, wenn man »ihre Programmatik nicht unmittelbar als ideologische Äußerung begreift, sondern als Politik des Ästhetischen. Die Kunst der Neuen Sachlichkeit will einen eigenständigen Blick auf die Welt installieren, ein Sehen, dem die Interpretationsmuster menschlicher Wahrnehmung genommen sind: Neutralität und Objektivität, Tatsache und Dokument sind die recht verwirrenden Bezeichnungen für ein poetisches Konzept, das im Bild eine Wirklichkeit zur Darstellung bringen will, deren Bewusstsein noch aussteht.« Kappelhoff 2008, 53f. Diese Idee von Kunst verband sich aber zuvorderst mit dem Kino, da das nicht-menschliche Kameraauge als Agent und Produzent eines anderen Sehens galt.
Kappelhoffs Ausführungen lassen an die Art und Weise denken, wie Thomas Elsaesser die »emanzipatorische Dimension« des Weimarer Kinos zu fassen sucht: »Der filmische Expressionismus und die Neue Sachlichkeit wären aus diesem Blickwinkel lediglich komplementäre Idiome einer ›Befreiung‹, die auch eine Verabschiedung ist; eine neue Art, die Welt dem Auge darzubieten, um sie zu beherrschen.« Elsaesser 1999, 50.
77 Kappelhoff 2008, 11.

Somit schließt sich der Kreis zu den Überlegungen, die das Kapitel einleiteten. Die in der zitierten Passage umrissene ästhetische Utopie korreliert nämlich mit den filmanalytischen Anforderungen, welche die vom italienischen Kino entworfenen Städte erheben: werfen diese die Frage auf nach dem Verhältnis des Einzelnen zu einer Idee von Sozietät und Historie, so traut es jene dem kinematografischen Bild zu, derartige Konnexionen »sinnlich greifbar, anschaulich, evident zu machen.« Eingestellt in ein solches Spannungsverhältnis, erscheint die Theorie des Bildraums als geeignetes Mittel, die grandiosen Anforderungen an das Medium Kino weder zu verwerfen noch zu bestätigen, sondern zu erden, indem sie den Bezug auf die Poetik einzelner Filme erlaubt. Aus ihrer Perspektive sind es letztlich die jeweiligen Konstruktionen von Zuschauerpositionen, die nachvollzogen werden müssen, um eine Vorstellung davon zu bekommen, worin die Beziehung zwischen dem Individuum und der Masse bestehen könnte und wie sich die anonymen Frauen und Männer der urbanen Welt positionieren in Hinblick auf die kaum fasslichen sozialen und historischen Prozesse, die ihr Leben bestimmen und deren Teil sie sind. Denn so, wie die Filme ihr Publikum denken, so denken sie Geschichte und Gesellschaft.

Durch die Augen der Stadt
Walter Ruttmanns BERLIN, DIE SINFONIE DER GROSSSTADT **und Dziga Vertovs** ČELOVEK S KINOAPPARATOM

Als erste der sogenannten Großstadt-Symphonien gilt MANHATTA (USA 1921) von Charles Sheeler und Paul Strand. Es folgten weitere US-amerikanische Produktionen wie Irwin Brownings CITY OF CONTRASTS (1931) und Jay Ledas A BRONX MORNING (1931) sowie eine Reihe von europäischen Filmen: Alberto Cavalcantis RIEN QUE LES HEURES (F 1926), Joris Ivens' DE BRUG (DIE BRÜCKE, NL 1928) und REGEN (NL 1929), George Lacombes LA ZONE (F 1929), Henri Storcks IMAGES D'OSTENDE (B 1930), Jean Vigos À PROPOS DE NICE (F 1930) und László Moholy-Nagys BERLINER STILLEBEN (D 1936); aus der Sowjetunion kam Mihail Kaufmans und Ilya Kopalins MOSKVA (1927); auch Japan und Mexiko haben Großstadt-Symphonien hervorgebracht.[78]
All den genannten, zumeist recht kurzen, Filmen ist gemein, dass sie aus der Perspektive der Stadt erzählt sind; die Menschen erscheinen hier – man sollte einräumen: in verschiedenen Stufungen und mit divergierenden Zielsetzungen und Effekten – gleichsam als Zubehör der Straßen, Plätze und Gebäude. So erwecken Sheeler und Strand, indem sie viele

---

78 Vgl. Thompson/Bordwell 1994, 198ff., und Musser 1998, 85f.; vgl. auch Bollerey 2006, 68, und Korte 1991, 85.

Einstellungen von Hochhausdächern aus drehen, den Eindruck, die Wolkenkratzer würden, Wächtern gleich, das Menschengewimmel zu ihren Füßen überschauen, und die Brücke in Ivens' gleichnamigem Film tritt als Heroine auf, die, sich öffnend und schließend, schließend und sich wieder öffnend, eine unermüdliche Anstrengung unternimmt, damit dem Rotterdamer Verkehr, zu Wasser und zu Lande, ein Weg gebahnt wird.

Stehen einmal, wenigstens dem Anschein nach, die Menschen im Mittelpunkt, wie in À PROPOS DE NICE, dann offenbart ein genauerer Blick, dass es hauptsächlich darum geht, deren eitel-nichtiges Treiben vorzuführen. Vigos so leicht und verspielt anmutende Ironie erhält spätestens dann einen bitteren Beigeschmack, wenn er die Bilder paradierender Soldaten und übermütig tanzender Frauen gegen Einstellungen von Grabmälern und Friedhofskreuzen montiert[79] – ein jähes *memento mori*, das seine Apotheose in den Schlussbildern des Filmes erfährt, wenn die Überbleibsel des Karnevalsumzuges dem Verfall preisgegeben oder, wie die Montage suggeriert, gleich verfeuert werden und die grinsenden Arbeiter als profane Verwandte der Moiren auftreten, Schicksalsgötter der Schlote und Hochöfen, oder aber Agenten der Stadt, die hier zu sagen scheint: *Ich überdaure.*

»Nicht einmal poliertes Material«
Noch deutlich radikaler in seinem Bestreben, das Unbelebte zum Protagonisten zu machen, ist indessen der vielleicht bekannteste Vertreter des Genres: Walter Ruttmanns BERLIN, DIE SINFONIE DER GROSSSTADT. Vom Heraufdämmern eines Tages bis zu seinem Ende folgt der Film dem Leben der Stadt, bemüht, möglichst viele ihrer tausend Gesichter mit der Kamera einzufangen und vermittels einer komplexen, mitunter gehetzt wirkenden Schnittrhythmik zu verbinden; er lässt dabei jegliche bloße Repräsentation der Wirklichkeit weit hinter sich, verdichtet seine Bilder letztlich zu einer umfassenden Vision nicht nur eines Ortes, sondern einer ganzen Gesellschaft.[80] Einen Ansatz für das Verständnis davon, wie das zugeht, bieten die Überlegungen Siegfried Kracauers, der BERLIN, DIE SINFONIE DER GROSSSTADT in seinem Buch *From Caligari to Hitler* (1947), auf einen Ausdruck von Béla Balázs verweisend, den »Prototyp aller echten deutschen Querschnittsfilme«[81] nennt.

---

79 Vgl. Meyer 2005, 117. F.T. Meyer betont, dass die »anfänglich inszenierte Heiterkeit des Lebens [...] trügerisch« sei; für ihn ist dieser Umschlag in der Atmosphäre von À PROPOS DE NICE mit einer Kritik des urlaubenden Bürgertums verbunden, das inmitten von Armut und zunehmender Militarisierung der Pläsier frönt.
80 Vgl. Münz-Koenen 2006, 442.
81 Kracauer 1979, 192. Der Querschnittsfilm ist für Kracauer ein Genre, »das den Querschnitt eines beliebigen Bereichs der Realität« darstellt. (Ebenda, 191) Insofern muss der Querschnittsfilm – auch wenn man Kracauers Einschätzung akzeptiert, BERLIN, DIE SINFONIE DER GROSSSTADT

Auch Kracauer stellt fest, dass es wesentlich der Schnitt ist, welcher diese Großstadt-Symphonie zum Klingen bringt. Seines Erachtens nach können drei Merkmale als bestimmend für die Montagetechnik Ruttmanns gelten: Zunächst betone der Regisseur »reine Bewegungsabläufe.«[82] In den Fabrikszenen würden beispielsweise »Maschinenteile in Bewegung [...] so aufgenommen und geschnitten, dass sie zu einer dynamischen Schau von beinahe abstraktem Charakter«[83] gerieten. Zweitens greife die Montage »auffallende Analogien zwischen Bewegungen oder Formen auf.«[84] Kracauer führt aus: »Auf menschliche Beine, die auf dem Fußweg laufen, folgen Beine einer Kuh; ein schlafender Mann auf einer Parkbank lässt zwangsläufig an einen schlafenden Elefanten denken.«[85] Weiterhin neige Ruttmann dazu, in Fällen, wo er »die bildliche Entwicklung durch spezifischen Inhalt« unterstützen will, »soziale Kontraste hervorzuheben«; so verbinde »eine Bild-Einheit [...] eine Kavalkade im Tiergarten mit einer Gruppe teppichklopfender Frauen; eine andere kontrastiert hungrige Kinder auf der Straße opulenten Gerichten in irgendeinem Restaurant.«[86] Allerdings, so beeilt sich Kracauer hinzuzufügen, »sind diese Kontraste nicht so sehr sozialer Protest, sondern formale Hilfsmittel. Wie visuelle Analogien dienen sie dazu, den Querschnitt aufzubauen, und ihre strukturelle Funktion überschattet jegliche ihrer denkbaren Bedeutungen.«[87]

Mit anderen Worten: für Siegfried Kracauer ist Ruttmanns Berlin ein Ort, wo alles umstandslos über denselben schnitttechnischen Kamm geschoren wird: Essende, Fressende und Hungernde, Tiere, Menschen und Maschinen, Müßiggänger und Arbeiter, feine Herren beim Ausritt und Hausfrauen beim Wohnungsputz, Kinder, die zur Schule gehen, Kinder,

---

sei der Prototyp desselben – von den Großstadt-Symphonien unterschieden werden, die ganz offenkundig auf einen sehr spezifischen »Bereich der Realität« festgelegt sind. Zum Beispiel lässt sich MENSCHEN AM SONNTAG (D 1930), an dessen Produktion unter anderen Robert Siodmak, Billy Wilder und Fred Zinnemann beteiligt waren, zutreffender als Querschnittsfilm beschreiben, kann in gewisser Weise geradezu als Gegenteil einer Großstadt-Symphonie gelten, erzählt er doch davon, wie eine Handvoll »kleine Angestellte« (ebenda, 199) ihren Berliner Stadtalltag mit seiner Enge und seinen Sorgen zu fliehen suchen, indem sie ihren freien Sonntag am Nikolassee verbringen.

Helmut Korte unterstreicht, dass BERLIN, DIE SINFONIE DER GROSSSTADT nicht nur als »Prototyp der Querschnittsfilme«, sondern auch als »einer der reinsten Vertreter der Neuen Sachlichkeit im Film« betrachtet werden müsse, wobei er unter »Neuer Sachlichkeit« eine Kunstströmung versteht, »die sich bei häufig hoher formaler Qualität durch die Beschränkung auf äußerlich feststellbare Fakten, auf die Erscheinungen der Realität auszeichnet und diese [...] nicht hinterfragt.« Korte 1991, 85. Für eine Kritik dieses Verständnisses von »Neuer Sachlichkeit« s. Kappelhoff 2008, 34-54.
82 Ebenda, 194.
83 Ebenda, 194f.
84 Ebenda, 195.
85 Ebenda, 195.
86 Ebenda, 195.
87 Ebenda, 195.

die baden, und Kinder, die im Schutt stöbern, Fabriken und Büros, die Baustelle und das Varieté, Demonstrierende, Spazierende, Tanzende und eine Frau, die von der Brücke springt.

Folgt man dieser Lesart, so bestand Ruttmanns Versagen darin, dass er sich »einer Realität, die geradezu nach Kritik, nach Deutung schrie«[88], gleichgültig gegenüber verhielt. Als besonders empörend empfindet Kracauer hierbei die Art, wie Ruttmann die Menschen seiner Stadt inszeniert:

> Die Leute in BERLIN nehmen den Charakter nicht einmal polierten Materials an. Gebrauchtes Material wird weggeworfen. Um dem Publikum diese Art Untergang schmackhaft zu machen, erscheinen Rinnsteine und Mülltonen in Großaufnahme, und [...] die Fußwege [liegen] voller Abfall. Das Leben der Gesellschaft ist ein rücksichtsloser, mechanischer Prozess.[89]

Bis in die jüngste Zeit hinein folgt die Kritik an BERLIN, DIE SINFONIE DER GROSSSTADT der von Kracauer vorgezeichneten Linie.[90] Es erscheint allerdings keineswegs ausgemacht, dass Ruttmanns Film tatsächlich eine solche Interpretation verlangt.[91] Der Umstand, dass sich der Film selbst jeden Kommentars über das Elend der späten Weimarer Republik enthält, spricht nämlich nur gegen ihn, insofern man diese vorgebliche Haltungslosigkeit bereits mit einer bestimmten Haltung identifiziert, die den Bildern selbst eingeschrieben wäre, sich auf Hobbes' Formel vom *Bellum omnium contra omnes* bringen ließe und schließlich noch der stillschweigenden Ergänzung bedürfte, dass ein solcher Zustand begrüßenswert oder zumindest unabänderlich sei. Geht man indessen von einem Zuschauer aus, dem sich ein Film wie BERLIN, DIE SINFONIE DER GROSSSTADT nicht mit der Eindeutigkeit von Leuchtreklame erschließt und der darauf verzichtet, den späteren Lebensweg Ruttmanns, der bekanntlich bei nationalsozialistischen Elogen endete, zum entscheidenden Maßstab der Beurteilung seiner Arbeiten aus den zwanziger Jahren zu machen, werden auch andere Lesarten möglich.[92]

---

88 Ebenda, 197.
89 Ebenda, 197.
90 Vgl. beispielsweise Korte 1991, 84f., und Strathausen 2003, v.a. 26-35.
91 Für einen Überblick über die zeitgenössische wie aktuelle Rezeption von BERLIN, DIE SINFONIE DER GROSSSTADT s. Gaughan 2003. Charles Musser gehört zu denjenigen Autoren, welche die radikale Unpersönlichkeit von Ruttmanns Film konstatieren, ohne eine eindeutige Wertung an diese Beobachtung zu knüpfen. Vgl. Musser 1998, 86.
92 Wenn es zutrifft, dass Kracauers Ausführungen in *Von Caligari zu Hitler* mitunter hinter der Komplexität ihrer Gegenstände zurückbleiben, so liegt dies wohl daran, dass er hier, wie Gertrud Koch schreibt, »zumindest von der theoretischen Anlage her [...] Filme primär nicht als ästhetisches Material, sondern als kulturelle Symbolbildungen, in denen die subjektiven Charakterbildungen als kollektive Identitätsmarkierungen fungieren«, betrachtet. Koch 1996, 105. Ganz ähnlich beschreibt Thomas Elsaesser die Methode Kracauers. Sein *Caligari* sei »noch immer der gründlichs-

Eine kinematografische Bankrotterklärung
So stimmt es, dass die Straßenbahnen und Autobusse, die Türen und Fenster in BERLIN, DIE SINFONIE DER GROSSSTADT gleichsam über einen eigenen Willen verfügen, sich wie von selbst bewegen, und die Maschinen, die der Film zeigt, höchstens von Händen bedient werden, denen kein Körper zugehörig scheint[93]. Nun kann man sagen, wie es beispielsweise Korte tut, dass das diesen Bildern zugrunde liegende Inszenierungskonzept auf einen letztlich inhaltsleeren Formalismus zielt[94], oder, wie es beispielsweise Strathausen tut, dass Ruttmann eine Verachtung oder gar Auslöschung alles Menschlichen hier nicht nur vorführt, sondern rundweg feiert[95]. Man kann aber auch sagen, dass BERLIN, DIE SINFONIE DER GROSSSTADT, präzise in seiner Abstraktion und Kälte, ›einer Realität, die nach Kritik, nach Deutung schreit‹, ebendiese zuteil werden lässt – wobei die Abgründe an sozialer Verwerfung sich umso weiter auftun, als Ruttmanns Film nicht einfach den Kapitalismus oder die Reichen anprangert, sondern die Verlorenheit und Herabwürdigung des Individuums in einer zunehmend entindividualisierten Zeit, deren Symbol die Großstadt mit ihren gewissermaßen abstrakten Arbeits- und Lebensverhältnissen darstellt, in eine ästhetische Erfahrung transformiert. Die brutale Gleichgültigkeit von BERLIN, DIE SINFONIE DER GROSSSTADT erscheint so gesehen selbst noch wie eine Ausformung ›deutender Kritik‹, verdoppelt sie an der Wahrnehmung des Zuschauers doch die Abstumpfung und Verrohung, welche die Reduktion von Menschen auf Werkzeuge und Maschinen mit sich bringt.
Denn Ruttmanns Film identifiziert die Stadt mit einem gigantischen Mechanismus, dessen bloße Bestandteile die Menschen darstellen – ein Mechanismus, dem vor allem die Armen ausgeliefert sind, die seinen Gesetzen gehorchen müssen. Dies drückt sich sowohl in der (jene der Arbeiter bei weitem übersteigende) Selbständigkeit der Maschinen und Automaten aus,[96] als auch dadurch, dass die Geschwindigkeit der Mon-

te Versuch, für einen relativ großen Korpus an Filmen ein kohärentes Bedeutungsfeld zu skizzieren, dessen gemeinsamer Nenner weder ein einzelner ›Autor‹ noch ein Genre, weder ein Filmstil noch Publikumsgeschmack oder Popularität ist, sondern die Mentalität der historischen Periode selbst, wie sie sich in einer Art Super-Text manifestiert, der von einer Familienähnlichkeit zusammengehalten wird.« Elsaesser 1999, 33.
93 Vgl. Koebner 2003, 30, und Korte 1991, 84.
94 Vgl. ebenda, 82.
95 Vgl. Strathausen 2003, 33.
96 In den »Ökonomisch-philosophischen Manuskripten aus dem Jahre 1844« schreibt Marx: »In der Bestimmung, dass der Arbeiter zum *Produkt seiner Arbeit* als einem *fremden* Gegenstand sich verhält, liegen alle diese Konsequenzen. Denn es ist nach dieser Voraussetzung klar: Je mehr der Arbeiter sich ausarbeitet, um so mächtiger wird die fremde, gegenständliche Welt, die er sich gegenüber schafft, um so ärmer wird er selbst, seine innre Welt, um so weniger gehört ihm zu eigen. Es ist ebenso in der Religion. Je mehr der Mensch in Gott setzt, je weniger behält er in sich selbst. Der Arbeiter legt sein Leben in den Gegenstand; aber nun gehört es nicht mehr ihm, sondern dem Gegenstand. Je größer also diese Tätigkeit, um so gegenstandsloser ist der Arbeiter.

tage in BERLIN, DIE SINFONIE DER GROSSSTADT die Erfordernisse und Tempowechsel des Arbeitstages reflektiert: Läuft der Stadtbetrieb – Produktion, Verkauf, Verkehr – auf Hochtouren, jagen die Bilder einander, die mittägliche Pause wird gleichermaßen den Menschen wie dem Film zur Erholung, und mit dem Ende der Rast nimmt die Frequenz der Schnitte wieder zu.⁹⁷

Man kann also Kracauers Argument geradezu umdrehen und behaupten, dass BERLIN, DIE SINFONIE DER GROSSSTADT, eben *wegen* des gnadenlosen Formalismus, eine Zuschauerposition zu konstruieren vermag, von der aus sich eine der Alltagserfahrung versperrte Sicht auf die Gesellschaft und mithin auch Potentiale von ›Deutung und Kritik‹ eröffnen:⁹⁸ Die umfassende Indifferenz, die Ruttmanns Film nicht nur vorführt (in der erwähnten Selbstmord-Szene versucht keiner der Passanten, die Frau nach ihrem Todessprung aus dem Wasser zu holen), die ihm vielmehr in jeder Einstellung und vor allem in seiner schnitttechnischen Rhythmisierung eingeschrieben ist, offenbart eine Welt, die allein durch Gewohnheit, ökonomischen Zwang und eine tiefinnere Resignation zusammengehalten wird. So gesehen ist BERLIN, DIE SINFONIE DER GROSSSTADT vor allem eine kinematografische Bankrotterklärung – und entspricht damit, vielleicht anders als Kracauer es meinte, denn doch den Zuschreibungen an das Medium Film, die dieser in *From Caligari to Hitler* vornahm, nämlich, wie Gertrud Koch schreibt, »als epistemischer Bildschirm der nationalen Introspektion«⁹⁹ und manches Mal auch als ›*a posteriori* entworfenes Menetekel‹¹⁰⁰ zu fungieren. Dazu passt, dass die Stadt, die Ruttmann inszeniert, gefangen scheint in einem zyklischen Weltlauf: Man könnte sich Hunderte solcher Tage vorstellen, an denen nichts Neues geschieht unter der Sonne und die immergleichen Abläufe sich solange wiederholen, bis jedweder Ausbruch, und führte er auch in den Abgrund, der Fortsetzung des Elends vorzuziehen wäre.

Wenn Ruttmann die Menschen schlussendlich in den sogenannten Feierabend entlässt – den er, nach einer kurzen Ruhepause, in einer weiteren

---

Was das Produkt seiner Arbeit ist, ist er nicht. Je größer also dieses Produkt, je weniger ist er selbst. Die Entäußrung des Arbeiters in seinem Produkt hat die Bedeutung, nicht nur, dass seine Arbeit zu einem Gegenstand, zu einer äußern Existenz wird, sondern dass sie *außer ihm*, unabhängig, fremd von ihm existiert und eine selbständige Macht ihm gegenüber wird, dass das Leben, was er dem Gegenstand verliehn hat, ihm feindlich und fremd gegenübertritt.« Marx 1932, 512. Tatsächlich wäre der Gedanke, die entfremdeten Arbeitsverhältnisse im Kapitalismus führten dazu, dass dem Arbeiter das Produkt seiner Arbeit als etwas Fremdes, Machtvolles und Feindliches gegenübertrete, ihn solcherart unterjoche, ohne weiteres zur Beschreibung von Ruttmanns Film tauglich.

97 Vgl. Korte 1991, 81.

98 In einem anderen Zusammenhang räumt Kracauer übrigens ein, dass BERLIN, DIE SINFONIE DER GROSSSTADT »immer noch von der Verhärtung mechanisierter menschlicher Beziehungen ausging«. Vgl. Kracauer 1979, 219.

99 Koch 1996, 107.

100 In Kracauers Lesart gälte beispielsweise Josef von Sternbergs DER BLAUE ENGEL (D 1930) als ein solches. Vgl. Koch 1992a, 135f.

hektischen Montage inszeniert –, mutet die Geschäftigkeit, mit der die Frauen und Männer in die Nacht strömen, zu Sportveranstaltungen und ins Kino eilen, zum Tanz und in die Kneipe, jedenfalls seltsam freudlos und marionettenhaft an: Als würde das Feuerwerk, das den Schlusspunkt unter BERLIN, DIE SINFONIE DER GROSSSTADT setzt, weit mehr als nur das Ende des Filmes markieren und der Suchscheinwerfer des hoch aufragenden Turmes, der die allerletzte Einstellung beherrscht, bereits über weitem Nichts kreisen.[101]

Einladung zum Demiurgentum
Wenigstens auf den ersten Blick liegen derartige Kalamitäten fernab des Weges, den die zweite berühmte Großstadt-Symphonie beschreitet: ČELOVEK S KINOAPPARATOM von David Abelewitsch Kaufman, der sich als Student im zaristischen Petersburg Denis Arkadjewitsch nannte, um seine jüdische Herkunft zu verbergen, und später, nach der Oktoberrevolution, das Pseudonym Dziga Vertov wählte: »der kreiselnde Kurbler«[102]. Vertovs Film nun kennt keinen Stillstand, geschweige denn eine Rückwärtsbewegung. Dies offenbart sich zunächst darin, dass der Regisseur – der schon Anfang der zwanziger Jahre, wie es im Kinoki-Manifest heißt, einen Menschen erschaffen wollte, »der vollkommener ist als Adam«, indem er von dem einen »die stärksten und geschicktesten Hände, von einem anderen die schlanksten und schnellsten Beine, von einem dritten den schönsten und ausdrucksvollsten Kopf« nahm und die Fragmente zusammenmontierte[103] – die Bilder dreier Städte, Moskau, Kiew und Odessa, in eins fließen ließ, um solcherart eine Ahnung der kommenden Stadt zu geben, die, folgt man Vertovs Überzeugung, erst noch errichtet werden müsste im Prozess des kommunistischen Aufbaus.[104] Doch auch jenseits einer produktionsästhetischen Perspektive zielt ČELOVEK S KINOAPPARATOM darauf, Filmemacher und Zuschauer zu Kollaborateuren zu machen bei der Gestaltung jener zukünftigen Gesellschaft,[105] die ihren Ausdruck findet in der Idee einer Metropole, die allen, welche die Revolution bejahen, eine Heimstatt bietet. Dies ist der Grund, warum Vertov uns zunächst eine riesige Kamera zeigt, hinter der ein Mann erscheint, seinerseits den Aufnahmeapparat schulternd, auf

101 Vgl. Strathausen 2003, 33.
102 Klemens Gruber leitet die hier aufgegriffene Übersetzung des Pseudonyms ›Dziga Vertov‹, unter Verweis auf Frieder Kern, folgendermaßen her: »Vertov von russ. *vertet'*, drehen, kurbeln; das ukrainische *dzyga* bedeutet Kreisel, Libelle, lebhaftes Kind, Springginkerl eben; es heißt auch, dass Vertov damit das Geräusch der Spule am Schneidetisch oder des Projektors im Namen führen wollte, jenes wundervolle dddzzzgggdddzzzggg«. Gruber 2004, 11.
103 Vertov 1998a, 45. Bei Vlada Petrić heißt es über den Begriff ›kinoki‹: »Vertov's neologism ›kinok‹ is constructed from two words: ›kino‹ (film) and ›oko‹ (a derivative suffix that makes an agent out of a verb). In addition, ›oko‹ is and archaic word for ›eye‹.« Petrić 1987, 2.
104 Vgl. Roberts 2000, 92.
105 Vgl. Musser 1998, 86.

einer Hügelkuppe, die sich aus dem Nebel erhebt wie die Gemarkung von Utopia – und warum diese Bilder dann übergehen in den Vorlauf einer Kinovorstellung (der Filmprojektor wird bereit gemacht; das Publikum füllt allmählich die Reihen; das Orchester wartet auf seinen Einsatz), nachdem der Kameramann, noch immer sein Werkzeug tragend, das Gebäude betreten hat und hinter dem Vorhang verschwunden ist, der die Leinwand dem Zuschauerraum verbirgt. Der Film aber, den die Zuschauer in dem von Vertov inszenierten Kino erwarten, ist kein anderer als ČELOVEK S KINOAPPARATOM, dessen Teil sie selbst sind und den wir – andere Zuschauer vor einer anderen Leinwand – jetzt gemeinsam mit ihnen zu sehen bekommen.[106] Dieser Film beginnt seinerseits mit den Bildern einer Stadt, die den Morgen erwartet: Wir (die Zuschauer: innerhalb der Diegese und außerhalb derselben) sehen eine junge Frau in ihrem Bett, eine Uferpromenade und einen Park, schlafende Obdachlose und schlafende Babys, noch leere Straßen und Plätze. Es folgt der Auftritt des Kameramanns: Ein Auto holt ihn vor einem Haus ab, und seine erste Handlung besteht sogleich darin, sich über die Schienen zu beugen, um einen rasend sich nähernden Zug zu filmen. Als hätte er sie mit dieser halsbrecherischen Aktion aus ihrem Schlummer geküsst, begrüßt die Stadt nun den Tag: Die junge Frau erwacht, die Obdachlosen erwachen, rege Geschäftigkeit setzt ein.

Bis zum Abend (beziehungsweise dem Ende der diegetischen Kinovorstellung) wird ČELOVEK S KINOAPPARATOM das Leben der namenlosen Stadt verfolgen, im unausgesetzten Bemühen, alles zu zeigen, was es irgend zu zeigen gibt an diesem proteischen Ort.[107] Der Kameramann ist der Protagonist dieser heroischen Anstrengung.

Aber natürlich geht Vertov, hierin Ruttmann ähnelnd, weit darüber hinaus, eine vorgefundene Welt zu reproduzieren.[108] Sein Bestreben weist in die Zukunft, richtet sich nicht auf Repräsentation, sondern auf die Erschaffung einer Wirklichkeit.[109] Die riesenhafte Kamera, die zu Beginn des Filmes erscheint, gleichsam aus dem Nirgendwo ragend, ist denn auch keineswegs eine optische Spielerei ohne besondere Bedeutung; im

---

106 Vgl. Kirchmann 1996, 98.
107 Thematisch gesehen kann man laut Vlada Petrić fünf Typen von Bildern in ČELOVEK S KINOAPPARATOM unterscheiden: »industrial construction, traffic, machinery, recreation, and citizen-workers' countenances.« Vgl. Petrić 1987, 80. Vertov selbst erinnert übrigens daran, dass sein Film den Tagesablauf keineswegs in chronologischer Stringenz verfolge. Vgl. Vertov 2004, 12.
108 Man sollte nicht unerwähnt lassen, dass Vertov jeden Vergleich zwischen seinem und Ruttmanns Film als »absurd« zurückwies – eine verständliche Haltung, wollte man, wie des öfteren geschehen, ČELOVEK S KINOAPPARATOM schlichtweg als Fortführung der Ästhetik von BERLIN, DIE SINFONIE DER GROSSSTADT deuten. Vgl. Petrić 1987, 79f.
109 Vgl. zu Vertovs Realismus-Begriff Meyer 2005, 77 und 98. Meyer freilich betont, in einem durchaus strittigen Maße, die Kontinuität zwischen Vertovs Ästhetik und den Programmatiken des russischen Futurismus, Formalismus und Konstruktivismus – vgl. z.B. ebenda 81, 86, 89, und 91. Vgl. auch Comolli 2004, 103, und Petrić 1987, 3f.

Gegenteil markiert sie präzise den Standpunkt, den der Regisseur für sich und sein Filmkollektiv Kinoki beansprucht: zugleich innerhalb und außerhalb der Diegese verortet, Teil der Realität und doch weit über ihr thronend. Die Kamera ist der Kinoglaz, das Filmauge, mit dem Vertov sich und die Seinen identifizierte[110] und von dem er schrieb, es spüre »im Chaos visueller Ereignisse den Weg für seine eigene Bewegung oder Schwingung auf« und experimentiere, »indem es die Zeit dehnt, Bewegungen zergliedert oder umgekehrt, Zeit in sich absorbiert, Jahre verschluckt und so langdauernde Prozesse ordnet, die für das menschliche Auge unerreichbar sind...«[111]

Vor diesem Hintergrund nun erscheint auch der Kameramann nicht länger als gewöhnlicher Filmkünstler. Vielmehr führt Vertov ihn als Demiurgen ein. Denn wenn er den Hügel hinter der riesenhaften Kamera erklimmt, damit von einem Nicht-Ort Besitz ergreift, dann seine eigene Kamera auf das Kino zu richten scheint, in das sogleich die Zuschauer strömen werden, um ČELOVEK S KINOAPPARATOM zu sehen, verdoppelt er die Instanz der Emanation: Während jene erste Kamera als Insigne der Schöpfungsmacht von Vertov und den Kinoki gelten kann, stellt die zweite Kamera ein Angebot an den Zuschauer (außerhalb der Diegese) dar, sich mit der weltgestalterischen Tätigkeit des Kameramanns zu identifizieren. Der Kameramann nämlich ist es, der eben diese Apparatur in der Folge durch den Film tragen wird, den er zuvor betritt, wenn er hinter dem Vorhang des noch leeren Lichtspielhauses verschwindet. Diese Konfiguration macht insbesondere eine Einstellung gegen Ende des Films deutlich, die den Kameramann, nun selbst mitsamt seines Apparates ins Riesenhafte gewachsen, gleichsam auf den Häuserdächern stehend zeigt: Gewiss vermag er, von dieser überlegenen Warte aus, weit zu sehen, hinein in die Straßen und Gassen, hinweg über die Plätze und hinaus noch über die Grenzen der Stadt; somit ist der Kameramann nunmehr dem allgegenwärtigen Kinoglaz, in dem sich die Gesamtheit der Kinoki in ČELOVEK S KINOAPPARATOM einschreibt, ein ebenbürtiges Gegenüber geworden. Zuvor aber beobachten wir ihn dabei, wie er – oder einer der ihm zum Verwechseln ähnlichen Kollegen[112] –, stets von einer zweiten, unsichtbaren

110 Vgl. Vertov 1998b, 51.
111 Vertov 1998a, 47. Ausdrücklich in Bezug auf ČELOVEK S KINOAPPARATOM schrieb Vertov: »DER MANN MIT DER KAMERA will die Überwindung des Raumes. Er gibt die visuelle Verbindung zwischen verschiedenen, räumlich voneinander entfernten Lebenspunkten, auf Grund von unaufhörlichem Austausch sehbarer Tatsachen, der ›Kino-Dokumente‹. DER MANN MIT DER KAMERA will die Überwindung der Zeit, die visuelle Verbindung zwischen zeitlich weit voneinander getrennten Erscheinungen. Er gibt die Möglichkeit, Lebensprozesse in einem beliebigen, dem menschlichen Auge verschlossenen Tempo des Zeitablaufs zu sehen.« Vertov 2004, 12.
112 Kay Kirchmann weist darauf hin, dass der Kameramann (oder die Kameramänner) von Vertovs Bruder Michail Kaufmann dargestellt wurde, der zugleich der Chef-Kameramann von ČELOVEK S KINOAPPARATOM war, ebenso wie es sich bei der Cutterin, die im Film bei der Arbeit zu sehen ist, um Vertovs Frau Elizaveta Svilova handelt, die auch jenseits der Diegese für den Schnitt von ČELOVEK S KINOAPPARATOM verantwortlich zeichnete.

Kamera gefilmt, Brücken, Schornsteine und Baugerüste erklettert, auf Staudämmen, in Bergwerken und an Hochöfen erscheint, zu Fuß und mit dem Auto die Stadt durchstreift. Immer hat er seine Kamera dabei, sogar, wenn er sich zur Entspannung ins Meer legt, und immer ist sie bereit zum Einsatz. Damit erfüllt Vertov, hundertfach den Beweis antretend, dass das Kinoauge mehr und tiefer sieht als jenes der Menschen,[113] nicht nur sein ästhetisches Programm, die »Erkundung des Lebens zu einem möglichen Maximum zu steigern«[114] und »Orkane von Bewegungen« in den Raum zu schleudern.[115] Zugleich schafft er eine Leerstelle, die er zu besetzen auffordert: Denn nur die Zuschauer (die außerhalb der Diegese stehen und denen der Film zur Erfahrung wird) können die Fragmente von Leben, die der Kameramann aufnimmt und die Kinoki montieren, zum Bild der kommenden Stadt vereinen und so in den leuchtenden Augen jener anderen Zuschauer (die sich innerhalb der Diegese verorten und Teil der Erfahrung des Films sind) ihre eigene Begeisterung gespiegelt sehen, wenn sie am Ende von ČELOVEK S KINOAPPARATOM den Tanz der Kamera, die niemand mehr bedient, auf der Leinwand beobachten.[116]

Die Versöhnung des Belebten mit dem Unbelebten
Das erklärt auch, weshalb Vertovs Film, ganz anders als BERLIN, DIE SINFONIE DER GROSSSTADT, kein Zerwürfnis zulässt zwischen dem Belebten und dem Unbelebten – oder es zumindest nicht zulassen möchte. Denn die Stadt und die Menschen stehen sich hier nicht in Feindschaft gegenüber; keine Partei versucht die andere zu beherrschen oder gar zu unterjochen. Stein und Stahl, Fleisch und Blut sind vereint im – vom Zuschauer gestifteten – Prozess der Erschaffung jener vollkommenen Stadt, die das kommunistische Ideal erfüllt sehen wird. Noch ist diese Stadt ein Versprechen, das es erst einzulösen gilt und das die Menschen, die Vertov zeigt, und die Zuschauer, die seinen Film sehen, voller Zuver-

---

Kirchmann 1996, 99. Kirchmann deutet diese von ihm so genannten Paradoxien in der Konstruktion des Films, neben anderen Elementen der Vertovschen Ästhetik, als Abkehr von dem konstruktivistischen »Interesse an der Ontologie der Dinge«. Vgl. ebenda 100-103. Auf den Zuschauer bezogen, scheinen sie vor allem als Teil der Herausforderung des Demiurgentums zu fungieren; denn wenn man zugleich innerhalb und außerhalb von ČELOVEK S KINOAPPARATOM dessen Kameramann und Cutterin sein kann, so sollte es auch keine Unmöglichkeit darstellen, sich im selben Moment hinsichtlich desselben Filmes in die Position des Zuschauenden und Gestaltenden zu begeben.
113 Vgl. ebenda, 40ff.
114 Vgl. Vertov 1998b, 52.
115 Vgl. Vertov 1998c, 34f.
116 So gesehen findet die Aktivität des Zuschauers vielleicht eine noch genauere Entsprechung in der Arbeit der Cutterin. Diese nämlich tritt, wie gesagt, ebenfalls auf in ČELOVEK S KINO-APPARATOM; Vertov zeigt sie die Filmstreifen einspannend, zerschneidend und neu zusammensetzend – jenes Material, das der Kameramann zuvor während seiner Abenteuer gesammelt hat. Der Zuschauer sieht dabei abwechselnd Standbilder und dieselben Bilder, Gesichter von Frauen und Kindern, in Bewegung versetzt durch das Handwerk der Kinoki, dessen er zugleich im Prozess seiner Wahrnehmung teilhaftig wird.

sicht einlösen sollen, indem sie die Zukunft gemeinsam erbauen: Im Kino und außerhalb davon. Wenn es in ČELOVEK S KINOAPPARATOM dennoch Armut gibt und Krankheit, Trunksucht und Einsamkeit, so eben deshalb, weil Vertovs Film selbst eine Etappe dieser Entwicklung markiert.[117] Auch für diejenigen, die heute noch Bettler und Säufer sind, wird es einmal einen Platz geben im Herzen der Stadt. Dies ist der nachgerade messianische Trost von ČELOVEK S KINOAPPARATOM. Bis es aber soweit ist, schafft Vertov ihnen einen Ort in der Gegenwärtigkeit des Filmbildes. Präzise in dieser Versöhnung des Belebten mit dem Unbelebten aber konstruiert ČELOVEK S KINOAPPARATOM den Blickpunkt der Stadt. Denn der Zuschauer soll sich natürlich nicht mit dem Kameramann als individuell ausgestalteter Figur identifizieren, sondern mit seinem demiurgischen Potential, das ihn als Teil jenes historischen Prozesses ausweist, der Vertovs Hoffnung gemäß auf die klassenlose Gesellschaft hinführen soll; im Rahmen der Konzeption von ČELOVEK S KINOAPPARATOM steht nun wiederum die Stadt selbst für diesen Prozess ein: Sie ist der Raum der sozialistischen Utopie, und das Kino vermag genau soweit dieser Utopie eine sinnlich erfahrbare Gestalt zu verleihen, wie es Bilder der Stadt gibt, die über ihre Gegenwart hinausweisen in Richtung einer besseren Zukunft, noch ungekannt zwar, hier jedoch gleichsam das Auge öffnend, um ihrerseits den Zuschauer anzusehen, der außerhalb der Diegese auf sie zu lebt. Die Stadt braucht den Kameramann, damit er diese Bilder liefert; zugleich ist sie der Ursprung eines jeden Bildes und der in der Zeit harrende Zielpunkt, an dem das Unfertige, was uns ČELOVEK S KINOAPPARATOM zeigt, zu seiner Vollendung gelangt sein wird. Daraus folgt auch, dass all die Bilder, die der Kameramann einfängt, sich vereinen müssen zu einer Vision, die von der Stadt selbst gestiftet wird. Nur so nämlich ist gewährleistet, dass das Demiurgentum, welches die Kinoki, den Zuschauer und den Kameramann vereint, nicht ins Leere läuft und irgendeine Welt erschafft, sondern, indem es »Zeit absorbiert, Jahre verschluckt und langdauernde Prozesse ordnet«, mit jedem Schnitt, jedem Einstellungswechsel und jeder Sekunde, die verstreicht, weiterarbeitet an der Erbauung des Kommunismus. In Vertovs Film also herrscht kein Krieg zwischen dem Belebten und dem Unbelebten, doch es ist allemal der Blick der Stadt – ihre unzähligen Augen, die von den Wänden herabblicken oder auf Plätzen sich öffnen, die über den Trottoirs oder an Straßenecken positioniert sind, oder auch hoch oben an Gesimsen und

---

117 Nachdem er die verschiedenen Methoden Vertovs benannt hat, in ČELOVEK S KINOAPPARATOM die Widersprüche und Fehlentwicklungen der sowjetischen Gesellschaft aufzudecken, kommt Vlada Petrić zu dem Schluss: »In the early [sic] 1920s, most of the truly revolutionary Soviet artists were profoundly disappointed with the consumer mentality of the NEP era the perpetuated a bourgeois worldview. Vertov, Kaufmann and Svilova responded to such mentality by recording ›life-facts‹ from this period while identifying themselves with ordinary citizens and workers who suffered because of the economic situation.« Petrić 1987, 109.

Giebeln, auf Turmspitzen oder am Rand eines Schlotes –, dem, im Dienst der Revolution, das Primat zukommt.[118]

Dessen ungeachtet spricht aus ČELOVEK S KINOAPPARATOM eine, wenigstens für eine Großstadt-Symphonie, erstaunliche Menschenliebe. Bei Ruttmann verfügt fast nur die Selbstmörderin über eine individuierte Physiognomie; die Zuneigung Vertovs hingegen realisiert sich in zahllosen, mit nie ermüdender Anteilnahme und häufig in Großaufnahme eingefangenen Gesichtern: Er zeigt Schlafende und Wachende, Weinende und Lachende, Arbeiter und Müßiggänger, Frauen, die geschminkt werden, und Männer, die sich rasieren lassen, Kinder, staunend und vergnügt, die einem Magier zusehen, und einen Jugendlichen, der nach einem Verkehrsunfall blutend am Boden liegt. Auch dem Spiel der Körper schenkt Vertov eine unerschöpfliche Aufmerksamkeit, den kleinen und großen Gesten und Bewegungen der Menschen, wenn sie heiraten, wenn sie sich scheiden lassen, einem Toten das Geleit geben oder ein Kind zur Welt bringen, wenn sie arbeiten, trinken und tanzen und, vor allem, wenn sie Sport treiben: eine nicht endende Bilderfolge von Ballspielern, Läufern, Schwimmern, Gymnastikern, Reitern und Rennfahrern bestimmt jene – nicht zuletzt im Vergleich zu BERLIN, DIE SINFONIE DER GROSSSTADT – recht ausgelassenen Szenen, die der Freizeit gewidmet sind.

In diesem Zusammenhang fällt auf, dass Vertov, als Anhänger einer kollektivistischen Utopie, eine bestimmte Art Masseninszenierung (gesichtslose Frauen und Männer füllen die Straßen und Arbeitsplätze), so prägend für Ruttmanns Film, eher meidet. Zumeist gilt sein Augenmerk dem Einzelnen oder den Wenigen. Dies jedoch liegt gerade daran, dass es, wie gesagt, in ČELOVEK S KINOAPPARATOM jene mal unterschwellige, mal offen zum Ausbruch kommende Feindseligkeit zwischen Stadt und Menschen, die das Gros des Genres zu prägen scheint, nicht gibt: Das Individuum ist immer Teil des Ganzen, das Ganze aber gelangt nie in Widerspruch zum Individuum. Vertov braucht die Masse nicht, weil ihm jeder Einzelne für die Gesamtheit aller einstehen kann, ebenso wie die Gesamtheit aller aufgehoben ist im Blick der Stadt, die sich selbst in ihrer zukünftigen, makellosen Gestalt anschaut.

Der Riss im Gewebe der Zukunft

Die Unterschiede zwischen ČELOVEK S KINOAPPARATOM und BERLIN, DIE SINFONIE DER GROSSSTADT sind also tiefgreifend. Wenn die Filme Vertovs und Ruttmanns dennoch auch jenseits eines eher nebensäch-

---

118 Auch Carsten Strathausen kommt zu dem Schluss, dass Vertov nicht Individuen oder die Arbeiterklasse, sondern die Kamera beziehungsweise die Stadt selbst zu seiner Heldin und mithin zum Ursprung des Blickes mache, wobei dieses Verfahren Strathausens Meinung nach *per se* gegen das Menschliche gerichtet ist. Vgl. Strathausen 2003, v.a. 29-32. Interessanterweise unterzieht er also ČELOVEK S KINOAPPARATOM derselben Kritik wie BERLIN, DIE SINFONIE DER GROSSSTADT. Vgl. ebenda 33.

lichen Strukturmerkmals – in beiden Fällen wird die Stadt mehr oder weniger für den Lauf eines Tages begleitet – und ihrer grundlegenden Zielsetzung – die Vision einer Gesellschaft zu gestalten – eine Verwandtschaft offenbaren, so liegt dies daran, dass ČELOVEK S KINOAPPARATOM nicht anders kann, als eine Ahnung davon zuzulassen, dass die kommende, allversöhnte Stadt niemals vollendet werden wird.

Dies macht vor allem jene Szene deutlich, in der sich Vertov den Arbeiterinnen einer Zigarettenfabrik und einer Telefonschaltzentrale widmet. Die immer schnellere, bis zur Unerkennbarkeit der Einstellungen gesteigerte Montage zeigt, wie die Frauen Zigaretten verpacken und Verbindungen herstellen; es schließt eine Sequenz an, die andere manuelle Tätigkeiten in einen assoziativ-rhythmischen, ebenfalls rasenden Ablauf bringt: Finger fliegen über eine Schreibmaschine und ein Klavier, jemand bedient die Kurbel einer Kasse und einer Kamera, ein Hobel wird geschwungen, ein Rasiermesser gewetzt, Lidschatten aufgetragen, Stecker werden eingesteckt und Schalter betätigt, Hände führen eine Pistole und eine Axt, für Sekundenbruchteile sind Stahlarbeiter und eine Näherin zu sehen, und auch die Frauen der Telefonschaltzentrale und Zigarettenfabrik erscheinen noch einmal im Bild.

Wahrscheinlich wollte Vertov hier die Überwindung der entfremdeten Arbeit in der Sowjetunion feiern: Es ist viel zu tun, und alle packen an; nichts kann jemals schnell genug gehen, denn jeder Tropfen Schweiß bringt den Aufbau einer gerechten Gesellschaft nach vorne; weit davon entfernt, die Arbeit als etwas Feindliches und Entwürdigendes zu betrachten, geben die Menschen freudig ihr Bestes, denn an der Schreibmaschine sind sie ebenso bei sich wie am Fließband, am Klavier oder im heimischen Wohnzimmer. Hierfür spricht, dass, wie Jean-Louis Comolli schreibt, »die Gesten der Arbeit« bei Vertov im Allgemeinen dazu neigen, »denen des Spiels oder des Tanzes, den Zeitlupenaufnahmen der Sportszenen zu gleichen, und zwar einem Gesetz der Leichtigkeit und der Anmut zufolge, das die Antwort des Filmemachers auf das Dogma der Produktivität ist.«[119]

119 Comolli 2004, 100. Comolli erkennt in ČELOVEK S KINOAPPARATOM allerdings auch eine gegenläufige Tendenz: »Indem der Film die Maschine auf die Seite der Leistung stellt und den Menschen auf die Seite der Unvollkommenheit, schlägt er wenn schon nicht eine Herrschaft, so doch so etwas wie eine Führung, eine Verbesserung, ja sogar eine Erfüllung des Menschen durch die Maschine vor.« Ebenda, 104. Die Frage, wes Geistes Kind diese Pädagogik ist und worin das Ziel einer derartigen »Verbesserung« des Menschen durch die Maschine bestehen mag, stellt sich Comolli, zumindest in diesem Zusammenhang, nicht.
Lorenz Engell würde auf diese Frage, so scheint es, eine außerordentlich optimistische Antwort geben: »Nicht in erster Linie wir, als menschliche Subjektive gedacht, sind es, die mithilfe unserer Erfindung, des Films, Wirklichkeit in ihrem Wandel beobachten und gestalten. Ob als Kamerapersonen oder als Zuschauer, ob als Darsteller oder als technisch Mitwirkende, ob als Kritiker oder als Vorführer, stets sind wir Teil des filmischen Prozesses, in dessen Mitte das bewegliche, das ›lebende‹ und ›denkende‹ Bild selbst fungiert. Wenn wir uns als Subjekte denken, so denkt die Ap-

Doch jenseits der mutmaßlichen Intention seiner Macher erzielt ČELOVEK S KINOAPPARATOM – mit teils verschiedenen (die extreme Beschleunigungsmontage), teils identischen (die Fragmentierung der Körper) Verfahren – in dieser Szene einen ähnlichen Effekt wie BERLIN, DIE SINFONIE DER GROSSSTADT mit der Inszenierung eindeutig freudloser und quälender Arbeitsprozesse. Frauen und Männer sind auch hier Anhängsel der Maschinen und Gerätschaften, der Apparate und Werkzeuge; es ist der Wille des Unbelebten, Automatischen und Willenlosen, dem diese Bilder unterworfen sind, nicht jener der Menschen. Weit entfernt davon, dem »Dogma der Produktivität« etwas entgegenzusetzen, geht Vertov in der atemberaubenden Virtuosität seiner Kinematografie sogar noch weiter als Ruttmann mit seinen einfacheren Mitteln: Für einige Augenblicke errichtet er ein Terrorregime der Montage.

Nun sollte man nicht übersehen, dass der Technikbegeisterung der Kinoki schon Anfang der zwanziger Jahre eine Neigung innewohnte, die Maschine über den Menschen zu stellen und diesen ob seiner Unvollkommenheit zu zeihen. Beispielsweise schrieb Vertov in einem seiner Manifeste jener Tage: »Das ›Psychologische‹ stört den Menschen, so genau wie eine Stoppuhr zu sein, es hindert ihn in seinem Bestreben, sich der Maschine zu verschwägern. Wir sehen keinen Grund, in der Kunst der Bewegung dem heutigen Menschen das Hauptaugenmerk zu widmen.«[120]

Dennoch: wenn Vertov – in einem Film von 1929 – momentlang den Eindruck erweckt, die Menschen müssten aufhören, Mensch zu sein, um Schritt halten zu können mit den Maschinen und dem erbarmungslosen Tempo, das ihnen abverlangt wird, dann drängt sich ein Gedanke zwischen die Bilder und ihren Betrachter – der Gedanke daran, dass es tatsächlich sehr schwer war, Schritt zu halten in der Sowjetunion jener Jahre, am Vorabend des Selbstmordes von Majakowski, zu einer Zeit, wo es keine Fragen und Zweifel mehr gab, sondern nur noch eine Wahrheit, von der man nach links oder rechts abweichen konnte, und Stalins Projekt einer Industrialisierung im historischen Zeitraffer bald schon den

paratur uns als lebendigen und denkenden Teil eines umfassend technisch-dinglichen, gesellschaftlichen-geschichtlichen und biologischen Gesamtzusammenhangs. Der Bilder und Zeichen gebende Prozess, der Wahrnehmung und Denken heißt, läuft durch uns hindurch, und genau dieser Durchlauf kann mithilfe der Kinoapparatur zum ersten Mal wahrgenommen, beobachtet und erkannt werden.« Engell 2003, 28.

120 Vertov 1998c, 32. Abgesehen davon, dass die Filme der Kinoki niemals wirklich einer derart martialischen Rhetorik entsprachen – wie ja die Analyse von ČELOVEK S KINOAPPARATOM zu bestätigen vermag –, zeigen solche Zeilen, dass es nicht zuletzt eine gewisse programmatische Abneigung gegenüber menschlichem Ungenügen ist, die Vertov mit Futuristen und Konstruktivisten verband. Vlada Petrić schreibt über diesen Zusammenhang: »It was the futurist literary tradition in prerevolutionary Russia that stimulated the constructivists' enthusiasm for technology in the early days of the Soviet state. Admiration for machines is evident in futurist paintings by Malevich, Goncharova, and Rozanova, whereas an appreciation of pure geometrical forms is dominant in Malevich's suprematist works. This is equally true of avant-garde Russian photography and film.« Petrić 1987, 5f.

Hungertod von Millionen herbeiführen sollte.[121] Und wenn Siegfried Kracauer – in einem 1946 fertig gestellten Buch[122] – an Vertov lobt, dass ihm etwas zueigen sei, was Ruttmann vermissen lasse, eine Haltung nämlich, diese Haltung weiterhin mit der »uneingeschränkten Billigung der sowjetischen Wirklichkeit« identifiziert und Vertov selbst schließlich als »Teil des revolutionären Prozesses, der Leidenschaften und Hoffnungen weckt« bestimmt[123], dann stellt sich die Frage, von welcher Wirklichkeit hier die Rede ist, von welcher Revolution und, vor allem, von welchen Hoffnungen.

ČELOVEK S KINOAPPARATOM erlaubt schwerlich eine eindeutige Antwort auf diese Frage. Da ist ein Riss, der Vertovs Film durchzieht, in der Horizontalen der Montage die verschiedenen Schichtungen der Bilder trennend; entlang dieses Risses überlagern einander zwei kinematografische Visionen, als würde durch jene erste Stadt, in der die Menschen nicht nur arbeiten und feiern, sondern sich sogar an banalen Zaubertricks erfreuen dürfen, eine zweite Stadt hindurchscheinen, die zu ihrer Verwirklichung weder des Einzelnen noch der Masse, sondern der Abschaffung alles Menschlichen bedarf, um in einer grenzenlosen Stille und Leere die Herrschaft eines makellosen Todes, des Apparatlebens, zu inaugurieren. Die eine Stadt also bietet den Lebenden eine Heimat, die andere nur den Ungeborenen.

Der große Abschied

Auf Grundlage des bisher Gesagten lässt sich eine erneute Annäherung an NAPOLI CHE CANTA versuchen. Offenbar ist Leone Robertis Film demselben Genre zuzuordnen wie BERLIN, DIE SINFONIE DER GROSSSTADT und ČELOVEK S KINOAPPARATOM; mehr noch: wahrscheinlich handelt es sich bei ihm um die einzige italienische Großstadt-Symphonie.[124]

---

121 Auch die großen Regisseure des sowjetischen Kinos der zwanziger Jahre gehörten damals zu denen, die nicht mehr Schritt halten konnten, selbst wenn sie es noch nicht wussten. Eisenstein, Pudowkin, Dowschenko, Esfir Schub, Lew Kuleschow und Vertov selbst waren allesamt, in verschiedenen Graden der Unrückführbarkeit, aus der Zeit gefallen. Spätestens Anfang der dreißiger Jahre galt ein Kino, dem die Montage wesentliches Gestaltungsmittel war, nicht mehr als opportun. Gefragt waren nun einfache Geschichten um heldenhafte Arbeiter und Bauern, die stets das Richtige taten, um den sogenannten Sozialismus voranzubringen. Vertov sah sich schon für ČELOVEK S KINOAPPARATOM heftigen Anfeindungen ausgesetzt; seinen späteren Filmen erging es nicht besser. Daran konnte auch die beschämende Hagiografie von TRI PESNI O LENINE (DREI LIEDER ÜBER LENIN, SU 1934) und KOLYBEL'NAJA (SU 1937) nichts ändern. Vgl. zu den Polemiken um Vertovs Filme und den künstlerischen wie persönlichen Niedergang des Regisseurs: Petrić 1987, 60-69, und Roberts 2000, 93-98.
122 Es geht hier ebenfalls um *From Caligari to Hitler. A Psychological History of the German Film*, das 1947 in Princeton erschien.
123 Vgl. Kracauer 1979, 197.
124 Wenigstens findet sich in der einschlägigen Literatur kein Hinweis auf einen vergleichbaren Film. Tatsächlich wird nicht einmal NAPOLI CHE CANTA erwähnt, wenn es um das Genre der Groß-

Was als kennzeichnend für das Genre insgesamt – und vor allem seine bedeutendsten Vertreter – gelten kann, bestimmt ebenso die Poetik von NAPOLI CHE CANTA: jene bereits skizzierte Methode, Unverbundenes zusammenzureimen vermöge der Gestaltung einer Stadt. Ferner sind Leone Robertis Film, BERLIN, DIE SINFONIE DER GROSSSTADT und ČELOVEK S KINOAPPARATOM auch darin vergleichbar, dass sie mit kinematografischen Mitteln die Vision einer gesamten Gesellschaft zu entwickeln streben.

Es scheint also angebracht, das *Wie* und *Wozu* von NAPOLI CHE CANTA genauer zu bestimmen – welche Ausprägung erfährt die Methode, durch die Augen der Stadt das menschliche Leben zu inszenieren, in Leone Robertis Film, und welche Beschaffenheit hat das Bild der Gesellschaft, das solcherart entsteht? Die Ergebnisse dieser Untersuchung sollten ermöglichen, die Stellung von NAPOLI CHE CANTA sowohl hinsichtlich des italienischen Kinos als auch im Verhältnis zum Genre der Großstadt-Symphonien präziser zu konturieren und schlussendlich ein Verständnis davon zu befördern, was für eine Stadt es ist, die hier im Wahrnehmungsprozess der Zuschauer sich entfaltet.

Rhythmisierung der Einsamkeit
Zunächst kann man sagen, dass der bereits vermerkte Verzicht auf eine durchgängige, von individuierbaren Figuren getragene Handlung kaum dazu angetan sein dürfte, NAPOLI CHE CANTA gegen die Folie seines Genres abzuheben. Für sich genommen bezeichnet dieser Verzicht vielmehr eine geradezu unerlässliche Bedingung der kinematografischen Konstruktion des Blickpunktes der Stadt. Ganz anders sieht es allerdings aus, wenn die zweite, eingangs konstatierte Abwesenheit zur Sprache kommt – eine Abwesenheit, die mit der Diskrepanz zwischen dem, was die Zwischentitel von Leone Robertis Film verheißen, und dem, was seine Bilder tatsächlich einlösen, verbunden und weiterhin in die eigentümliche Distanziertheit der ersten Einstellungen von NAPOLI CHE CANTA eingeschrieben ist. Diese Konfiguration lässt sich keineswegs einer allgemei-

stadt-Symphonien geht. Dies dürfte freilich daran liegen, dass Leone Robertis Film lange Zeit als verschollen galt; erst 2002 wurde er wieder entdeckt und im Auftrag des George Eastman House von Paolo Cherchi Usai restauriert. An dieser Stelle scheint die Bemerkung angebracht, dass der zweite NAPOLI CHE CANTA – 1927 von Mario Almirante inszeniert, jedoch erst 1930 in einer Tonfassung mit nachgedrehten Szenen auf die Leinwand gebracht – weder mit der gleichnamigen Arbeit von Leone Roberti noch mit dem Genre der Großstadt-Symphonien etwas gemein hat. Vielmehr handelt es sich bei Almirantes Film um eine Liebeskomödie mit Musical-Einlagen. Dieser NAPOLI CHE CANTA erzählt die Geschichte zweier junger Italoamerikaner aus New York, die nach dem Willen ihrer Eltern heiraten sollen, um die geschäftliche Verbindung zwischen den Familien zu besiegeln. Allerdings lieben sich die beiden nicht und greifen zu jedem Vorwand, um die Hochzeit hinauszuzögern. Irgendwann beschließen sie, jeder ohne das Wissen des anderen, nach Neapel zu reisen. Dort treffen sie sich zufällig wieder und beginnen nun, begünstigt durch die verheißungsvolle Atmosphäre der Stadt, Zuneigung füreinander zu entwickeln. Als Verliebte kehren sie nach New York zurück und können nun freudig den Wunsch ihrer Eltern erfüllen.

nen Bestimmung des Genres der Großstadt-Symphonien subsumieren. Im Gegenteil kommen hier eine Trauer und eine Verlorenheit zum Ausdruck, die auf den innersten Kern dessen verweisen, was das Neapel Leone Robertis ausmacht.

Es ist kein Zufall, wenn bereits der nächste Zwischentitel, im Verhältnis zu den sich ihm anschließenden Bildern, die soeben beschriebene Diskrepanz wiederholt: Durchflutet von Luft und Licht, so steht zu lesen, lache und singe die Stadt im Glanz ihrer Herrlichkeit.[125] Doch was wir sehen, sind Einstellungen – wiederum entrückte blau und gelblich viragierte Totalen zumeist – der Hafenbecken mit ihren großen Dampfschiffen und kleinen Booten, der nahezu verlassenen Parks und Plätze, von aneinandergedrückten Häusern und in einen leeren Himmel strebenden Kirchen, von dicht bebauten Uferstreifen und einer abschüssigen Küstenstraße, auf der ein einzelner Pferdewagen entlangfährt, schließlich von dem in der Sonne glitzernden Meer, das den ganzen Kader ausfüllt. Niemand lacht oder singt hier, obwohl in Leone Robertis Film, wie wir noch sehen werden, durchaus häufiger gesungen und sogar gelacht wird. Selbst die Spaziergänger unter der Pergola, Liebende offenbar, wirken wie verbannt in den Bildhintergrund, strahlen eine derart unhintergehbare Einsamkeit aus, dass es scheint, als würden sie immer schon Abschied nehmen und NAPOLI CHE CANTA zeige das Bild dieser fortwährenden, nie vollzogenen und nie endenden Trennung.

Ebenso wenig ist es ein Zufall, dass auf die – mitnichten zahlreichen – dem Neapolitanischen Straßenleben gewidmeten Einstellungen ein weiteres Bild der Verlassenheit folgt, wenn die von Geschäften, Marktständen, Blumen und Menschen übervollen Gassen einer gänzlich anderen Szenerie Platz machen: ein Mann, ein Korb voller kunstvoll geflochtener Blumenkränze auf dem Kopf, hinter ihm ein Kreuz, das ihn bei weitem überragt, und die Flucht einer Straße. Die Verlorenheit dieses Mannes wirkt umso heilloser nach den überbordenden Bildern des altstädtischen Treibens; auch er ruft, um seine Ware anzupreisen, doch unwillkürlich fragt man sich, wen er zu erreichen hofft mit seiner Stimme. Dann aber, aus dem Nichts kommend, strömen Menschen herbei, umringen den Verkäufer, wie um ihn zu beschützen vor einem ihm allein drohenden Unheil, jedoch lachend dabei, eine Art improvisiertes Fest begehend.

Derartige Abfolgen gibt es regelmäßig in NAPOLI CHE CANTA; an ihnen offenbart sich ein zentrales Strukturprinzip des Filmes: Die Bilder der Freude nämlich – das Straßenleben, später ein Konzert auf einem Marktplatz, ein Familienfest, eine Bootspartie, Liebespaare, für den Augenblick vereint – sind gefährdet durch Schmerz, Verlust und Verödung. Solcherart

---

125 »...Inondata poi di aria e di sole, ride e canta nello splendore della sua magnificenza.«

inszeniert Leone Roberti eine Rhythmisierung der Einsamkeit, die sich gleichsam in einer Wellenbewegung vollzieht, die sogar den Wechsel der Einstellungsgrößen erfasst hat. NAPOLI CHE CANTA wird dominiert von Totalen, welche die Groß- und Nahaufnahmen der Menschen umlagern und drohen, das Ausdrucksspiel der Gesichter und Gesten zu verschlingen mit der Abwesenheit, die ihre Räume erfüllt. Mitunter tun selbst die Zwischentitel das Ihrige, um Flut und Ebbe dieser Bewegung zu orchestrieren; so in der beschriebenen Sequenz, wenn es zunächst heißt, die Stimmen der Straßenverkäufer schienen dem allgemeinen Lärm eine größere Heiterkeit und Festlichkeit zu verleihen, dann jedoch, ehe der Blumenverkäufer auftritt, zu lesen ist, getrennt von den übrigen, vereinzelt, klängen dieselben Stimmen nach Traurigkeit wie diejenigen derer, die, weinend, leiden ohne Hoffnung auf Trost.[126]

Liebende und Emigranten
In NAPOLI CHE CANTA liegt also ein Schatten über der Stadt und ihren Menschen. Dieser Schatten, der das Glück zunichte macht, im Licht und am Meer geboren zu sein, ist die Armut. Allein Leone Roberti zeigt, anders als Ruttmann und Vertov, keine Bilder von Obdachlosen, Selbstmördern, Bettlern, Säufern oder zerlumpt-abgezehrten Kindern. Stattdessen inszeniert sein Film eine allgegenwärtige Leere, in der jedes Lachen verklingt und die nichts anderes darstellt als eine Ahnung von der Stadt, wie sie sein wird, wenn die Armut obsiegt. Denn die Ruderboote, Jollen und Dampfer, die in so vielen Einstellungen von NAPOLI CHE CANTA zu sehen sind, dienen hier keineswegs als Anreicherung einer mediterranen Kargheitsidylle. Vielmehr können sie als Symbole des großen Abschieds gelten, der Emigration heißt und den zehntausende Neapolitaner vollziehen mussten in den beinahe fünfzig Jahren, auf die Roberto Leone Roberti zurückblickte, als er seinen Film drehte – ein Los, das sie mit Millionen ihrer Landsleute teilten, die vom Hafen Neapels aus aufbrachen nach Argentinien und in die USA, wo sie dem Elend zu entrinnen hofften.[127]

NAPOLI CHE CANTA freilich hält stets inne an den Grenzen der Stadt; dem Film ist es um den Trennungsschmerz zu tun. In diesem Schmerz verbinden sich das individuelle und das kollektive Geschick – ein Zu-

---

[126] Auf Italienisch lauten die beiden Zwischentitel: »Le voci di rivenditori sembrano dare maggiore allegrezza e festività al rumore generale« und »...ma, udito separatamente, il loro accento è di tristezza come di chi, piangendo, si dolga senza speranza di conforto!...«

[127] Es ist wahrscheinlich, dass die jahrzehntelange Verschollenheit von NAPOLI CHE CANTA nicht zuletzt mit dieser Thematik zusammenhängt. Das faschistische Regime konnte einem Film, der – dazu mit solch trauervoller Schwere – von der Emigration sprach, nur mit Ächtung begegnen. Zu Art und Weise der Einflussnahme vonseiten des Regimes schreibt Morando Morandini: »Der Faschismus zwang Künstler und Intellektuelle weniger bestimmte politische Positionen einzunehmen, sondern versuchte ihr Interesse von der Gegenwart abzulenken, die ausschließlich Angelegenheit der Politiker sein sollte.« Morandini 1998a, 319.

sammenhang, der nirgends deutlicher wird als in den Szenen, die Liebespaaren gewidmet sind: Die Liebenden müssen nämlich ebenso voneinander scheiden wie die Auswanderer von ihrer Stadt. Der kleine Abschied spiegelt den großen und nimmt ihn vorweg. Deshalb ist die Untröstlichkeit, die über den Liebesszenen von NAPOLI CHE CANTA waltet, letztendlich jenseits der Frage zu verorten, ob der Film den hier gezeigten Männern und Frauen zutraut, miteinander glücklich zu werden.

Dies ist auch der Grund, weshalb am Anfang einer Sequenz, welche die Freuden und Leiden von Liebespaaren in einer Mondnacht zum Gegenstand hat, eine Einstellung steht, die das erste Paar – ein Mann und eine Frau an einer steinernen Brüstung, der Grenze zwischen Park und Klippe, unter dem mächtigen Ast eines Baumes, der sie, weit überhängend, zugleich zu beschützen und zu bedrohen scheint – in einer Totalen zusammenführt mit dem Meer, dem Horizont und einem Segelboot, das langsam über das Wasser zieht. Die darauf folgenden, in Blau gehaltenen Bilder zeigen die beiden zunächst vereint in einer halbnahen Einstellung; nach einem Schnitt sieht man nur noch ihre Gesichter, getrennt in zwei Nahaufnahmen. Sie scheint glücklich, wendet lächelnd den Blick zu ihm, doch er schaut mit somnambulem Ausdruck an ihr vorbei ins Leere. Nur in einer kurzen, erneut halbnahen Einstellung treffen sich die Blicke; er beugt sich zu ihr, als wollte er sie küssen. Dann aber sieht man erneut sein Gesicht in einer Nahaufnahme, diesmal weniger abwesend als hoffnungslos: Er blickt zu Boden, atmet schwer ein. Ein weiterer Schnitt: nun das Gesicht der Frau; ihr Lächeln ist verschwunden, langsam lässt sie den Kopf sinken.

Die Bilder, welche die Liebenden einfangen, wie sie den Prozess des Bangens, der angedeuteten Vereinigung und darauf folgenden Enttäuschung durchlaufen, bis hin zum Bewusstsein über die Unvermeidlichkeit der Trennung, sind gerahmt von Einstellungen, die das Meer, das gegen die Küste brandet, und ein weiteres Liebespaar in einem Boot zeigen: Die Frau redet und lacht, der Mann hört ihr zu; dann küssen sich die beiden, als Schatten erkennbar hinter einem durchscheinenden Segel. Dieses Paar ist in einer Halbtotale gefilmt; der Mann dreht der Kamera den Rücken zu, das Gesicht der Frau ist zu weit entfernt, um genau erkennbar zu sein. Die Einstellungen von Kuss und Gelächter lassen sich auch als Erinnerungsbilder verstehen. Dann wären die Liebenden, die der Trennungsschmerz ergreift, identisch mit jenen, die während der nächtlichen Bootspartie glücklich sind. Der Kuss hinter dem Segel würde somit eine Reminiszenz darstellen, die ihren Ursprung hinter den von Trauer und Ohnmacht getrübten Augen des Paares an der Klippe fände.

Unabhängig davon jedoch ist offenkundig, dass Leone Roberti das Meer und die Boote im selben Moment zur Insigne der Herrlichkeit Neapels macht, wo er ihnen das Wissen um den großen Abschied einschreibt, der auch auf die Liebespaare wartet. Natürlich verrät NAPOLI CHE CANTA dem Zuschauer nichts über die Gründe für den Schmerz dieser Liebenden. Gerade deshalb muss an die Stelle einer wie immer gearteten psychologischen Deutung die Analyse der Bildkompositionen und Strukturprinzipien des Filmes treten. Jene aber weisen dem Meer und den Booten die doppelte Funktion zu, zugleich von der potentiellen Unerschöpflichkeit des Glücks und der aktualen Unentrinnbarkeit des Leidens zu sprechen.[128]

Es sind diese Bilder, in denen NAPOLI CHE CANTA seine Anklage und seinen Hymnus formuliert: Die Einstellungen, die das Elend Neapels betrauern, sind dieselben, die seine Schönheit feiern; Leone Roberti lässt den Ruhm der Stadt in eins fließen mit ihrem Niedergang; er erlaubt eine Ahnung Neapels, wie es sein könnte, wenn der Wohlstand an die Seite der Schönheit träte, und zugleich das Gegenteil davon, eine Vision von Leere, Trauer und Abschied, die den endgültigen Sieg der Armut vorwegnimmt. Auf einer zweiten Ebene entspricht der bereits beschriebenen Rhythmisierung von Einsamkeit und Glück also die Koexistenz der Widersprüche. So gesehen hängt das Wechselspiel der emotionalen Intensitäten nicht mehr von der Montage ab, sondern ist gleichsam in die Mise en Scène verlegt: Die einzelnen Bilder offenbaren Schichtungen und Überlagerungen von Gefühlen, die zueinander in Spannung stehen oder sich möglicherweise sogar ausschließen.[129]

Elegischer Individualismus
Vielleicht offenbart sich der grundlegende Unterschied zwischen NAPOLI CHE CANTA auf der einen und BERLIN, DIE SINFONIE DER GROSSSTADT sowie ČELOVEK S KINOAPPARATOM auf der anderen Seite nirgends deutlicher als in dieser Perspektive. Denn bei Ruttmann wie Vertov geht es darum, die Stadt als ein Kollektiv – oder negativ ausgedrückt: eine Kollektivierungsmaschine – zu denken: Im Falle von BERLIN, DIE SINFONIE DER GROSSSTADT handelt es sich um eine gleichgültige Stadt, die

---

128 Der Zwischentitel, der eingeblendet wird, nachdem zum ersten Mal das Paar im Boot zu sehen war, unmittelbar nach jenem Bild, welches das anbrandende Meer zeigt, untermauert diese Deutung, indem er seinerseits eine Verbindung zwischen den Gezeiten des Meeres und dem Geschick der Liebenden herstellt: »Flotten von Erinnerungen kommen und gehen, so wie die ewige Flut des Meeres kommt und geht!...« (»Flotte di rimembranze vanno e vengono, come va e viene l'eterna onda del mare!...«)

129 Spätestens an dieser Stelle wird deutlich, dass die Großstadt-Symphonien Ruttmanns, Vertovs und Leone Robertis »Kristallbilder« gestalten. Deleuze hat jenen Bildtypus im Sinn, wenn er schreibt: »Die Ununterscheidbarkeit von Realem und Imaginärem, von Gegenwärtigem und Vergangenem, entsteht folglich keineswegs im Kopf oder im Geist, sondern ist das objektive Merkmal gewisser existierender Bilder, die von Natur aus doppelt sind.« Deleuze 1991, 97. Dass die Ununterscheidbarkeit ein »objektives Merkmal« der Kristallbilder ausmacht, steht nicht in Widerspruch dazu, dass der Zuschauer diese Bilder sich anverwandeln und in eine Richtung hin ausdeuten (oder eben in der Schwebe halten) kann – Deleuze' Analyse ist auf einer anderen Ebene angesiedelt und berührt an dieser Stelle keine rezeptionsästhetische Fragestellung.

als gigantischer Mechanismus die Menschen sich einverleibt und zu Rädern ihres Getriebes macht; bei ČELOVEK S KINOAPPARATOM ist die Stadt ein unvollkommenes Paradies, zu dessen Optimierung die Zuschauer (innerhalb und außerhalb der Diegese) Hand in Hand mit den Filmemachern beitragen sollen. Natürlich kann man fragen, ob Ruttmanns Arbeit einer affirmativen Haltung zur Tyrannei des Unbelebten zuneigt oder ob ihr ein Wissen darum eingeschrieben ist, dass aus denselben Bildern, die hier zum schnitttechnischen Wohlklang der Großstadt-Symphonie verbunden sind, ein gewissermaßen atonales Klagen hervorbricht; ebenso kann man fragen, ob Vertovs Kameramann den Bauplan seiner Zukunftsmetropole genau genug studiert hat, um das Heikle ihrer Konstruktion zu erkennen und die Grauen, die den Riss im Gewebe ihrer kinematografischen Wunder bilden. Unabhängig davon aber, wie man diese Fragen beantwortet, wird man kaum bestreiten wollen, dass sowohl Ruttmanns als auch Vertovs Entwurf eine Tendenz dazu innewohnt, die Stadt zum Despoten zu machen: Der Einzelne wird unterjocht oder soll sich harmonisch oder zumindest solidarisch ins Ganze einfügen. Im ersten Fall zielt die Ästhetik der Stadtinszenierung auf eine unentrinnbare Gegenwart – also letztlich auf eine zyklische Idee von Geschichte; im zweiten Fall auf die Zukunft – auf einen teleologischen Geschichtsentwurf.

Leone Robertis Film nun liegt nichts ferner als der kollektivistische Modernismus, der die Arbeiten Ruttmanns und Vertovs, bei aller Verschiedenheit der konkreten Ausgestaltung, prägt. In NAPOLI CHE CANTA betrachtet die Stadt weder sich selbst in ihrer kommenden Herrlichkeit, noch blickt sie herab auf die Ameisen, die ihr Dasein *nolens volens* dem Dienst an einer übergreifenden Ordnung geweiht haben. Der Blick durch die Augen Neapels dient hier dem Einzelnen; die einzelne Frau, der einzelne Mann ist sein Grund und sein Ziel. Allerdings bedarf es jener übergeordneten, abstrakten Perspektive, um des Konkreten habhaft zu werden: Denn in der poetischen Vision Leone Robertis können die Einwohner Neapels nicht getrennt werden vom Los ihrer Stadt, und das heißt: von Armut und Emigration. Nur wenn es gelingt, den Einzelnen zum Teil der Geschichte seiner Stadt zu machen, so ließe sich die Idee von NAPOLI CHE CANTA bestimmen, können sein Schmerz, seine Freude und seine Sehnsucht einen angemessenen Ausdruck finden. Ursprung und Fluchtpunkt bleibt indessen das Individuum: *eine* Frau, *ein* Mann, *ein* Liebespaar, höchstens *eine* Familie, die zugleich für *alle* Frauen, Männer, Liebespaare und Familien Neapels einstehen – *und dennoch*, im Gegensatz zu Vertovs Entwurf, stets bei sich bleiben sollen.

Das heißt: die Poetik von Leone Robertis Film entspringt einem elegischen Individualismus, und dieses poetische Prinzip zielt hier weder auf eine in ihrer Grausamkeit ewige Gegenwart noch auf eine verheißungsvolle Zukunft. Vielmehr trifft NAPOLI CHE CANTA den Zuschauer, wie García Marquez sagen würde, mit dem »Prankenschlag der Nostalgie.«[130] Es geht also um eine Sehnsucht, die sich nach der Vergangenheit streckt, und was in Leone Robertis Film fehlt, ist Neapel selbst, das ein uneingelöstes Versprechen bleibt, oder, genauer noch, ein Versprechen, dem in einer unbestimmten alten Zeit, wo zugleich das Unglück seinen Ausgang nahm, eine nunmehr längst verwirkte und verlorene Wirklichkeit zugehörte. Denn in der Gegenwart, die NAPOLI CHE CANTA inszeniert, kann den Armen ihre Stadt keine Heimat mehr sein. Am Ende des Films heißt es demgemäß – zu den Bildern eines Dampfers, der mit den Auswanderern in See sticht, einer Handvoll Musiker, die den Abschied von ihrer Heimatstadt mit traurigen Liedern begleiten, und einiger zurückgebliebener Frauen, Kinder und Greise, die im Sonnenuntergang aufs Meer hinaus blicken –, der Neapolitaner verlasse, gezwungen von der Notwendigkeit, seinen Himmel und sein Meer,[131] und weiterhin, eine unendliche Schwermut überkomme ihn, und er singe.[132] Möglicherweise ist das Gefühl der Schwermut zu diesem Zeitpunkt auch dem Zuschauer nicht fremd. Denn die Stadt, die er bald wird verlassen müssen, kann es niemals und nirgendwo außerhalb von Roberto Leone Robertis Film geben.

Diese Schwermut, diese Sehnsucht und dieser Abschied aber sind Teil einer Idee von Historizität, das weder in den zyklischen Läufen von BERLIN, DIE SINFONIE DER GROSSSTADT noch in der Teleologie von ČELOVEK S KINOAPPARATOM aufgeht. Es handelt sich hierbei um eine spezifische Ausprägung geschichtsmelancholischer Denkart, welche in der kinematografischen Gestaltung gewissermaßen ihre Veranschaulichung erfährt beziehungsweise überhaupt erst in einer künstlerischen Form sinnlich erfahrbar wird. Um zu verstehen, wie genau sich die Trauer über die so unselig verronnene Zeit in NAPOLI CHE CANTA einschreibt, wollen wir nunmehr versuchen, die Poetik der Schmerzensspuren zu bestimmen.

Die ausgelöschte Signatur

»*Ein kleines, von den meisten Betrachtern gewiss übersehenes Unglück*«
In seinem Buch *Austerlitz* (2001) schildert W.G. Sebald ein Treffen des Ich-Erzählers und der Titelfigur in Antwerpen. Einmal kommen die beiden auf der Wandelterrasse an der Schelde zusammen. Der Ausblick von der Wandelterrasse erinnert Austerlitz an ein Gemälde des flämischen Malers Lucas van Valckenborch, das gegen Ende des 16. Jahrhunderts entstanden

---

130 García Marquez 2002, 19.
131 »Costretto dalla necessità, il napolitano abbandona il suo cielo ed il suo mare.«
132 »Una infinita malinconia lo assale... ed Egli canta...«

ist. Dieses Gemälde, berichtet Austerlitz, zeige den zugefrorenen Fluss an einem düsteren Wintertag. Auf dem Eis vergnügten sich die Antwerpener, die vornehmen Bürger gemeinsam mit dem einfachen Volk. Im Vordergrund, am rechten Bildrand, habe sich ein Unfall ereignet: Eine Dame in einem »kanariengelben Kleid« ist zu Fall gekommen; ein »Kavalier« beugt sich besorgt über sie; er trägt eine »rote, in dem fahlen Licht sehr auffällige Hose.«[133] Austerlitz erzählt:

> Wenn ich nun dort hinausschaue und an dieses Gemälde und seine winzigen Figuren denke, dann kommt es mir vor, als sei der von Lucas van Valckenborch dargestellte Augenblick niemals vergangen, als sei die kanariengelbe Dame gerade erst jetzt gestürzt oder in Ohnmacht gesunken, die schwarze Samthaube eben erst seitwärts von ihrem Kopf weggerollt, als geschähe das kleine, von den meisten Betrachtern gewiss übersehene Unglück immer wieder von neuem, als höre es nie mehr auf und als sei es durch nichts und von niemandem mehr gutzumachen.[134]

Und der Ich-Erzähler kommentiert:

> Austerlitz sprach an diesem Tag, nachdem wir unseren Aussichtsposten auf der Wandelterrasse verlassen hatten, um durch die Innenstadt zu spazieren, lange noch von den Schmerzensspuren, die sich, wie er zu wissen behauptete, in unzähligen feinen Linien durch die Geschichte zögen.[135]

Die Schmerzensspuren, welche die Geschichte durchziehen – wie lässt sich diese Denkfigur fassen? Zunächst kann man sagen, dass sie eine zeitliche Struktur aufweist: die Schmerzensspuren behaupten das Andauern der Vergangenheit; das, was war, hört nicht auf zu sein, wirkt fort hinein in Gegenwart und Zukunft, verwandelt Gegenwart und Zukunft selbst noch in Vergangenheit, zumindest insofern, als ein Ereignis, das längst schon vorbei und vielleicht sogar vergessen ist, über die Schlucht vieler Jahre hinweg ein anderes Geschehen zu beeinflussen, wenn nicht zu bestimmen vermag.
Wichtiger noch als die so umrissene Zeit-Konzeption erscheint der Umstand, dass Austerlitz von einem »kleinen, von den meisten Betrachtern gewiss übersehenen Unglück« spricht, das offenbar gerade deshalb »durch nichts und von niemandem mehr gutzumachen« ist und sich »immer wieder von neuem« ereignet: als würde der Schmerz der Dame im

133 Sebald 2003, 24
134 Ebenda, 24
135 Ebenda, 24

kanariengelben Kleid einstehen für die Leiden der Menschen aller Zeiten. Freilich verschweigt Austerlitz, warum es sich so verhält, warum jenes Unglück nicht einfach dadurch gut gemacht werden kann, dass der Dame beispielsweise von dem Kavalier in der roten Hose auf die Beine geholfen wird. Wenn Austerlitz' Überlegungen aber ein merkwürdiges Missverhältnis kennzeichnet zwischen dem, was tatsächlich geschehen ist, und der Bedeutung, die er diesem Vorkommnis beimisst, so schreibt sich in diese Diskrepanz eine Faltung ein zwischen dem Kleinen und dem Großen, dem Individuellen und dem Kollektiven, dem Harmlosen und dem Entsetzlichen. Die Schmerzensspuren nämlich kennzeichnet eine unauflösliche Verbindung des vermeintlich Nebensächlichen und Randständigen mit den Kataklysmen der Geschichte. Vielleicht setzt sich letzten Endes jedes Grauen aus einer Unzahl solcher »kleinen, von den meisten Betrachtern gewiss übersehenen« Unglücken zusammen, findet seinen Vorlauf und seine Nachwirkungen in einer schier endlosen Folge von Stürzen inmitten allgemeiner Vergnügungen oder, was wohl auf das Gleiche hinausläuft, allgemeiner Indifferenz. Denn was ist es, das den Außenstehenden und Unbeteiligten – vom Täter zu schweigen – lehrt, das wahre Maß fremden Leidens zu erkennen? Und wer weiß schon, was ›tatsächlich‹ geschehen ist, warum die Dame ausgerechnet in diesem Augenblick stürzen musste und was ihr Fall oder ihre Ohnmacht für sie bedeuten mag? Der Betrachter des Gemäldes Lucas van Valkenborchs kann sich ja nicht einmal gewiss sein, ob ein Missgeschick oder fremde Böswilligkeit das Unglück der kanariengelben Dame verursacht hat.
Anzuerkennen dass, zumindest in der Logik der Schmerzensspuren, die Rede über das Vergangene einer grundlegenden epistemologischen Unsicherheit nur selten enträt, zielt keineswegs auf ein revisionistisches Geschichtsbild, als ob es darum ginge, dass das, was einstmals in dem trügerisch-klaren Licht der Fakten und Dokumente dalag, nunmehr versinken sollte in einem wabernden, alles einhüllenden Zweifelsnebel. Auch wäre es voreilig, den Gedanken, dass die Schmerzensspuren ›in unzähligen feinen Linien die Geschichte durchziehen‹, auf die Alleinherrschaft des Leidens zu münzen. Selbst wenn alle Straßen, wie Georg Trakl in seinem letzten – nach der im September 1914 bei diesem Ort geschlagenen Schlacht benannten – Gedicht *Grodek* schrieb, »in schwarze Verwesung« münden,[136] ist damit nur wenig gesagt über den Ort, von dem sie ihren Ausgang nahmen, oder die Landschaften, die sie in ihrem Lauf passierten. Die Tatsache, dass die Dame gestürzt ist, bleibt unbenommen, und wie es ihr bei den Vergnügungen auf dem Eis ergangen sein mag, bevor sich jenes Unglück ereignete, das wissen wir nicht.

---

136 Trakl 1984, 112.

Wohl aber scheint Austerlitz im Bild der Schmerzensspuren, wenn nicht ein Die-Waffen-Strecken vor dem Zweifel oder dem Leiden, so doch eine Umkehrung der Perspektive einzufordern. Er will, dass der Schmerz der kanariengelben Dame nach Jahrhunderten ins Licht treten und sein Recht einfordern darf. Dafür aber bedarf es eines Zeugen – jemand, der vor dem Gemälde Lucas van Valckenborchs steht und das »kleine, von den meisten Betrachtern gewiss übersehene Unglück« eben nicht übersieht, sondern Anteil nimmt am Leid der Dame und der Untröstlichkeit des Kavaliers und anderen davon erzählt, damit sie ebenfalls auf den Unfall, der sich da inmitten der Winterfröhlichkeit auf der zugefrorenen Schelde ereignet hat, aufmerksam werden. Ein solcher Zeuge ist Austerlitz, und ein solcher Anderer ist der Ich-Erzähler, der seinerseits, indem er seinen Bericht niederschreibt, nicht nur den Schmerz der Dame, sondern auch die Verlorenheit von Austerlitz zu etwas macht, was gesehen und betrauert werden kann.[137]

Zum Werk W.G. Sebalds
All diese Gedanken sind in dem Bild der Schmerzensspuren enthalten, das Austerlitz mit wenigen Worten entwirft. Nun liegt die Vermutung nahe, dass Sebald selbst die schwermütige Idee von Geschichte, der seine Figur hier Ausdruck verleiht, geteilt hat. So schrieb er anlässlich einiger Reflexionen über Werk und Persönlichkeit Thomas Brownes: »Es verläuft nämlich die Geschichte jedes einzelnen, die jedes Gemeinwesens und die der ganzen Welt nicht auf einem stets weiter und schöner sich aufschwingenden Bogen, sondern auf einer Bahn, die, nachdem der Meridian erreicht ist, hinunterführt in die Dunkelheit.«[138] Jedenfalls steht fest, dass es Sebald nicht darum ging, Worte zu finden für die Grauen, die so häufig den Nullpunkt seiner Erzählungen und Essays bilden, sondern jene Spuren zu verfolgen, die, zuwenigst vom Standpunkt seines Werkes aus, tat-

---

137 In Hinblick auf den Entstehungsprozess von Kracauers *From Caligari to Hitler. A Psychological History of the German Film* schreibt Hermann Kappelhoff: »Der Rezensent zahlloser Filme des Weimarer Kinos schaut sich im Museum alles noch einmal an – all' die Filme, die er in den zwanziger Jahren besprochen hat. Und er fragt sich, was er dabei übersehen hat. Er sucht nach den Manifestationen jener gesellschaftlichen Kräfte, die ihn vertrieben, ausgeschlossen und an diesen Ort verbannt haben. Dieser Ort, der selbst wie eine zeitliche Einhöhlung ist, ein Bunker im kulturellen Raum der Propagandaschlachten und Unterhaltungsoffensiven des Weltkriegskinos. Ein Ort, der es möglich macht, noch einmal, ein zweites Mal zu sehen, zu schauen: die Gesten, Haltungen und Erscheinungsweisen jener kollektiven Strebungen aufzuspüren, auf die sich die Macht der Nationalsozialisten gründete. Eine Macht, die Millionen an ihren Körpern erleiden mussten, ohne jede Chance, diejenigen sozialen Kräfte zu sehen, die sie vernichteten oder doch in größte Bedrängnis brachten.« Kappelhoff 2008, 59f.
138 Sebald 1997, 35. Derartige Äußerungen finden sich des öfteren in Sebalds Arbeiten. Zum Beispiel vermerkt er unter Bezugnahme auf die Haltung des »Kalendermachers« Johan Peter Hebel gegenüber den ›Befreiungskriegen‹ in den zehner Jahren des 19. Jahrhunderts: »Möglicherweise ahnte Hebel um 1812/13, dass mit dem Fall Napoleons und der Erhebung der Deutschen eine abschüssige Bahn begann, auf der man nicht leicht würde einhalten können, und dass die Geschichte, wie sie von da an sich anließ, im Grunde nichts anderes als das Martyrologium der Menschheit sei.« Sebald 2000, 34.

sächlich »unzählige feine Linien« ziehen. Deshalb sind Sebalds Ich-Erzähler (ganz abgesehen davon, in welchem Maße sie die Züge des Autors tragen mögen) stets Nachgeborene, die weder als Täter noch Opfer einen unmittelbaren Anteil haben an den Kriegen, Verfolgungen, Vertreibungen und Massenmorden der ersten Hälfte des 20. Jahrhunderts. Deshalb auch sind die Figuren, deren Geschichten diese Ich-Erzähler vor dem Vergessen bewahren wollen, stets Davongekommene, auf die eine oder andere Weise, die an ihrem Überleben zugrunde gehen, an all dem, was sie verloren haben und niemals wiederfinden können. So wie Austerlitz, den seine Mutter mit einem Kindertransport von Prag nach England schickte, ehe sie selbst deportiert wurde, oder wie Paul Bereyter in *Die Ausgewanderten* (1992), der sechs Jahre lang bei der Wehrmacht diente, »wenn das so gesagt werden kann«[139], und nach dem Krieg den Lehrerberuf wieder aufnahm, aus dem man ihn zuvor verwiesen hatte, da »der alte Bereyter ein sogenannter Halbjude und der Paul infolgedessen nur ein Dreiviertelarier gewesen war.«[140]

Und aus demselben Grund wird in *Austerlitz* der Unfall einer Dame auf einem »während der sogenannten kleinen Eiszeit«[141] entstandenen Gemälde verbunden mit den Berichten Jean Amérys über die Folter, die er in der Festung Breendonk erdulden musste, und die Architektur des Brüssler Justizpalastes mit der Geschichte der Londoner Bahnhöfe, der inneren Organisation des Ghettos Theresienstadt und dem Tod von Motten, denen Austerlitz »unter allen Kreaturen die größte Ehrfurcht« entgegenbringt[142] – entsprechend einem Gedanken, den Sebald in einem Aufsatz über Robert Walser, den er zu Kleist und Rousseau in Bezug setzt, formuliert hat:

> Langsam habe ich seither begreifen gelernt, wie über den Raum und die Zeiten hinweg alles miteinander verbunden ist, das Leben des preußischen Schriftstellers Kleist mit dem eines Schweizer Prosadichters, der behauptet, Aktienbrauereiangestellter gewesen zu sein in Thun, das Echo eines Pistolenschusses über dem Wannsee mit dem Blick aus einem Fenster der Heilanstalt Herisau, die Spaziergänge Walsers mit meinen eigenen Ausflügen, die Geburtsdaten mit denen des Todes, das Glück mit dem Unglück, die Geschichte der Natur mit der unserer Industrie, die der Heimat mit der des Exils.[143]

---

139 Sebald 1994a, 82.
140 Ebenda, 74.
141 Sebald 2003, 23.
142 Vgl. ebenda, 140.
143 Sebald 2000, 162f. Sebald vermag weiterhin eine Verwandtschaft zwischen Robert Walser und seinem eigenen Großvater, Josef Egelhofer, zu erkennen, die nicht nur Aussehen, Kleidung und Gebaren, sondern selbst noch die Todestage beider Männer betrifft. Vgl. ebenda 2000, 135ff.

Man muss diese Überlegungen nicht notwendigerweise als persönliches Bekenntnis auffassen; ebenso gut lässt sich in ihnen eine durchaus präzise Beschreibung der Poetik Sebalds entdecken. Wenn in den Schmerzensspuren Gegensätzliches und Unvereinbares ineinander gefaltet wird, so dient diese paradoxe Bewegung dem Bemühen, Denkfiguren zu entwickeln, die einen integren individuellen Ausdruck von etwas ermöglichen, das sich der Zugriffsmächtigkeit des Individuums zu entziehen droht: indem sie nämlich einen Standpunkt schaffen, von dem aus betrachtet das Einzelschicksal mit den allgemeinen Verheerungen in einer unendlichen Trennung zusammenfällt.

Daraus folgt auch, dass gewisse Eigenarten von Sebalds Arbeiten nicht vorschnell als Idiosynkrasie oder eine Neigung zu esoterischem Schwulst aufseiten des Autors abgetan werden sollten. Die Beschwörung einer nicht-linearen Zeit, in der Erinnertes, Erlebtes und Geträumtes sich fortwährend vermischen, und einer höchst brüchigen Wirklichkeit, in der die Welt der Lebenden auf jene der Toten hin durchlässig wird, erscheinen vielmehr – wie selbst noch die endlosen Reflektionen über erstaunliche bis abwegige Gegenstände und die Tatsache, dass Sebald der Sprache einer längst vergangenen Epoche zuneigt – als adäquate ästhetische Strategien, um Ereignisse und Lebensläufe zu erfassen, denen mit einem Alltagsvertrauen in die Verlässlichkeit von Gedächtnis, Geschichte und Realität kaum beizukommen ist.[144]

In dieser Perspektive versteht man die Logik hinter Passagen wie jener, wo ein Bild aus einer Kinderbibel, das einen Aufenthalt des Volkes Israel in der Wüste Sinai darstellt, gleichsam überblendet wird mit den Vernichtungslagern der Nazis, vermittelt durch den, viele Jahre später von dem erwachsenen Austerlitz erinnerten, Blick eines Jungen, der diesen Lagern entronnen ist, ohne es zu wissen:

> Tatsächlich, sagte Austerlitz bei einer späteren Gelegenheit, als er die walisische Kinderbibel vor mir aufschlug, wusste ich mich unter den winzigen Figuren, die das Lager bevölkern, an meinem richtigen Ort. Jeden Quadratzoll der mir gerade in ihrer Vertrautheit unheimlich erscheinenden Abbildung habe ich durchforscht. In einer etwas helleren Fläche an der steil abstürzenden Bergseite zur Rechten glaubte

---

Angesichts dieser merkwürdigen Verbindung wirft er eine Frage auf, die sich vermutlich auch jeder Leser seiner Arbeiten früher oder später stellt: »Was bedeuten solche Ähnlichkeiten, Überschneidungen und Korrespondenzen? Handelt es sich nur um Vexierbilder der Erinnerung, um Selbst- oder Sinnestäuschungen oder um die ins Chaos der menschlichen Beziehungen, über Lebendige und Tote gleichermaßen sich erstreckenden Schemata einer uns unbegreiflichen Ordnung?« Ebenda, 137f.

144 Im gegebenen Rahmen können nur einige wichtige Merkmale von Sebalds Ästhetik stichwortartig benannt werden. Für eine vertiefende Beschäftigung mit diesem Autor s. z.B. Görner 2003, McCulloh 2003, Long/Whitehead 2004 und Denham/McCulloh 2006.

ich, einen Steinbruch zu erkennen und in den gleichmäßig geschwungenen Linien darunter die Geleise einer Bahn. Am meisten aber gab mir der umzäunte Platz in der Mitte zu denken und der zeltartige Bau am hinteren Ende, über dem sich eine weiße Rauchwolke erhebt.[145]

Derartige Stellen vermögen eine Empfindung zu evozieren, die mit dem Gefühl von Schwindel vergleichbar ist und daher rührt, dass der Leser ein gewissermaßen verzögertes Entsetzen verspürt, das er weder erklären noch bannen kann, bis ihm dann plötzlich aufgeht, worauf die so harmlos daherkommende Passage in Wahrheit zielt. Im vorliegenden Fall wird diese Empfindung noch intensiviert dadurch, dass Sebald die zitierten Ausführungen Austerlitz' zerschnitten hat, indem er mitten im Satz (bei: »Jeden Quadratzoll der mir...«) eine über zwei Seiten sich streckende Abbildung eingefügt hat, die das Bild aus der walisischen Kinderbibel wiedergeben oder zumindest für es einstehen soll. Diese Abbildung verfügt über eine beunruhigende Evidenz hinsichtlich der von Austerlitz angedeuteten ikonografischen Parallele. Es ist dabei nicht einfach die Suggestion von Faktizität – der vermeintliche Beleg, dass das hier Erzählte nicht nur in der Einbildungskraft des Autors wurzelt –, welche die Betroffenheit des Lesers vergrößert; vielmehr findet hier eine Verdoppelung der poetischen Logik statt, mit der Folge, dass sich die Linien der Schmerzensspuren sozusagen über den Rand des Buches *Austerlitz* hinaus verlängern.

Was dieses Beispiel zeigen sollte, kann darüber hinausgehend Gültigkeit beanspruchen: Die Wirkung von Sebalds Arbeiten hat nicht wenig damit zu tun, dass ein Satz wie jener, wonach »über den Raum und die Zeiten hinweg alles miteinander verbunden« sei, nicht bloße Behauptung bleibt, sondern werkimmanent eingelöst wird, indem das poetische Material der Texte – die Figuren und ihre Geschichten, die beschriebenen Orte und Gegenstände, die Fotografien und Illustrationen, die historischen Ereignisse und die Verweise auf Malerei, Musik, Literatur und Kino – eine Anordnung erfährt, in der die Linien der Schmerzensspuren tatsächlich das Unendlich-Getrennte durchziehen und verweben. Es handelt sich hier stets um Assoziationen und Verbindungen, die einerseits sinnfällig sind, andererseits eine Fremdheit bergen, etwas, das sich der Erschließung durch den Verstand und wahrscheinlich auch durch das Gefühl widersetzt. So entsteht ein genealogisches Bild von Geschichte, das den Fall einer Dame im kanariengelben Kleid über Jahrhunderte sich fortsetzen und den Kavalier in der auffällig roten Hose auf ewig zu spät kommen lässt, während das vergnügte Geschrei der Schlittschuh laufenden Antwerpener sein Echo findet in dem verzweifelten Ausruf von Austerlitz'

---

145 Sebald 2003, 85 und 88.

Mutter Agàta: »Ich be grei fe es nicht! Ich be grei fe es nicht! Ich wer de es nie mals be grei fen!!«[146]

Ein doppeltes Paradoxon

Und in diesem Sinn könnte ein Satz von Jacques Rancière über Claude Lanzmanns SHOAH (F 1985) ebenso gut in Hinblick auf *Austerlitz* oder *Die Ausgewanderten* geschrieben worden sein:

> Wenn das, was stattgefunden hat und von dem nichts mehr übrig ist, darstellbar ist, so nur durch eine Handlung, durch eine neu erfundene Fiktion, die hier und jetzt beginnt. Es ist darstellbar in der Konfrontation zwischen dem hier und jetzt laut gewordenen Wort über das, was war, und der Wirklichkeit, die an jenem Ort materiell an- und abwesend ist.[147]

Die Ähnlichkeit zwischen der Poetik der Arbeiten von Lanzmann und Sebald ist insofern bemerkenswert, als Rancière SHOAH im Folgenden in eine »anerkannte Filmtradition« einreiht: »über etwas ermitteln, das verschwunden ist, einem Ereignis nachgehen, dessen Spuren verwischt sind, seine Zeugen wiederfinden und sie dazu bringen, über die Materialität des Ereignisses zu sprechen, ohne dessen Geheimnis auszulöschen«, stelle »eine Form der Untersuchung« dar, deren Methode und Ziel darin bestehe, »das Ereignis in der Schwebe seiner Gründe [zu] belassen, in einer Schwebe, die es sich jeder Erklärung durch das – fiktive oder dokumentarische – Prinzip eines zureichenden Grundes widersetzen läßt.«[148] Neben Lanzmanns Film nennt Rancière als zweites Beispiel für diese Tradition Orson Welles' CITIZEN KANE (USA 1941), der in seinem Kern »jenes gleichzeitig gelüftete und gehütete Geheimnis über *Rosebud* [berge] [...], das den ›Grund‹ für den Wahnsinn Kanes liefert, die Offenbarung am Ende der Untersuchung, außerhalb der Untersuchung, von jenem Nichts der ›Ursache‹.«[149]

Ein brennender Kinderschlitten der Marke *Rosebud* zeichnet also ebenso eine Schmerzensspur wie das kanariengelbe Kleid der Dame auf dem Eis (der Schnee in der kleinen Glaskugel, die aus der Hand des sterbenden

---

146 Sebald 2003, 252.
147 Rancière 2005, 147. Vgl. zur allgemeinen Problematik der visuellen Repräsentation des Holocaust: Koch 2001. Gertrud Koch unterscheidet hier analytisch zwischen drei Modellen – einem moralisch/theologischen, einem psychologischen und einem politisch/erzieherischen –, welche »die grundlegenden Konzeptualisierungen des Holocaust bilden und die Begriffe konstituieren, in denen wir den Holocaust zu denken versuchen.« Vgl. ebenda, 123f. Lanzmanns SHOAH gilt ihr als ein Beispiel für das moralisch/theologische Modell, das nach »anamnestischer Solidarität mit den Toten« ruft, sich »der Vergangenheit [erinnert] und der Pflicht, von ihr Zeugnis abzulegen.« Vgl. ebenda, 123f.
148 Rancière 2005, 149.
149 Ebenda, 149f.

Magnaten fällt, wäre dann sozusagen eine Spur der Spur)[150] und, in NAPOLI CHE CANTA, der Gesang einer Frau, der verbindet und zugleich trennt, unhörbar und doch allgegenwärtig ist. Denn in Leone Robertis Film sind die Schmerzensspuren in die Bilder des Gesangs und der Liebespaare eingezeichnet.

Um verstehen zu können, was das bedeutet, muss man sich zunächst daran erinnern, dass NAPOLI CHE CANTA mit der Inszenierung des Meeres und der Boote eine Insigne sowohl der Herrlichkeit als auch der Armut, sowohl des potentiellen Glücks als auch des aktualen Unglücks seiner Stadt und ihrer Einwohner gestaltet. Die Neapolitaner insgesamt sind in Leone Robertis Film Teil einer Rhythmisierung von Einsamkeit und Gemeinschaftlichkeit – wir haben es am Beispiel des Verkäufers gesehen, dessen Stimme ins Nichts geht, bis aus ebendiesem Nichts die Frauen und Männer des Viertels auftauchen und ihn gleichsam in einem Schutzkreis umschließen.

Ihren höchsten Ausdruck nun findet diese Überlagerung gegensätzlicher Gefühlsintensitäten in den Bildern der Liebenden: Die stete Vorahnung der Trennung verschattet noch die spärlichen glücklichen Augenblicke; andererseits ist die Trauer, die NAPOLI CHE CANTA erfüllt, in ihrer Allgegenwärtigkeit doch stets auch eine sehnsuchtsvolle Trauer, nicht kalt oder tot, sondern erwachsen aus der Unmöglichkeit, seine Tage an dem Ort zu verbringen, den man als Heimat betrachtet. Die ästhetische Konstruktion von Leone Robertis Film verbindet diese Heimat, die Behauptung einer ureigenen neapolitanischen Identität, indessen vor allem mit dem Gesang. Darauf verweisen zum einen mehrere Zwischentitel.[151] Weiterhin ist NAPOLI CHE CANTA durchzogen von Musik und Gesang gewidmeten Bildern, wobei die Lieder und Stimmen, entsprechend dem allgemeinen Entwurf des Filmes, mal von überschäumender Lebensfreude, mal von tiefster Verzweiflung zu zeugen scheinen. So sieht man die Verkäuferin einer Straßenbar, deren Rufe selbst wie ein Singen inszeniert sind: Eine Hand an den Mund haltend, wiegt die Frau den Oberkörper, während sie ihre Erfrischungen anpreist. Später folgen Einstellungen, welche die Kapelle »del celebre maestro Caravaglios«[152] zeigen, die eine, den Bemühungen des Maestro nach zu urteilen, recht dynamische Musik auf einem gut gefüllten Marktplatz zum Besten gibt. Auch tritt mehrmals eine junge Frau im weißen Kleid in Erscheinung: Laut dem eingeblendeten Zwi-

---

150 Denn dieser »scheint durch Windstöße zu uns hingetrieben zu werden, um die Umwelten auszustreuen, die wir in der Folge entdecken werden.« Vgl. Deleuze 1991, 103.
151 Als Beispiel mag der folgende Text gelten: »Così napoli, per non intristire, eleva la sua voce da tutte le parti; e crea e canta la canzone, espressione di un momento e durevole rappresentazione di un sentimento rapidissimo.« (»So erhebt Neapel, um nicht traurig zu werden, allerorten seine Stimme und erschafft und singt seine Lieder, Ausdruck eines Augenblicks und dauerhafte Darstellung des allerflüchtigsten Gefühls.«)
152 »des gefeierten Maestro Caravaglios.«

schentitel singt sie zunächst, auf einem Felsbrocken im Meer stehend, O sole mio; dann hat sie, ein Tamburin schwingend und von Musikern unterstützt, einen Auftritt bei einem Familienfest, wo sie Essen, Trinken und Liebeswerben der Feiernden mit ihrem Gesang begleitet.
Für den gegebenen Zusammenhang aber ist vor allem eine Szene von Bedeutung: Eine Frau, singt für ihren Geliebten; eine bläulich getönte, halbnahe Einstellung zeigt sie am Meer; sie steht am linken Bildrand, hat das Haar mit einer fächerförmigen Spange zusammengesteckt und ein dunkles Tuch um sich gelegt; bei ihr hocken zwei kleine, weiß gekleidete Kinder, die sie ernst und still betrachten, während sie singt. Der Mann aber, dem ihr Lied gilt, ist nicht bei ihr. Nach einem Schnitt sehen wir ihn: Er trägt einen Häftlingsanzug und sitzt gekrümmt an einem mit Querstreben vergitterten Fenster, das aufs Meer hinausweist; den Kopf hat er nachdenklich in die Hand gestützt – eine Pose, die spätestens seit Dürers *Melencolia I* die Ikonografie der Schwermut bestimmt[153] –; dann aber horcht er auf, hebt langsam und zögerlich den Blick, als hörte er den Gesang. Ein Schnitt führt zurück zu der Frau, die unverwandt dasteht und singt. Es folgen Großaufnahmen der Gesichter des Mannes, der Frau, der beiden Kinder, wieder der Frau, wieder des Mannes und ein weiteres Mal der Frau. Nach einem weiteren Schnitt sieht man erneut die Frau, wie sie mit ihren beiden Kindern am Meer steht. Diesmal aber hört sie auf zu singen; sie tritt an die Kinder heran, fasst den Kleineren sanft am Arm, beugt sich vor und deutet mit der anderen Hand über die Bucht hinweg, wo sich auf einer Felsenklippe eine Festung erhebt, als wollte sie den Ort weisen, wo ihr Geliebter eingekerkert ist.
Ganz so, wie wir es bei dem Liebespaar im nächtlichen Park gesehen haben, durchlaufen Mann und Frau auch hier einen Prozess von Hoffnung und Enttäuschung, Sehnsucht, Bangen und Aufgabe. Nur dass es in diesem Fall wesentlich das Gesicht des Mannes ist, das zum Schauplatz der widerstreitenden Gefühle wird und somit, in Anbetracht der Bedeutung, die Glück und Leid der Liebenden für NAPOLI CHE CANTA insgesamt zukommt, »ein lyrisches Extrakt des ganzen Dramas«[154] bildet, wie es Balázs für die Großaufnahme allgemein forderte: Er lächelt, blickt gerührt, dann wehmütig und verloren, lässt schließlich die Augen wieder sinken und verfällt erneut in den *gestus melancholicus*, die Haltung des unheilbaren Schwermütigen.
Allein etwas irritiert an der beschriebenen Szene. Die Inszenierung Leone Robertis steht hier nämlich im Zeichen der Unmöglichkeit. Wenn die Frau am Meer für ihren eingesperrten Geliebten singt, dann impliziert NAPOLI CHE CANTA zwei Dinge, die beide zugleich schlichtweg nicht sein können: erstens, dass der Mann den Gesang hört, und zweitens, dass er in der

153 Vgl. Demont 2005, 34.
154 Vgl. Balázs 2001, 49.

Felsenfestung am jenseitigen Ende der Bucht sitzt. Ist das eine wahr, so muss das andere unwahr sein. Denn die Distanz zwischen der Festung und der Frau mit ihren beiden Kindern ist viel zu groß, als dass ihre Stimme sie leichthin zu überbrücken vermöchte. In den Aufnahmen, die ihr Gesicht zeigen, öffnet die Frau aber kaum den Mund, scheint fast zu flüstern, gleicht mehr einer Betenden als einer Singenden, wie wenn ihr Geliebter nicht von ihr getrennt wäre durch die Weite der Bucht, den Hafen mit seiner Geschäftigkeit, die Festungsmauern, sondern neben ihr stünde und sie im nächsten Moment schon umarmen könnte.

Das Bild der singenden Frau zielt in dieser Szene also auf eine unüberwindliche Trennung und eine unmögliche Vereinigung. Die Montage – hier, für Leone Robertis Film eher untypisch, wesentlicher Bedeutungsträger – unterstreicht beide Prinzipien: In den Großaufnahmen, die alternierend ihrer beider Gesichter zeigen, blicken die Liebenden sich an, geschieden und zugleich verbunden durch einen Umschnitt. Zu Beginn der Szene allerdings, wenn Frau und Mann erstmalig im Bild sind, weist ihr Blick nach rechts, ebenso der seine, wenn er, am Gitterfenster sitzend, langsam aus seiner Schwermut erwacht. Diese Einstellungen suggerieren also, dass die Blicke des Liebespaares einander niemals begegnen werden, sich vielmehr verlieren in der Leere jenseits der Kadrage. Hierzu passt auch, dass beide in zwei aufeinander folgenden Großaufnahmen die Augen heben und nach rechts oben (der Mann) beziehungsweise links oben (die Frau) aus dem Bild blicken, als wäre dort die Erlösung zu finden. In der Inszenierung dieses doppelten Paradoxons[155] – der Gesang, der gehört wird und doch unhörbar bleiben muss, die Blicke, die einander treffen und sich doch verfehlen – schreiben sich die Schmerzensspuren am deutlichsten ein in NAPOLI CHE CANTA. Zugleich kommt hier eine Geschichtsmelancholie zum Vorschein, die von größter Bedeutung ist für die Stadtinszenierungen des italienischen Nachkriegskinos.

Denn Leone Robertis Film nennt, wie gesagt, keine Gründe auf der Ebene individueller Logik. Wir wissen nicht, warum der Mann im Gefängnis sitzt und welche Strafe er erdulden muss. Wir wissen auch nicht, warum die übrigen Liebespaare unglücklich sind. Alle Erklärungen, die NAPOLI CHE CANTA dem Zuschauer gibt, finden sich auf Ebene der Bildkomposi-

---

155 Vielleicht könnte man noch von einem dritten, für NAPOLI CHE CANTA grundlegenden Paradoxon sprechen: Dass es hier nämlich um einen Stummfilm geht, innerhalb dessen ästhetischer Konzeption das Singen und Musizieren einen wesentlichen Platz einnehmen. Aber bekanntlich war der Stummfilm kaum je stumm, insofern die konkrete Rezeptionserfahrung der Zuschauer als Maßstab gilt. Und da man nicht weiß, wie genau die Musik im Fall von Leone Robertis Film zum Einsatz kam – es ist beispielsweise vorstellbar, dass die neapolitanischen Lieder, deren Texte NAPOLI CHE CANTA in seinen Zwischentiteln zitiert, während der Vorführungen gespielt wurden – und ob der Regisseur Einfluss nehmen konnte auf diese Entscheidungen, müssen alle diesbezüglichen Überlegungen spekulativ bleiben. Zu der Verbindung von Stummfilm und Musik s. Marks 1998; vgl. auch Bruno 1997, 51, und Pearson 1998, 24.

tion, wo die Trauer der Neapolitaner mit dem Ursprung ihres Glücks, dem Meer, verbunden wird. Das heißt: mit der Emigration; und das heißt: mit der Armut. Diese Konfiguration aber macht deutlich, dass der unhörbare Gesang einer Frau am Meer, ihre Blicke, die ihr Ziel nicht finden, die »Offenbarung am Ende der Untersuchung, außerhalb der Untersuchung«, darstellen, jenes »Nichts der ›Ursache‹«, von dem Rancière spricht. Die singende Frau mit ihren zwei Kindern ist ein Sinnbild für die Verheerungen der Armut, das indessen nichts erklärt und nichts begründet. In einer poetischen Logik, die keine lineare Zeit kennt, kann das Leid dieser Frau als Ursache und Folge jener Verheerungen gelten. Ihre trauervollen Züge geben die Antwort auf die Frage, warum die Neapolitaner in ihrer Stadt kein Glück finden, im Gefängnis enden oder auswandern müssen. Zugleich erscheint das Bild dieser Frau, zumindest aus der Perspektive der Schmerzensspuren, als das einzig wahre Bild, das sich für das Los von Zehntausenden finden lässt, welche die Armut in die Emigration oder ins Verbrechen trieb.

Abtritt vom historischen Theater

Warum das so ist, vermag vielleicht ein Gedanke von Austerlitz' Lehrer André Hilary zu erklären, den dieser im Verlauf seiner Ausführungen zu der sogenannten Dreikaiserschlacht vom 2. Dezember 1805 – eben die Schlacht von Austerlitz – vorbringt, in der Napoleon die Truppen Österreichs und Russlands besiegte:

> Wir versuchen, die Wirklichkeit wiederzugeben, aber je angestrengter wir es versuchen, desto mehr drängt sich uns das auf, was auf dem historischen Theater von jeher zu sehen war: der gefallene Trommler, der Infanterist, der gerade einen anderen niedersticht, das brechende Auge eines Pferdes, der unverwundbare Kaiser, umgeben von seinen Generalen, mitten in dem erstarrten Kampfgewühl. Unsere Beschäftigung mit der Geschichte, so habe Hilarys These gelautet, sei eine Beschäftigung mit immer schon vorgefertigten, in das Innere unserer Köpfe gravierten Bildern, auf die wir andauernd starren, während die Wahrheit irgendwoanders, in einem von keinem Menschen noch entdeckten Abseits liegt.[156]

Verbindet man die These Hilarys mit der Poetik der Schmerzensspuren, so wird deutlich, dass das Bestreben, die »unzähligen, feinen Linien« nach-

---

156 Sebald 2003, 109. In *Die Ringe des Saturn* (1995) äußert Sebald – in Erinnerung an einen Besuch des Schlachtfeldes von Waterloo, den er als junger Mann getätigt hat – einen ähnlichen Gedanken. Er beschreibt »das in einer mächtigen Kuppelrotunde untergebrachte Panorama, in dem man von einer im Zentrum sich erhebenden Aussichtsplattform die Schlacht [...] in alle Himmelsrichtun-

zuziehen, gerade nicht darauf abhebt, die Signatur der Geschichte zu beglaubigen. Im Gegenteil geht es darum, diese Signatur auszulöschen, in der Hoffnung, die so entstehende Leere eröffne den Raum für andere Bilder, die nicht längst schon belegt sind von den Zuschreibungen eines wohlfeilen Wissens um die Vergangenheit. Auch die solcherart erschlossenen Bilder, daran kann kein Zweifel bestehen, werden die Wahrheit nicht treffen, von der Hilary spricht; dieses Abseits muss wohl immer unentdeckt bleiben. Aber sie ermöglichen, Geschichte anders zu denken; so, indem sie das Privileg in Anspruch nehmen, gar nicht mehr nach einer bestimmten Wahrheit zu fragen, sondern danach, wie es auf der falschen Seite jedweder Wahrheit aussieht, in der Überzeugung, »dass es zuletzt weniger darauf ankommt, eine plausible Ätiologie des Terrors zu entwerfen als endlich zu begreifen, was es heißt, zum Opfer bestimmt, ausgestoßen, verfolgt und ums Leben gebracht zu werden.«[157]

Es handelt sich hier um eine Überzeugung, die Sebald in einem Text über Jean Améry und damit in Hinblick auf die Folterkeller und Vernichtungslager der Nazis formuliert hat. Sie trifft jedoch zugleich den Kern einer ethischen Haltung, die für die Stadtinszenierungen des italienischen Nachkriegskinos bis in die sechziger Jahre hinein prägend ist und eine Ästhetik herausgebildet oder zuwenigst beeinflusst hat, welche es angemessen erscheinen lässt, die aus den Seiten von *Austerlitz* und den Bildern von NAPOLI CHE CANTA entwickelte Poetik der Schmerzensspuren auf ebendieses Kino zu übertragen. Dessen Ziel besteht nämlich nicht zuletzt darin, dem zu einem Abtritt zu verhelfen, »was auf dem historischen Theater von jeher zu sehen war«, und den Zuschauern, damals wie heute, vermittelt über ihren eigenen Wahrnehmungsprozess, eine andere Auffassung von Geschichte zu ermöglichen.

Zunächst sollte man festhalten, dass Augenmerk und Anteilnahme der italienischen Stadtinszenierungen der vierziger bis sechziger Jahre vor allem den ›kleinen, von den meisten Betrachtern gewiss übersehenen Unglücken‹ gelten. Sie folgen der Poetik der Schmerzensspuren, insofern sie sich dem Randständigen und Nebensächlichen verschreiben, dem sozusagen Banal-Individuellen. Denn was geschieht schon in diesen Filmen? Ein Fahrrad wird gestohlen, und ein alter Mann weiß nicht mehr,

---

gen übersehen kann«, und führt dann aus: »Das also, denkt man, indem man langsam im Kreis geht, ist die Kunst der Repräsentation der Geschichte. Sie beruht auf einer Fälschung der Perspektive. Wir, die Überlebenden, sehen alles von oben herunter, sehen alles zugleich und wissen dennoch nicht, wie es war. Ringsum dehnt sich das öde Feld, auf dem einmal fünfzigtausend Soldaten und zehntausend Pferde im Verlauf von wenigen Stunden zugrunde gegangen sind. In der Nacht nach der Schlacht muss hier ein vielstimmiges Röcheln und Stöhnen zu hören gewesen sein. Jetzt ist da nichts mehr als braune Erde. Was haben sie seinerzeit nur mit all den Leichen und mit den Gebeinen getan? Sind sie unter dem Kegel des Denkmals begraben? Stehen wir auf einem Totenberg? Ist das am Ende unsere Warte? Hat man von solchem Platz aus den vielberufenen historischen Überblick?« Sebald 1997, 151f.

157 Sebald 2006, 152. Vgl. auch Schütte 2003, 72.

wie es für ihn und seinen Hund weitergehen soll; ein gutmütiger Mörder muss feststellen, dass die lang ersehnte Freiheit ihm keine Heimstatt bietet, und das Kommunionskleid fehlt am großen Tag des Mädchens; ein jugendlicher Straftäter, der anständig werden will, kämpft um die Freundschaft Gleichaltriger, ein Lokführer wird degradiert wegen eines Unfalls, den er in angetrunkenem Zustand beinahe verursacht hätte, und ein sanftmütiger Mann muss Boxer werden, um seiner Familie zu helfen. Und natürlich fehlt es nicht an Geschichten über die alltäglichen Verheerungen der Liebe, deren Unentrinnbarkeit hier nicht selten in ihrer humoristischen Dimension offengelegt wird: Männer begehren Frauen, die zu reich für sie sind, zu schön oder zu stark, oder die ihnen vielleicht das Taxi stehlen wollen; Frauen begehren Männer, die zu schwach sind oder sich nicht entscheiden können, oder die es womöglich nur aufs Geld der vermeintlich Angebeteten abgesehen haben.

Was immer die Stadtinszenierungen aber erzählen mögen, stets ist es ihnen darum zu tun – und hierin zeigt sich eine weitere Verbindung zu den Schmerzensspuren –, verhältnismäßig harmlos und unbedeutend daherkommende Geschehnisse mit den epochalen Leiden ihrer Zeit und den unverminderten Nachwirkungen früherer Katastrophen in Beziehung zu bringen. Wenn ein armer Arbeiter auf die Suche nach seinem Fahrrad geht oder ein selbstherrlicher Kleinbürger das eben erst aufgespürte Kommunionskleid seiner Tochter wieder verliert, weisen diese Geschichten immer auch über die geschilderten Vorgänge hinaus auf die Frage nach Wohl und Wehe der italienischen Nachkriegsgesellschaft insgesamt – ohne indessen die Überzeugung preiszugeben, dass die alltäglichsten menschlichen Regungen, die gewöhnliche Trauer und das triviale Glück, ihre Wahrhaftigkeit und Rechtfertigung allemal in sich selbst finden. Auch die nach gängiger Einschätzung so luftig-seichten Komödien des *neorealismo rosa* folgen nicht selten dieser Poetik, verleihen ihr eine Ausgestaltung, die sich in einem Zug ins Elegische oder gar Zynische niederschlägt. Dass sie fast ebenso häufig über eine in der Tat sehr glatte Oberfläche verfügen, steht nur scheinbar in Widerspruch dazu; mit diesen Filmen verhält es sich nämlich oftmals so wie mit einem betrügerischen Jahrmarktsapfel, wo der Guss aus kandiertem Zucker eine angefaulte Frucht verbirgt.

Damit ist keineswegs gesagt, dass die Spannung in der Komposition der Komödien des *neorealismo rosa* jedem Zuschauer sinnfällig wird; desgleichen kann kaum als ausgemacht gelten, dass der innere Zusammenhang zwischen Alltäglichem und Allgemeinem, wie ihn die italienischen Stadtinszenierungen der ersten Nachkriegsjahrzehnte behaupten, sich mit Notwendigkeit dem Kinopublikum offenbart. Hier wird eine Opazität zum Gestaltungsprinzip, die ihren Grund findet in der Aufgabe, welche dem Zuschauer bei Filmen wie Vittorio De Sicas LADRI DI BICICLETTE

(FAHRRADDIEBE, I 1948) oder Alessandro Blasettis PRIMA COMUNIONE (DER GÖTTERGATTE, I/F 1950) zukommt. Diese Aufgabe ähnelt jener, die Austerlitz vor dem Gemälde Lucas van Valckenborchs übernahm. Der Zuschauer muss das »kleine, von den meisten Betrachtern gewiss übersehene Unglück« erkennen, seine Bedeutung verstehen und anderen davon berichten; somit wird er zum Zeugen des Sturzes einer Dame im kanariengelben Kleid, von ihm hängt es ab, ob die Mühen eines Arbeiters auf der Suche nach seinem Fahrrad umsonst bleiben, ob an einer belanglosen Komödie die Zeichen des umfassenden Marasmus erkennbar werden, der die aufstrebende, ganz dem Fortschritt verpflichtete italienische Gesellschaft der fünfziger Jahre ergriffen hat, und ob es den Filmen gelingt, die unausdenkbare Hoffnung Austerlitz' zu erfüllen und ›hinter die Zeit zurückzulaufen‹,[158] wo es jenen Augenblick zu erspüren gilt, der den Ausgangs- und Endpunkt des Möglichen bezeichnet.

Diese Transformation aber findet nicht mehr auf der Ebene des repräsentierten Geschehens, der erzählten Geschichte statt. Vielmehr ist es – dies wird zu zeigen sein – die kinematografische Konstruktion der Stadt selbst, die ergründet werden muss, um zu verstehen, wie sich die Straßen, Plätze, Höfe und Wohnungen des italienischen Nachkriegskinos in einen Gerichtshof verwandeln, wo die Gesellschaft über sich selbst urteilt vor dem Hintergrund der Erfahrung des Zweiten Weltkrieges und der Frage, was aus den Hoffnungen geworden ist, die sich mit dem Friedensschluss verbanden. Denn in seiner Inszenierung alltäglicher Örtlichkeiten erschafft das italienische Nachkriegskino »Raumbilder«, die, wie Siegfried Kracauer schreibt, »Träume der Gesellschaft« darstellen: »Wo immer die Hieroglyphe irgendeines Raumbildes entziffert ist, dort bietet sich der Grund der sozialen Wirklichkeit dar.«[159] Die Frage, welche die Filme an die »soziale Wirklichkeit« richten, ist jene nach dem Platz des Einzelnen, nach seinem Recht auf sein eigenes Leben, sein eigenes Glück und sein eigenes Unglück – und nach seiner durchaus prekären Verbindung mit einem ›Wir‹, das seinerseits stets bedroht scheint.

---

158 Vgl. Sebald 2003, 151f.: »Eine Uhr ist mir immer wie etwas Lachhaftes vorgekommen, wie etwas von Grund auf Verlogenes, vielleicht weil ich mich, aus einem mir selber nie verständlichen inneren Antrieb heraus, gegen die Macht der Zeit stets gesträubt und von dem sogenannten Zeitgeschehen mich ausgeschlossen habe, in der Hoffnung, wie ich heute denke, sagte Austerlitz, dass die Zeit nicht verginge, nicht vergangen sei, dass ich hinter sie zurücklaufen könne, dass dort alles so wäre wie vordem oder, genauer gesagt, dass sämtliche Zeitmomente gleichzeitig nebeneinander existierten, beziehungsweise dass nichts von dem, was die Geschichte erzählt, wahr wäre, das Geschehene noch gar nicht geschehen ist, sondern eben erst geschieht, in dem Augenblick, in dem wir an es denken, was natürlich andererseits den trostlosen Prospekt eröffne eines immerwährenden Elends und einer niemals zu Ende gehenden Pein.«
159 Vgl. Kracauer 1992, 31f. Vgl. auch Kappelhoff 2008, 62f.

Etwas Immer-schon-Verlorenes
Diese Frage bezeichnet das wesentliche Anliegen der Stadtinszenierungen des italienischen Nachkriegskinos: Sie verweist auf das ethische Prinzip und die Pathosformel der Filme, auf ihren Versuch, die »Wirklichkeit im Modus der Möglichkeit« erfahrbar zu machen,[160] und verdeutlicht ein weiteres Mal, dass die Wurzeln dieses kinematografischen Paradigmas bis hinab zu NAPOLI CHE CANTA reichen. Denn wenn Leone Robertis Film in dem Gesang und den Blicken einer Frau am Meer die unentrinnbare Bedrohung beklagt, der sich die Werte von Heimat und Gemeinschaft ausgesetzt sehen, dann stellen die Stadtinszenierungen des italienischen Kinos – im Bild ihrer bedrohten, verlorenen und gescheiterten Figuren, die fremd geworden sind in der eigenen Straße, dem eigenen Viertel, der eigenen Stadt und der eigenen Sprache – eine unausgesetzte Verhandlung über die genannten Werte dar, die in ihrer Perspektive etwas Immer-schon-Verlorenes signifizieren. Hierbei jedoch handelt es sich um eine Verhandlung mit offenem Ergebnis, denn bereits in den ersten Nachkriegsjahren stellen die Filme, durchaus wehmütig, die Frage, ob der Verlust einer bestimmten Idee von Heimat und Gemeinschaft ausschließlich oder auch nur vorwiegend Anlass zur Klage geben sollte.
Vielleicht wird leichter nachvollziehbar, wie viel von der Beantwortung dieser Frage abhängt, wenn wir uns vor Augen führen, was Jean-Luc Nancy – als wohl bedeutendster zeitgenössischer Denker der Komplexion – unter der »verlorenen oder zerbrochenen Gemeinschaft« versteht:

> Bis heute hat man die Geschichte auf dem Hintergrund der verlorenen Gemeinschaft gedacht – die es wiederzufinden oder wiederherzustellen galt.
> Die verlorene oder zerbrochene Gemeinschaft kann auf verschiedenste Weise, mit allen möglichen Paradigmen illustriert werden: die natürliche Familie, die attische Polis, die römische Republik, die urchristliche Gemeinde, Korporationen, Gemeinden oder Bruderschaften – immer geht es um ein verlorenes Zeitalter, in dem die Gemeinschaft sich noch aus engen, harmonischen und unzerreißbaren Banden knüpfte und in dem sie in ihren Institutionen, ihren Riten und Symbolen vor allem sich selbst das Schauspiel, ja sogar die lebendige Darbietung ihrer eigenen Einheit, der ihr immanenten Vertrautheit und Autonomie offenbarte. Im Unterschied zur Gesellschaft (die einfach ein Zusammenschluss oder eine Verteilung von Kräften und Bedürfnissen ist), im Gegensatz aber auch zur Gewaltherrschaft (welche die Gemeinschaft auflöst, indem sie die Völker ihrer Waffengewalt und ihrem Ruhm unterwirft), ist die Gemeinschaft nicht allein das ver-

160 Vgl. Kappelhoff 2008, 63.

traute Kommunizieren und die enge Verbindung ihrer Mitglieder untereinander, sondern auch das organische Einswerden ihrer selbst mit ihrem eigenen Wesen. Sie besteht nicht nur aus einer gerechten Verteilung von Aufgaben und Gütern, auch nicht in einem geglückten Gleichgewicht von Kräften und Machtverhältnissen, sondern vor allem im Mitteilen, Auflösen oder Eindringen einer Identität in eine Pluralität, und zwar so, dass jedes einzelne Mitglied dieser Pluralität seine Identität nur genau durch diese zusätzliche Vermittlung seiner Identifikation mit dem lebenden Körper der Gemeinschaft findet. Im Leitspruch der Republik definiert die *Brüderlichkeit* die Gemeinschaft: es ist das Modell der Familie und der Liebe.[161]

Nun sollte betont werden, dass Nancy selbst die hier umrissene Vorstellung einer Gemeinschaft, die geteilte Identitäten stiftet, für die große Illusion unserer Epoche hält – wenn nicht *die* Illusion überhaupt, ein Phantasma, welches das westliche Denken in kaum zu überschätzendem Maße geprägt hat. Man müsse »dem rückblickenden Bewusstsein vom Verlust der Gemeinschaft und ihrer Identität misstrauen«, schreibt er, und zwar unabhängig davon, ob es sich »tatsächlich als historische Rückschau begreift oder ob es, ungeachtet der Realität vergangener Ereignisse, um eines Ideals oder Zukunftsentwurfes willen, derartige Bilder herstellt«, da dieses Bewusstsein nämlich

[...] das Abendland von Anbeginn an zu begleiten scheint: In jedem einzelnen Augenblick seiner Geschichte hat es sich schon immer der Sehnsucht nach einer noch archaischeren, einer verschollenen Gemeinschaft hingegeben und den Verlust von familiärer Vertrautheit und Brüderlichkeit, des Zusammenlebens überhaupt, beklagt.[162]

In solcher Perspektive gelangt Nancy zu der radikalen Schlussfolgerung, dass die Gemeinschaft in Wahrheit niemals stattgefunden habe.[163] Die »verlorene oder zerbrochene Gemeinschaft« bezeichnet somit auch den Gegenentwurf zu dem, was er selbst als Modell von Gemeinschaft entwickelt: »Die Gemeinschaft ist also keineswegs das, was die Gesellschaft zerbrochen oder verloren hätte, sondern sie ist das, *was uns zustößt* – als Frage, Erwartung, Ereignis, Aufforderung – , was uns als *von der Gesellschaft ausgehend* zustößt.«[164]
Es steht wohl außer Zweifel, dass die hier zitierten Überlegungen Nancys für sich genommen mindestens ebenso viele Probleme aufwerfen, wie sie

---

161 Nancy 1988, 26f.
162 Ebenda, 27f.
163 Vgl. ebenda, 30.
164 Ebenda, 31.

zu lösen imstande sind. Der vorliegenden Arbeit ist es aber weder um eine systematische Auseinandersetzung mit der Gemeinschaftstheorie Nancys zu tun – ein Unterfangen, das wohl kaum nebenher zu bewerkstelligen wäre – noch auch um den Versuch, ein applikatives Verhältnis zwischen dieser Theorie und den Stadtinszenierungen des italienischen Nachkriegskinos (beziehungsweise den Stationen ihrer Genealogie) zu postulieren. Vielmehr sollen die Einwürfe aus dem Werk Nancys einen gedanklichen Horizont eröffnen, vor dem das Spannungsverhältnis fasslich wird, in welches die Stadtinszenierungen sich begeben, wenn sie den Verlust einer Idee von Gemeinschaft beklagen, die Nancys »verlorener oder zerbrochener Gemeinschaft« entspräche, und zugleich das Wissen darum bezeugen, dass die Verabschiedung dieser Illusion Not tut, um überhaupt zu der *Möglichkeit* einer ernsthaften Verhandlung über das Verhältnis zwischen dem Einzelnen und den Vielen, dem Individuum und dem Gemeinwesen zu gelangen. Was für die Stadtinszenierungen auf dem Spiel steht, ist die Valenz ihrer eigenen Konfiguration. Aufseiten des Publikums entspricht dem die Frage, ob es gelingen kann, die Vergangenheit in einem Maße zu durchdringen, dass die Zukunft von der Gegenwart aus denkbar wird. Zugespitzt ließe sich das Problem so formulieren: Solange wir in unbegriffener Trauer über den Verlust eines Gemeinschaftsideals befangen sind, das sich in unserem Leben immer nur als Phantasma oder Terror realisierte, werden wir nicht begreifen, welche Formen von Gemeinschaftlichkeit tatsächlich möglich wären. Die Erwartung ist, dass dieses Problem die Stadtinszenierungen zumindest untergründig stets beschäftigt (und ebenso ihre genealogischen Vorläufer). Die Erwartung ist weiterhin, dass vom Ende unserer Untersuchung aus, wenn wir uns Michelangelo Antonionis L'ECLISSE (LIEBE 1962, I/F 1962) zuwenden, die Bewegung erahnbar wird, welche die Stadtinszenierungen genommen haben in ihrem Bemühen, die »verlorene und zerbrochene Gemeinschaft« zu verabschieden – eine Bewegung, wie sogleich klargestellt werden sollte, die sich eher in Gedanken vollzog denn in der Zeit. L'ECLISSE beschließt also nicht deshalb die vorliegende Arbeit, weil er von den analysierten Filmen chronologisch der letzte ist, sondern weil er hinsichtlich des intellektuellen und emotionalen Potentials, das er entfaltet, den Modi von Weltbezüglichkeit, die er eröffnet, die Grenze dessen bezeichnet, was das Paradigma der Stadtinszenierung zu stiften vermag.

Am Anfang dieser Filiation aber steht NAPOLI CHE CANTA. Und in Leone Robertis Film verfügt die Vorstellung, dass es so etwas gäbe wie eine geteilte Identität, die Heimat und Gemeinschaft konstituierten, eben noch über ungebrochene Geltung. Diese Identität aufgeben zu müssen ist hier gleichbedeutend mit dem Verlust von Glück und Liebe. NAPOLI CHE CANTA bestätigt seine Behauptung eines solchen Zusammenhangs, indem er mit den Bildern von Emigranten endet, welche die Lieder Neapels ein letztes Mal im Angesicht ihrer Stadt singen, während sich der Dampfer, auf dem sie ausreisen, langsam vom Hafen entfernt und die Frauen – die, wie immer in Leone Robertis Film, die Rolle derer einnehmen, die um ihre, auf die ein oder andere Art und Weise, unendlich entrückten Männer trauern – unbeweglich am Strand stehen: Im Licht der untergehenden Sonne blicken sie aufs Meer hinaus, als würden sie den Ort suchen, wohin die Ihren entschwunden sind ohne Aussicht auf Wiederkehr. Denn NAPOLI CHE CANTA glaubt nicht daran, dass es für die Emigranten einen Weg zurück geben könnte.[165] Davon zeugt der Umstand, dass der Montage in diesen abschließenden Bildern ein weiteres Mal die Aufgabe zukommt, zugleich zu verbinden und zu trennen: Eine der Frauen am Strand winkt mit einem Tuch zum Abschied, nach links aus dem Bild schauend, als könnte sie dort die Ausreisenden erkennen; doch die Gesichter der Musiker, die uns Leone Roberti nun zeigt, sind ebenfalls nach links gewandt; ihre Blicke weisen in dieselbe Richtung wie jene der winkenden Frau und können diese niemals treffen. Zudem verlassen die Männer ihre Stadt am helllichten Tag, wohingegen über den Frauen und Kinder, die starr und regungslos am Meer ausharren, bereits die Nacht hereinbricht.

Deshalb inszeniert NAPOLI CHE CANTA im Verstummen der Musiker gleichsam ein Sterben: Sie hören auf zu spielen, lassen die Augen und Instrumente sinken; ihre Körper erschlaffen, während die Lieder, die sie sangen, vorausklingen in die einsamen Jahre, welche die Emigranten erwarten: jenseits des Lebens, das ihnen hätte zugehören sollen. Deshalb auch nimmt es nicht wunder, dass Leone Robertis Film – nach weiteren Bildern des Meeres mit dem am Horizont dahinziehenden Dampfer, des sich entfernenden Panoramas der Stadt, des wolkenverhangenen Abendhimmels und der Frauen am Strand, die, nun vollends statuengleich, die unmögliche Rückkehr zu erwarten scheinen – seinen Schlussakkord in untröstlichen Worten der Schriftstellerin Matilde Serao findet: »Il popolo Napoletano, per non odiare ... per sorridere ... non ha che il canto! ... Forse è così che parla a Dio.«[166]

---

165 Für Giuliana Bruno erklärt sich der Erfolg der neapolitanischen Filme (vor allem jener, für die Elvira Notari verantwortlich zeichnet) unter den Exilitalienern New Yorks gerade damit, dass die Heimkehr für die meisten von ihnen ein Traum bleiben musste. Das Kino habe den Immigranten zunächst ermöglicht, die Erinnerung an ihr altes Zuhause lebendig zu erhalten, und ihnen späterhin erlaubt, sich ihren sehnlichen Wunsch zumindest in der Phantasie zu erfüllen: nunmehr durch Produktionen, die, sowohl was das Personal vor und hinter der Kamera, als auch, was Drehorte und Sprache betrifft, amerikanische und italienische Anteile in sich vereinten. Als Beispiel nennt Bruno SANTA LICIA LUNTANA (USA 1931) von Harold Godsoe. Im Zuge ihrer Heimkehr gelingt es den Protagonisten dieses Filmes, das in der Fremde verlorene Glück und ihre wahre Identität zurückzuerlangen. Die Existenz einer solchen Identität, von Godsoes Film mit aller Emphase behauptet, verbindet sich hier unter anderem mit höchst konservativen Vorstellungen von Männlichkeit und Weiblichkeit. Vgl. Bruno 1997 54-57.
166 »Das neapolitanische Volk hat, um nicht zu hassen ... um zu lächeln ... nichts als den Gesang! ... Vielleicht spricht es auf diese Weise zu Gott.«

II. DIE VERTIKALE STADTREISE: ÜBER DEN KLASSISCHEN US-GANGSTERFILM

> *Jede Hoffnung ist paradox, allein schon deshalb, weil sie sich –
> ihrer Natur gemäß – auf die Zukunft (den Tod) richtet.*
> Imre Kertész, Galeerentagebuch

Bier und Blut

Die Goldenen Zwanziger
Die Herausbildung des Gangsterfilms als eines der großen Hollywood-Genres ist eng verbunden mit dem Niedergang, den die US-amerikanische Gesellschaft am Ende der zwanziger Jahre erlebte. Dieser Niedergang hat sich vor allem über ein Datum in die Geschichte des 20. Jahrhunderts eingeschrieben: den 24. Oktober 1929, jenen nicht nur für die Börsianer der Wall Street schwarzen Donnerstag, der – mit panikartigen Verkäufen der Anleger als Reaktion auf den wochenlangen Sinkflug des Dow Jones – den Zusammenbruch des heillos überbewerteten Aktienmarktes der USA einleitete. Der Kollaps der New Yorker Börse mag nur einer der Schläge gewesen sein, die das bereits wackelige Gerüst der Weltwirtschaft zum Einsturz brachten, für die US-Gesellschaft selbst sind die Folgen des Ereignisses jedenfalls kaum zu überschätzen, angefangen mit den elf Selbstmorden an der Wall Street, die in unmittelbarem Zusammenhang mit den katastrophischen Ereignissen standen,[1] über den Verlust zunächst der Ersparnisse, dann des Einkommens zahlloser Menschen bis ihn zur Depravation eines ganzen Wertesystems: »Geldmangel, Arbeitslosigkeit und Hunger fanden ihr psychisches Korrelat in moralischer Depression, Misstrauen und einer allgemeinen Erschütterung der tradierten Rechtsnormen.«[2] Dass eine Gesellschaft, die in den Sog der Ereignisse gerät, welche, um einen Romantitel von Victor Serge zu paraphrasieren, schlussendlich in die Mitternacht des Jahrhunderts führten, durch den horrenden Anstieg von Kriminalität in all ihren Formen bedroht wird, vermag kaum zu überraschen. Man sollte allerdings daran erinnern, dass die Wurzeln zumindest dieses letzten Übels weit, bis in die Anfänge der sogenannten Goldenen Zwanziger zurückreichen.
Auf der einen Seite dürfte die Masse gerade der ärmeren US-Amerikaner den Eintritt in dieses Jahrzehnt wahrhaftig wie den Anbeginn der vielbeschworenen »new era« erlebt haben. Es ist kaum mehr vorstellbar, was für Veränderungen im Leben und Bewusstsein der Menschen durch die weitreichende Verfügbarkeit der Erfindungen des ausgehenden 19. und

[1] Vgl. Harman 1999, 469.
[2] Rodenberg 1991, 163.

beginnenden 20. Jahrhunderts initiiert worden sind: elektrisches Licht, Grammophon und Radio, Kühlschrank, Staubsauger, Telefon und sogar das Auto – Henry Fords berühmtes Model T – bildeten plötzlich einen selbstverständlichen Teil der Alltagswelt von Angehörigen des Mittelstandes und sogar der Arbeiterschaft. Begünstigt wurden diese Entwicklungen durch eine Epoche relativer Stabilität und Prosperität, die in einem Maße gesichert schienen, dass das Gros der Politiker und Ökonomen gegen Ende der zwanziger Jahre der Meinung war, Wirtschaftskrisen bedrohlichen Ausmaßes gehörten der Vergangenheit an, seien als ›Kinderkrankheiten‹ des Kapitalismus überwunden.[3] Gerade in den USA müssen viele geglaubt haben, John und Jane Doe böte sich, harte Arbeit und ein bisschen Glück vorausgesetzt, ein Reich von Möglichkeiten, die ihren Eltern und Großeltern nahezu märchenhaft erschienen wären. Die Rede vom »Jazz Age« verweist darauf, dass sich diese neue Zeit ihre Musik erfand – eine Musik, die wohl um 1900 in New Orleans entstand, von den Sklaven herkam, die auf den Baumwoll- und Tabakplantagen des amerikanischen Südens hatten schuften müssen, afrikanische und europäische Folk-Idiome verband und, in popularisierter Form verbreitet über Platten- und Radioaufnahmen, zum Ausdruck des Welt- und Selbstgefühls von Millionen Menschen nicht nur in den USA werden konnte: die monotone Plackerei, die Rhythmik der Maschinen in den Fabriken, Lagerhallen und Großraumbüros, die glitternde Rastlosigkeit der Großstadt, die Hoffnung und der Lebenshunger, aber auch die Isolation und Verlorenheit, von denen die Erzählungen der Chronisten jener Epoche wie F. Scott Fitzgerald und John Dos Passos eben nicht zuletzt zeugen.[4]

Denn die Goldenen Zwanziger hatten andererseits ihre sehr wenig leuchtende Unterseite.[5] Auf das Ende des Ersten Weltkrieges folgte in den Vereinigten Staaten zunächst eine Zeit großer sozialer Unruhe, zum Teil als Nachbeben der Oktoberrevolution verständlich, die in dem ersten »Red Scare« kulminierte. Dieser stellte sich dar als eine landesweite, gegen Kommunisten, Anarchisten, Streikführer und sonstige tatsächliche oder vermeintliche Umstürzler gerichtete Hysterie. Häufig genug wurden dabei Immigranten ins Visier genommen; vor allem solche, die erst seit kurzem in den USA lebten und denen man, in Anbetracht ihrer elenden Lage wohl nicht ganz zu Unrecht, eine gewisse Grundsympathie mit der Linken attestierte. In diesem gesellschaftlichen Klima wurden die xenophoben Einwanderungsgesetze von 1921 und 1924 verabschiedet. In diesem Klima auch erstarkte der zweite Ku-Klux-Klan, der 1915 von dem methodistischen Wanderprediger William Joseph Simmons gegründet worden war und sich für die morbid-bombastische Ikonografie weißer

3 Vgl. Harman 1999, 464.
4 Vgl. ebenda, 463f.
5 Vgl. zu dem Folgenden beispielsweise Munby 1999, 21.

Kapuzengewänder und brennender Kreuze von D.W. Griffith' THE BIRTH OF A NATION (DIE GEBURT EINER NATION, USA) inspirieren ließ, der im Februar desselben Jahres seine Premiere erlebt hatte und, seinerseits angeregt durch Thomas Dixons Romane The Leopard's Spots (1902) und The Clansman (1905), ein Hohelied auf den ersten, die längste Zeit schon zerstörten Klan anstimmte.⁶ Jedenfalls zählten die Mitglieder von Simmons' Neugründung während der zwanziger Jahre in die Millionen, und der Terror des Klans wandte sich nunmehr gegen Schwarze ebenso wie Juden, Katholiken, Migranten, und ›Agitatoren‹. Desgleichen hatten Bootleger mit nächtlichen Besuchen der weißen Ritter zu rechnen – denn die Durchsetzung der Prohibition gehörte zu den vornehmlichen Zielen des Ku-Klux-Klans auf seinem Kreuzzug für ein reines Amerika.

Der »Volstead Act« und seine Folgen nun bilden nicht nur die historische Folie, vor der sich der sogenannte klassische US-amerikanische Gangsterfilm entwickelte; sie stellen zugleich ein Lehrstück dar bezüglich der Sinnhaftigkeit des Versuches, menschliche Wesen per Dekret zu verbessern. Die landesweite Prohibition von Alkohol wurde am 16. Januar 1919 ratifiziert und als 18. Zusatzartikel in die amerikanische Verfassung aufgenommen, der »Volstead Act« selbst ein Dreivierteljahr später, am 28. Oktober, vom US-Kongress verabschiedet. Am 16. Januar 1920 schließlich begann die Prohibition; ihr Ende wurde erst dreizehn Jahre später besiegelt, als Präsident Franklin D. Roosevelt am 23. März 1933 den »Cullen-Harrison Act« unterzeichnete.⁷

Was das letztgenannte Gesetz für Bier und leichten Wein erlaubt, hatte der »Volstead Act« in Hinblick auf jegliches Getränk verboten, dessen Alkoholgehalt mehr als 0,5 Prozent betrug: Herstellung, Transport, Handel, Verkauf, Import, Export, Beschaffung, Auslieferung, Besitz. Die entschiedensten Verfechter eines ›trockenen Amerika‹ waren pietistische Protestanten – mustergültige Vertreter der WASP mit anderen Worten –, die Ende der zehner Jahre unter den Republikanern der Südstaaten und den Demokraten der Nordstaaten die Mehrheit bildeten. Zugleich übten sie den stärksten Einfluss innerhalb der Anti-Saloon League aus, die 1893

---

6 In dieser Perspektive vermag die offenbar rhetorisch gemeinte Frage, mit der Griffith seinen Film enden lässt, eher bang zu stimmen: »Dare we dream of a golden day when the bestial War shall rule no more. But instead – the gentle Prince in the Hall of Brotherly Love in the City of Peace.«

7 Bereits einen Monat zuvor, am 20. Februar 1933, war der 18. Zusatzartikel der amerikanischen Verfassung durch den 21. Zusatzartikel aufgehoben worden. In der Folge ließen die einzelnen Bundesstaaten Volksabstimmungen durchführen, um über die Annullierung des gesetzlichen Alkoholverbots zu entscheiden. Streng genommen müsste man also sagen, dass die Prohibition erst am 5. Dezember 1933 endete; an diesem Tag nämlich ratifizierte mit Utah der 36. Bundesstaat den 21. Zusatzartikel der Verfassung. Damit war die nötige Dreiviertelmehrheit für die landesweite Abschaffung des Alkoholverbotes erreicht. Allerdings ließ der 21. Zusatzartikel den einzelnen Bundesstaaten die Möglichkeit offen, die Prohibition sozusagen auf eigene Rechnung fortzuführen. Und tatsächlich bestand in manchen Staaten noch jahrzehntelang ein gesetzliches Alkoholverbot. Als letzter Bundesstaat schaffte Mississippi die Prohibition ab – und zwar 1966.

in Oberlin, Ohio, gegründet worden war und deren ebenso hartnäckige wie weitgefächerte Arbeit einen wesentlichen Anteil hatte an der schlussendlichen Einführung der Prohibition. Unter dem Einfluss von Wayne Wheeler setzte sie so nicht nur auf Lobbyismus in den verschiedenen politischen Institutionen, sondern tat sich zudem mit kirchlichen Gruppen zusammen, um für die umfassendere Verbreitung ihrer Ideen zu sorgen, und ließ über ihren Verlag, die American Issue Publishing Company, buchstäblich Billionen von aufklärerischen Seiten drucken im Dienste der Nüchternheit.

Die Verfechter der Prohibition erhofften sich von einer Trockenlegung der US-Bevölkerung, namentlich der Männer, eine beträchtliche Anhebung des sittlichen Niveaus, namentlich jenes der unteren Schichten, die ihrer Ansicht nach besonderer moralischer Kontrolle bedurften. War es doch offensichtlich, dass Arbeiter, die gerne zur Flasche griffen, ihre Familie der dringend für Kleidung, Nahrungsmittel und Miete benötigten Mittel beraubten, eher zu Gewalt gegen Frau und Kinder neigten, Schlägereien in der Kneipe und auf der Straße anzettelten oder sich in solche verwickeln ließen und natürlich auch, was ihre berufliche Tauglichkeit betraf, schnell auf den absteigenden Ast gerieten.[8] Allerdings sollte man anmerken, dass Bier, Wein und Schnaps nicht notwendigerweise mit dem Bösen schlechthin gleichgesetzt wurden. Häufig betrachteten die Befürworter einer zwangsweisen Ausnüchterung – wie die Woman's Christian Temperance Union unter ihrer zweiten Präsidentin Frances E. Willard – Trunksucht durchaus als Teil größerer sozialer Missstände und setzten sich deshalb gegen allzu entwürdigende Lebensbedingungen oder für eine Besserung der Bildungsmöglichkeiten ein (und, im Fall der WCTU, für das Frauenwahlrecht, damit das aus ihrer Sicht moralisch überlegene Geschlecht größeren Einfluss auf die Politik nehmen könne). Umso eigentümlicher berührt es, dass die Prohibition zwar, zunächst wenigstens, eine drastische Reduktion des Alkoholkonsums herbeiführte, ansonsten aber das gerade Gegenteil einer sauberen Gesellschaft beförderte.[9]

---

8 Jonathan Munby schreibt über die Prohibition: »Here was a moral law that had as its specific target the working class. The Volstead Act was a material policy born out of the philosophies of Taylorism, scientific management, and social engineering, all designed to rationalize not only work but the laborers themselves. Not only did alcohol directly threaten the productive efficiency of the worker, but, more significantly, the institutions associated with alcohol (bars, dance halls, theaters, working men's clubs) represented the space of ›free‹ time, the area most at odds with the policing intentions of economic and cultural guardians. In short, Prohibition was an attempt to control the new consumer culture in terms of puritan ethic.« Munby 1999, 31.

9 Folgt man Nicole Rafter, so setzte die Prohibition gar einer vergleichsweise liberalen Periode der amerikanischen Geschichte ein Ende – und mit ihr der Möglichkeit sozialer Reformen, wie sie die WCTU anstrebte: »In the United States, movies emerged during the so-called Progressive Era (roughly 1900-1920), a time of intense social reform, though one in which middle class reformers felt there was a great deal of work to do. One major concern was social unrest and street crime. Cities were expanding rapidly and filling with immigrants and the poor, some of whom formed criminal gangs. ›White slavery‹ or forced prostitution was another pervasive concern. The police, a

Auf lange Sicht nämlich profitierten weder die puritanischen Unterstützer der Prohibition von den neuen Verhältnissen noch ihre Gegner – unter anderen episkopale und lutherische Protestanten, römische Katholiken und deutschstämmige Amerikaner, wobei letztere freilich nach dem Ersten Weltkrieg einen allgemein schweren Stand hatten[10] –, sondern die Gangster. Man kann sogar sagen, dass der ›Gangster‹ als spezifischer Typus durch die Prohibition erst geschaffen wurde.[11] Denn Herstellung, Transport und Verkauf von Alkohol waren zwar in den USA verboten, nicht aber in den sie umgebenden Ländern. So kam es, dass in Kanada, Mexiko und der Karibik zahlreiche Brauereien und Destillen entstanden, deren Erzeugnisse auf verschiedensten Wegen ins Land geschmuggelt wurden. Beispielsweise befand sich im kubanischen Varadero eine Villa, die Al Capone als Depot für seine Ware – vornehmlich karibischer Rum – diente, die dann auf Schiffen über den Golf von Mexiko nach Florida gebracht wurde. Im Verlauf weniger Jahre entstand eine regelrechte Großindustrie rund um den illegalen Handel mit Bier und Schnaps.[12] Eigentlich ist auch wenig verwunderlich, dass der Ruch des Verbotenen und Gefährlichen, der dem (an sich ja nicht unter Strafe gestellten) Genuss von Alkohol nun anhaftete, die Leute im Großen und Ganzen nicht vom Trinken abhielt, sondern umgekehrt dazu anstachelte. Auf dem Höhepunkt der Prohibition, beziehungsweise der Unterwanderung derselben, soll es allein in Chicago 10.000 der »speakeasy«, »blind pig« oder »gin joint« genannten illegalen Kneipen und Clubs gegeben haben, die zumeist unter der Ägide von Gangstern standen, diesen und ihren Organisationen spektakuläre Einkommen bescherten und sich, entsprechende Schmiergelder vorausgesetzt, mitunter zu geradezu glamourösen Etablissements auswuchsen, wo Musik, Tanz und Gourmetfreuden geboten wurden.

Da jedoch selbst der riesige Markt, welcher sich dem organisierten Verbrechen dank der Prohibition eröffnet hatte, bald nicht mehr groß genug war für alle, die mit dem Schnapsvertrieb reich werden wollten, stand neben Bestechung auch jede Art von Gewaltverbrechen – Einschüchterung, Entführung, Brandstiftung, Mord – auf der Tagesordnung. Der Höhepunkt dieser Brutalisierung war vermutlich mit dem »St. Valentine's Day massacre« erreicht: Am 14. Februar 1929 legten Männer von Capones Organisation, einige in Polizeiuniformen, einen Hinterhalt für sieben

---

third important target of Progressive reforms, were in many cases uneducated, corrupt, and brutal. The Progressive period drew to a close with the enactment of the anti-alcohol Eighteenth Amendment.« Rafter 2000, 16f.

10 Bereits zu Kriegszeiten hatten die Advokaten der Prohibition, in Nutzbarmachung patriotischer Aufwallungen, gerne darauf hingewiesen, dass viele Brauereien auf deutschstämmige Einwanderer zurückgingen und Namen wie Pabst, Schlitz und Anheuser-Busch trugen.

11 Vgl. Munby 1999, 36f.

12 Vgl. Seeßlen 1977, 112.

Mitglieder der Gang von George »Bugs« Moran, die sie, als ihre unliebsamen Konkurrenten, an der Wand eines Lagerhauses in der Chicagoer Clark Street aufreihten und mit Maschinenpistolen und Schrotflinten niederschossen.

Derart blutige Exzesse änderten indessen nichts daran, dass die Gangster im selben Maße, wie die Sinnlosigkeit der Prohibition offensichtlicher wurde und Elogen auf die Nüchternheit verlogener klangen, zusehends an Popularität gewannen; Al Capone, Lucky Luciano und Meyer Lansky schwangen sich sogar zu Berühmtheiten auf – zwischen 1925 und 1929 waren sie gewissermaßen Dauergäste auf den Titelbildern der Boulevardzeitungen.[13] Es muss diese Verrohung einer Gesellschaft gewesen sein, der man doch Sauberkeit und Anstand verordnet hatte, welche für die Anhänger der Prohibition am schwersten zu ertragen war. Zumal die Popularität des Gangsters nach dem New Yorker Börsenkrach und dem folgenden Zusammensturz der Weltwirtschaft neue Gipfel erklomm. In einer Zeit, wo Millionen Amerikaner jäh vor dem Nichts standen, sich von den Führern ihres Landes, den Mächtigen aus Politik und Wirtschaft, verraten und verlassen fühlten und der Hoffnung auf eine lange für selbstverständlich erachtete, bessere Zukunft beraubt schienen, erblickten viele in einem rücksichtslosen Profiteur wie Al Capone jemanden, der es richtig gemacht hatte, indem er nicht nur dem Gesetz ein Schnippchen schlug, sondern dem ganzen Wertesystem, auf dem es beruhte, Hohn sprach: Die Große Depression schien nur die Armen, Anständigen und Dummen zu erfassen.[14]

Unauflösliche Ambivalenzen

Insofern ist das fatale Scheitern der Prohibition, der Widerspruch zwischen ihren Zielen und dem, was sie tatsächlich erreichte, vielleicht emblematisch für die Goldenen Zwanziger, eine Zeit, welche es den Menschen erlaubte, zwischen den Grauen zweier Kriege, die sie mit zu ersticken drohten, sozusagen ein wenig Morgenluft zu schnuppern. Doch man fragt sich, ob diejenigen, die in den Speakeasies lachten, tanzten und

---

13 Vgl. ebenda, 37. Einschränkend sollte man erwähnen, dass das »St. Valentine's Day massacre« aufgrund der öffentlichen Empörung, die es hervorrief, den Sturz Capones einleitete. Vgl. McCarty 2004, 110f. Offenbar musste er aber keine dauerhaften Einbußen an Beliebtheit hinnehmen.
14 Phil Hardy sieht in dieser Beliebtheit, die anscheinend in einer Art imaginärem Komplizentum wurzelte, einen wichtigen Grund für den Erfolg der Gangsterfilme der frühen dreißiger Jahre, die sich bekanntlich an Leben und Taten realer Vorbilder orientierten: »Das Publikum, das sich während der Depression von der führenden Gesellschaft im Stich gelassen fühlte, jubelte den Gangstern zu, die oft Volkshelden im wirklichen Leben und auf der Leinwand waren, und teilte mit ihnen – wenn auch nur im übertragenen Sinne – das Vergnügen, die Abendgarderobe anzulegen und sich unter die Leute zu mischen, denen der feine Anzug bereits in die Wiege gelegt war.« Hardy 1998, 279. Ähnlich argumentiert Nicole Rafter. Vgl. Rafter 2000, 20f. Marilyn Yaquinto scheint zu vermuten, dass der Erfolg des Gangsterfilms etwas damit zu tun hatte, dass hier die »Roaring Twenties« fortlebten. Vgl. Yaquinto 1998, 26; vgl. zur Popularität von Al Capone im Besonderen auch Munby 1999, 37.

tranken, wohl geglaubt hätten, dass sie mit jedem Schluck Bier, Whiskey oder Champagner, den sie zu sich nahmen, auch Blut schlürften. Dies jedenfalls ist präzise der Vorwurf, den Mike Powers (Donald Cook) in William A. Wellmans THE PUBLIC ENEMY (DER ÖFFENTLICHE FEIND, USA 1931) seinem Bruder Tom (James Cagney) macht.
Nachdem der hochdekorierte Kriegsheimkehrer bei dem Familienessen, das zur Feier seiner Wiederkehr ausgerichtet wurde, zunächst nur stumm dasitzt und finster brütend das Fass anstarrt, das Tom für diesen Anlass bereitgestellt hat, bekommt er einen Wutanfall, als ein Toast auf ihn ausgesprochen wird. Toms Freund und Mitgangster Matt (Edward Woods) schenkt reihum Bier ein – Tom und Mike, die gutmütig-einfältige Mutter, Mikes brave Freundin, eine buchstäblich gesichtslose Nachbarin –; man hebt die Gläser, doch der Geehrte will nicht trinken. Ob Bier nicht gut genug für ihn sei, fragt Tom, ganz spöttische Gereiztheit, seinen Bruder, der bislang nur eingeworfen hat, die anderen könnten trinken, wenn er nicht wolle, müsse er nicht. Nun jedoch springt Mike auf: Glaube Tom denn wirklich, es würde ihn kümmern, wenn nur Bier in dem Fass wäre? Doch dem ist nicht so, weiß Mike: »You murderers!«, fährt er Tom und Matt an. »There's not only beer in that keg! There's beer and blood! The blood of men!«¹⁵ Dann packt Mike das Fass, stemmt es hoch und schleudert es auf ein Tischchen in der Zimmerecke, nur um im nächsten Augenblick zitternd auf seinem Stuhl zusammenzusinken.
»You ain't changed a bit!«, kommentiert Tom, ehe er zusammen mit Matt das Haus der Mutter verlässt, schwankend nun zwischen Gekränktheit, verächtlichem Trotz und Wut: »Besides, your hands ain't so clean. You killed and liked it. You didn't get them medals for holding hands with them Germans!«¹⁶
Tatsächlich sind in dieser kurzen Auseinandersetzung zwischen den Powers-Brüdern die Eckpunkte des thematischen Feldes markiert, das der frühe Gangsterfilm – und nur um diesen geht es im Folgenden – bearbeitet. Zum einen ist da die Frage nach dem Standpunkt, von dem aus sich das Handeln des Individuums beurteilen lässt. Was unterscheidet Mikes Morde von denen Toms? Dass sie im Krieg geschehen sind oder um höherer Ziele willen? Diese Frage verweist in der konkreten Konfiguration von THE PUBLIC ENEMY – zwei Brüder, die sich auf verschiedenen Seiten des Gesetzes wiederfinden und einander zugleich in Zuneigung und Feindschaft verbunden sind – auf jene grundlegendere nach den Möglichkeiten und Grenzen der Gemeinschaft, die, bei verschiedener Ausgestaltung, auch im Zentrum von Leone Robertis NAPOLI CHE CANTA und der Stadt-

---

15 »Ihr Mörder! Da ist nicht nur Bier in dem Fass da! Da ist Bier und Blut! Menschenblut!«
16 »Du hast dich kein bisschen verändert! Außerdem sind deine Hände auch nicht so sauber. Du hast getötet, und es hat dir gefallen. Du hast diese Medaillen nicht dafür bekommen, mit den Deutschen Händchen zu halten!«

inszenierungen des italienischen Nachkriegskinos steht. Zum anderen erhält Mikes Vorwurf gegen Tom eine verstörende Qualität dadurch, dass seine Worte aufgrund der offensichtlichen seelischen Zerrüttung des Veteranen kaum wie ein von erhöhter moralischer Warte herab gesprochenes Verdikt wirken, noch wie eine von rechtschaffenem Furor erfüllte Metapher aus dem Repertoire eines Wanderpredigers – vielmehr erhalten sie eine entsetzlich buchstäbliche Anmutung: Da *sind* Bier und Blut in dem Fass, vermischt mit einer solchen Notwendigkeit, als ob das eine ohne das andere gar nicht denkbar wäre. Hierin aber zielen Mikes Worte auf die ebenso beklemmenden wie unauflöslichen Ambivalenzen der Goldenen Zwanziger, wie sie sich in der Rückschau nachzeichnen lassen und vielleicht zur Alltagswahrnehmung der Menschen gehörten, welche diese Zeit durchlebten, in jedem Fall aber einen Bestandteil der von den klassischen Gangsterfilmen vorgenommenen ästhetischen Konstruktion darstellen. Dass diese Ambivalenzen nicht zuletzt an die Erfahrung eines bereits in seinem schieren Ausmaß unfasslichen Sterbens und Tötens gebunden werden – ganz offenkundig, was THE PUBLIC ENEMY betrifft, eher verdeckt bei anderen Genreproduktionen derselben Zeit –, ermöglicht es, noch auf einer weiteren, kaum weniger bedeutsamen Ebene eine Verbindung herzustellen zwischen den Gangsterfilmen der frühen dreißiger Jahre und dem italienischen Nachkriegskino, dessen Stadtinszenierungen, wie gesagt, mit großer Regelmäßigkeit ihren Nullpunkt finden in den Grauen des Zweiten Weltkrieges und der Frage, was aus den Hoffnungen geworden ist, die sich an das Ende der Kämpfe knüpften.

Desgleichen erblickt der klassische Gangsterfilm in einem spezifischen Entwurf der Stadt und einem bestimmten Modus, den Zuschauer zu diesem Entwurf in Beziehung zu setzen, das wesentliche Mittel, um die Verhandlung über die skizzierten Fragen zu eröffnen und durchzuführen. Damit verständlich wird, was das bedeutet, soll eine Untersuchung der Poetik anschließen, die paradigmatischen Filmen wie THE PUBLIC ENEMY zugrunde liegt. Als Grundlage dieser Untersuchung dient eine Analyse von THE MUSKETEERS OF PIG ALLEY (DIE MUSKETIERE VON PIG ALLEY, USA), den D. W. Griffith 1912 drehte und der als ein früher – wenn nicht der früheste – erhaltene Vorläufer der Genreproduktionen aus den Dreißigern gilt.[17]

---

17 Vgl. z.B. Rafter 2000, 17. Für gewöhnlich wird Raoul Walshs REGENERATION aus dem Jahr 1915, der erzählt, wie ein Gangster mithilfe eines Sozialarbeiters auf den Pfad der Tugend zurückfindet, als erster Gangsterfilm von abendfüllender Länge betrachtet. Vgl. ebenda, 17f.

In einer leeren Gasse
D. W. Griffith' THE MUSKETEERS OF PIG ALLEY

In seinem ersten Zwischentitel kündigt Griffith' Film an, er werde dem Zuschauer »New York's Other Side« zeigen. Dies tut er vermittels der Geschichte eines armen Musikers – »The Musician« (Walter Miller) –, der mit seiner jungen Frau – »The Little Lady« (Lillian Gish) – und deren schwerkranker Mutter (Clara T. Bracy) in einer schäbigen Parterrewohnung lebt. Auf den ersten Blick handelt es sich hierbei um eine denkbar geradlinige Geschichte: Der Musiker lässt seine Frau allein, weil er in einem unbestimmten ›Anderswo‹ gutes Geld verdienen kann. In Abwesenheit ihres Mannes muss sich »The Little Lady« den Annäherungsversuchen eines Gangsters erwehren, der ein Auge auf sie geworfen hat. Dieser Gangster, Snapper Kid (Elmar Booth), ist es dann auch, der, gemeinsam mit einem Kumpan, den heimkehrenden Musiker niederschlägt und seiner Börse beraubt. Während der Mann der »Little Lady« nun, zunächst erfolglos, versucht, sein Geld wiederzuerlangen, wird diese von einer Freundin – um sie aufzuheitern, wie ein Zwischentitel erläutert – auf einen Ball geschleppt, wo sie nicht nur Snapper Kid, sondern zudem noch den Anführer einer rivalisierenden Gang (Alfred Paget) antrifft. Bald schon haben sich die beiden Gangster über ihren Bemühungen, die Gunst der jungen Frau zu erringen, heillos zerstritten. Ihrerseits sucht »The Little Lady« empört das Weite, als sie erkennt, in welche Gesellschaft sie da geraten ist, ohne aber mit ihrem Rückzug die Gemüter beruhigen zu können.[18] Aus Angst vor dem »Big Boss«, den der Zuschauer übrigens nicht zu Gesicht bekommt, entscheiden die Gangster schließlich, ihren Streit auf der Straße auszutragen. In dem Durcheinander der folgenden Auseinandersetzung gelingt es dem Musiker, sein rechtmäßiges Eigentum erneut an sich zu bringen und wohlbehalten nach Hause zurückzukehren. Augenblicke später jedoch klopft Snapper Kid an die Tür, der sich nunmehr auf der Flucht vor dem Gesetz befindet und offenbar gedenkt, »The Little Lady« in sein Versteck mitzunehmen. Merkwürdigerweise lässt der Gangster von seinem Vorhaben ab, als er herausfindet, dass der Musiker und die junge Frau verheiratet sind; die beiden revanchieren sich für diese Anständigkeit – »One Good Turn Deserves

18 John McCarty deutet den Streit der Gangster durchaus nicht als Eifersüchtelei, erblickt darin vielmehr ein Zerwürfnis aus ökonomischen Gründen: »Later at the ›Gangster's Ball‹, a dance sponsored by the local mob, Gish captures the eye of the Kid and a rival gang leader [...]. The latter slips her a Mickey – ostensibly to get her into bed, as our modern eyes would perceive it. But at the time the film was made, this action conveyed a very different meaning to audiences, as one of the most widespread underworld activities engaged in by New York City mobsters was the ›white slave‹ rakket, wherein young girls living on the street or on their own would be drugged and sold into prostitution. This unsavory gambit, not sex (or at least not sex alone), is what the Kid and his rival are up to.« McCarty 2004, 15. Für den gegebenen Zusammenhang ist die Frage, weshalb die Ganoven aneinander geraten, indessen nicht von entscheidender Bedeutung.

Another« heißt es im entsprechenden Zwischentitel[19] –, indem sie Snapper Kid das Alibi verschafft, welches er bald darauf dringend benötigt, da die Polizei seiner habhaft geworden ist.

Tod der Mutter, Tod der Mobster
Eine genauere Untersuchung bestätigt den Verdacht, der durch die letzten Zeilen erweckt wird: Die Schlichtheit von THE MUSKETEERS OF PIG ALLEY verbirgt profunde Seltsamkeiten. Unter diese zählt die Bereitwilligkeit, mit der sich Snapper Kid der Unantastbarkeit des Ehebundes fügt, ebenso wie das ungeahnte Wohlwollen des beraubten und bedrängten Liebespaares. Weiterhin vermag die Figur der kranken Mutter das Erstaunen des Zuschauers zu erregen: Die Mutter nämlich stirbt, kaum dass Griffith' Film richtig begonnen hat. Mehr noch als ihr jähes Hinscheiden überrascht dabei die Tatsache, dass ihr Tod auf keiner Ebene von THE MUSKETEERS OF PIG ALLEY nennenswerte Konsequenzen zeitigt – sieht man davon ab, dass »The Little Lady« gramerfüllt bei dem Leichnam niedersinkt –, das Vorhandensein dieser Figur also insgesamt wenig sinnhaft anmutet. Am eigentümlichsten aber berührt die Unverhältnismäßigkeit, mit der Snapper Kid und sein Rivale auf ihren doch recht harmlosen Liebeshändel (beziehungsweise ihren monetären Konflikt) reagieren: Anstatt sich beispielsweise in einer Schlägerei auszutoben, richten die beiden ein veritables Blutbad an, dessen Folge die weitgehende Auslöschung ihrer beider Gangs und die Festnahme der meisten Überlebenden durch die urplötzlich in Mannschaftsstärke auftauchende Polizei ist – was Snapper Kid wiederum nicht sonderlich zu bekümmern scheint, wollte man aufgrund der Lässigkeit urteilen, mit der er danach in der Wohnung des armen Musikers und seiner Frau vorstellig wird.

Nun mag es nahe liegen, diese Seltsamkeiten mit der dramaturgischen und psychologischen Unbedarftheit des frühen Erzählkinos zu erklären. Eine solche Herleitung verkennte aber, dass THE MUSKETEERS OF PIG ALLEY gerade in seinen etwas hanebüchenen oder zuwenigst zweifelhaften Momenten ein wesentliches Merkmal der Stadtinszenierungen des klassischen Gangsterfilms vorwegnimmt. Wenn die moritatenhafte Anlage von Griffith' Film nämlich an das Genre der *sceneggiata* gemahnt, so erinnern die in THE MUSKETEERS OF PIG ALLEY inszenierten Abfolgen von Einsamkeit und Lebensfülle im Bild der Stadt an NAPOLI CHE CANTA: Bei Leone Roberti verweist die Leere der Straßen und Plätze – und die Verlorenheit der Menschen in ihnen – auf den etwaigen Sieg der Armut und den großen Abschied der Emigration; in Griffith' Film wird sie zum Vorboten des Todes, der, wie zwei Jahrzehnte später bei Mervyn LeRoys LITTLE CAESAR (DER KLEINE CAESAR, USA 1931), Howard Hawks' SCARFACE –

---

19 Etwa: »Eine Liebe ist der anderen wert«.

SHAME OF A NATION (SCARFACE, DAS NARBENGESICHT, USA 1932)[20] oder eben THE PUBLIC ENEMY, denjenigen ereilt, der allein ist, sich selbst aus der Gemeinschaft ausgeschlossen hat oder von ihr ausgeschlossen wurde. Dieser Zusammenhang wird dann offensichtlich, wenn man die Irritationen von THE MUSKETEERS OF PIG ALLEY nicht mehr handlungslogisch aufzulösen sucht, sondern auf die hier vorgenommenen Raumkonstruktionen bezieht.
Die Umstände des Todes der Mutter sind in diesem Sinne höchst bezeichnend für Griffith' Film, stirbt sie doch in Einsamkeit. Zunächst verlässt der Musiker die Wohnung, dann »The Little Lady«, die einige Näharbeiten abliefern muss. Scheint die Mutter den Aufbruch des Mannes ebenso wenig wahrzunehmen wie den tränenreichen Schmerz seiner Frau, so erregt deren bald darauf sich anschließende Verabschiedung den ängstlichen Widerwillen der Kranken – über welchen »The Little Lady« nun ihrerseits kühl hinwegsieht. Die Mutter ist also allein in einem ärmlichen, dunklen Zimmer zurückgeblieben; bereits mit den nächsten Einstellungen von THE MUSKETEERS OF PIG ALLEY wird ihre Isolation indessen weiter vervollständigt. Denn Snapper Kid, der offenbar anderes in dem Haus zu erledigen hatte und von seinem Vorhaben durch das Auftauchen der »Little Lady« abgebracht wird, folgt dieser auf die Straße hinaus, nachdem er sich von ihr, die ihm augenscheinlich vom ersten Moment an gefällt, schroff zurückgewiesen sieht. Zuvor bereits wurde der Abschied des Musikers – in einer Einstellung eingefangen, die identisch kadriert ist mit jener, die Snapper Kids vergebliche Bandelei zeigt – vorweggenommen und begleitet durch den Fortgang einer seltsam bekümmert wirkenden Frau und eines kleinen Mädchens, das ihre Tochter zu sein scheint. Für den Zuschauer stellt sich das Haus, von dem man ihm nur den Windfang und ein Stück Treppe gezeigt hat, nun ganz verwaist dar bis auf die Kranke in der Parterrewohnung. Jedenfalls ist das Bild der öden und heruntergekommenen Diele das letzte, was er sieht, ehe die Mutter stirbt – ein bedrückend beiläufiger Tod, der bereits auf die Tatsache hindeutet, dass die Menschen auch im klassischen US-Gangsterfilm ›den Charakter gebrauchten, unpolierten Materials‹ annehmen und umstandslos weggeworfen werden, wenn sie zu nichts mehr nutze sind.

20 Der amerikanische Untertitel ›verdankt‹ sich den massiven Problemen, die Regisseur Howard Hawks und sein Produzent Howard Hughes aufgrund der Gewalttätigkeit und Amoral von SCARFACE zunächst mit dem Hays Office, dann den staatlichen und lokalen Zensurbehörden hatten. Um die Sittenwächter zufrieden zu stellen, wurden zudem Teile des Films verändert und einige Szenen unter der Regie von Richard Rosson nachgedreht, die alle vom selben Schlage waren wie die im Folgenden beschriebene: »[...] a newspaper publisher (Purnell Pratt) accused of giving to many headlines to the city's bad men looks straight into the camera, decries the problem of gangsterism, and admonishes the government and the public for their lack of responsibility in countering mob violence (›You can end it. Fight!‹).« McCarty 2004, 123; vgl. zu der Zensurgeschichte von SCARFACE ebenda, 122ff., und Rodenberg 1991, 164f.

Das Bild des Todes der Mutter – ein leeres Zimmer – findet seinen stärksten Kontrast und zugleich seine Apotheose in den wiederkehrenden Tableaus der klaustrophobischen Straßen und Gassen, wo »The Little Lady«, die Musketiere und zahllose andere arme New Yorker ihren verschiedenen Geschäften nachgehen oder lungernd die Zeit totzuschlagen suchen. In diesen Szenen erweckt die hochgradig geschlossene Komposition der Einstellungen, denen kein Außerhalb mehr zuzukommen scheint, den Eindruck des Erstickenden, des Aus-allen-Nähten-Platzens: Die Figuren kommen zwar irgendwoher und gehen irgendwohin, vermitteln in all ihrer Betriebsamkeit aber die Empfindung eines vollständigen Stillstands. Die so entstehende Atmosphäre von Gefangenschaft wird weiter verstärkt durch die Position der Kamera, die sich immer auf Blickhöhe mit den Frauen und Männern der Pig Alley bewegt, so dass nicht ein einziges Mal auch nur das kleinste Stückchen Himmel über dem Elendsquartier aufscheint.

Da diese Tableaus nicht nur die Ästhetik von Griffith' Film prägen, sondern ihm zudem, gleichsam als Marksteine der einzelnen Episoden, Rhythmus und Struktur verleihen, hat es umso mehr Gewicht, wenn ein Straßenbild plötzlich von derselben Leere befallen ist, die auch das Sterbezimmer der Mutter beherrscht. Genau das geschieht aber vor der Schießerei, in welcher die Rivalität der Bandenchefs um »The Little Lady« endet. Schon als Snapper Kid mit seinen Leuten die heruntergekommene Gasse betritt, die bald darauf zum Schauplatz des Mordens wird, erscheint diese eigentümlich leblos: Ein dicker, schnauzbärtiger Mann steht unbeweglich hinter einem Fass, eine Hand in der Tasche, mit der anderen gegen die Mauer gelehnt, die Zigarre im Mund; ein zweiter sitzt ebenso unbeweglich im Einstieg zu einem Kellerhals, leicht vorgebeugt, die Mütze zwischen die Finger geknautscht; ein dritter schließlich liegt, ganz im Bildhintergrund, an einer Hauswand, als würde er einen Rausch ausschlafen oder wäre selbst schon eine Leiche. Snapper Kid spricht einen weiteren Mann an, der sich rechts im Bildvordergrund aufhält und, vielleicht ein Spießgeselle, offenbar auf ihn gewartet hat, rauchend dabei, mit gesenktem Kopf und insgesamt kaum weniger statuenhaft als die übrigen, in dem schäbigen Durchgang verteilten Gestalten. Ein Asiat betritt die Gasse; er trägt ein Paket und einen Beutel, blickt zu Boden, stößt aus Versehen gegen Snapper Kid, sieht eilig zu, dass er weiterkommt. Der Gangster, der schon die Pistole zücken wollte, lacht spöttisch, wird dann ernst und verlässt, gefolgt von seiner Gang, den Durchgang, wobei er dieselbe Richtung einschlägt wie der Asiate.

Nun verschwinden auch die übrigen Männer aus der Gasse – bis auf den Liegenden, der sich nach wie vor nicht rührt –, gerade rechtzeitig, um Platz zu machen für den Auftritt des Rivalen, der nun mit seinen Leuten den Kader zu füllen beginnt: Ihre dunklen Anzüge heben sich nicht nur ab von der matschigen Erde und dem Mauerwerk, sondern bilden auch einen Kontrast zu dem dicken Zigarrenraucher und der anderen, insgesamt deutlich heller gekleideten Gang. Nachdem er seinen Nebenbuhler entdeckt hat, beschließt Snapper Kids Rivale, diesem eine Falle zu stellen. Die Rhythmik der Auf- und Abtritte, die stete Bewegung vom Hintergrund in den Vordergrund und umgekehrt, nimmt eine frappierende Kehre, als sich die Gangster auf eine Art und Weise hinter über die Tiefe und Breite des Bildes verteilten Fässern und sonstigem Gerümpel verstecken, dass die Gasse plötzlich völlig verlassen erscheint. Die Spannung zwischen den verschiedenen Ansichten des Durchgangs, der während der gesamten Dauer von THE MUSKETEERS OF PIG ALLEY immer wieder zum Schauplatz des Geschehens wird und sich dabei immer weiter entleert, wird dadurch erhöht, dass Griffith die Gasse stets in derselben Einstellung zeigt – bis zu dieser Kulmination der Leere, die ihren Fokus in dem Liegenden an der Hauswand findet; fast zwangsläufig fällt der Blick des Zuschauers auf die kaum auszumachende Figur, die nunmehr vollends wirkt wie einer der Toten, die bald den Durchgang füllen werden: als hätte der Mann in einer unheimlichen zeitlichen Verschiebung sein eigenes Sterben überholt. Einige Augenblicke später dann betreten Snapper Kid und die Seinen die Gasse; noch einige Augenblicke später hat Pulverdampf die Szenerie in einem Maße vernebelt, dass man im vollen Wortsinn davon sprechen kann, die Leere *erfülle* das Bild: Es lässt sich schlichtweg nichts mehr erkennen.

Kapitulation vor dem ›Wir‹
Vor dem Hintergrund dieser Auslöschung aber liegt die Vermutung nahe, dass es gerade die Bejahung eines von Griffith' Film behaupteten Wertes ist – die Liebe des armen Paares –, die Snapper Kid das Überleben und THE MUSKETEERS OF PIG ALLEY das in jedwedem Zusammenhang mit dem klassischen US-Gangsterfilm so unübliche versöhnliche Ende ermöglicht. Wenn Snapper Kid nämlich von dem Musiker und seiner Frau abklässt, als er erkennt, dass sie verheiratet sind, stellt diese Handlung eine Umkehrung der Logik dar, die den Bandenchef bislang antrieb. Mit seinem Verzicht darauf, sich der ›Zuneigung‹ der »Little Lady« notfalls mit Gewalt zu versichern, vollzieht er – auf einer strukturalen Ebene, die unterschieden werden muss von der psychologischen Glaubwürdigkeit der Figur – nichts anderes als die Anerkennung einer Form der Gemeinschaft. Dem Wandel Snapper Kids und dem an ihn sich anschließenden zuversichtlichen Ausgang der Geschichte scheinen dabei die implizite Annahme zugrunde zu liegen, dass das Eingebunden-Sein in ein ›Wir‹ die Möglichkeit des Lebens stiftet, ebenso wie die existentielle Zurückgeworfenheit auf ein ›Ich‹ den Tod nach sich zieht.

Um dies zu verstehen, muss man sich zunächst vor Augen führen, dass THE MUSKETEERS OF PIG ALLEY in seiner viertelstündigen Laufzeit vor allem eine zerstörerische und verheerte Zwischenmenschlichkeit vorgeführt hat: Der Musiker verlässt seine junge Frau, die sich infolgedessen der Zudringlichkeit von Gangstern ausgesetzt sieht; die Frau verlässt ihrerseits die schwerkranke Mutter, die daraufhin in vollkommener Einsamkeit stirbt; sie selbst wird später von ihrer Freundin auf einen, wie es im Zwischentitel heißt, Verbrecherball geführt, wo sie zum Anlass eines verhängnisvollen Zwistes wird; die Anführer der Gangs schließlich schicken ihre Männer in den Tod, ohne viel Federlesens zu machen. Betrachtet man diese Konstruktion, so mag es in mancherlei Hinsicht zutreffend erscheinen, Griffith' Film über das Motiv der versuchten Verführung (das heißt: Vergewaltigung) einer Jungfrau – die Tat, bei der Unter- und Oberwelt, ansonsten streng voneinander getrennt, aufeinander treffen – in eine Traditionslinie mit viktorianischer Melodramatik und Kolportageromanen wie Eugène Sues *Les Mystères de Paris* (1842/43) zu stellen.[21] Weiterhin ließe er sich, ob seiner Bemühungen um eine realistische Darstellung der New Yorker Armenviertel, in die Nähe der, vorwiegend aufs Ende des 19. Jahrhunderts fallenden, Arbeiten des Fotografen Jacob Riis rücken, mit denen er zudem den sozialreformerischen Impetus und jene eigentümliche, durch ihren Gegenstand hervorgerufene Mischung aus Furcht und Faszination teilt.[22] Sicherlich könnte man auch sagen, der Entwurf von THE MUSKETEERS OF PIG ALLEY erlaube keinen Zweifel daran, dass es Achtlosigkeit, Selbstsucht und Gier sind, in dem hier dargestellten Umfeld zumal durch materielle Not befördert, die noch das bescheidenste Miteinander gefährden.

Wichtiger als die soziologische Herleitung der Kriminalität oder der Aufschrei über menschliche Verworfenheit dürfte allerdings die Tatsache sein, dass Griffith' Film beim Durchspielen verschiedener Formen von Gemeinschaftlichkeit – heterosexuelle Partnerschaft, Kleinfamilie, Frauenfreundschaft, Männerbund – diese stets auf ihr Scheitern hin perspektiviert, auf ihr Versagen, dem Individuum einen Hafen oder eine Heimstatt zu bieten. Wenn der Musiker und »The Little Lady« nach erfolgreicher Wiederbeschaffung der Geldbörse einander lachend in die Arme fallen, ist der einzige unzweideutig glückliche Moment in THE MUSKETEERS OF PIG ALLEY inszeniert, und zugleich wird damit zum ersten Mal ein anscheinend funktionierendes »Wir« etabliert, so dass man schlussfolgern könnte, Snapper Kid kapituliere weniger vor der Unantastbarkeit

---

21 Vgl. Hardy 1998, 276ff.
22 Der einleitende Zwischentitel von THE MUSKETEERS OF PIG ALLEY, »New York's Other Side«, stellt offenbar eine Reminiszenz an Riis' bekanntestes Werk, *How the Other Half Lives*, dar, das erstmal 1890 publiziert wurde. Vgl. zu der Beziehung zwischen Griffith' Film und Riis' Arbeiten: Munby 1999, 21-24.

des Ehebundes oder der Reinheit der Liebe als vielmehr vor dem schieren Vorhandensein einer emphatisch sich selbst bejahenden Gemeinschaft. Und diese Gemeinschaft, was immer man sonst von ihr halten mag, dankt es dem Bandenchef, indem sie ihn paradoxerweise zugleich ausschließt und in sich aufnimmt: Snapper Kid wird sozusagen mit dem Segen des jungen Paares entlassen, um sein eigenes Dasein fortzusetzen.

Auch in THE MUSKETEERS OF PIG ALLEY geht es also letztendlich um die Verhandlung über die Bedingungen, Möglichkeiten und Grenzen des menschlichen Miteinanders. In diesem Zusammenhang sollte man sich des Endes von Griffith' Film erinnern: Die treuen Liebenden, Statthalter der Tugend, belügen einen Polizisten, um Snapper Kid zu retten, der – angesichts des kleinen Massakers, für das er einen Gutteil der Verantwortung trägt – sicherlich den Tanz mit des Seilers Tochter hätte wagen müssen. Durch die beinahe flapsige Idyllik seiner letzten Einstellungen verstärkt THE MUSKETEERS OF PIG ALLEY nur die irritierende Anmutung dieses Endes, macht mithin deutlich, dass die Verhandlung über die Wertigkeit von Gemeinschaft auch hier einen komplizierteren Verlauf nimmt, als es eine schlichte Aufteilung in Gut und Böse, Anstand und Ruchlosigkeit, Gangster und ehrbare Leute glauben machen will. Zumal Griffith' Film die Gültigkeit derartiger Dichotomien ganz zum Schluss deutlich in Frage stellt, wenn der Polizist, der Snapper Kid aus der Wohnung der Liebenden geführt hat, plötzlich gut Freund mit diesem zu sein scheint und dem Bandenchef selbst – nach dem Zwischentitel: »Links In The System« – durch eine vom rechten Bildrand hereinragende Hand Geldscheine gereicht werden, verbunden mit einem Fingerzeig in Richtung des bereits entschwundenen Gesetzeshüters.

Der Außenseiter und seine Wege

Wie bereits angedeutet wurde, erschließt sich die volle Bedeutung der sonderbaren Pointen von THE MUSKETEERS OF PIG ALLEY erst auf der Grundlage eines besseren Verständnisses der Genrepoetik des klassischen US-Gangsterfilmes. Hinsichtlich der Rettung Snapper Kids lässt sich allerdings schon jetzt die Vermutung äußern, dass sie gerade durch die bescheidene Statur des Bandenchefs denkbar wird, der ja, bei nüchternem Licht betrachtet, weit eher dem Typus des Kleinkriminellen entspricht. Was die Entwicklung dieser Figur betrifft, so endet THE MUSKETEERS OF PIG ALLEY an einem Punkt, welcher in den Genreproduktionen aus den frühen dreißiger Jahren mit den letzten Klängen des Präludiums zusammenfiele: Der Nachwuchs-Ganove hat einen ersten Konkurrenten beseitigt – im Fall von Griffith' Film handelt es sich hierbei um den Rivalen Snapper Kids, und Letztgenannter kommt selbst nur mit mehr

Glück als Verstand davon – und kann nun einen weiteren Schritt tun auf dem Weg nach oben. Dieser erste Wendepunkt aber ist notwendiger Bestandteil der Dramaturgie von Filmen der klassischen Genreperiode wie THE PUBLIC ENEMY. Laut Georg Seeßlen setzt sich deren »erzählerische[s] Skelett« wie folgt zusammen:

> In den Elendsvierteln wächst ein Mann heran, der mit der guten Gesellschaft nur schlechte Erfahrungen gemacht hat. Er hat besondere Fähigkeiten, und sein Unrechtsbewusstsein ist besonders ausgeprägt. Seine Intelligenz und seine Verbitterung gehen eine gefährliche Verbindung ein. Nachdem er einige Zeit lang als kleiner Ganove sein Leben gefristet hat, merkt er, dass seine Fähigkeiten ihn zu Höherem bestimmen würden. Er beschließt, eine Karriere im *gangland* zu machen. Häufig orientiert er sich dabei an einem Vorbild, das ihm die Medien vermittelt haben, oder an einem Gangster, den er etwa im Gefängnis kennengelernt hat. Er verlässt seine Familie und macht Karriere, steigt in der Hierarchie der Gangster immer weiter auf, bis er es sogar zum Boss gebracht hat. Er besteht die gefährlichsten Rivalitätskämpfe, und seine Ideologie vom Aufstieg um jeden Preis scheint sich zu bestätigen (und in diesem Abschnitt seiner Geschichte wird er auch nicht müde, sie allen Leuten zu verkünden). Er baut das ›Unternehmen‹ der *gang* weiter aus und erringt Anerkennung auch in bürgerlichen Kreisen. Wenn man ihn schon nicht achtet, so fürchtet man ihn doch in jedem Fall. Plötzlich, am Zenit seiner Macht, begeht der Gangster einen kleinen, aber entscheidenden Fehler und wird, zumeist aufgrund einer uneingestandenen Zuneigung zu einem anderen Menschen, seinen Maximen untreu. Schlag auf Schlag entwickelt sich nun der Niedergang bis hin zu Gefangennahme oder Tod.[23]

Seeßlens Resümee verweist auf einige, für den gegebenen Zusammenhang wesentliche Merkmale des US-Gangsterfilms der dreißiger Jahre. Als erstes wäre zu nennen, dass zumindest die frühen Genreproduktionen zur Verwirklichung ihrer Poetik unbedingt des Schauplatzes der Großstadt bedürfen. Diese Beobachtung mag trivial erscheinen, ähnlich wie wenn man sagte, der Western lasse sich nicht ohne Revolverhelden, Pferde und Saloons denken. Es ist aber wichtig zu verstehen, dass die Großstadt hier nicht als soziologische Entität entworfen wird, deren Topografie nach Abgleichung mit realen Örtlichkeiten verlangte. Auch wenn der Gangsterfilm seine Geschichten »buchstäblich von den Titelseiten der nationalen Tageszeitungen abgekupfert«[24] hat und zahlreiche Ver-

---

[23] Seeßlen 1977, 109.
[24] Hardy 1998, 278. Ähnlich argumentiert Marilyn Yaquinto, die LITTLE CAESAR als beispielhaft für eine Tendenz im klassischen US-Gangsterfilm ansieht, die sie unter »journalism-turned-cinema«

bindungen zwischen Produktionen wie SCARFACE und dem zeithistorischem Geschehen, genauer: dem Leben Al Capones, nachweisbar sind[25] – das Genre zielt keineswegs auf die Widerspieglung der amerikanischen Gesellschaft, wie sie sich während der Goldenen Zwanziger oder der Depression darstellte, sondern auf einen zuvörderst artifiziellen Entwurf derselben. Die Tatsache, dass der Gangsterfilm Fragen und Konflikte behandelt, die für das Gros der US-Bürger in der damaligen Epoche von nachgerade existentieller Bedeutung gewesen sein müssen, steht durchaus nicht in Widerspruch hierzu. Vielmehr verdankt sich die soziale Wirksamkeit des Genres – von der nicht zuletzt das Moratorium über die Produktion von Gangsterfilmen zeugt, das Will H. Hays, Vorsitzender der Motion Picture Producers and Distributors of America (MPPDA), am 15. Juli 1935 erließ – präzise der Transformation von Alltagswirklichkeit (oder eines Phantasmas von Alltagswirklichkeit) in eine komplexe kinematografische Konstruktion. Das Bild der Großstadt markiert zugleich den Ausgangs- und Fluchtpunkt dieser Konstruktion.

Die Stadt und das Scheitern: der Gangsterfilm als Spielart der Tragödie
So jedenfalls stellt es sich dar aus der Perspektive, die Robert Warshow auf den klassischen US-Gangsterfilm einnimmt. In seinem Aufsatz »The Gangster as Tragic Hero« (»Der Gangster als tragischer Held«) von 1948 schreibt er:

> Der Gangster ist der Mann aus der Stadt, er besitzt die Sprache und die Kenntnisse der Stadt, ihre seltsamen und unehrlichen Fähigkeiten und ihren schrecklichen Wagemut; er trägt sein Leben in seiner Hand wie ein Plakat oder eine Keule. Für jeden anderen Menschen besteht wenigstens theoretisch die Möglichkeit einer anderen Welt – in der glücklicheren amerikanischen Kultur, die der Gangster verleugnet, gibt es die Stadt eigentlich gar nicht; sie ist nur ein dichter besiedeltes und heller erleuchtetes Stück Land –, aber für den Gangster gibt es nur die Stadt; er muss sie bewohnen, um sie zu personifizieren: nicht die wirkliche Stadt, sondern jene gefährliche und traurige Stadt der Imagination, die so viel wichtiger ist, die moderne Welt. Und auch der Gangster ist – obwohl es wirkliche Gangster gibt – primär ein Geschöpf der Imagination. Die wirkliche Stadt, so könnte man sagen, bringt nur Verbrecher hervor; die imaginäre Stadt produziert den

fasst. Vgl. Yaquinto 1998, 29.
25 In Hinblick auf diesen Film schreibt Hans-Peter Rodenberg: »Es werden authentische Ereignisse aus dem Leben Capones nachgestellt: das legendäre ›Blutbad am Valentinstag‹ in Chicago, die Ermordung von ›Big Jim‹ Colosimo 1920 durch Capone unter Johnny Torrio, die Belagerung von Francis ›Two Gun‹ Crowley durch die Polizei nach der berühmten Schießerei in der West 90th Street im April 1931, die Ermordung des irischen Gangsters Dion O'Banion in einem Blumenladen der North Side.« Rodenberg 1991, 159.

Gangster: er ist das, was wir sein möchten und was zu werden wir uns fürchten.[26]

Was Warshow hier betont, ist der Nexus zwischen dem Gangsters und der Großstadt – derart unauflöslich sind sie miteinander verbunden, dass jener ohne diese nicht einmal vorstellbar scheint. Dabei lassen sich aber, es wurde bereits gesagt, weder die Figur des Gangsters noch der Schauplatz der Stadt aus der Logik von Abbildlichkeitsverhältnissen heraus begreifen: Der Tony Camonte aus SCARFACE gibt ebenso wenig eine Reproduktion Al Capones unter anderem Namen ab, wie das Chicago aus Hawks' Film verwechselt werden darf mit der gleichnamigen Industriestadt am Südwestufer des Michigansees. Denn der Gangster ist »primär ein Geschöpf der Imagination«, das eine »imaginäre Stadt« durchstreift. Entsprechend wäre es auch ein Missverständnis, wollte man sich die Zugehörigkeit des Gangsters zur Großstadt mit psychologischen Dispositionen erklären: der Junge aus den Elendsvierteln, der, von unbedingtem Willen zum Erfolg getrieben, dem einen Ort verhaftet bleibt, wo er diesen Erfolg, die nötige Schlauheit und Rücksichtslosigkeit vorausgesetzt, zu erzwingen vermag. Umgekehrt wäre noch eine derartige Charakterisierung des Gangsters ableitbar aus den Konstruktionsprinzipien der Figur, die ihrerseits Bestandteil einer grundlegenden Genrepoetik ist – einer Poetik, die eben verlangt, dass der Gangster die Stadt bewohnt, »um sie zu personifizieren«.

An diese Feststellung schließt notwendig die nächste Frage an: Wenn der Gangster die Stadt verkörpert, die Stadt aber ihrerseits keine reale Örtlichkeit nachbildet, was genau »personifiziert« dann der Gangster? Robert Warshow zögert nicht mit seiner Antwort: Die Stadt des Gangsterfilms, »jene gefährliche und traurige Stadt der Imagination«, sei so viel wichtiger als jede wirkliche Stadt, weil sie die moderne Welt selbst darstelle. Und was nun ist »die moderne Welt«? Man darf getrost davon ausgehen, dass ›modern‹ hier gleichbedeutend ist mit ›kapitalistisch‹. Warshow spricht also von der kapitalistischen Welt; der Welt organisiert nach den Prinzipien eines Wirtschaftssystems, das sich, zumal in den USA, mit Versprechen von Freiheit, Wohlstand und Glück verbindet, mit der Hoffnung darauf, dass das Leben der Söhne und Töchter nicht inner-

26 Warshow 2001a, 101: »The gangster is the man of the city, with the city's language and knowledge, with its queer and dishonest skills and its terrible daring, carrying his life in his hands like a placard, like a club. For everyone else, there is at least the theoretical possibility of another world – in that happier American culture which the gangster denies, the city does not really exist; it is only a crowded and more brightly lit country – but for the gangster there is only the city; he must inhabit it in order to personify it: not the real city, but the dangerous and sad city of the imagination which is so much more important, which is the modern world. And the gangster – though there are real gangsters – is also, and primarily, a creature of the imagination. The real city, one might say, produces only criminals; the imaginary city produces the gangster: he is what we want to be and what we are afraid we may become.« Übersetzung zitiert nach Seeßlen 1977, 244f.

halb derselben Grenzen verlaufen müsse wie jenes der Mütter und Väter; dass mit dem Zufall der Geburt nicht ein und für alle Mal bestimmt sei, was die Möglichkeiten eines Menschen sind; dass der Einzelne die Chance habe, sich immer neue Horizonte zu eröffnen im Verlauf seines Daseins.

Dass Robert Warshow den Gangster einen »tragischen Helden« nennt, verweist bereits darauf, dass es Filmen wie LITTLE CAESAR, THE PUBLIC ENEMY und SCARFACE, zumindest in der Lesart des amerikanischen Kritikers, um den Abgrund zu tun ist, der zwischen den Versprechen und ihrer Erfüllung klafft. Auf die Grundfrage des Hollywood-Genrekinos, wie sich die Bedürfnisse des Einzelnen mit den Erfordernissen der Gesellschaft versöhnen lassen, hält der Gangsterfilm eine höchst pessimistische Antwort bereit: überhaupt nicht, nämlich. Dass LITTLE CAESAR, THE PUBLIC ENEMY und SCARFACE indessen befähigt sind, die Verhandlung über diese Frage zu eröffnen und durchzuführen, verdankt sich der Tatsache, dass sie zwar ihren Geschichten ›den Titelseiten der Tageszeitungen‹ entnommen haben mögen, diese aber in die »gefährliche und traurige Stadt der Imagination« verlegen – jenem Ort, an welchem sich das Alltagsdrama des Amerikanischen Traums in höchster Verdichtung und Zuspitzung abspielt. Der Gangster, als »Geschöpf der Imagination«, macht ernst mit der Überzeugung, wonach jeder es schaffen kann, der es wirklich schaffen will, auf dem Weg vom Tellerwäscher zum Millionär. Mit letzter Konsequenz lebt er diesen Glauben, verfolgt mit allen Mitteln sein Glück, selbst dann, wenn das Ende des Regenbogens auf einem Berg von Leichen liegt. Tony Camontes Motto, das dafür sorgt, dass die Pistolenläufe in SCARFACE selten zu rauchen aufhören, »Do it first, do it yourself and keep on doing it!«[27], würde eben nicht nur einem Gangster, sondern auch, wie Josef Früchtl anmerkt, »einem Unternehmer und egozentrischen Eudämonisten« zur Ehre gereichen.[28]

Deshalb markiert die Figur des Gangsters die Position eines radikalen Außenseitertums und kann zugleich für den Durchschnittsbürger einstehen, der sich – aus welchen Gründen auch immer – höchstens in seiner Phantasie dazu entschließt, Geldprobleme mit Totschläger und Maschinengewehr zu lösen:

> Der Gangster ist einsam und melancholisch, und er kann den Eindruck tiefer weltlicher Weisheit vermitteln. Er spricht vor allem

---

27 »Tu es zuerst, tu es selbst, und hör nicht auf, es zu tun!«
28 Früchtl 2004, 288. Vgl. hierzu auch die Einschätzung, die Marcus Stiglegger über Hawks' Film abgibt: »SCARFACE ist somit ein Film der klaren Perspektiven, der gerade angesichts seiner Eindeutigkeit heute als satirisches Porträt eines skrupellosen Karrieristen auf dem kapitalistischen Markt gelten kann: die bittere Reaktion auf jene umfassende, wirtschaftliche Rezession, die ›Depression‹ der dreißiger Jahre.« Stiglegger 2005, 73. Ob die von Stiglegger behauptete Eindeutigkeit SCARFACE tatsächlich gerecht wird, müsste eine eingehende Analyse erweisen.

Heranwachsende an, mit ihrer Ungeduld und ihrem Gefühl, Außenseiter zu sein, aber in einem allgemeineren Sinn spricht er die Seite in uns allen an, die sich weigert, an die »normalen« Möglichkeiten von Glück und Errungenschaft zu glauben; der Gangster ist das »Nein« zu dem großen amerikanischen »Ja«, das so breit über unsere offizielle Kultur gestempelt ist und doch so wenig damit zu tun hat, wie wir wirklich über unsere Leben fühlen.[29]

Es ist präzise diese Doppelfunktion des Gangsters, die ihn, nach Warshow, zu einem tragischen Helden macht. Denn nicht nur in seinem Griff nach den Sternen, auch in seinem tiefen Fall, der aus seiner Karriere »eine albtraumhafte Verkehrung der Werte von Ehrgeiz und Möglichkeit«[30] macht, fungiert er als Stellvertreter für all die einfachen, anständigen Amerikaner, die in einem Häuschen wie tausend anderen leben, in einer stillen, schattigen, baumgesäumten Straße, und am Wochenende ihren Rasen wässern oder ihr Auto polieren.[31]
Über das Schlusstableau von Howard Hawks' SCARFACE – Tony Camonte (Paul Muni) liegt tot in der Gosse, und die Kamera schwenkt hoch zu der Leuchtreklame eines Reiseunternehmens, die da verkündet, dass die Welt ›Dein‹ sei – heißt es demgemäß bei Warshow:

> Am Ende ist es ebenso die Schwäche des Gangsters wie seine Macht und seine Freiheit, die uns anspricht; die Welt ist nicht unser, aber sie ist auch nicht sein, und mit seinem Tod »bezahlt« er für unsere Phantasien, uns für den Moment erlösend sowohl von dem Konzept des Erfolgs, welches er verleugnet, indem er es karikiert, als auch von dem Drang, erfolgreich zu sein, welchen er als gefährlich zeigt.[32]

---

29 Warshow 2001b, 106: »The Gangster is lonely and melancholy, and can give the impression of a profound worldly wisdom. He appeals most to adolescents with their impatience and their feeling of being outsiders, but more generally he appeals to that side of all of us which refuses to believe in the ›normal‹ possibilities of happiness and achievement; the gangster is the ›no‹ to that great American ›yes‹ which is stamped so big over our official culture and yet has so little to do with the way we really feel about our lifes.«
30 »And the story of his career is a nightmare inversion of the values of ambition and opportunity.« Ebenda, 107.
31 In der Kritik eines Propagandafilms der McCarthy-Ära heißt es bei dem entschiedenen Antikommunisten Warshow: »The film opens on a ›typical‹ American town of the kind that certain Hollywood directors could probably construct with their eyes shut: a still, tree-lined street, undistinguished frame houses surrounded by modest areas of grass, a few automobiles. For certain purposes it is assumed that all ›real‹ Americans live in towns like this, and, so great is the power of myth, even the born city-dweller is likely to believe vaguely that he too lives on this shady pleasant street, or comes from it, or is going to it.« Warshow 2001c, 133f.
32 Warshow 2001b, 107: »In the end it is the gangster's weakness as much as his power and freedom that appeals to us; the world is not ours, but it is not his either, and in his death he ›pays‹ for our fantasies, releasing us momentarily both from the concept of success, which he denies by caricaturing it, and from the need to succeed, which he shows to be dangerous.«

Und er beendet seinen Essays über den klassischen US-Gangsterfilm mit den Worten:

> Im Grunde ist der Gangster verdammt, weil er unter der Verpflichtung steht, Erfolg zu haben, nicht weil die Mittel, die er anwendet, ungesetzlich sind. In den tieferen Schichten des modernen Bewusstseins sind *alle* Mittel ungesetzlich, jeder Versuch, Erfolg zu haben, ist ein Akt der Aggression, der einen allein und schuldig und ohne Verteidigung unter Feinden zurücklässt: Man wird *bestraft* für Erfolg. Dies ist unser unerträgliches Dilemma: dass Versagen eine Art Tod und Erfolg böse und gefährlich, – schlussendlich – unmöglich ist. Die Wirkung des Gangsterfilms ist es, dieses Dilemma in der Person des Gangsters zu verkörpern und durch seinen Tod zu lösen. Das Dilemma ist gelöst, weil es *sein* Tod ist, nicht unserer. Wir sind sicher; für den Moment können wir uns in unser Versagen fügen, wir können wählen zu versagen.[33]

Warshow macht hier deutlich, dass die Tragik des Gangsters in Wahrheit jene der Kinogänger ist, oder genauer gesagt: die Unausweichlichkeit des Scheiterns dieser Figur realisiert sich allein in der Konstruktion einer Zuschauerposition, die darauf abzielt, jenen, die eben keine Gangster sind, die heillose Zerrissenheit ihres eigenen Lebens erfahrbar zu machen. ›Wir sind sicher; für den Moment befreit von dem Konzept des Erfolgs, können wir uns in unser Versagen fügen...‹ ›Wir‹ – das ist die anonyme Masse derer, die vor Leinwänden sitzen und gespannt dabei zusehen, wie Rico Bandello mit seinen letzten Atemzügen die Muttergottes anruft, wie Tom Powers blutend durch den Regen schwankt, wie Tony Camonte im Kugelhagel untergeht, nachdem sie zuvor verfolgt haben, wie sich die drei aus Armut und Belanglosigkeit nach oben gekämpft haben; ›wir‹ meint also das Publikum des Gangsterfilms, und es ist »unser unerträgliches Dilemma«, mindestens ebenso wie das von Rico Bandello, Tom Powers und Tony Camonte, dass Versagen und Erfolg gleichermaßen »eine Art Tod« bedeuten.

»Die tiefe Zweideutigkeit des Wirklichen«

Um zu verstehen, was dies heißt, mag es hilfreich sein, sich zunächst eines Begriffes von Tragödie zu versichern.[34] Hierzu soll im Folgenden auf

---

33 Warshow 2001a, 103: »At bottom, the gangster is doomed because he is under the obligation to succeed, not because the means he employs are unlawful. In the deeper layers of modern consciousness, *all* means are unlawful, every attempt to succeed is an act of aggression, leaving one alone and guilty and defenseless among enemies: one is *punished* for success. This is our intolerable dilemma: that failure is a kind of death and success is evil and dangerous, is – ultimately – impossible. The effect of the gangster film is to embody this dilemma in the person of the gangster and resolve it by his death. The dilemma is resolved because it is *his* death, not ours. We are safe; for the moment, we can acquiesce in our failure, we can choose to fail.«
34 Die verschiedenen Theorien des Tragischen sind stets in Auseinandersetzung mit dem Theater

Überlegungen von Theresia Birkenhauer rekurriert werden, die in der griechischen Tragödie eine Möglichkeit von »Arbeit an der Demokratie« erblickt.[35] Dies ist mitnichten so harmlos gemeint, wie man bei oberflächlicher Betrachtung vermuten könnte. Ganz im Gegenteil beschreibt Birkenhauer die Tragödie als ein Feld unendlicher, unaufhebbarer Zweideutigkeit. Damit grenzt sie sich ab von allen Traditionen, die den Kampf um sittliche Grundsätze für den wesentlichen Gegenstand der Tragödie halten. Birkenhauer zufolge geht es gerade nicht darum, dass »einer, der Held, im Namen des besseren Prinzips unterliegt und dadurch siegt«[36], denn wenn sich der Widerstreit, den die Tragödie inszeniert, beenden ließe durch jemandes Sieg und eines anderen Niederlage, durch ein Sterben und ein Überleben, dann würde, wenn der letzte Vorhang fällt, etwas Einfaches und Geradliniges aufscheinen. Vielleicht wäre das eine niederschmetternde Einfachheit, eine Geradlinigkeit, die nirgendwo hinführt, aber dennoch – eine Art Lösung. In Birkenhauers Perspektive zielt die griechische Tragödie auf diametral entgegengesetzte Wirkungen. Deshalb schlägt sie vor, die Tragödie, »eine Anstalt zur Vertiefung von Konflikten [zu] nennen, ein Verfahren, um das Wissen um unlösbare Konflikte zu schärfen.«[37]

Am Beispiel von Sophokles' *Antigone* (ca. 442 v. Chr.) lässt sich erläutern, was dies bezogen auf den Zuschauer im Theater bedeutet:

> Ismene will nach den selbstzerstörerischen Verwilderungen der Familie – dem Selbstmord der Mutter, der Blendung des Vaters, nach Bürgerkrieg und Brudermord – leben, statt die Kette der Gewalt fortzusetzen durch eine erneute Gesetzesübertretung. Sie wirft ihrer Schwester Lebensverachtung vor, während Antigone Ismene Opportunismus und den Wunsch, um jeden Preis zu leben, zur Last legt.

entwickelt worden. Es ist gewiss nicht ganz unproblematisch, Begriffe und Denkfiguren, die der Beschäftigung mit einer Kunst entstammen, auf eine andere Kunst zu übertragen. Zumal wenn man einräumt, dass die Neulektüre der antiken Tragödie, die, folgt man Bettine und Christoph Menke, »in der klassischen Philologie und Theaterwissenschaft zur Entfaltung gekommen ist«, darauf abzielt, »dem internen Zusammenhang nachzuspüren, der die spezifischen Grundstrukturen des Darstellungsgehalts der antiken Tragödie mit den spezifischen Formen ihrer Theatralität verbindet; diese theatralen Formen also als Ermöglichungs-, ja Erschließungsbedingungen jenes tragödienspezifischen Darstellungsgehalts zu verstehen.« Menke/Menke 2007, 12f. Auf der anderen Seite ist es schlichtweg nicht tunlich, die Genrepoetik des klassischen US-Gangsterfilms zu analysieren, ohne über eine Konzeption des Tragischen zu verfügen. Im Folgenden soll es also nicht darum gehen, zu bestimmen, was ›tragisch‹ oder ›die Tragödie‹ ist, sondern – unter Rückgriff auf Bestimmungen der Tragödientheorie – auf einer sehr allgemein-strukturellen, sozusagen abstrakten Ebene zu klären, was an diesem Kino tragisch genannt werden kann, und den Spezifika des Mediums Rechnung zu tragen, indem die (filmische) Erfahrung des Tragischen an die Konstruktion einer Zuschauerposition gebunden wird, die im Theater so nicht denkbar wäre.

35 Dies ist der Titel ihres Essays: »Tragödie: Arbeit an der Demokratie. Auslotung eines Abstandes.« Birkenhauer 2004, 27.
36 Ebenda, 27.
37 Ebenda, 27.

Aber kann Antigone sich gegen das Gesetz nicht vor allem deshalb erheben, weil sie ohnehin nicht leben will? Ist ihr Widerstand darauf gegründet, dass sie Eros verachtet, dass sie gewalttätig gegen sich selbst ist? Wurzeln ihre Obsessionen im Tod? Die Tragödie mutet ihren Zuschauern zu, diese Gleichzeitigkeit, diese Widersprüche zu denken – den Zusammenhang von Zivilisation und Gewalt, von Terror und Humanität –, während unsere Öffentlichkeit und unsere politische Klasse das Gegenteil tun: Sie etablieren überall Verfahren, um Widersprüche nicht sichtbar zu machen, ja, sie gar nicht erst entstehen zu lassen.[38]

Nun wird auch einsichtig, in welchem Sinn die Tragödie für Birkenhauer »Arbeit an der Demokratie« sein kann; sie ist es insofern, als sie die Verfasstheit der menschlichen Gesellschaft befragt,[39] und zwar bezogen auf jene Verwerfungen, wo die abwägende Vernunft versagt, wo sich kein Ausgleich mehr herstellen lässt zwischen den Leidenschaften des Einzelnen und den Bedürfnissen der Vielen, wo, mit einem Wort, die Fähigkeit menschlicher Wesen, eine Gemeinschaft zu bilden, auf unüberwindliche Hindernisse stößt. Die Tragödie thematisiert also die Bedingungen des Bestehens und Fortbestehens sozialer Lebenszusammenhänge, deren Vorhandensein unverzichtbar ist für das Dasein der Individuen, auch wenn sie gegen die als unterdrückerisch empfundene Ordnung aufbegehren mögen; die Tragödie stellt die Frage nach der Möglichkeit von Gemeinschaft, indem sie den Blick gerade auf das richtet, was sich nicht länger in diese Zusammenhänge integrieren lässt und deshalb, so scheint es, bekämpft und bestraft werden muss – und dabei in ihrer Haltlosigkeit doch auch menschliche und verständliche Ansprüche stellt, ja vielleicht sogar im Recht ist damit, das Unerfüllbare zu fordern. Denn wie entscheidet die Gesellschaft, wer zu ›uns‹ gehört und wer nicht? Wer bestimmt die Maßstäbe, nach denen einbezogen und ausgeschlossen wird, die definieren, was sozial ist und was asozial? Die Tragödie legt den Finger in die Wunde, die derartige Fragen schlagen, indem sie zeigt, wie die Gemeinschaft, im Bemühen, ihren Fortbestand zu sichern, Ungerechtigkeiten perpetuiert, stets neue Widersprüche produziert, für die es schlichtweg keine Lösung gibt. In Birkenhauers Worten liest sich das so:

> Die Tragödie leistet es, das eigentlich Undenkbare, das Unerträgliche vorstellbar zu machen: den Konflikt zwischen der Zivilisiertheit menschlicher Ordnungen und ihrer Begrenztheit; das Wissen um die Labilität des Rationalen. [...] Das Theater zeigt, im Raum des Spiels, un-

---

38 Ebenda, 28.
39 Birkenhauer verwendet in ihrem Essay die Begriffe Polis, Gemeinschaft und Gesellschaft synonym. Ich halte mich an dieser Stelle an ihren Gebrauch.

ter den Eindeutigkeiten des Religiösen, unter den Eindeutigkeiten des Politischen, die tiefe Zweideutigkeit des Wirklichen, die die Menschen, im Leben, zu zerreißen vermag.[40]

Gerade deshalb aber – weil sie uns Konflikte vor Augen führt, die zu denken uns außerhalb des Theaters, in unserer alltäglichen Wirklichkeit, unerträglich wären – entwickelt die Tragödie einen »Möglichkeitsraum«[41]. Sie erinnert uns daran, dass der Schurke der Held der anderen Seite ist und keine Überzeugung ausschließlich den Erwägungen der Vernunft gehorcht. Und sie erinnert uns daran, dass das, was wir für selbstverständlich erachten, in Wahrheit stets gefährdet und bedroht ist und alles, was unser Glück und unsere Hoffnung ausmacht, von einem Tag auf den anderen in die Leere stürzen kann. Das Schmerzliche solchen Eingedenkens rührt her von dem jähen, unabweislichen Wissen, dass es keine Sicherheit gibt und wir gerade die Antworten, derer wir am dringendsten bedürften, niemals erhalten werden. Mag sein, dass der Abstand, von dem Birkenhauer im Titel ihres Essays spricht,[42] nicht zuletzt die Trennungen bezeichnet zwischen unserem Alltagsbewusstsein und dem, was uns die Tragödie zu denken und zu fühlen aufgibt.
Diese Überlegungen lassen auch die Schlusspointe von Warshows Essay in einem anderen Licht erscheinen. Was auf den ersten Blick wie die simpelste Lesart der aristotelischen Katharsis daherkommt – der Tod des Gangsters ruft im Zuschauer »Jammer und Schaudern« hervor, bewirkt »hierdurch eine Reinigung von derartigen Erregungszuständen«[43] –, offenbart nun eine tiefer liegende, weitaus unversöhnlichere Bedeutung: Wenn uns der Niedergang von Rico Bandello, Tom Powers und Tony Camonte zu retten vermag, so heißt dies eben auch, dass wir niemals versucht haben, unser Leben zu etwas eigenem zu machen; wenn uns der Gangsterfilm, immer wieder aufs Neue, erlaubt, ›für den Moment das Versagen zu wählen‹, dann heißt dies eben auch, dass wir einen scheintoten Zustand akzeptieren: Es kommt die Zeit, so gibt Warshow zu verstehen, da werden wir in unserem Häuschen, mitsamt stiller Straße, gewässertem

---

40 Ebenda, 28. Übrigens wendet sich Jacques Rancière in einem ähnlichen Sinn gegen die Herrschaft des Konsens in der Kunst: »Konsens ist [...] eine Symbolisierungsweise der Gemeinschaft, die das auszuschließen beabsichtigt, was das eigentliche Herz der Politik ist: der Dissens, der nicht einfach nur ein Interessen- oder Wertekonflikt zwischen verschiedenen Gruppen ist, sondern viel weitergehend die Möglichkeit, einer gemeinsamen Welt eine andere gemeinsame Welt entgegenzusetzen. [...] Dieses Politikdefizit neigt dazu, den Dispositiven, mit denen die Kunst neue Situationen und Beziehungen schaffen will, eine Ersatzfunktion zuzuweisen. Als Ersatz aber läuft die Kunst Gefahr, sich in den Kategorien des Konsens insofern zu verwirklichen, als dieser die politischen Anwandlungen einer ihr Gebiet verlassenden Kunst auf die Aufgaben von Nachbarschaftspolitik und eines sozialen Heilmittels beschränkt.« Rancière 2006a, 96.
41 Ebenda, 27.
42 Vgl. Fußnote 35.
43 Aristoteles 1982, 19.

Rasen und poliertem Auto, ebenso zuverlässig begraben sein wie unter sechs Fuß Erde.

Dass der Gangsterfilm jenes Dilemma von Erfolg und Scheitern, beide gleichermaßen unerträglich und verboten, mit dem Tod seines Protagonisten im selben Moment auflöst und zuspitzt – in dieser Wendung besteht wohl die stärkste Berechtigung dafür, Figuren wie Rico Bandello als tragische Helden zu bezeichnen und von dem Genre insgesamt als einer modernen Form der Tragödie zu sprechen.[44] Denn, um noch einmal Theresia Birkenhauer zu zitieren, »das Bewusstsein um die unauflösbaren Vermischungen, um die Unmöglichkeit reiner Scheidungen ist tragisch, nicht schicksalhafte Schuldzusammenhänge sind es«[45]; wobei man mit Peter Szondi hinzufügen könnte – wenn es erlaubt ist, einen Satz, der hinsichtlich der Überlegungen Goethes zum Tragischen geschrieben wurde, in einen völlig anderen Zusammenhang zu übertragen –, dass »nicht schon das banale Missverhältnis [tragisch ist], dass der Mensch nicht will, was er soll, oder will, was er nicht soll, sondern erst die Verblendung, in der er, übers Ziel seines Sollens getäuscht, wollen muss, was er nicht wollen darf.«[46]

Die Vermischungen lassen sich nicht auflösen, saubere Scheidungen bleiben unmöglich, und man muss wollen, was man nicht wollen darf – eben das ist die Logik von Mike Powers' rasender Anklage gegen seinen Bruder Tom. Es erweist sich, dass tatsächlich Bier und Blut in dem Fass sind. Auch der Protagonist des Gangsterfilms erfährt die Wahrheit dieser Logik, buchstäblich am eigenen Leibe. Und zwar erfährt er sie auf seinen Streifzügen durch die »gefährliche und traurige Stadt der Imagination.« Der Gangster nämlich kann nur deshalb das ›Nein zu dem breit gestempelten Ja‹ werden, weil die wimmelnde, tausendgestaltige Großstadt ihm die Voraussetzungen schafft sowohl für seinen Erfolg als auch für sein Scheitern; mehr noch, unter den Bedingungen der Großstadt fallen beide – Erfolg und Scheitern, Sieg und Niederlage – in eins. Laut Warshow stellt sie den Ort dar, wo der Mensch nichts ist, wenn es ihm nicht gelingt, aus der Masse hervorzutreten, Individuum zu werden;[47] erreicht der Gangster aber sein Ziel, besiegelt er im selben Moment seinen Untergang, und diese »unauflösbare Vermischung« realisiert sich für ihn (und den Zuschauer) auf mehreren Ebenen.

Zunächst einmal muss man sich klar machen, dass der Gangster, indem er zum Individuum, zum großen Boss oder Kleinen Cäsar wird, sich

---

44 Dies tut Robert Warshow ausdrücklich, wenn er schreibt: »The gangster film is remarkable in that it fills the need for disguise (though not sufficiently to avoid arousing uneasiness) without requiring any serious distortion. From its beginnings, it has been a consistent and astonishingly complete presentation of the modern sense of tragedy.« Warshow 2001a, 99.
45 Birkenhauer 2004, 28.
46 Szondi 1978, 177.
47 Vgl. Warshow 2001a, 102.

selbst zur Einsamkeit verurteilt. Die Gemeinschaft, die der Gangster, aus dem Nirgendwo kommend, während seines Aufstiegs selber geschaffen hat, zerbricht daran, dass seine ehemaligen Freunde und Gefährten ihm nun mit Neid, Missgunst oder sogar Hass begegnen. Hierbei vermag ein Blick auf LITTLE CAESAR, THE PUBLIC ENEMY und SCARFACE zu bestätigen, was sich bereits in der Analyse von Griffith' THE MUSKETEERS OF PIG ALLEY angedeutet hat: dass es schlussendlich der Tod ist, der im klassischen Gangsterfilm die leeren Räume und verlassenen Orte füllt. Robert Warshow schreibt über diesen Zusammenhang:

> Keine Konvention des Gangsterfilms ist stärker gegründet als diese: Es ist gefährlich, allein zu sein. Und doch machen es die Bedingungen des Erfolgs selbst unmöglich, nicht allein zu sein, denn Erfolg bedeutet stets die Einrichtung der Vorherrschaft eines *Individuums*, die anderen auferlegt werden muss, in denen sie automatisch Hass hervorruft; der erfolgreiche Mann ist ein Gesetzloser. Das ganze Leben des Gangsters ist ein Versuch, sich selbst als ein Individuum zu behaupten, sich selbst aus der Masse herauszuziehen, und immer stirbt er, *weil* er ein Individuum ist; die letzte Kugel stößt ihn zurück, macht aus ihm, trotz allem, einen Versager.[48]

Es scheint, dass der Gangster keine Chance hat, das Richtige zu tun, etwas – und sei es nur für sich selbst – Gutes zu bewirken: Er muss aus der Masse hervortreten, um nicht unterzugehen; tritt er aber aus der Masse hervor, ist sein Untergang erst recht unvermeidlich. Diejenigen, die ihm Gefolgschaft leisteten, seine Handlanger, Spießgesellen, Kompagnons, verzeihen ihm nicht, dass er auch noch *diese* Masse, die Gemeinschaft der Gangster, hinter sich lässt, um sich als präpotentes Individuum zu installieren; somit werden die Ricos, Toms und Tonys zu Außenseitern noch unter den Gesetzlosen. Wenn sie jene schwindelerregende Höhe erreicht haben, nach der ihnen verlangte, sind sie schutzlos allen Blicken und Angriffen ausgesetzt. Ihr Fall ist ein Absturz in einem ganz wörtlichen Sinne, hinab vom Podest geht es, unter die Vielen. Wobei die Masse, die den Gangster am Ende aufnimmt, die gesichtsloseste und anonymste von allen ist: jene der Toten. Nun könnte man fragen, warum der Gangster sich so unwiderstehlich angezogen fühlt von der Vorstellung, ein Individuum zu werden, Anerkennung zu finden. Warum strebt er immer weiter

---

48 Ebenda, 102f.: »No convention of the gangster film is more strongly established than this: it is dangerous to be alone. And yet the very conditions of success make it impossible not to be alone, for success is always the establishment of an *individual* pre-eminence that must be imposed on others, in whom it automatically arouses hatred, the successful man is an outlaw. The gangster's whole life is an effort to assert himself as an individual, to draw himself out of the crowd, and he always dies *because* he is an individual; the final bullet thrusts him back, makes him, after all, a failure.«

nach oben? Warum kann er sein Dasein nicht im Schatten eines Mächtigeren verbringen? Diese Fragen sind nicht so unergiebig, wie es auf den ersten Blick den Anschein haben mag. Freilich ist einmal mehr von entscheidender Bedeutung, sie nicht psychologisch zu wenden, sondern auf die Poetik des Genres und die grundlegenden Gesetzmäßigkeiten seiner Figurenkonstruktion zu beziehen. In dieser Perspektive bietet sich eine Antwort an, die, wie wir sehen werden, ihrerseits weitere Fragen in sich birgt.

Sie lautet, dass der Gangster, als »Unternehmer und egozentrischer Eudämonist«, das Prinzip der Akkumulation um ihrer selbst willen verkörpert, jene Logik der endlosen Profitmaximierung, unter deren Herrschaft die gesamte »moderne Welt«, die Welt des Kapitalismus steht. Hieran lässt Warshow keinen Zweifel aufkommen: Der Gangster schert sich nicht um die Annehmlichkeiten des Luxus oder um die Muße desjenigen, der genügend Geld besitzt, um niemals wieder einen Finger krumm machen zu müssen: Erfolg bedeutet für ihn die Möglichkeit der Aneignung und Einverleibung; mehr Erfolg heißt, sich mehr aneignen und einverleiben zu können; der Endpunkt des Erfolg wäre erreicht in der Stunde, wo die Verheißung der Leuchtreklame, die Tony Camonte von den Fenstern seines Hauses aus sieht – »The World Is Yours« –, sich in aller Buchstäblichkeit erfüllt hätte: ein Phantasma der uneingeschränkten Verfügbarkeit von Menschen und Dingen.[49] Die schöne Geliebte, der teure Anzug, das exquisite Apartment sind für den Gangster demgemäß Insignien seiner Macht, die keinen Wert an sich haben, also stets durch eine noch schönere Geliebte, einen noch teureren Anzug, ein noch luxuriöseres Apartment ersetzt werden müssen. Dem Verlangen des Gangsters nach Reichtum und Erfolg ist keine Grenze gesetzt, da Reichtum und Erfolg nur Chiffren ihrer selbst darstellen. Jeder Schritt nach vorne findet seinen Grund und sein Ziel in der Möglichkeit eines weiteren Schrittes nach vorne.

Es liegt also gewissermaßen in der Natur der Sache, dass die Logik der unausgesetzten Akkumulation kollabiert, wenn der Gangster in etwas – genauer gesagt: in einem Menschen – einen Wert an sich entdeckt. Ein Gangster, der nicht mehr für die Akkumulation um der Akkumulation willen lebt, entzieht seinem Dasein die Grundlage, wird tödlich verwundbar.[50] Dies nun widerfährt all den Helden des klassischen US-Gangsterfilms; und auch noch für die Protagonisten der Produktionen aus den späteren dreißiger Jahren erweist sich das Liebesverbot als Gesetz, das zu übertreten verhängnisvoll ist: Sei es, dass sie, wie Rocky Sullivan in ANGELS WITH DIRTY FACES (CHIKAGO, Michael Curtiz, USA 1938), es nicht über sich bringen, einen Freund aus Kindheitstagen zu verraten; sei

---

49 Vgl. ebenda 102, und Warshow 2001b, 105-107.
50 Vgl. Seeßlen 1977, 243-254.

es, dass ihnen, wie Eddie Bartlett in THE ROARING TWENTIES (DIE WILDEN ZWANZIGER, Raoul Walsh, USA 1939), die Zuneigung zu einer Frau zum Verhängnis wird. Betrachtet man die Protagonisten des klassischen US-Kinos, so scheint es eine Verbindung zwischen den Gangstern und Monstern zu geben, eine Verwandtschaft über die Genregrenzen hinweg, die sich dahingehend äußert, dass jene wie diese einen Liebestod nicht nur sterben, sondern in gewisser Weise auch erwählen – was zu zeigen sein wird.

Denn um die neuen Fragen, die spätestens jetzt laut werden – warum muss der Gangster früher oder später das wesentliche Prinzip seines Daseins verraten? warum ist es ihm, der so lange unbekümmert über Leichen ging, plötzlich unmöglich, einen Freund fallen zu lassen oder sich von einer Frau zu lösen? – beantworten zu können, ist es nötig, dem soeben gezogenen Vergleich zwischen Gangster- und Horrorfilm nachzugehen; ein Vergleich, der eine parallele Konstruktion in der Poetik beider Genres behauptet, die ergründet werden muss, um ein Verständnis davon zu vervollständigen, weshalb der Gangster nicht lassen kann von seinem Verlangen, ein Individuum zu werden, weshalb für ihn Erfolg und Niedergang letztendlich in eins fallen.

Das Ambivalenz-Prinzip
Die Bedeutung dieser Parallelkonstruktion lässt sich mit einem Rückgrif auf Robin Woods Konzeption des Horrorfilms als »Return of the Repressed«, als »Wiederkehr der Verdrängten« verdeutlichen.[51] Das Monster bedroht die Normalität – in diesem Satz erkennt Wood die »basale Formel« des Genres, mithin einen Schlüssel zu dessen Verständnis. Freilich kommt es darauf an, in welches Verhältnis die Filme das Monster jeweils zur Normalität setzen, denn Wood ist, als Vertreter der radikalen Linken, keineswegs daran gelegen, eine Normalität zu bestätigen, die er mit der herrschenden Ideologie in einer kapitalistisch-patriarchalen Gesellschaft identifiziert. Gerade umgekehrt hält Wood den Horrorfilm für ein bedeutendes Genre, weil er die Normalität der westlichen Gesellschaften herausfordert, und zwar bereits in seinen allgemeinsten Bestimmungen. Denn die Monster des Horrorfilms sind für Wood das »Andere« des kapitalistischen Patriarchats; sie stehen ein für alles, was die – idealtypisch gesetzte – weiße, männliche, heterosexuelle und bourgeoise Normalität nicht in seiner Andersheit zu akzeptieren und anzuerkennen vermag, folglich bis zum Punkt der Auslöschung dieser Andersheit ihrem Selbstbild assimilieren oder in ein Außerhalb projizieren muss, wo es, einmal verbannt, gehasst und zerstört werden kann. Für Robin Wood rekrutiert sich das Andere einer kapitalistisch-patriarchalen Gesellschaft beispiels-

---

51 Vgl. zum Folgenden: Wood 2003, 63-84.

weise aus Frauen, der Arbeiterklasse, fremden Kulturen, ethnischen Minderheiten, Homo- und Bisexuellen sowie Kindern. Entsprechend stellen Horrorfilme unsere kollektiven Albträume dar, weil sie, im Schutze populärkultureller Niederungen, die Wiederkehr des Verdrängten sichtbar machen, das in den Monstern seine Verkörperung findet.[52]
Der Filmkritiker als Frontkämpfer im ideologischen Grabenkrieg, der, mithilfe des Waffenarsenals einer marxistisch-feministisch gewendeten Psychoanalyse, die feindliche Übermacht zu schwächen bestrebt ist – man mag dieses Selbstverständnis und die ihm entsprechende Methodik für überholt oder schlichtweg verfehlt halten. Allerdings wird man kaum umhin kommen, Wood zuzugestehen, dass sein Ansatz in Hinblick auf das Personal bereits des klassischen US-Horrorfilms bemerkenswerte Evidenzen zeitigt: So lässt sich in den diversen Katzenfrauen der dreißiger und vierziger Jahre ohne weiteres die Inszenierung eines aggressiven weiblichen Begehrens erkennen, das die männliche Dominanz herausfordert; Frankensteins Monster erscheint in diesem Licht als tumber Proletarier, der die Anerkennung seines Herren begehrt und alles zu zerstören bereit ist, wenn ihm diese verweigert wird; die Vampire und Mumien jener Epoche treten auf als Abgesandte einer fremden, uralten und machtvollen Kultur, die der unseren feindlich gegenübersteht, oder aber – denkt man daran, wie Murnaus Nosferatu die Pest nach Wisborg bringt[53] – als böswillige Immigranten, die ihrem Gastland gegenüber nur Finsteres im Schilde führen; der Werwolf schließlich, der Männer wie Frauen gleichermaßen verschlingt, lässt sich deuten als Ausbruch unnormierter und darum zerstörerischer sexueller Energie. Monsterkinder hingegen sucht man im klassischen US-Horrorfilm vergeblich; ihnen bereiten erst die Genreproduktionen der sechziger und siebziger Jahre eine Bühne,[54] welche die Familie, als Stätte der Reproduktion jener kapitalistisch-patriarchalen Normalität, selbst zum Hort des Grauens machen, mithin jegliche »reine

---

52 Folgt man Woods Theorie, gilt diese Setzung auch für diejenigen unter uns, die mit der weißen, männlichen, heterosexuellen und bourgeoisen Normalität nichts zu schaffen haben wollen oder ihr objektiv – etwa qua Hautfarbe oder Geschlecht – nicht angehören, da die zur Aufrechterhaltung der kapitalistischen Gesellschaft dienende Ideologie im Verlauf der Erziehung verinnerlicht wird und weder die bewusste Ablehnung ihrer Normen noch das Faktum eigenen Unterdrücktseins alleine ausreichend sind, um sich von ihr zu befreien. Es wäre also etwas bequem und gewiss nicht im Sinne Woods, das ›wir‹, das hier in Rede steht, allein mit denjenigen zu identifizieren, denen nicht das Glück politischer Aufklärung zuteil geworden ist oder die sich gar freiwillig dem Reaktionärstum verschrieben haben.
53 NOSFERATU – EINE SINFONIE DES GRAUENS (D 1922) ist selbstredend kein US-amerikanischer Film. Ihn in diesem Kontext anzuführen, scheint dadurch gerechtfertigt, dass Wood selbst seine Beispiele nicht auf Hollywood beschränkt; so nennt er Robert Floreys MURDERS IN THE RUE MORGUE (MORD IN DER RUE MORGUE, USA 1932) und Robert Wienes DAS CABINET DES DR. CALIGARI (D 1920) in einem Atemzug. Vgl. z.B. ebenda 73.
54 Zumindest legen Woods Ausführungen diese Einschätzung nahe. Es ist jedoch fraglich, ob nicht schon Mervyn LeRoys THE BAD SEED (BÖSE SAAT, USA), ein Film aus dem Jahr 1956, ein Monsterkind im Sinne Woods aufweist.

Scheidung« zwischen uns und dem Anderen als Unmöglichkeit entlarven, ja das Verhältnis zwischen dem Monster und der Normalität sogar teilweise verkehren, was Wood exemplarisch an Tobe Hoopers THE TEXAS CHAIN SAW MASSACRE (BLUTGERICHT IN TEXAS, USA 1974) zeigt.

Wie dem auch sei, für den gegebenen Zusammenhang ist vor allem von Bedeutung, dass die basale Formel des Horrorfilms auf andere Genres übertragen werden kann. Wood selbst nennt den Western und das Melodrama als Beispiel, in welchen den Indianern beziehungsweise der »transgressiven Frau« die Rolle des Monsters zukommt. Dass Figuren wie Rico Bandello, Tom Powers und Tony Camonte geradezu als prädestiniert gelten dürfen, den Widersacher der Normalität zu geben, verlangt keine besondere Betonung, stellen die drei doch im selben Moment Vertreter der Unterschicht, ›Bindestrich-Amerikaner‹ – Söhne italienischer oder irischer Einwanderer – sowie Männer von höchst unsicherer sexueller Orientierung dar, was die Filme mit verblüffender Offenheit thematisieren, indem sie ihre Protagonisten zwischen gewalttätiger Misogynie, ödipaler Mutterbindung und homoerotischen Neigungen zu anderen Mobstern schwanken lassen (im Falle von Tony Camonte wäre diese Liste noch um sein inzestuöses Verlangen nach seiner Schwester Gina zu erweitern).[55]

Nicht nur auf dieser Ebene offenbaren die Protagonisten des Gangsterfilms eine bemerkenswerte Verwandtschaft mit Vampiren, Werwölfen und künstlichen Menschen; auch ein wesentliches Strukturmerkmal des Horrorgenres, von Wood als »Ambivalenz-Prinzip« bezeichnet, kann man für sie in Anschlag bringen. Unter das Ambivalenz-Prinzip fällt zunächst die Janusköpfigkeit des Monsters, das den Zuschauer zugleich abstößt und fasziniert, Grauen und Mitgefühl zu erregen vermag, radikal fremd und irritierend menschlich daherkommt; weiterhin verweist das Ambivalenz-Prinzip darauf, dass die Loyalitäten des Horrorpublikums keineswegs eindeutig aufseiten der Helden liegen; vielmehr regt sich in jedem Zuschauer der leise Wunsch, den Sieg des Monsters zu erleben, mithin dem Untergang der kapitalistisch-patriarchalen Normalität beizuwohnen – was nicht wirklich verwundert, da wir alle, folgt man Wood, tagtäglich von dem System unterdrückt und ausgebeutet werden, dessen Ausdruck jene Normalität darstellt.

---

55 Jonathan Munby fasst diesen Aspekt der Figur des Gangsters pointiert zusammen, wenn er über Tony Camonte anmerkt: »Once again the status of the gangster's heterosexual masculinity is questioned. Tony's problematic ethnic identity is compounded by his desire for the wrong love object. Just as Rico in LITTLE CAESAR is ascetic and intensely jealous of Olga (his partner's lover) and just as Tommy Powers in PUBLIC ENEMY cannot make love to Gwen (Jean Harlow), Tony also cannot fit into the heterosexual economy. SCARFACE, building on its predecessors, takes the problem of the gangster's sexuality to a new level of intensity through the suggestion of incest.« Munby 1999, 56f; vgl. auch ebenda, 39, 48f., 54, Seeßlen 1977, 117-121, und Hardy 1998, 278.

Mit dem Ambivalenz-Prinzip ist also im Grunde eine Dialektik zwischen Zuschauer und Filmfigur, oder, vielleicht präziser, zwischen dem Zuschauer und seiner eigenen Seherfahrung entworfen. Es befördert zumindest ein partielles Verständnis davon, warum das Publikum des Horrorfilms seine Angst genießen kann. Ist diese doch selbst nur Ausdruck von uneingestandenen, verbotenen Wünschen. Wenn die Tragödie also Konflikte sichtbar macht, die in der alltäglichen Wirklichkeit unerträglich wären, so erlaubt uns der Horrorfilm, einem Begehren nachzuspüren, das uns und diejenigen, die uns nahestehen, zugrunderichten könnte, wenn man es außerhalb des Kinos freisetzte.

Dies freilich, so würde Robin Wood gewiss hinzufügen, gilt zuvörderst unter den Bedingungen einer weißen, männlichen, heterosexuellen und bourgeoisen Normalität, und vielleicht liegt es an der Dringlichkeit seines Bestrebens, die zersetzende Kraft des Horrorfilms herauszuarbeiten, dass er nicht zu sehen vermag, in welchem Maße sich das Ambivalenz-Prinzip in die Monster selbst einschreibt, einen unabdingbarer Bestandteil der Figuration sämtlicher Vampire, Mumien und Werwölfe bildet. Es ist ja kein Zufall, dass sich die Unholde des Horrorkinos – von Alters her, möchte man sagen – bevorzugt in die blonde Unschuld verlieben und noch die Katzenfrauen ihre Andersheit als einen Fluch empfinden. Die Monster nämlich wünschen, ein Teil von dem zu sein, was sie durch ihre bloße Existenz bedrohen und beflecken; sie sehnen sich nach dem, was sie hassen müssten, und zerstören, was sie lieben, ebenso wie umgekehrt die herrschende Ordnung den *Coup de Grâce* durch jene Kreaturen erfleht, die sie ausstößt, verfolgt und vernichtet.

Überträgt man nun das Ambivalenz-Prinzip auf den Gangsterfilm – was, wie gesagt, durch die strukturellen Parallelen zwischen den zentralen Figuren beider Genres gerechtfertigt scheint –, so wird deutlich, warum die Ricos, Toms und Tonys nicht einhalten können in ihrem Streben nach Erfolg und Anerkennung, warum ihnen sowohl unmöglich ist, ihr Glück zu finden in etwas von dem, was sie sich erkämpfen, als auch, den Kampf aufzugeben, warum sie niemals ein ›Individuum‹, ein ›richtiger Mensch‹ werden können, und es dennoch unentwegt versuchen – bis zum Überschreiten jener Grenze, die mit Liebe, Freundschaft, zwischenmenschlicher Verbindlichkeit markiert ist, hinter der sie ihr Ziel endlich erreichen und zugleich ihr Ende finden. Im Grunde verlangt es den Gangster danach, so zu sein wie die anderen, wie die sittsamen Mädchen, die für ihn unerreichbar sind, wie die Brüder und alten Freunde, die es immer zu geben scheint, und die sich, gestern oder vor zehn Jahren, dazu entschlossen haben, auf dem Pfad der Tugend zu wandeln. Diese Sehnsucht ist unerfüllbar, aber gleich den Monstern vermag der Gangster nicht von ihr abzulassen. Und auch in seinem Fall fordert das unerbittliche Verlangen, das ihn vorantreibt, den Preis seines Lebens – und, nebenbei bemerkt, nicht nur des seinen.

Der Weg des Gangsters ist vorgezeichnet, weil »die tiefe Zweideutigkeit des Wirklichen« mitten durch sein Wünschen und Begehren einen Keil getrieben hat. Seine Tragik besteht also vor allem darin, dass es für ihn keine richtigen Entscheidungen gibt, weil er ›wollen muss, was er nicht wollen darf‹, weder mit noch ohne, weder innerhalb noch außerhalb der Normalität leben kann, die er hasst und verachtet und nach der er sich dennoch sehnt. In dieser Perspektive wird deutlich, dass der klassische US-Gangsterfilm das Phantasma einer omnipotenten Männlichkeit weniger feiert als desavouiert, indem er vorführt, wie der Drang seiner Protagonisten, sich die Welt zu unterwerfen, schlussendlich in eine suizidale Selbstabnutzung mündet. Vielleicht würden die Handlanger und Spießgesellen des Gangsters es ihm sogar verzeihen, dass er sich über sie erhebt und von der Höhe seiner Herrlichkeit auf sie hinabblickt. Doch er selbst vermag nicht, jene erhabene Individualität, die das Ziel seiner Wünsche darstellt, auf Dauer auszuhalten; wenigstens der Gesellschaft eines anderen Menschen bedarf er in seiner großmächtigen Einsamkeit. Das ist die Bedeutung davon, dass stets jemand kommt, der dem Gangster vorwirft, auch er sei weich und feige geworden: Irgendwann wollen die Ricos, Toms und Tonys keine menschlichen Haie mehr sein, die ewig in Bewegung bleiben müssen, um zu überleben, sondern zur Ruhe gelangen, ein und für allemal. Ist dieser Punkt erreicht, gilt das Verlangen des Gangsters längst nicht mehr der grenzenlosen Akkumulation von Macht und Reichtum, sondern einem somnambulen Schweben, das, vorbei an gewässertem Rasen und polierten Autos, durch den Dämmer stiller Straßen führt, wo ein Häuschen wartet, voll der friedfertigen Toten. Die wahrlich unverzeihliche Verfehlung des Gangsters besteht so gesehen nicht einmal in seinem Streben nach Erfolg, sondern darin, dass er das Alleinsein, Konsequenz und vielleicht auch Bedingung des Erfolgs, nicht erträgt. Er will zurück in die Masse, zurück in Gesichtslosigkeit und Anonymität. Dieser Wunsch wird ihm schlussendlich gewährt, da das Sterben in der radikal materialistischen Perspektive dieser Filme dem Versinken in einem großen Topf voll Brei gleichkommt.

Auf der Grundlage des bisher Gesagten erschließt sich die Bedeutung der Schlusspointe von Griffith' THE MUSKETEERS OF PIG ALLEY. Wenn Snapper Kid die Unantastbarkeit des jungen Liebespaares anerkennt, vollzieht der Bandenchef eine paradoxe Bewegung, die seinen Nachfolgern, den Ricos, Toms und Tonis, unmöglich sein wird. Indem er nämlich im letzten Moment davor zurückschreckt, etwas für sich zu beanspruchen, was er, qua Figurenanlage, nicht haben kann, rettet er sein eigenes Leben. Die Bejahung eines ›Wir‹, von dem er ausgeschlossen bleiben muss, erlaubt den Fortbestand seines ›Ich‹. Vergleicht man THE MUSKETEERS OF PIG ALLEY mit LITTLE CAESAR, auf den wir in Bälde zu sprechen kommen werden, so bestätigt sich die bereits geäußerte – und durch die Lektüre Robert Warshows und Robin Woods erhärtete – Vermutung: Dieser Ausweg eröffnet sich Snapper Kid, weil er, was seinen Status betrifft, gerade erst begonnen hat, den Weg eines Gangsters zu beschreiben, noch nicht vollends dem Prinzip der Akkumulation um ihrer selbst willen unterworfen ist, das kein Innehalten mehr erlaubt bis zum Tod. Der Umstand, dass das glückliche Ende, das Griffith' Film seinen Figuren gewährt, einigermaßen unwahrscheinlich, um nicht zu sagen: absonderlich, anmutet, verweist hingegen bereits auf die Genreproduktionen der frühen dreißiger Jahre, die einen versöhnlichen Ausgang nicht mehr oder – wie wir noch sehen werden – nur um den Preis eben jener moralischen Integrität denken können, die sie sich doch mit dem Sieg des sogenannten Guten erkaufen wollten. Auch THE MUSKETEERS OF PIG ALLEY weiß, dass ein Happy End nicht umsonst zu haben ist. Das muss man buchstäblich verstehen: Schließlich reicht eine unbekannte Figur, gewissermaßen der Film selbst, Snapper Kid ganz zum Schluss das Schmiergeld, mit dessen Hilfe er sich gewiss auch weiterhin des Wohlwollens der Polizei versichern wird. Der gnadenlose Pessimismus, der den Gangsterfilm in der Perspektive Warshows kennzeichnet, zieht allerdings tatsächlich erst mit LITTLE CAESAR in das Genre ein. Wir wollen nun den Faden unserer Untersuchung wieder aufnehmen, um noch besser zu verstehen, was es mit diesem Pessimismus auf sich hat.

»Unaufhaltsam sich entrollende Fatalitäten«
Zusammenfassend kann man zunächst sagen, dass die Verknüpfung von Aufstieg und Fall im Bild des Traumes, der sich, zur Erfüllung gelangend, in einen Albtraum verwandelt, im Zentrum der Poetik des klassischen US-Gangsterfilms steht; sie bezeichnet die sardonische Pointe des Genres, auf die Robert Warshow zielt, wenn er als die knappste Definition der Figur des Gangsters anführt, dieser sei jemand, der sich in eine Position begeben habe, wo jeder ihn töten wolle.[56] Er ist ein Gefangener des tragischen Bewusstseins, das die Prinzipien, die seinen Handlungen zugrunde liegen, von Anfang an bestimmt, ohne dass er es weiß. Die Monster des Horrorfilms, die Gangster und das Publikum im Genrekino – sie alle sind gleichermaßen ausgeliefert an die ›unauflösbaren Vermischungen und unreinen Scheidungen.‹
Vor diesem Hintergrund nun wird deutlich, dass dem klassischen US-Gangsterfilm letzten Endes doch »schicksalhafte Schuldzusammenhänge« eingeschrieben sind. Dies gilt allerdings nur dann, wenn man auf einen sehr speziellen Begriff von Schicksal rekurriert, der deutlich unter-

---

56 Vgl. Warshow 2001b, 106 u. 115. Phil Hardy verweist darauf, dass bereits im Film noir »das Thema von Aufstieg und Fall, bei dem aktives Eintreten eine Rolle spielt« eine Seltenheit geworden sei, »und wenn es doch einmal vorkommt, wird es durch Rückblenden ironisiert«. Hardy 1998, 279. Vgl. zur Bestimmung des Begriffs »Film noir« z.B.: Steinbauer-Grötsch 1997, 11-27.

schieden werden muss von dem, gegen welchen sich Birkenhauer in ihrem Essay abgrenzt, vielmehr jenem ähnelt, den Walter Benjamin in Hinblick auf das barocke Trauerspiel herausgearbeitet hat:

> Die Anschauung des Determinismus kann keine Kunstform bestimmen. Anders der echte Schicksalsgedanke, dessen entscheidendes Motiv in einem ewigen Sinn solcher Determiniertheit zu suchen wäre. Von ihm aus braucht sie keineswegs sich nach Naturgesetzen zu vollziehen; ebensowohl vermag ein Wunder diesen Sinn zu weisen. Nicht in der faktischen Unentrinnbarkeit ist er gelegen. Kern des Schicksalsgedankens ist vielmehr die Überzeugung, dass Schuld, als welche in diesem Zusammenhang stets kreatürliche Schuld – christlich: die Erbsünde –, nicht sittliche Verfehlung des Handelnden ist, durch eine wie auch immer flüchtige Manifestierung Kausalität als Instrument der unaufhaltsam sich entrollenden Fatalitäten auslöst. Schicksal ist die Entelechie des Geschehens im Felde der Schuld. Durch solch ein isoliertes Kraftfeld ist es ausgezeichnet, in welchem alles Angelegte und Gelegentliche so sich steigert, dass die Verwicklungen, der Ehre etwa, durch ihre paradoxe Heftigkeit verraten: ein Schicksal hat dies Spiel galvanisiert.[57]

Als Erbsünde des modernen Menschen könnte man mit Warshow sein Geboren-Sein in die kapitalistische Weltordnung bestimmen, die ihm das Streben nach Erfolg auferlegt und ihn, zumindest in dem Entwurf von Filmen wie LITTLE CAESAR, THE PUBLIC ENEMY und SCARFACE, gleichermaßen dafür bestraft, wenn er seine Ziele erreicht, wie wenn er an ihnen scheitert. In dem Gangster nun findet dieses Dilemma seinen Ausdruck in zugespitzter Form, vom ersten bis zum letzten Augenblick seines Leinwanddaseins bestimmt es sein Handeln, die Logik aller seiner Taten; und es ist die Last jener »kreatürlichen Schuld«, die ihn vorantreibt – als könne er irgendwann genug getan haben und soweit gegangen sein, um sich ihrer zu entledigen – und schlussendlich zermalmt. Die Ricos, Toms und Tonys unterliegen einem Schicksal, da sie sozusagen a priori schuldig sind und es nichts gibt, was sie zu tun vermöchten, um diese Schuld daran zu hindern, »als Instrument der unaufhaltsam sich entrollenden Fatalitäten«, die Herrschaft über ihr Dasein anzutreten. ›Schicksal‹ meint hier also kein ungnädiges Los, sondern die ontologische Bestimmung des Handelnden als schuldig; entraten könnte der Gangster seinem Schicksal nur, indem er aufhörte, ein Handelnder zu sein, womit er freilich auf andere Art und Weise erneut schuldig würde. In der Logik des Genres ist der tätig-strebende Mensch, um einen Ausdruck Thomas Manns zu ent-

---

57 Benjamin 1974, 110f.

lehnen, »hoffnungsloser Schuldner des Unendlichen«[58], und seine Schuld
– in jedem Sinn des Wortes – abbezahlen oder vielmehr abbüßen wird er
bestenfalls mit seinem Tod. Wie aber lässt sich eine derart unentwirrbare Verkettung von Glück und
Unglück, Hoffnung und Verzweiflung, Gewalt und Ohnmacht als Empfindungsqualität des Zuschauers realisieren? Erst auf dieser Ebene offenbart sich die tiefere Bedeutung der kinematografischen Konstruktion der Großstadt für den Gangsterfilm. Weit davon entfernt, die Authentizität des Leinwandgeschehens zu beglaubigen oder einen Schauplatz abzugeben, den schlichte Genrekonvention als Standardkulisse verlangt, bedarf es einer bestimmten Form der Stadtinszenierung, gerade damit sich ›in der leibhaften Gegenwart eines Zuschauerblicks‹ als die ›spezifische Sinnlichkeit einer filmischen Welt enthüllen und vollenden‹ kann, was sonst bloße narrative Behauptung bliebe: die Unausweichlichkeit, mit welcher der Weg des Gangsters von schäbigen Hinterhöfen in die Glitterwelt der Kasinos und Villen führt und zurück in die Gosse, mit einer Kugel im Kopf. »In den Elendsvierteln wächst ein Mann heran, der mit der guten Gesellschaft nur schlechte Erfahrungen gemacht hat [...]« – das zitierte Resümee Seeßlens beschreibt als Genreformel und Handlungsschema, was sich für den Zuschauer als ästhetische Erfahrung entfaltet: Die Poetik des Gangsterfilms kann das »Denken der Bilder« nur über das Motiv der Stadtreise erschließen, die sich hier stets als Vertikale vollzieht, eine Bewegung, in der die einzelnen Stationen der Entwicklung des Gangsters nach und nach abgeschritten werden: Er ›...wächst heran... fristet sein Dasein als kleiner Ganove... fühlt sich zu Höherem bestimmt... steigt in der Hierarchie auf... bringt es zum Boss... besteht die gefährlichsten Rivalitätskämpfe... baut das Unternehmen der Gang immer weiter aus... begeht am Zenit seiner Macht einen entscheidenden Fehler... muss erleben, wie sich Schlag auf Schlag sein Niedergang vollzieht bis hin zum Tod.‹
Allein in dieser kinematografischen Konfiguration, dem Entwurf einer phantasmatischen Topografie, die sich im Prozess der vertikalen Stadtreise entfaltet, wird dem Zuschauer die grimmige Fatalität des Gangsterfilms spürbar, die Vergeblichkeit des Strebens seiner Protagonisten, die schrittweise Aushöhlung und Verhärmung aller Gefühle, die Freudlosigkeit des Erfolgs, die Gnadenlosigkeit des Scheiterns und jene unendliche Zweideutigkeit des menschlichen Wollens und Wünschens, die Theresia Birkenhauer in der Tragödie paradigmatisch gestaltet sieht – kann sich, mit einem Wort, die emotionale und intellektuelle »Verwirklichung der Wahrnehmungswelt«, auf die das Genre zielt, erfüllen: »Die letztgültige Bedeutung der Stadt ist Anonymität und Tod«, schreibt Robert Warshow.[59]

58 Mann 1983, 184.
59 »The final meaning of the city is anonymity and death.« Warshow 2001a, 102.

In dem Motiv der Stadtreise – das in THE MUSKETEERS OF PIG ALLEY bereits *in nuce* aufscheint, wenn Griffith Wohnung, Ballsaal, Straße und Gasse in einem rhythmischen Wechsel inszeniert und letztere, als den zentralen Schauplatz des Films, dabei immer weiter entleert – hat der US-amerikanische Gangsterfilm der dreißiger Jahre, wie sich noch zeigen wird, bedeutenden Einfluss auf das italienische Nachkriegskino ausgeübt. Dort werden der finstere Blick auf den amerikanischen Traum und die zügellose Gewalttätigkeit indessen ersetzt durch jene Geschichtsmelancholie, wie sie der Poetik der Schmerzensspuren entspringt (die umgekehrt dem Genrekino keineswegs völlig fremd ist). Ehe jedoch das Kino Italiens erneut zum Thema wird, gilt es, den Gangsterfilm noch besser zu verstehen. Zu diesem Zweck soll zunächst eine Untersuchung von Mervyn LeRoys LITTLE CAESAR anschließen, jenes Films, der die Geburtsstunde des Gangsters als tragischen Helden markiert.[60] Die Analyse geht dabei im Wesentlichen der Frage nach, welche Ausgestaltungen das Motiv der vertikalen Stadtreise annehmen kann, und sollte damit auch verdeutlichen, in welchem Sinn es angemessen wäre, mit Benjamin davon zu sprechen, dass ›ein Schicksal dies Spiel galvanisiert‹ habe.

Vom Schatten in den Schatten
Mervyn LeRoys LITTLE CAESAR

Die Phantasmagorie eines Unortes
Eine unbewegte Totale zeigt eine nächtliche Tankstelle; ein Wagen fährt vor, hält laufenden Motors zwischen den Zapfsäulen und dem verglasten Kassenhäuschen. Der Tankwart tritt nach draußen, um sogleich von einem Mann, der mit gezogener Pistole aus dem Auto steigt, ins Innere

---

60 Gerald Beeckmann nennt einige der Gründe für die paradigmatische Bedeutung von LeRoys Film: »LITTLE CAESAR gilt als erster ›echter‹ Gangsterfilm. Seine Vorgänger, namentlich Josef von Sternbergs UNDERWORLD, ein Stummfilm aus dem Jahre 1929, stellten zwar auch die Figur des Gangsters in den Mittelpunkt, schilderten ihn jedoch als krankhaften Außenseiter und gesellschaftlich unbedeutende Randerscheinung. Der Film enthält bereits alle wesentlichen Elemente des Subgenres: rivalisierende Banden, reuige Ganoven, die den Ausstieg aus der Organisation mit dem Leben bezahlen, den kleinen Gangster, der hoch steigt und tief fällt, Verfolgungsjagden, Feuergefechte in dunklen Straßen und Maschinenpistolen.« Beeckmann 2005, 68. Freilich lässt Beeckmann die »wesentlichen Elemente des Subgenres« aus, die im gegebenen Zusammenhang vor allem von Bedeutung sind: das tragische Gepräge des klassischen US-Gangsterfilms und die vertikale Stadtreise.
Übrigens diente LITTLE CAESAR der gleichnamige Roman von William Riley Burnett als Vorlage; ein heute weitgehend unbekannter Autor, der allerdings an die vierzig Romane verfasste, von denen nicht wenige Filmklassiker, wie beispielsweise Raoul Walshs HIGH SIERRA (ENTSCHEIDUNG IN DER SIERRA, USA 1940) oder John Hustons THE ASPHALT JUNGLE (ASPHALTDSCHUNGEL, USA 1950), inspirierten. John McCarty geht deshalb soweit zu behaupten: »Burnett's influence on the genre is as enduring as that of contemporaries Dashiell Hammett, Raymond Chandler, and James M. Cain, as well as Ben Hecht, put together.« McCarty 2004, 117.

des Häuschens gedrängt zu werden. Ein paar unverständliche Worte fallen; der Tankwart weicht, nun mit erhobenen Armen, immer weiter zurück; derjenige, der ihn bedroht, streckt die Hand nach etwas aus, ohne seinen Blick von dem anderen Mann abzuwenden. Die Zapfsäulen und das Kassenhäuschen, die sich zuvor durch ihre Beleuchtung von der sie umgebenden Schwärze abhoben, sinken daraufhin ins Dunkle. Allein der matte Widerschein einer außerhalb der Kadrage gelegenen Lichtquelle erhellt die Szene noch. Drei Schüsse fallen; ein Geräusch zwischen Klicken und Klirren ist zu hören. Einige Momente später verlässt der Mörder, kaum als Silhouette zu erkennen, das Kassenhäuschen, steigt eilig in den Wagen, der sofort losfährt.

Der erste Überfall, den Caesar Enrico Bandello (Edward G. Robinson) in Mervyn LeRoys Film begeht, stellt zugleich den Anfang seiner Geschichte dar. Wie aber tritt der zukünftige »Kleine Cäsar« in Erscheinung? Auf welche Art und Weise lernt der Zuschauer ihn kennen? Bemerkenswert ist, dass Rico, der faktisch den Mittelpunkt des Geschehens bildet, keineswegs als solcher inszeniert wird. Vielmehr macht ihn die Komposition der Einstellung zum Teil eines mit düsteren, leicht verwischten Grautönen gezeichneten Tableaus, und als eigentlicher Herrscher über die Einstellung erweist sich der pechschwarze Nachthimmel, der die Zapfsäulen und das Kassenhäuschen, das Auto und die Figuren einschließt. Die Kamera unterstreicht diesen Eindruck noch, indem sie Rico, der ihr zudem halb den Rücken zudreht, soweit auf Distanz hält, dass man sein Gesicht nicht erkennen kann. Tatsächlich wird erst während der nächsten Szene deutlich, wer die Tankstelle ausgeraubt hat: Rico und sein Freund Joe Massara (Douglas Fairbanks Jr.) haben ein Diner aufgesucht, wo sie sich ein Alibi verschaffen, indem sie die Uhr um zwanzig Minuten vorstellen, während der Besitzer anderweitig beschäftigt ist; anschließend ordern die beiden Kaffee und Spaghetti und nachdem er in der Zeitung über eine Feier gelesen hat, welche die Unterwelt zu Ehren des Gangsters Diamond Pete Montana ausrichtete, schimpft Rico darüber, dass dieser seine Zeit nicht mit »cheap gas stations«[61] vergeuden – und, so mag der Zuschauer im Stillen hinzufügen, auch nicht in heruntergekommenen Nachtlokalen speisen – müsse.

Das ist es, was man aus dem Gespräch zwischen den zwei Kriminellen erfährt. Sieht man jedoch von narrativen Konventionen ab, erscheint auch die solchermaßen vorgenommene Zuweisung der Täterschaft an dem eingangs beobachteten Verbrechen keineswegs zwingend. Wollte sich der Zuschauer ausschließlich auf das Zeugnis seiner Augen verlassen, so könnte er nur diese Aussage treffen, dass ein eher kleiner, untersetzter Mann mit gezogener Pistole das Kassenhäuschen betreten, die Beleuch-

61 »billige Tankstellen«

tung gelöscht und den Angestellten niedergeschossen hat und höchstens noch auf die Tatsache verweisen, dass die Totale, welche die Tankstelle zeigt, überblendet in eine Außenaufnahme des Diners, mithin eine – wenigstens partielle – Identität des Personals beider Szenen suggeriert wird. Das ändert natürlich nichts daran, dass Rico jenen nächtlichen Raubmord begangen haben muss; alles andere würde, betrachtet man die Gesamtheit von LITTLE CAESAR, keinen Sinn ergeben. Allein warum wählt LeRoy dann eine so eigentümlich distanzierte Bildkomposition für den ersten Auftritt seiner Titelfigur?

Nun lassen sich die inszenatorischen Besonderheiten der Eingangsszene des Films zweifelsohne produktionsästhetisch herleiten, wie es Georg Seeßlen tut, wenn er erklärt, hier fänden

> [...] sowohl die Formen des Hollywood-Realismus als auch die Beschränkungen des Production-Codes von 1930 ihren Ausdruck, die besagten, dass weder ein Überfall im Detail noch der Gebrauch von Schusswaffen mit der Folge einer Verwundung aus der Nähe gezeigt werden dürften.[62]

Eine solche Erklärung scheitert allerdings daran – nicht anders als die rein autorentheoretische Perspektive, die Seeßlen im Folgenden einnimmt[63] –, ein Verständnis zu befördern, inwiefern die Mise en Scène von Ricos erster Gewalttat bereits den Drang des Gangsters, ein Individuum zu werden, und seine unauflösliche Verbindung mit der Großstadt einschließt, inwiefern sie weiterhin den unausweichlichen Niedergang des Protagonisten vorwegzunehmen vermag.

Dabei fällt es, zumindest auf den ersten Blick, gar nicht schwer, die Vorgehensweise von LITTLE CAESAR zu bestimmen. Sie besteht in der Konfrontation eines Wunschbildes des Protagonisten mit der kümmerlichen Wirklichkeit seiner Situation – eine Konfrontation, die sich nicht als Phantasie über das Innenleben der Figur, sondern in der Komposition der Einstellungen realisiert: Während Diamond Pete Montana auf dem Titelblatt der lokalen Zeitung einen Artikel findet, der vom Ruhm und Ansehen seines Namens innerhalb der Unterwelt kündet, verurteilt LeRoys Inszenierung Rico während der ersten Augenblicke seines Leinwanddaseins buchstäblich zur Anonymität. Ihm werden Aufnahmen verweigert, die sein Gesicht erkennbar machten, seine Worte sind unverständlich und seine Handlungen drohen von den ihn umlagernden

---

62 Seeßlen 1977, 115.
63 Unmittelbar anschließend an die oben zitierte Passage heißt es: »Wie so oft in der Geschichte des Hollywood-Films machten die routinierten Regisseure aus einer vorgegebenen Not (der Beschränkung durch den Code) eine Tugend (die Verwendung der Dunkelheit, des Schattens, der Atmosphäre von Zwielicht und Nebel und die elliptische Erzählweise) und kreierten damit einen Stil.« Ebenda, 115. Vgl. auch Beeckmann 2005, 69.

Schatten verschlungen zu werden, er ist – niemand. Mehr noch: Rico wirkt gleichsam eingesperrt in die Starrheit einer Kadrierung, deren Ränder sich auflösen in der Dunkelheit und die gerade deshalb kein Jenseits dieses öden Schauplatzes zulässt; derart abgetrennt und vereinzelt erscheint das Bild des nächtlichen Kassenhäuschens und der Zapfsäulen, als wäre die ganze Anlage von menschenleerer Wildnis umgeben, als hülfe es nicht einmal, zehn oder hundert Tankwarte zu erschießen, da der Pistolenlärm niemals die Leere dieses zugleich allzu engen und unbegrenzten Raumes durchdringen könnte. Tatsächlich muss der Zuschauer hier einmal mehr auf das Gespräch im Diner warten, um seine Zweifel ausgeräumt zu sehen: Erst Ricos Frustration über das Los eines Provinzganoven verdeutlicht, dass sich der vorangegangene Überfall nicht an einer einsamen Landstraße abgespielt hat, sondern in einer Kleinstadt: bindet er doch die Aussicht darauf, sein Ziel zu erreichen – das, wie sollte es auch anders sein, darin besteht, »jemand zu werden« – an einen Ortswechsel, an einen Aufbruch »nach Osten«, den Umzug in die Großstadt.[64] Freilich gilt in diesem Fall nicht minder, dass es der Akzeptanz von kinematografischen Erzählkonventionen bedarf, welche die Kontinuität und Logik der Handlung stiften sollen, um die überfallene Tankstelle mit Sicherheit in dem Städtchen, von dem Rico spricht, zu verorten: Was der Zuschauer sieht, sind letztlich ein paar Zapfsäulen und ein Kassenhäuschen, die überall und nirgends stehen könnten.

Ein naheliegender Einwand gegen diese Argumentation lautet, dass sich unter Verweis auf unwägbare Kleinigkeiten die Zwangsläufigkeit der Szenenabfolge beinahe jeden Spielfilmes hinterfragen und bestreiten ließe. Das stimmt wahrscheinlich; zugleich trifft aber zu, dass LITTLE CAESAR die nächtliche Tankstelle zum Vorwurf seiner übrigen Raumkonstruktionen machen kann, gerade indem er sie als einen Ort markiert, der – hierin Griffith' sich immer weiter entleerenden Gasse ähnlich – deutlich abgerückt ist von dem Gefüge, das die übrigen Schauplätze des Filmes bilden. Man kann noch das Diner hinzunehmen, das mit einer in der Totale gehaltenen Außenaufnahme eingeführt wird, die sich eben durch das, was sie scheidet von den Kompositionen, auf die LITTLE CAESAR zurückgreift, um das Gros seiner Handlungsorte zu etablieren, mit dem Bild der Tankstelle verbindet: die Vorherrschaft eines stockfinsteren Nachthim-

---

64 Über Diamond Pete Montana sagt Rico: »He's somebody. He's in the big town doing things in a big way.« Sich selbst und Joe beschreibt er im Gegensatz dazu als Verlierer: »And look at us. Just a couple of nobodies, nothing.« Die Geldträume seines Freundes weist er gegen Ende des Gesprächs mit den Worten zurück: »Money's all right, but it ain't everything. Be somebody. Look hard at a bunch of guys and know they'll do anything you tell 'em. Have your own way or nothing. Be somebody!«, um seine Reden – die sich mühelos in eine Programmatik des prototypischen Gangsters der klassischen Genreproduktionen übersetzen ließen – dann wie folgt zu beschließen: »You know... this was our last stand in this burg. We're pulling out... East! Where things break big!«

mels, der den Kader hier gewiss zur Hälfte ausfüllt, kaum herausgefordert wird von den milchig-trüben Lichtern des Lokals, der Einstellung somit das Gepräge einer beklemmenden Verlassenheit verleiht und das Gebäude samt seiner Umgebung in ein Nirgendwo verlegt, das sich nur vermittels der von Rico im Gespräch aufgestellten Behauptungen an urbane Topografien anbinden lässt. Denkt man nämlich solcherart die Tankstelle und das Diner zusammen, vereint durch einen schwarzen Himmel, so erhält man die Phantasmagorie eines Unortes, der ebensowohl für ein Totenreich wie für eine nordamerikanische Kleinstadt einzustehen vermag. Es ist dieser Unort, gegen den Mervyn LeRoys Inszenierung der Großstadt absticht: Etappe für Etappe entfaltet sich die Metropole als eine Folge immer prächtigerer und leuchtenderer Räumlichkeiten, gleichsam als Antidoton zu der Düsternis der Exteriseurs, der Schäbigkeit der Interieurs an jenem Platz, den Rico und Joe hinter sich gelassen haben.

Immer prunkvollere, leuchtendere Räume
Was dies bedeutet, kann man sich leicht vergegenwärtigen anhand der Räume, die der Kleine Cäsar im Prozess seiner Selbstermächtigung erobert: den Palermo Club, das Spielkasino, den Bronze Peacock, die Villa des Big Boy, deren Abklatsch dann schließlich seine eigene Wohnung darstellt. Bereits die erste der Großstadt zugehörige Einstellung, unmittelbar angeschlossen dem Gespräch im Diner, macht hierbei die Differenz evident: Zwar ist auch der Palermo Club von pechschwarzem Nachthimmel bedroht, doch verweist die riesige, ankerförmige Leuchtreklame an der Fassade des Etablissements darauf, dass der Streit zwischen Licht und Dunkelheit hier nicht so eindeutig zugunsten der letzteren entschieden werden wird; ein Hupen, das man hört, noch ehe die Gebäudefront zu sehen ist, unterstreicht die Zugehörigkeit der Szenerie zu einem urbanen Umfeld, mithin die Differenz zu der entrückt-unbestimmten Atmosphäre, welche die ersten Bilder von LITTLE CAESAR prägte. Die Hinterzimmer, in denen Sam Vettori (Stanley Fields) Gäste empfängt und Besprechungen mit seinen Männern abhält, sind dann, in ihrer nüchternen, durch Schirm- und Wandlampen erhellten Gediegenheit, zwar weit entfernt noch von dem Luxus, den sich Rico später aneignet, ebenso deutlich abgehoben aber gegen die dumpfe Tristesse des Diners, was die wenigen Einstellungen, die den Speiseraum des Palermo Club zeigen – sauber, ordentlich, hell ausgeleuchtet – zu bestätigen vermögen. Bereits von ganz anderem Schlage ist Little Arnie Lorchs (Maurice Black) Spielkasino, das den Hintergrund für Ricos nächsten Auftritt bildet: An und zwischen den Roulette- und Pokertischen drängen sich Smokings und Abendkleider, eine Balustrade mit vorgelagerten Rundbögen schließt den Innenraum ab, Palmen und Blumen schmücken das Ambiente; entsprechend elegant gibt sich Arnie Lorchs Büro, das unter anderem einen offenen Kamin,

einen elektrischen Kronleuchter, edle Teppiche und Möbel aus dunklem, mit Schnitzereien verziertem Holz aufweist. Noch deutlich mehr Glanz strahlen die Bilder des Bronze Peacock aus, der sich, die nächste Etappe von Ricos Aufstieg, als weitläufiger Saal mit Säulen und Podesten, breiten Treppen, Marmorboden und taftenen Vorhängen präsentiert, dessen Decke so hoch ist, dass der Zuschauer die Quellen der festlichen Beleuchtung kaum in den Blick bekommt, und der, gleich Lorchs Spielkasino, niemals mit einer Außenaufnahme eingeführt wird. Als wollte LITTLE CAESAR den düster-bedrohlichen Nachthimmel vergessen machen, der seine ersten Einstellungen beherrschte, gilt eben dies auch für den Schauplatz, an dem die Pracht eine letzte Steigerung erfährt: die Gemächer, wo Big Boy (Sidney Blackmer) den aufstrebenden Rico empfängt. Deren volles Ausmaß vermag die Kamera selbst mit einer großzügig komponierten Totale nicht zu erfassen, wie die Inszenierung des hier versammelten, seltsam museal anmutenden Pomps ganz allgemein auf der Grenze zum Parodistischen balanciert – eine Grenze, die vollends mit der nächsten Szene überschritten wird, die den Kleinen Cäsar in seiner neuen Wohnung zeigt, welche, in etwas bescheidenerem Maße, dem Geschmack des Big Boy nacheifert, einschließlich des Butlers und der Gemälde an der Wand, schlussendlich jedoch als Konglomerat aller mit Reichtum und Macht assoziierten Räume erscheint, die Rico im Laufe seiner Karriere durchschritten hat, woher denn auch der Eindruck des Deplatzierten rührt, den diese barocke Zurschaustellung erweckt.

Man kann in den parodistischen Zügen der Inszenierung dieser und anderer Szenen zweifelsohne eine Bloßstellung von Ricos Mangel an Bildung und Kultiviertheit erblicken – der Kleine Cäsar als stumpf-brutaler Parvenü –, wie dies Marilyn Yaquinto und Jonathan Munby tun.[65] Für den gegebenen Zusammenhang ist es aber ungleich wichtiger, dass gerade in Ricos Aneignung der Räume jener, die zunächst auf ihn herabblicken und ihn zum Handlanger ihres eigenes Erfolges machen wollen, in seinem Gang durch immer üppigere und prunkvollere Gefilde, die vertikale Stadtreise dieser Figur, genauer gesagt: deren erster Teil, besteht. Die Be-

---

65 Yaquinto schreibt über die Audienz des Kleinen Cäsar beim Big Boy: »Rico marvels at the kingpin's home with its ornate touches of a Parisian salon. He acts like a tourist, pointing out oil paintings and lush furnishings, noting ›I bet this trick furniture set you back plenty‹.« Yaquinto 1998, 30. Für Munby besteht die tiefere Logik der wiederholten Kompromittierungen Ricos darin, die Differenz zwischen »uns« und »den Anderen« – durchaus in einem den Ausführungen Robin Woods vergleichbaren Sinn – zu betonen und zu bestätigen. Er erläutert: »Yet the running joke is that he [also Rico] and his compatriots of Italian extraction, while they can accumulate the outward signs of ›making it‹, have no way to actually appreciate the artifacts they have collected. For example, the only value Little Caesar can attribute to a painting he sees in Big Boy's office is a financial one. He judges this not on the basis of the painting itself but on the fact that it has a huge gold frame. This lack of ›culture‹ emphasizes the continual gap between legitimate and illegitimate social realms. At the same time, Little Caesar's desires for the signs of official society signify his yearning for cultural inclusion and acceptance.« Munby 1999, 47f.

wegung, die Rico vollzieht, realisiert sich für den Zuschauer gerade nicht als Verschiebung auf einer horizontalen Linie, als Reise »nach Osten« von der Klein- in die Großstadt, sondern, beginnend mit der ersten Szene in der namenlosen Metropole, als Aufstieg entlang einer vertikalen Linie, hinein in immer prächtigere und leuchtendere Räumlichkeiten, das heißt: als eine Absetzbewegung von der Tankstelle und dem Diner. Stetig weiter spannt sich der Gegensatz zwischen Zapfsäulen, Kassenhäuschen, schmuddeligem Tresen, auf der einen Seite und den Orten, zu denen Rico sich Zugang verschafft, auf der anderen Seite: Hinterzimmer und Büros, Clubs und Restaurants, Spielcasinos und Villen.

Bezogen auf den Anfang von LITTLE CAESAR bedeutet das, dass der Film bereits in seinen ersten Einstellungen die Notwendigkeit dieser Bewegungsrichtung behauptet; denn Rico kann nicht anders, als den größtmöglichen Abstand zu bringen zwischen sich und eine Bildlichkeit, die ihn – wir haben es bei der Beschreibung des Überfalls auf die Tankstelle gesehen – zur Anonymität verurteilt. Denn er will ja, wie er Joe so nachdrücklich versichert, vor allem eines: »jemand sein«. Um dieses Ziel zu erreichen, muss er neue Räume aufsuchen, erschließen und beherrschen lernen: Räume, die in zunehmendem Maße unter der Insigne von Helligkeit und Luxus stehen und darum sehr verschieden geartet sind von den ihm bislang bekannten. Rico muss sich, mit anderen Worten, die Großstadt untertan machen als radikalen Gegenentwurf zu jenem Niemandsland schäbiger Schatten, dem er entstammt, will er, ganz buchstäblich, der Gesichtslosigkeit entrinnen. Dabei ist aber mitnichten der Unterschied zwischen der Klein- und der Großstadt in einem soziologischen Sinne ausschlaggebend; die anderen Helden der klassischen Genreproduktionen haben dasselbe Problem wie Mervyn LeRoys Protagonist, auch wenn sie zu Beginn der Filme ihr Dasein in der Metropole fristen. Deshalb erscheint es ganz folgerichtig, wenn sich LITTLE CAESAR keinen Augenblick lang mit dem Umzug von Rico und Joe, ihrer Reise übers Land aufhält, sondern durch einen Schnitt die Distanz vom Diner zum Palermo Club umstandslos überwindet. Denn geht man nicht von realen Topografien aus, sondern von den Erfordernissen einer kinematografischen Stadtreise, so wird deutlich, dass die Räume der Klein- und der Großstadt, ungeachtet der Verschiedenheit ihrer Inszenierung und Semantiken, auf einer anderen Ebene ein Kontinuum bilden, eine Reihung von Orten entlang einer vertikalen Linie, deren jeder eine weitere Etappe im Prozess der Verwirklichung eines Ich-Anspruchs markiert, wobei die Kulminationen äußerer Pracht einerseits Projektionen des inneren Stands der Figurenentwicklung bezeichnen, andererseits die Ausmessung des Abstandes zwischen beidem stets aufs Neue die Bedingung dafür bildet, dass die Dynamik des Aufstiegs sich fortsetzt hin zur Katastase.

Dieses Spannungsverhältnis, das so wesentlich ist für die ästhetische Konstruktion von LITTLE CAESAR – und dem, mit den nötigen Abwandlungen und Übertragungen, ebenso Gültigkeit zukommt für THE PUBLIC ENEMY und SCARFACE, ANGELS WITH DIRTY FACES und THE ROARING TWENTIES –, kann aber nur aufrechterhalten werden, weil es einen Ort gibt, der herausfällt aus dem Gefüge der Schauplätze, worin er sich zugleich eingewoben findet; im Falle von Mervyn LeRoys Film betrifft dies die Tankstelle und das Diner, die eine Überblendung zusammenbindet und deren Inszenierung, wie gesagt, die Anonymität Ricos, die Vorherrschaft des Nachthimmels und das Heruntergekommene des Interieurs kennzeichnet. Was Letzteres bedeutet, dürfte hinreichend behandelt worden sein; in Kontrast zu der späterhin durchlaufenen Abfolge immer prunkvollerer Räume, bildet diese kümmerliche Szenerie den Ausgangspunkt der vertikalen Stadtreise. Welche Aufgabe hingegen den erstgenannten Punkten – der Gesichtslosigkeit des Kleinen Cäsar und der Vorherrschaft der Dunkelheit – zukommt innerhalb der Poetik von LITTLE CAESAR, ist noch nicht zur Genüge geklärt. Die Untersuchung der Mise en Scène des zweiten Überfalls, den Rico im Verlauf des Films verübt, jener auf den Bronze Peacock, verspricht Aufschluss über die einstweilen offenen Fragen.

Star und Nobody

Eine Reihe von ineinander übergehenden Einstellungen zeigt, wie Rico und seine Männer in den Club, wo eine Silvesterparty veranstaltet wird, eindringen und ihr Handwerk verrichten: eilige Schritte auf dem mit Konfetti und Luftschlangen bestreuten Marmorboden; die Gangster, die Pistolen gezogen, mit aufgestellten Mantelkrägen und in die Stirn gezogenen Hüten und Mützen; die verängstigten Angestellten, die Geld in die Beutel füllen, welche man ihnen zugeworfen hat. Nahezu ausgespart sind dabei die Geräusche, die den Raub begleiten: weder hört man das Knarren der Lederschuhe noch die Anweisungen der Mobster. Stattdessen liegt der Lärm der Feiernden, die gerade, es ist Mitternacht, die Ankunft des neuen Jahres begrüßen, über der Szene: Stimmengewirr, Gelächter und Getröte. Diese Inszenierungsweise hat eine eigentümliche Konzentration auf die Brüche und Konflikte zwischen den Figuren zur Folge, die in der Anordnung der Bilder greifbar werden: Tony (William Collier Jr.), mit verängstigter Miene im Wagen wartend, der Fahrer, den seine Komplizen später auf einer Kirchentreppe erschießen, als er die Hilfe eines Priesters sucht; Joe, der sich widerwillig bereit erklärt hat, den Aufpasser zu geben bei dem Überfall auf den Club, wo er als Tänzer arbeitet und nun, im Frack und mit erhobenen Händen, buchstäblich zwischen den Gangstern und den Angestellten steht; schließlich Rico, der Anführer, dessen grimmig-entschlossenes Gesicht die Kamera mehrmals in Nahaufnahmen einfängt, den ersten, die LITTLE CAESAR seinem Protagonisten zuteil werden lässt – ein Detail, das verdeutlicht, dass der Überfall auf den Bronze Peacock in disjunktivem Verhältnis zur Eingangsszene des Filmes steht. Damals ging es um eine »cheap gas station«, jetzt um einen luxuriösen Club; damals wurde Rico nur von Joe begleitet, jetzt folgen ihm Sam Vettoris Männer; damals verurteilte ihn die Mise en Scène zu einem verstohlenen Dasein in der Dunkelheit, jetzt steht er im Licht. »Jemand zu sein«, so sagt uns LITTLE CAESAR, bedeutet als Star inszeniert zu werden.

In dieser Perspektive erscheint es ganz folgerichtig, dass Rico zum Höhepunkt und Abschluss des zweiten Raubes jemanden erschießt, der ihm seine herausgehobene Stellung bei der Aufteilung des Bildraumes streitig machen könnte. Denn das ist ein weiteres Gegensatzpaar, mit dem LeRoy die beiden Überfälle seines Protagonisten verbindet: damals tötete Rico einen Tankwart – ein Niemand wie er selbst –, jetzt den Crime Commissioner Alvin McClure (Landers Stevens), der als unbestechlicher Streiter wider das Verbrechen eingeführt wird und den Rico ausschaltet, ehe er auch nur einen einzigen, seinem Ruf entsprechenden Auftritt hat. Der Mord an dem Commissioner aber geht einher mit einer besonders prägnanten Inszenierung von Ricos Gesicht: McClure und seine Begleitung treten durch den Vorhang, der den Festsaal des Bronze Peacock von dem Vestibül trennt, nur um sich dem Kleinen Cäsar gegenüber zu sehen; nach einem Schnitt erfolgt eine Nahaufnahme Ricos, der, beinahe direkt in die Kamera blickend, ausruft: »Stay where you are! All of you!«,[66] und den Commissioner im nächsten Moment schon niederschießt.

Eine vergleichbare Einstellung gibt es erst wieder zum Finale des Films,[67] in jener Szene, die den Anfang vom Ende Ricos markiert, den, wie Warshow sagt, Beginn des jähen Falls, der dem langsamen Aufstieg folgt.[68] Die Dramaturgie von LITTLE CAESAR genügt dabei den grundlegenden Gesetzmäßigkeiten des Genres, insofern der Niedergang des Protagonisten durch dessen Bindung an einen anderen Menschen besiegelt wird. Nachdem ihn der Big Boy zum Herrscher über die Nordseite gemacht hat, will Rico – anheimgefallen der trügerischen Überzeugung, er werde bald schon die ganze Stadt kontrollieren – sich nämlich der Loyalität Joes versichern. Er bestellt den Freund in seine Wohnung und verlangt von ihm, das Tanzen ebenso aufzugeben wie seine Geliebte Olga

---

66 »Bleibt wo ihr seid! Ihr alle!«
67 Marilyn Yaquinto deutet das Inszenierungskonzept von LITTLE CAESAR bezüglich der Großaufnahmen anders. Sie schreibt: »[...] one strength of LeRoy's direction is dividing the film into two parts. The first is dominated by medium shots to highlight the crowded ranks of gangland battling it out. The second uses tighter shots and close-ups that focus on Rico emerging as a leader and loner.« Yaquinto 1998, 32.
68 »[...] the typical gangster film presents a steady upward progress followed by a precipitate fall.« Warshow 2001a, 102.

(Glenda Farrell). Als Joe sich weigert, diese Forderungen zu erfüllen und die kurzzeitige Abwesenheit Ricos nutzt, um sich davonzustehlen, meint der Kleine Cäsar, seinen Brutus gefunden zu haben. Somit wird er zur Beute der »tiefen Zweideutigkeit des Wirklichen«, da erst die Maßlosigkeit seiner Ansprüche an Joe, seine wütende Eifersucht auf Olga,[69] die er schlussendlich zu ermorden droht – mit einem Wort: die ›paradoxe Heftigkeit der Verwicklungen‹ – aus dem Freund einen Verräter machen, mithin verraten, dass ›ein Schicksal dies Spiel galvanisiert‹ hat. Denn Joe, am Rande des Nervenzusammenbruchs, erzählt Olga von Ricos Wutanfall, worauf diese ihren Willen durchsetzt und die Polizei anruft, um ihren Geliebten als Zeugen gegen die Gangster anzubieten. Davon freilich weiß Rico nichts, als er sich gemeinsam mit Otero (George E. Stone), seinem treusten Gefolgsmann, Zugang zu Olgas Apartment verschafft.

Es folgt eine für die Poetik von LITTLE CAESAR entscheidende Szene: Wortlos zieht Rico seinen Revolver und tritt an Joe und Olga, die einander umarmt halten, heran. Er wird in frontaler Ansicht gezeigt, wie er sich der Kamera nähert, bis sein Gesicht beinahe den ganzen Kader ausfüllt. Nach einem Schnitt sieht man Joe, Olga und Rico in einer halbnahen Einstellung; Joe, der plötzlich nicht minder finster und entschlossen dreinschaut als Rico, stößt seine Geliebte zur Seite und baut sich vor dem Freund auf: »Shoot!«, presst er hervor, und im selben Moment schneidet LeRoy zurück auf die Großaufnahme von Ricos Gesicht; während Joe wiederholt: »Shoot, Rico!«, dann hinzusetzt: »Get it over with!«[70], verändert sich etwas in den Zügen des Kleinen Cäsar: Seine Augen füllen sich mit Tränen und seine Lippen beginnen zu zittern; langsam weicht er zurück, während sein Bild zu verschwimmen beginnt. Diese Einstellung ist deshalb so wichtig, weil sich der Fall Ricos nicht einfach darstellt als Ergebnis davon, dass ein letzter Rest Anstand, Mitgefühl und Zuneigung den Gangster im entscheidenden Augenblick weich werden lässt, wie Otero seinem Boss vorwirft; vielmehr ist die Peripetie – vor und nach aller Psychologie – buchstäblich als Gesichtsverlust gestaltet. Wenn der ganze Sinn von Ricos vertikaler Stadtreise darin bestand, »jemand zu werden«, das heißt, sich Nahaufnahmen zu erkämpfen, den Anspruch durchzusetzen, nicht einer der vielen zu sein, sondern als herausgehobenes Individuum inszeniert zu werden, so realisiert sich der Niedergang des Klei-

---

69 Vergegenwärtigt man sich die entscheidende Passage des Dialoges zwischen Rico und Joe, so scheint es keineswegs unangemessen, von Eifersucht zu sprechen. Rico: »You didn't quit! Nobody ever quit me. You're still in my gang, you get that? I don't care how many skirts you got hanging on to you. That jane of yours can go hang. It's her that made a softy outa you.« Joe: »You lay off Olga, Rico.« Rico: »I ain't layin' off her. I'm after her. One of us gotta lose – an' it ain't gonna be me! There's ways of stoppin' that dame…!« Stephen Louis Karpf sieht in der Szene, welcher die zitierten Sätze entstammen, eines der »most explicit examples of the motivation of the possessive gangster character.« Karpf 1973, 55f.
70 »Schieß! Schieß, Rico! Bring es hinter dich!«

nen Cäsar zunächst darin, dass er in dem Bemühen scheitert, diesen Anspruch weiterhin aufrechtzuerhalten: Er verliert seine Subjektmächtigkeit, weil er sein Gesicht verliert, und indem er von der Kamera zurücktritt, versinkt er erneut in der Masse, in der Anonymität, wird wieder zum Nobody.

Rückkehr in den Tartaros

Der erste Teil der vertikalen Stadtreise bedeutete für Rico, eine Folge von Räumen zu durchschreiten, die sich immer weiter absetzten von der Tankstelle und dem Diner. Ihr zweiter, sehr viel kürzerer Teil kehrt die Bewegungsrichtung hingegen um: Nun muss der Kleine Cäsar zurückkehren zu der schmutzigen Düsternis der Kleinstadt, die nunmehr von der Großstadt Besitz ergriffen hat und im letzten Ende für ihn nichts anderes ist als ein Tartaros der amerikanischen Provinz, wohin er verbannt wird zur Strafe für sein Versagen und seinen Verrat. Denn nun geht es ›Schlag auf Schlag bis zum Tod‹: Nachdem sich Rico von Otero hat anhören müssen, auch er sei weich geworden, hindert er seinen Gefolgsmann daran, Joe doch noch zu erschießen, und wie um dem Kleinen Cäsar die Quittung für diesen Bruch mit dem Grundprinzip seines Daseins auszustellen, taucht im selben Moment Sergeant Flaherty (Thomas E. Jackson), Ricos erbitterter Gegenspieler, mit zwei Polizisten auf. Der Weg durchs helle, elegante Treppenhaus steht den beiden Gangstern nicht länger offen; sie müssen sich über die Feuertreppe davonmachen, die in einen dunklen Hinterhof hinabführt, der wie zugedeckt scheint von demselben pechschwarzen Nachthimmel, der bereits die Tankstelle und das Diner umlagerte und Rico nun erneut unter seine Herrschaft zwingt. Ihre weitere Flucht führt die beiden Gangster durch verlassene, heruntergekommene Seitenstraßen, die kaum eine Laterne erhellt; in einer dieser Straßen, zwischen Abfall und Gerümpel, findet Otero den Tod. Einstweilen gelingt es dem Kleinen Cäsar, seinen Häschern zu entrinnen, doch ihm eröffnet sich kein Zugang mehr zu den leuchtenden, prachtvollen Räumen, die er sich während seines Aufstiegs aneignete.

Der Zuschauer trifft ihn wieder in einer elenden Absteige, die saubere Betten für fünfzehn Cents verspricht. Hier liegt Rico auf einer Pritsche; verkommen und unrasiert, mit geschwollenen Augen und einer nahezu leeren Whiskeyflasche in der Hand – das deutlichste Zeichen für den Niedergang des Gangsters, zu dessen selbst auferlegten Regeln zählte, nicht zu trinken –, hört er zu, wie sich ein paar arme Teufel über die Hinrichtung Sam Vettoris unterhalten. Einer von ihnen liest den entsprechenden Artikel aus der Zeitung vor, der auch ein Interview mit Flaherty enthält. In diesem legt der ehemalige Sergeant, nun zum Lieutenant befördert, dem Kleinen Cäsar einen letzten Köder aus: Er sei ein Feigling, er habe nicht den Mumm gehabt, sich den Konsequenzen seines Tuns zu stellen, es sei unvermeidlich, dass er in der Gosse ende. Rico fühlt sich bei seiner Ehre gepackt. Er wirft den Schnaps weg, eilt zum nächsten Münzsprecher und lässt sich zu Flaherty durchstellen, den er mit wüsten Drohungen überschüttet, während die Polizei den Anruf zu seinem Ursprung zurückverfolgt, um den Kleinen Cäsar endlich dingfest machen zu können.

Dann findet sich Rico auf der Straße wieder; einsam stapft er durch die Nacht, vielleicht Rachepläne schmiedend. Doch selbst wenn der Zuschauer weder wüsste, dass Flaherty und seine Männer bereits unterwegs sind, um ihren Widersacher einzusperren oder zu erschießen, noch dass die Helden des klassischen US-Gangsterfilms die Geschichten, in denen sie die Hauptrolle spielen, niemals überleben dürfen, so könnte er an der Bildkonstruktion erkennen, dass der Kleine Cäsar am Ende ist. Denn die letzten Einstellungen von LeRoys Film zeigen Rico wieder da, wo er angefangen hat: nur als Silhouette erkennbar, passiert er eine Reihe von Lagerhäusern, gegen den Winterwind ankämpfend, der ihm Schnee ins Gesicht treibt, herabgewürdigt zum Teil eines düsteren, in leicht verwischten Grautönen gehaltenen Tableaus. Auch die vertikale Stadtreise kommt nun zu ihrem Schluss; sie lässt den Kleinen Cäsar zurück im Reich der Schattenwesen, aus dem sie ihn zuvor herausgeführt hatte, in Helligkeit und Luxus, wo man ›jemand sein konnte‹. Wenn Rico dann tatsächlich von Flaherty und seinen Männern gestellt wird und eine Maschinengewehrsalve ihn, der sich nicht verhaften lassen will, niederstreckt hinter einem riesigen Plakat, das Joe und Olga zeigt und vom Erfolg ihrer Tanzrevue im Tipsy, Topsy, Turvy Theatre kündet – »laughing singing dancing success«[71] –, dann erscheint dieser Ausgang der Dinge wie eine unvermeidliche Konsequenz aus der Bildlichkeit, in welcher sich der Kleine Cäsar verloren hat; womit LeRoys Film zugleich die Worte Robert Warshows bestätigt, dass die letztgültige Bedeutung der Stadt Anonymität und Tod sei.

Denn wenn Rico, im Sterben liegend, noch einmal als Individuum sprechen darf, so lässt sich dieser finale Auftritt nicht allein aus der Konstruktion des Stadtraumes, wie der Gangsterfilm sie vornimmt, oder der Logik der Stadtreise heraus verstehen. Was das bedeutet, wird sich im Folgenden erweisen.

Richter ihrer selbst

Eine Idee von Bewegung und ein Entwurf von Gesellschaft
Wir haben gesehen, dass der Gangster als tragischer Held bezeichnet werden kann, insofern es für ihn keine richtigen Entscheidungen gibt. Er

---

71 »Lachender, singender, tanzender Erfolg«

hat nur die Wahl zwischen verschiedenen Toden: Dem Tod, der damit einhergeht, gesichtsloser Teil der Masse zu sein, und dem Tod, den der Wille, aus der Masse hervorzutreten, nach sich zieht. Wie sich der Gangster auch entscheidet, es läuft auf das Gleiche hinaus: Er bleibt von vornherein anonym, oder er wird in die Anonymität, der er mit aller Macht zu entrinnen suchte, zurückgeschleudert. Der Grund hierfür besteht in der fatalen Dialektik zwischen Individuum und Masse, dem Einzelnen und den Vielen, wie sie dem klassischen US-Gangsterfilm eingeschrieben ist: Die Ricos, Toms und Tonys streben vor allem danach, ein Individuum werden; um dies zu schaffen, müssen sie sich über die Masse erheben; um sich aber über die Masse erheben zu können, sind sie auf die Unterstützung anderer angewiesen. Sie brauchen Mitstreiter, Handlanger, Komplizen, die ihnen beistehen auf dem Weg nach oben. Diese nun verzeihen es nicht, dass sie von dem Gangster letztlich zur Anonymität degradiert werden und ihm ebenso als Fußabstreifer dienen wie die gesetzestreuen Bürger. Und würde die Erniedrigung auch hingenommen, so bliebe es gänzlich unentschuldbar, dass der Gangster selbst die Einsamkeit nicht zu ertragen vermag, die sein Erfolg mit sich bringt. In der Sehnsucht nach einem Anderen – welcher notwendigerweise dem verpflichtet sein muss, was der Gangster verachtet: Recht, Anstand, ›Masse‹ als Chiffre für ein gewöhnliches Leben – liegt das Scheitern der großen Bosse und Kleinen Cäsars begründet, denn so sein ›wie alle‹ können sie nurmehr im Tod.

Den klassischen US-Gangsterfilm insgesamt als eine Spielart der Tragödie zu bezeichnen, erscheint angemessen, da das Genre, vermittelt über seine Protagonisten, darauf zielt, unlösbare Konflikte zu inszenieren, die es gerade in ihrer Ausweglosigkeit ausstellt. Bezogen auf den Zuschauer lässt sich sagen, der Gangsterfilm mute ihm zu, das Dilemma der Ricos, Toms und Tonys zumindest in der Grundstruktur als sein eigenes zu begreifen. Erfolg und Scheitern sind gleichermaßen verboten; das eine wie das andere steht unter der Drohung einer furchtbaren Strafe. Der physische Tod, der die Gangster ereilt, mag hier als Metapher für die Auflösung und Auslöschung des Selbst gelten, die dem Gewinner dräuen, weil er gewonnen, dem Verlierer, weil er verloren hat; ebenso bezeichnet ›die Masse‹ vielleicht nur die Gefährdung durch jenen Ich-Verlust, welcher, in je anderer Gestalt, des Tellerwäschers und des Millionärs harrt. Es gibt kein Entrinnen, so lautet die Botschaft des klassischen US-Gangsterfilms, und dass ein Untergang in Samt und Seide immer noch verlockender erscheinen mag als einer mit knurrendem Magen, macht die Sache kaum besser. Die Eindrücklichkeit dieser Botschaft wird keineswegs geschwächt dadurch, dass die Filme sie nicht aussprechen, sondern ihr einen Platz zuweisen in der Entfaltung der Genrepoetik. Und wenn tatsächlich stimmen sollte, dass, wie Frieda Grafe schreibt, das US-Kino »nie nur Ausdrucksmittel des amerikanischen Lebens war«, sondern es

»mitkonstruiert« hat,[72] so bekommt man eine Ahnung davon, worin das Zersetzende an Filmen wie LITTLE CAESAR, THE PUBLIC ENEMY und SCARFACE bestehen könnte, wenn sie nicht, wie Will H. Hays und die anderen Tugendwächter der MPPDA geglaubt haben mögen, brave Bürger rundweg dazu verleiten, ihre Mitmenschen um die Habseligkeiten zu bringen oder die nächstbeste Bank zu überfallen.

Die vertikale Stadtreise nun ist das wesentliche kinematografische Gestaltungsmittel, das der klassische US-Gangsterfilm zur Anwendung bringt, um sein tragisches Gepräge von einer narrativen Behauptung in eine Zuschauererfahrung zu transformieren. Erst die Bewegung, die der Gangster während des ersten Teiles seiner Stadtreise vollzieht, die ihn hinausführt aus den ärmlichen Szenerien, unter deren Herrschaft der Beginn seines Leinwanddaseins steht, hinein in immer prächtigere und leuchtendere Räumlichkeiten, lässt greifbar werden, dass das Gesetz, dem die Welt des Genres folgt, von dessen Protagonisten verlangt, ihr Wesen ganz dem unbedingten und rücksichtslosen Aufstieg zu verschreiben, so sie je durch die Inszenierung der Filme in ihrer Subjektivität und Individualität anerkannt werden wollen – und nichts anderes heißt es für die Ricos, Toms und Tonys, »jemand zu sein«. Umgekehrt sorgt der zweite Teil der vertikalen Stadtreise, der den Gangster unausweichlich zurückwirft in schmutzige, schäbige Dunkelheit (es ist immer Nacht, wenn er den Tod findet, oft fallen Regen oder Schnee), dafür, dass sich die Fatalität jener Lebensbahn, das untrennbare Ineinander von Erfolg und Scheitern, sowie die Notwendigkeit des Niedergangs als Empfindungsqualität der Zuschauer realisieren. Das solcherart umrissene Strukturprinzip der vertikalen Stadtreise gilt für alle US-Gangsterfilme zumindest der dreißiger Jahre, die dem mit LITTLE CAESAR etablierten Paradigma folgen, von THE PUBLIC ENEMY bis ANGELS WITH DIRTY FACES, von SCARFACE bis THE ROARING TWENTIES, wobei jeweils im Einzelnen zu untersuchen wäre, wie die Stadtreise inszeniert ist, welche Räume sie konstruiert und in welches Verhältnis zu ihrer heillosen Urbanität sie den Zuschauer setzt.

Wie diese Zusammenfassung verdeutlicht haben sollte, hat die paradoxe Rede von der vertikalen Stadtreise ihren Sinn darin, dass hiermit nicht ein auf der Ebene des Handlungsraumes repräsentierter Bewegungsverlauf bezeichnet ist, sondern eine Idee von Bewegung, die sich allein im Bildraum verwirklicht. Als wesentliches Element des Modus Operandi von

---

[72] »Mit dem Kino hatte sich das Verhältnis von gesellschaftlichem und individuellem Ausdruck in der Kunst umorganisiert. Das Verhältnis von Innen und Außen verschob sich radikal. Sprache nicht zuerst als Mittel subjektiven Ausdrucks zu sehen – was die Literatur nur mit Mühe lernt –, das war im Kino klar von vornherein. Die Stärke des amerikanischen Kinos lag darin, dass es nie nur Ausdrucksmittel des amerikanischen Lebens war. Es hat es mitgebildet. Die aktive Funktion des Publikums dort erklärt sich so. Auch wenn die Industrie die Filme für das Publikum macht, ist es im Genrekino drin längst vor den finanziellen Spekulationen.« Grafe 2003, 113.

LITTLE CAESAR, THE PUBLIC ENEMY oder SCARFACE hat sie Teil an der Modellierung der Wahrnehmung und Empfindung des Zuschauers, jenseits dessen, was die von den Filmen erzählte Geschichte an sich zu leisten vermag. Die vertikale Stadtreise gestaltet eine Abfolge von Räumen, die gemäß den Gesetzen einer Hierarchie geordnet sind, die nur bei oberflächlicher Betrachtung auf die Zurschaustellung von Reichtum zielt, in Wahrheit ein Phantasma von Macht und Einfluss ins Topografische projiziert. Bis zu einem gewissen Grad unabhängig von der persönlichen Tragödie des Gangsters, dient die vertikale Stadtreise, verstanden als Strukturprinzip, Filmen wie LITTLE CAESAR, THE PUBLIC ENEMY oder SCARFACE somit auch dazu, einen Entwurf der amerikanischen Gesellschaft ins Werk zu setzen, der seine höchste Zuspitzung eben in der Bewegung findet, die aus dem unbedingten Willen von Figuren wie Rico Bandello resultiert, »jemand zu sein«. Auf einer abstrakteren Ebene geht es dabei ebenso sehr um das Verhältnis von Individuum und Masse, die Beziehung des Einzelnen zu den Vielen in dieser Gesellschaft wie um die Unausweichlichkeit des Scheiterns des Gangsters – ein Scheitern, dessen Movens freilich in der doppelten Unmöglichkeit besteht, mit den Anderen auszukommen und ohne sie. Die Idee einer vertikalen Bewegungsrichtung indiziert also immer auch die Verhandlung über eine Gesellschaft, die sich durch die soziale Mobilität der an ihr Partizipierenden definiert. Es ist offensichtlich, dass, aus der Perspektive von LITTLE CAESAR, THE PUBLIC ENEMY oder SCARFACE, die damit einhergehende Idee von Freiheit im selben Maße in sich zusammenstürzt, wie den Ricos, Toms und Tonys die nach und nach angehäuften Leichname ihrer Mitbürger zu Sprossen der Leiter ihres Aufstiegs werden. Dass der Fall des Gangsters allein ins Bodenlose sich vollziehen kann, erscheint als direkte Konsequenz daraus, dass er keine andere Wahl hat, als sozusagen ins Bodenlose zu avancieren. Die schwindelerregende Spirale von Erfolg und Versagen, die der klassische US-Gangsterfilm zur Rotation bringt, stellt sich so gesehen dar als ästhetische Übertragung der vertiginösen Empfindungen, die das Publikum des Genrekinos wohl spätestens nach dem 24. Oktober 1929 überkommen haben dürften bei der Betrachtung von Börsenkursen und Konzernbilanzen.

Rico, Tom und Tony: die Söhne der Emigranten
Im übrigen bleibt zu vermuten, dass ein genauer Blick auf THE PUBLIC ENEMY, SCARFACE, ANGELS WITH DIRTY FACES oder THE ROARING TWENTIES – und man könnte wohl noch zahlreiche andere Produktionen nennen – bestätigen würde, was eine genealogische Herleitung der Spezifika der Stadtinszenierungen des klassischen US-Gangsterfilms an D.W. Griffith' THE MUSKETEERS OF PIG ALLEY herausgearbeitet hat: Nicht einfach, dass es gefährlich ist, allein zu sein, wie Robert Warshow

sagt, sondern dass sich bestimmte Raumkonstruktionen bereits in den frühesten Vorläufern der paradigmatischen Genreproduktionen mit dem Tod verbinden: Die Mutter stirbt in einem leeren Zimmer, und die Männer Snapper Kids und seines Rivalen metzeln einander in einer leeren Gasse nieder, ähnlich wie Rico von Anfang an bedroht wird durch die düstere Vereinsamung eines kleinstädtischen Niemandslandes, gegen das die prunkvolle Helligkeit der Großstadt hervorsticht. Hierin offenbart sich eine wichtige Verbindungslinie zwischen den Stadtinszenierungen des US-amerikanischen Kinos und jenen, die Italien hervorgebracht hat. Zumindest für NAPOLI CHE CANTA kann sie zweifelsfrei behauptet werden, inszeniert Leone Roberti Film mit seinen verwaisten Straßen und Plätzen, Uferpromenaden und Parkwegen doch eine mögliche Zukunft Neapels, eine Ahnung der Stadt, wie sie sein wird, so die Armut obsiegen sollte. Wenn am Ende von Leone Robertis Film die Emigranten in die Fremde aufbrechen, hoffend, die Zukunft werde ihnen ein besseres Leben bringen, dann ist das ein Geschehen, das seine Fortschreibung findet im Gangsterfilm der dreißiger Jahre: Die Protagonisten der paradigmatischen Genreproduktionen, der Kleine Cäsar Rico Bandello, der öffentliche Feind Tom Powers, das Narbengesicht Tony Camonte – sie alle sind Söhne von Auswanderern, von Frauen und Männern, die ihre alte Heimat, Italien oder Irland, verließen, um Hunger und Not zu entrinnen. Aber die Schmerzensspuren, die ›in unzähligen feinen Linien die Geschichte durchziehen‹, lassen sich sehr schwer nur auslöschen, und vielleicht besteht die bitterste Ironie des klassischen US-Gangsterfilm darin, dass die Kinder der Emigranten zugrunde gehen, gerade weil sie die Träume ihrer Väter und Mütter erfüllen: Sie glauben an die unbegrenzten Möglichkeiten, sie besitzen den Willen und die Fähigkeiten, sich aus dem Elend freizukämpfen, den Weg nach oben zu gehen, und für eine kurze Zeit können sie sich tatsächlich gemeint fühlen, wenn sie eine Leuchtreklame sehen, die da verkündet, dass »die Welt Dein« sei.
Am Ende von ANGELS WITH DIRTY FACES bittet Father Connolly (Pat O'Brien) die Straßenkinder, die er vor dem Verbrechen bewahren will, für das Seelenheil seines Freundes Rocky Sullivan (James Cagney) zu beten, der zuvor auf dem elektrischen Stuhl hingerichtet wurde. »Let's go and say a prayer for a boy who couldn't run as fast as I could«, sagt der Priester,[73] sich beziehend auf ein Ereignis aus der Jugend von ihm und Rocky, als dieser nach einem missglückten Raub in die Hände der Büttel fiel. Damit beschreibt Father Connolly zugleich, wie der Gangsterfilm, aus der Perspektive von NAPOLI CHE CANTA, seine Protagonisten entwirft: als Jungen, die nicht schnell genug laufen können, um sich selbst oder ihrer

---

73 »Lasst uns gehen und ein Gebet sprechen für einen Jungen, der nicht so schnell rennen konnte wie ich.«

Vergangenheit zu entfliehen: die Summe der Trauer und Hoffnung ihrer Eltern.[74]

Nun ist leichter zu verstehen, wie LITTLE CAESAR, THE PUBLIC ENEMY oder SCARFACE auf die Goldenen Zwanziger rekurrieren, die ja in mancherlei Hinsicht die Geschichtlichkeit ihres kinematografischen Entwurfs bestimmen. Auch wenn sie Szenen aufweisen, die unzweideutig in den zeithistorischen Hintergrund eingeschrieben sind – am markantesten wohl die groteske Episode aus Wellmans Film, welche wahre Horden betrunkener Frauen und Männer zeigt, die durch die Straßen ziehen, um vor dem Beginn der Prohibition sämtliche Restbestände an Alkohol aufzukaufen, derer sie habhaft werden können, und ganze Kinderwägen voller Schnapsflaschen spazieren führen –, handelt es sich hierbei ebenso wenig um das Verhältnis zwischen einer vorgängigen Wahrheit über die US-Gesellschaft des Nachkriegsjahrzehnts und ihrer Widerspiegelung im Kino, wie das Chicago der Genreproduktionen eine reale Großstadt zu repräsentieren suchte. Die Filme sprechen nicht über den Ku-Klux-Klan, den Red Scare oder die Einwanderungsgesetze von 1921 und 1924, geschweige denn über den Börsenkrach vom Oktober 1929 oder die anschließende Große Depression. Es wäre aber ganz verkehrt, daraus zu folgern, dass LITTLE CAESAR, THE PUBLIC ENEMY oder SCARFACE

---

74 Tatsächlich fügt das italienische Nachkriegskino der Geschichte der italienischen Emigranten weitere Kapitel hinzu, vielleicht am eindrücklichsten in Eduardo De Filippos, freilich recht bitterer Komödie NAPOLETANI A MILANO (I 1953). Der Film erzählt von den Einwohnern eines halb verfallenen Randgebiets Neapels, die ihre Heime verlassen müssen, da ein mailändischer Stahlbetrieb das ganze Viertel gekauft hat, um dort eine neue Fabrik zu bauen. Nachdem im Verlauf der Bauarbeiten ein Haus eingestürzt ist und fünf Arme, die sich nicht hatten vertreiben lassen, unter sich begräbt, zieht eine Schar Neapolitaner, angeführt von dem »Bürgermeister« Don Salvatore (Eduardo De Filippo) nach Mailand, um bei den Chefs des Unternehmens eine Entschädigung einzufordern.

Diese machen den Neapolitanern, auf deren sprichwörtliche Faulheit spekulierend, das Angebot, ihnen Arbeit in einem mailändischen Stahlwerk zu geben. Zur allgemeinen Überraschung geht Don Salvatore auf dieses Angebot ein, und tatsächlich erweisen sich die Neapolitaner als fleißige Arbeiter. Allem Fleiß zum Trotz jedoch soll das Stahlwerk bald aufgrund mangelnder Rentabilität geschlossen werden. Um dies zu verhindern, besetzen die neapolitanischen Arbeiter gemeinsam mit ihren mailändischen Kollegen zunächst die Fabrik. Als sich nach einigen Verwicklungen herausstellt, dass ihr Protest allein nicht reichen wird, um die Arbeitsplätze zu retten, schreiben die Neapolitaner an ihre Verwandten in der ganzen Welt – und das heißt eben: die Nachkommen der ersten Generation von Emigranten, die es nach New York und Paris, Kairo und Berlin, Budapest und Madrid verschlagen hat –, mit der Bitte, ihnen zu helfen. Mit vereinten Kräften gelingt es, den Fortbestand des Stahlwerks zu sichern.

Es ist dies eine ebenso märchenhafte wie traurige Pointe, bedenkt man, dass für diejenigen Neapolitaner, die daheim geblieben sind, sich auch nach Jahrzehnten, so sagt uns De Filippo, nichts geändert hat: Nach wie vor müssen sie Armut und Hunger ertragen, und selbst im reichen Norden holt die Arbeitslosigkeit sie ein. Demgemäß findet sich in NAPOLETANI A MILANO auch eine nur auf den ersten Blick erheiternde Formulierung des für das italienische Nachkriegskino so bedeutsamen Gegensatzes zwischen nordischem Fortschrittsoptimismus und südlicher Geschichtsmelancholie. Zu Beginn des Filmes, als der mailändische Ingenieur zu Don Salvatore sagt, man könnte den Fortschritt nicht aufhalten, antwortet dieser: »Ingegnere, il progresso non abbiamo mai visto... Quando arriverà lui, ce ne andremo noi!« (Etwa: »Herr Ingenieur, den Fortschritt haben wir noch nie gesehen... Wenn er kommt, gehen wir!«)

nichts zu tun hätten mit den Verwerfungen der amerikanischen Geschichte. Vielmehr ist anzunehmen, dass das Heillose in der Poetik des klassischen Gangsterfilms gerade von der Suche nach einer Form herrührt, die es erlaubt, eine Verhandlung über jene Fragen zu führen, die auch die Stadtinszenierungen des italienischen Nachkriegskinos umtreiben: *Wie konnte es so kommen?* Und: *Was ist aus uns geworden?*[75] Die Antwort der Filme besteht freilich nicht darin, einen Rezeptblock auszustellen mit wohltuenden Wahrheiten. LITTLE CAESAR, THE PUBLIC ENEMY oder SCARFACE haben es nicht auf Linderung abgesehen; indem sie den Finger in die Wunde legen, erhalten sie die Schmerzen. Ihre Hoffnungslosigkeit selbst ist die Antwort, wobei hier nicht dumpfer Trübsinn oder unheilvollraunendes Kassandratum vorliegen, sondern eine mit schneidender Klarheit herausgearbeitete Spielart des Tragischen: *Das, was die Grundlage unseres Glücks ausmacht, unser Individualismus, unsere Freiheitsliebe und unser Streben nach Erfolg und Wohlstand, so scheinen die Filme zu sagen, macht im selben Zug jegliches Glück zunichte – es gibt keinen Ausweg, keine richtige Entscheidung, keine sauberen Trennungen; wir müssen wollen, was wir nicht wollen dürfen, weil wir keine andere Wahl haben, als es zu wollen.*

Vor diesem Hintergrund vermag kaum zu überraschen, dass die Lösungen, die LITTLE CAESAR, THE PUBLIC ENEMY oder SCARFACE vermittels ihrer aufrechten Gesetzeshüter oder des auf Nebenfiguren verteilten, wohlanständigen Glücks präsentieren, stets – und auch dies gehört zu der Poetik der klassischen Genreproduktionen – etwas Verlogenes in sich bergen. In LeRoys Film beispielsweise taugt der zynische Sergeant Flaherty, der angesichts der Hinrichtung Sam Vettoris von dem Erfolg seiner »neck-stretching party« spricht[76], ebenso wenig als positiv besetzbarer Gegenentwurf zu Rico wie das mit einem Happy End gesegnete Paar, Joe und Olga. Ersterer dürfte im amerikanischen Genrekino ziemlich am Anfang einer langen Reihe von Polizisten stehen, die sich, was ihre Skrupellosigkeit, Brutalität und Amoral betrifft, nur unwesentlich von den Verbrechern unterscheiden – abgesehen davon, dass sie auf der ›richtigen Seite‹ stehen; die Letzteren verdanken ihre Liebesseligkeit dem Verrat an Rico, der sich, genau besehen, Joe gegenüber immer als loyaler, wenngleich arg Besitz ergreifender Freund erwiesen hat. Ungeachtet aller moralischen Ambivalenzen aber, die man in den als ›gut‹ markierten Figuren des Gangsterfilmes erblicken mag, können die Flahertys, Joes und Olgas allein deshalb schon nicht mit den Ricos, Toms und Tonys um die Gunst der Zuschauer konkurrieren, weil die Inszenierung der Filme ihnen jene herausgehobene Präsenz verweigert, welche sich die großen Bosse, öffentlichen Feinde und Kleinen Cäsars so teuer erkaufen; sie, die an-

---

75 Hierbei handelt es sich übrigens um exakt dieselben Fragen, die, folgt man Deleuze, auch Fitzgerald, der Sänger des »Jazz Age«, immer wieder aufwirft. Vgl. Deleuze 1991 72f.
76 Etwa: »Hals-Dehnungs-Party«.

deren, sind und bleiben Nebenfiguren, letztlich austauschbar, gesichtslos und anonym eben.

Damit die tragische Anlage des Genres ihre volle Wirkmacht entfaltet und sich dem Zuschauer »die Gefügtheit des Gefüges« vermittelt, ist, wie bereits angedeutet, von entscheidender Bedeutung, dass es sich bei den Gangstern um Bindestrich-Amerikaner handelt. Denn das Los der Einwanderer und ihrer Kinder kann als Prüfstein dafür gelten, ob eine ihrem Selbstverständnis nach freie und offene Gesellschaft an den eigenen Ansprüchen scheitert. So sieht es wenigstens Jonathan Munby, der den paradigmatischen Genrefilmen, vor allem LITTLE CAESAR, eine höchst zweideutige Haltung gegenüber der ethnischen Herkunft ihrer Protagonisten attestiert.[77] Einerseits werde der Zuschauer dazu eingeladen, sich über die Ungebildetheit der Gangster, ihren Slang, ihre unbeholfene Imitation der herrschenden WASP-Kultur zu amüsieren: so in der Szene, wo Ricos Männer ein Bankett für ihren Chef ausrichten. Feiner Zwirn ist reichlich vorhanden, gutes Essen und Trinken auch, aber jenseits der Einhaltung äußerer Formen stößt man auf ungehemmtes Barbarentum. Keiner der Mobster bringt eine Tischrede zustande, das Festmahl verkommt zusehends zum Gelage, und die kostbare Uhr, die Rico zum Geschenk gemacht wird, erweist sich als gestohlen. Es scheint, so Munbys Fazit, dass diejenigen, die ›das Establishment‹ nur nachäffen, letztendlich selbst Affen sind.[78] Jedoch ziehe LITTLE CAESAR eine zweite Bedeutungsebene ein: Auf dieser Ebene verhandle der Film die Frustrationen und Enttäuschungen des Bindestrich-Amerikaners, der sich mühen kann, wie er will, und dennoch immer der Außenseiter bleibt, der misstrauisch beäugt wird und dem die Gesellschaft die Erfüllung jener Verheißung unbegrenzter Möglichkeiten vorenthält, auf der doch ihr ganzes Wertesystem gründet. Zerrissen zwischen den Traditionen ihrer Vorfahren, denen sie fremd geworden sind, und den uneingelösten Versprechungen der neuen Heimat, müssen die Ricos, Toms und Tonys auf Maschinengewehr und Totschläger zurückgreifen, wenn sie den Amerikanischen Traum leben, aufsteigen, »jemand werden« wollen. Freilich verurteilt sich der Gangster, indem er diesen Pfad einschlägt, erst recht zum Außenseitertum, zu einem Dasein fernab des soignierten Wohllebens, das er – behauptet Munby – vor allem erstrebt; er wird, mit einem Wort, zur Bedrohung für diejenigen, denen er nacheifert und die ihn im Gegenzug zum Vogelfreien erklären. So gesehen ist der Gangster ein tragischer Held, weil ihm nur illegitime Mittel bleiben, um ein eigentlich legitimes Ansinnen durchzusetzen, und je kompromissloser er auf seinem Recht beharrt, desto zerstörerischer für ihn selbst und andere gestaltet sich sein Tun.[79] Einmal

---

77 Vgl. zum Folgenden Munby 1999, 39-65; v.a. 39-51 und 61-65.
78 »[...] seemingly, those who can only ape ›society‹ are really only apes after all.« Ebenda, 48.
79 Jonathan Munbys Deutung steht verschiedentlich in Spannung zu der auf den vorangegangenen

mehr bestätigen Munbys Überlegungen, dass die Ricos, Toms und Tonys an der »tiefen Zweideutigkeit des Wirklichen« scheitern, die sie dazu zwingt, ›wollen zu müssen, was sie nicht wollen dürfen.‹ Der Weg, an dessen Ende Glanz und Glitter hätten liegen sollen, führt – dies erweist die vertikale Stadtreise – in Wahrheit vom Schatten in den Schatten.

Der dreifache Sinn tragischer Ironie
Noch auf einer weiteren Ebene weist der klassische US-Gangsterfilm eine tragische Struktur auf. Dies betrifft zum einen wiederum die Protagonisten des Genres und die Position des Zuschauers, zum anderen die ästhetische Konstruktion der Stadt selbst. Es geht hier um den Zusammenhang zwischen dem Gangsterfilm und den verschiedenen Ausprägungen der Denkfigur »tragische Ironie«, wie sie Christoph Menke unter Bezugnahme auf Adam Müller, Connop Thirlwall und Arnold Hug beschrieben hat. Im Anschluss an die von Müller in seiner Schrift »Über die dramatische Kunst« entwickelte »epochale These […], dass der Begriff des Tragischen nicht an ein nichtästhetisches, ein teilnehmendes oder identifikatorisches Verhältnis zum Gegenstand gebunden ist, sondern im Gegenteil ein ästhetisch-ironisches Verhältnis voraussetzt«[80], misst Menke dem Konzept der tragischen Ironie einen dreifachen Sinn bei. Erstens bedeutet tragische Ironie, »das Tragische selbst als ironisch zu verstehen«[81]. Bezogen auf Ödipus – denn gleich seinen Vorläufern entwickelt Menke seine Gedanken mit Sophokles[82] – heißt dies, dass das Schicksal ihn nicht als eine fremde, ihm äußere, ebenso übermächtige wie blind-böswillige Gewalt ergreift und, ein Zwerg in der Hand des Riesen, in den Abgrund schleudert. Ganz im Gegenteil ist das Schicksal etwas, das Ödipus, wenngleich unbewusst, über sich verhängt, indem »sich seine Absichten und Vorhaben gegen ihn selbst wenden.«[83] Es ist deshalb, im vollen Sinn des Wortes, *sein* Schicksal, und dasselbe könnte man zweifellos hinsichtlich des Gangsters behaupten, der, indem er ›wollen muss, was er nicht wollen darf‹, sein Verderben heraufbeschwört – und dass sein verhängnisvolles Wollen ein Erbteil »kreatürlicher Schuld« darstellt, macht das Schicksal des Gangsters erst recht zu dem seinen, da

Seiten entwickelten Genrepoetik: Wie bereits erwähnt, glaubt Munby offenbar, dass Reichtum und Luxus für den Gangster einen Wert an sich darstellen; auch vertritt er die Ansicht, dass die Ricos, Toms und Tonys nicht aufgrund innerer Gesetzmäßigkeiten sterben müssen, sondern vor allem infolge einer Art Selbstzensur aufseiten der Produzenten, Regisseure und Drehbuchautoren. Vgl. ebenda, 63f. Munbys Thesen werden hier dennoch angeführt, weil sie hilfreich sind, um das Verhältnis zwischen dem klassischen US-Gangsterfilm und den Goldenen Zwanzigern als historischem Bezugssystem zu klären.
80 Menke 2007, 182.
81 Ebenda, 182.
82 Die in Anlehnung an den Ödipus-Mythos gefertigte Tragödie dieses Dichters entstand wohl zwischen 436 und 433 vor Christus.
83 Ebenda, 182.

so gesehen nicht nur in einem materiell-stofflichen, sondern auch in einem metaphysischen Vorwurf er selbst es ist, der die Fatalitäten in Gang setzt, die ihn vernichten. Diese Auffassung von tragischer Ironie stellt allerdings, laut Menke, noch keinen Bruch mit aristotelischen Konzepten dar, werde vielmehr durch dessen Peripetiebegriff abgedeckt. Der Bruch vollzieht sich in dem Moment, wo Thirlwall, den Menke hier referiert, die Ironie der Handlung mit der Ironie des Dichters verbindet, das heißt »mit einer Ironie *gegenüber* der Handlung.«[84] Die zweite Dimension der tragischen Ironie findet ihren Niederschlag darin, dass sich durch jede Tragödie eine unüberbrückbare Kluft zieht zwischen dem ›guten Anschein‹ (was den Gangsterfilm betrifft, so könnte man in diesem Kontext die Akkumulation von Macht und Reichtum nennen) und der ›bösen Wirklichkeit‹ (jeder Schritt, den der Gangster auf dem Weg nach oben macht, lässt seinen Fall furchtbarer werden). Menke führt aus:

> Dieser Kontrast ist aber zugleich und wesentlich einer zweier Perspektiven, die während des gesamten Stückes anwesend und wirksam sind. Denn der »Anschein des Guten« gilt nur im Stück, für seinen Helden. Von der »Wirklichkeit des Bösen« dagegen weiß der Dichter, und mit ihm der Zuschauer, von Anfang an. Darin, in diesem überlegenen Wissen, besteht, was Thirlwall ihre Haltung der »Ironie« gegenüber dem in sein Schicksal verstrickten Ödipus nennt: Dichter wie Zuschauer sehen die Handlung nicht aus seiner Perspektive, sondern von oben oder außen, im Blick auf das Ganze und insbesondere das Ende.[85]

Und weiter:

> Die Haltung der Ironie gegenüber der dargestellten Handlung ist als die des distanzierten, wissenden Überblicks zugleich eine der Freiheit von den ironischen Verwicklungen des tragischen Schicksals, in das sich der Held verstrickt. Eben diese Freiheit von der Handlung aber ist es erst, die sie als tragische zu erkennen erlaubt. [...] Das ist das zentrale Argument der Figur tragischer Ironie; es behauptet einen internen Zusammenhang von Tragik und Ironie [...]. Tragische Notwendigkeit setzt ironische Freiheit voraus, weil es Einsicht in die Ironie des Schicksals nicht aus der Perspektive des Helden im Stück, sondern nur aus ironischer Distanz zu ihm, von außerhalb des Stückes geben kann.[86]

---

84 Ebenda, 183.
85 Ebenda, 183.
86 Ebenda, 183f. Im selben Zusammenhang heißt es: »Das Theater schafft eine Außenposition, von der aus auf ein Geschehen geschaut werden kann, ohne in dieses Geschehen verwickelt zu

Diese Überlegungen verdeutlichen, wie es um das Verhältnis zwischen dem Gangster auf der Leinwand und dem Zuschauer im Kinosaal bestellt ist: Jener nimmt den Konflikt der Genrefigur als seinen eigenen wahr, gerade *weil* ihn die Geschehnisse, welche die Filme erzählen, nicht wirklich betreffen. Seine Distanz zu dem tragischen Scheitern des Gangsters erlaubt ihm die Reflexion darüber, inwiefern sein eigenes Glück gefährdet sein mag durch das Dilemma, zugleich Erfolg haben zu müssen und keinen Erfolg haben zu dürfen – die Drohung zweier Tode: dem Untergang in der Masse und dem Sturz in unerträgliche Einsamkeit. Die Entfernung zwischen dem Publikum und der Filmfigur erweist sich solcherart als Bedingung dafür, dass sich ›die Wahrnehmungswelt des Genres verwirklichen‹ und jene Fatalität, unter deren Herrschaft die klassischen Gangsterfilme stehen, auch das Erleben der Zuschauer modellieren kann. Nachdem Menke die genannten Begriffe tragischer Ironie aus Thirlwalls »On the Irony of Sophocles« herauspräpariert hat, stellt er die Unzulänglichkeiten dieses Modells fest: Indem es nämlich davon ausgehe, dass sich die ironische Verkehrung der Handlung an dem Helden ereigne und nur aus der distanzierten Perspektive von Dichter und Zuschauer erfahrbar werde, schreibe es zugleich »die Tragik ironischer Verkehrung und die Ironie ästhetischer Distanz strikt getrennten Positionen zu: die Tragik der Person im Stück, die Distanz Autor und Zuschauer vor dem Stück.«[87] Aber es erweist sich, dass die Tragödie auch bei der inneren Entfaltung ihrer ästhetischen Prinzipien keine ›reinen Scheidungen‹ erlaubt, denn diese Trennung verfehlt, so Menke, den wahren Zusammenhang zwischen der dramatischen Figur, dem Dichter und dem Publikum. Unter Berufung auf Hugs Aufsatz über Sophokles' *König Ödipus* bestimmt Menke die dritte Bedeutung des Begriffs »tragische Ironie« als Doppelsinn, wie er sich im Sprechen des tragischen Helden offenbare, das er folglich ein »tragisches Sprechen« nennt; es sei nicht nur eine Handlung des Helden, sondern diejenige Handlung, durch die er seinen eigenen Untergang, die tragische Verkehrung seines Geschicks hervorbringe:

> Denn es ist ein Sprechen, das sich, in seinem ersten Sinn, gegen eine andere Figur richtet und sich dabei, in seinem verborgenen zweiten Sinn, gegen den Sprecher selbst wendet. Dieser zweite Sinn aber, der

---

sein. Was Müller und Thirlwall ›Ironie‹ nennen, ist nichts als eine Implikation, genauer: eine spezifische Art der *Benutzung* dieser theatralen Schauapparatur. Dass Ironie die Voraussetzung (des Darstellens und Erfahrens) von Tragik ist, heißt, dass das Theater diese Voraussetzung ist. Oder allgemeiner: Dass das Ästhetische dies ist.« Mit den letzten Worten öffnet Menke den Blick auf die anderen Künste, denen er somit implizit die Fähigkeit zugesteht, ähnliche Zuschauerpositionen zu konstruieren wie das Theater. Diese Erweiterung der Perspektive liefert ein zusätzliches Argument dafür, warum es legitim ist, die an einem Medium entwickelten Theorien des Tragischen auf ein anderes Medium zu übertragen. Vgl. Fußnote 34.
87 Ebenda, 185.

vom Sprecher nicht ›selbst beabsichtigt‹ sein kann, weil er sich durch ihn selbst zerstören wird, ist einer, der seinem Sprechen nur zukommt, weil und insofern es nicht nur *sein*, sein eigenes Sprechen ist.[88]

Im doppelsinnigen Sprechen des Helden, so Menke weiter, spreche stets ein anderer mit, der Autor nämlich, der sich damit an sein Publikum, die Zuschauer im Theater wende. Daraus folgt, dass die Perspektiven von Autor und Zuschauer »im Stück ›unbewusst‹ mitanwesend« sind, was wiederum heißt, dass die ironische Distanz, die Thirlwall streng getrennt sah von dem tragischen Helden, sich einschreibt in das Sprechen ebendieser Figur: »In dem doppelsinnigen Sprechen, durch das er den tragischen Umschlag seines Schicksals hervorbringt, praktiziert der Held mithin selbst die ironische Distanz, die Autor und Zuschauer ihm gegenüber einnehmen.«[89] Dieser Gedanke hat weitreichende Konsequenzen, bedeutet er doch nichts anderes, als dass der dramatischen Figur eine »Doppelposition« oder gar »Doppelidentität« eignet. Den Helden durchzieht ein Riss, der für Menke den Grund des tragischen Doppelsinns seines Sprechens und schlussendlich auch des tragischen Umschlages seines Schicksals darstellt. Denn hier sind zwei Positionen vereinigt, die schlechterdings nicht zusammengebracht werden können, deren Logiken sich wechselseitig ausschließen und die deshalb denjenigen vernichten, der sich ihnen zugleich unterworfen sieht. Menke zufolge lässt sich die Doppelposition des tragischen Helden nämlich an zwei Typen des Handelns und der Subjektivität anbinden, denen historisch gesehen buchstäblich die Bühne bereitet wurde, als der Rückgriff auf einen schriftlich fixierten Text die Theaterpraxis zu bestimmen begann, jede Vorführung sich mithin zur Aufführung wandelte: In Rede stehen das Handeln und die Subjektivität der dramatischen Person auf der einen Seite und diejenigen des Autors auf der anderen Seite, und es sind diese beiden Typen von Handeln und Subjektivität, die einen unversöhnlichen Gegensatz zueinander bilden:

> Eine dramatische Person zu sein heißt, einen Text nachzusprechen, der von einem Autor vorgeschrieben wurde; es heißt, die Person *von* einem Autor zu sein – eine Person, die zwar selbst, zugleich aber nur so spricht und handelt, wie es ihr vorgeschrieben wurde. Und ein dramatischer Autor zu sein, heißt, einen Text hervorzubringen, der das Sprechen und Handeln von Personen festlegt. Dramatische Autorenschaft besteht in der Übermacht der Vorschrift, dramatisches Personsein in der Ohnmacht des Nachvollzugs.[90]

---

88 Ebenda, 186.
89 Ebenda, 186.
90 Ebenda, 189.

Am Beispiel von Sophokles' Ödipus erläutert Menke, warum es den tragischen Helden ins Verderben stürzt, durch den Doppelsinn seines Sprechens beide Positionen einzunehmen:

> Der Umschlag in Ödipus' Schicksal tritt ein, weil Ödipus – Ödipus, der Richter – als (oder) wie ein Autor spricht; weil er, sichtbar an der Redeform der Verfluchung, für sein Richten die auktoriale Macht der Existenzfestlegung beansprucht. Diese Macht der Autorenschaft, die das Sprechen und Handeln der Personen vollständig vorschreibt, kann aber von keiner Person ausgeübt werden; als dramatische Person verfällt Ödipus seiner eigenen Festlegungsmacht als Autor. Die Tragödie des Ödipus erzählt von dem (hybriden) Aufstieg der Person in die Position des Autors und dem (tragischen) Fall des Autors in die Position der Person. Der tragische Umschlag, von dem die Ödipus-Tragödie erzählt, ist der Umschlag der Autorenschaft, die Ödipus richtend beansprucht.[91]

Der tragische Held bestimmt also als Autor das Gesetz, dem er als dramatische Person unterliegt und folgen muss bis zum Untergang, den er vermittels dieser ironischen Distanzierung zugleich wie ein Zuschauer seiner selbst mitverfolgt. Er hat über die Wirklichkeit jene »tiefe Zweideutigkeit« verhängt, an der er zugrunde geht; er ist es, der sich dazu verdammt, ›wollen zu müssen, was er nicht wollen darf.‹ Denn der tragische Held tritt auf – und in Ödipus' Fall ist das bekanntermaßen wörtlich zu nehmen – als Ankläger und Angeklagter, Richter und Verurteilter. Bedenkt man, dass die von Menke entwickelte Konzeption mitnichten in einer arbiträren Beziehung zu Sophokles' Tragödie steht, so verblüfft ihre weitreichende Übertragbarkeit auf den klassischen US-Gangsterfilm, zuvorderst auf Mervyn LeRoys LITTLE CAESAR.

Die Leichtigkeit des Transfers verdankt sich dabei dem Umstand, dass Rico sowohl das doppelsinnige Sprechen des tragischen Helden als auch den Wechsel von der Position der dramatischen Person (oder Filmfigur) in jene des Dichters (oder Drehbuchautors beziehungsweise Regisseurs) ganz offenkundig praktiziert. So sagt er – in der Szene, die seinem Besuch in der Villa des Big Boy vorangeht – zu Otero, der sich über die als Urlaub getarnte Flucht Arnie Lorchs amüsiert hat: »The bigger they come, the harder they fall«[92], um mit unverhohlener Selbstherrlichkeit anzufügen,

---

91 Ebenda, 189f.
92 Eine sinngemäße Übersetzung lautet: »Je höher sie aufsteigen, desto tiefer fallen sie.« Was die Frage betrifft, ob Lorch tatsächlich geflohen ist oder im Auftrag Ricos ermordet wurde, gehen die Meinungen auseinander. So schreibt McCarty: »We see Rico coveting Lorch's expensive stickpin, then proudly wearing it – the implication being that he murdered Lurch for the pin.« McCarty, 120.

bislang mache er sich gar nicht so schlecht in diesem Geschäft. Der Doppelsinn besteht hier natürlich darin, dass der auf Arnie Lorch ebenso wie auf Diamond Pete Montana und den Big Boy gemünzte Satz in Wahrheit die Zukunft des Sprechenden, des Kleinen Cäsars selbst beschreibt. Während Rico das Vorgefühl weiterer Triumphe auskostet, die er mit jenen Worten anzukündigen vermeint, prophezeit er doch nur den eigenen Untergang: Der Big Boy residiert am Ende des Filmes – nach allem, was der Zuschauer weiß – weiterhin in seinen prunkvollen Gemächern, lässt sich von seinem Butler aufwarten und goutiert seine sündhaft teuren Gemälde; derjenige, der ihn beerben wollte, findet hingegen in der Gosse sein Ende. Das Bemerkenswerte an diesem Tod besteht darin, dass er einhergeht mit einem Positionswechsel des Kleinen Cäsars, der, im Sterben, zum zweiten Mal von sich selbst in der dritten Person spricht: »Mother of Mercy, is this the end of Rico?«[93] fragt er, auf dem Rücken liegend und seine Wunden haltend, wobei er seinen Namen merkwürdig gedehnt ausspricht, ihn dann mit einem hellen, gepressten Ton jäh abbrechen lässt, zugleich sein Leben veratmend. George Seeßlen deutet die letzten Worte des Gangsters so, dass er, der »ganz durch seine Legende gelebt hatte, kaum noch als wirklicher Mensch«, im Todeskampf ein und für allemal ins Reich des Mythos übertrete.[94] Was dies zu bedeuten hat, wird deutlich, wenn man sich den Moment vergegenwärtigt, in dem der Kleine Cäsar zum ersten Mal über sich in der dritten Person spricht: Nachdem die von Arnie Lorch gedungenen Killer aus einem vorbeifahrenden Milchwagen eine Maschinengewehrsalve auf Rico abfeuerten, ihn aber nur am Arm streifen konnten, wird der Gangster von einer Traube besorgter und erschrockener Passanten sowie einigen Gefolgsmännern umringt. Auch Flaherty tritt hinzu, seinen Widersacher mit den Worten begrüßend, nun habe es ihn, Rico, endlich einmal erwischt. Daraufhin tauschen die beiden Drohungen aus, bis der Sergeant verkündet, eines Tages würden er und Rico einen Ausflug machen, und dann würde letzterer Handschellen tragen. Der Kleine Cäsar entgegnet: »No buzzard like you will ever put any cuffs on Rico!«[95] und weist dabei nachdrücklich mit dem Daumen auf sich, wie um klarzustellen, dass er und niemand anderes der Teufelskerl Rico sei. Sowohl Flaherty als auch der Kleine Cäsar beziehen sich in der letzten Szene des Films auf diesen Dialog, ihre vormaligen Aussagen fast wörtlich wiederholend: Der Polizist tritt an den sterbenden Gangster heran und erklärt, es sehe so aus, als würden sie jetzt ihren Ausflug unternehmen; Rico verneint dies, er hätte Flaherty doch gesagt, kein kleiner Geier werde ihm je Handschellen anlegen. Danach kommt nur noch der fast reuevoll klingende Einschub Flahertys, Rico hätte aufgeben sollen,

---

93 »Mutter der Gnaden... Ist dies das Ende von Rico?«
94 Vgl. Seeßlen 1977, 125.
95 Etwa: »Kein Geier wie Sie wird Rico jemals Handschellen anlegen!«

solange die Möglichkeit dazu bestand, dann die Anrufung der Muttergottes und der Tod des Kleinen Cäsar. Die stolze Verkündigung Ricos, er werde sich niemals verhaften lassen, die für den Zuschauer zunächst wie Prahlerei geklungen haben mag, verwandelt sich durch diese Wiederholungsstruktur in eine Verfügung. Ganz so, wie es Christoph Menke an Ödipus beschrieben hat, vollzieht sich die Tragödie des Kleinen Cäsar als ›Aufstieg der Person in die Position des Autors und Fall des Autors in die Position der Person.‹ Wenn Rico zum ersten Mal von sich selbst in der dritten Person spricht, legt er das Gesetz seines Daseins fest: Er wird sich niemals verhaften lassen, niemals aufhören, um die Vergrößerung seiner Macht und seines Einflusses zu kämpfen, er wird, wie Warshow sagen würde, so lange weitermachen, bis ihn jemand tötet. Die Warte, von der aus dieser Satz gesprochen wird, ist eine höhere als jene, welche die nach realistischen Erzählkonventionen gezeichnete Figur Caesar Enrico Bandello einnimmt. Es ist die Warte einer Autoreninstanz, die alles sieht, alles weiß und die unabänderlichen Regeln festlegt, denen die Abläufe hienieden – in der Welt des Films – zu folgen haben. Und wie Ödipus scheitert der Kleine Cäsar daran, dass er sich nicht auf jener Höhe seiner Autorenschaft zu behaupten weiß. Wenn Rico zum zweiten Mal seinen eigenen Namen im Mund führt, dann ist er nurmehr eine Figur, die ihr Spiel zu Ende spielt, von außen über sie verhängten Gesetzmäßigkeiten so lange gehorchend, bis sie sich ganz in ihnen auflöst. Die vertikale Stadtreise kommt zu einem Schluss, der Kreis, der vom Schatten in den Schatten führt, ist durchlaufen, und Rico endet, wie er begann: ein Niemand. Paradoxerweise kann man präzise in diesem Sinn mit Seeßlen davon sprechen, dass der Kleine Cäsar sich selbst wie eine Legende betrachte oder, weniger großartig ausgedrückt, wie eine »Kreatur der Imagination.«[96]

Eine weitere bittere Pointe des Genres besteht, so erweist es sich, darin, dass der Gangster in seinem unbedingten Drang, ein Individuum zu werden, sich immer weiter von jeglicher Individualität entfernt, da er allein den Faden abläuft, den er (als Autor) sich selbst (als Person) ausgerollt hat. Aus der Perspektive der Genrepoetik sind die Ricos, Toms und Tonys tragische Helden, weil es für sie keine richtigen Entscheidungen gibt, sie scheitern an der »tiefen Zweideutigkeit des Wirklichen« und ›müssen wollen, was sie nicht wollen dürfen‹; aus der Perspektive einer Konzeption tragischer Ironie sind sie tragische Helden, weil ein unheilbarer Riss sie durchzieht, der das Modell des Handelns und der Subjektivität, das sich mit einer Autorenschaft verbindet, von jenem Modell des

---

96 »›Mother of God‹, says the dying little caesar, ›is this the end of Rico?‹ – speaking of himself thus in the third person because what has been brought low is not the undifferentiated man, but the individual with a name, the gangster, the success; even to himself he is a creature of the imagination.« Warshow 2001, 103.

Handelns und der Subjektivität scheidet, das zum Dasein als dramatische Person gehört.

Nun ist es natürlich nicht so, dass sich in jedem der klassischen US-Gangsterfilme eine Szene auffinden ließe, wo der Protagonist von sich selbst in der dritten Person spricht, wie Rico in LeRoys LITTLE CAESAR dies tut. Auch müsste man im einzelnen überprüfen, welche Rolle die doppelsinnige Rede des tragischen Helden bei der Entfaltung der Dramaturgie von THE PUBLIC ENEMY oder SCARFACE, den anderen paradigmatischen Gangsterfilmen, spielt. Entscheidend ist aber, dass die grundlegende Anlage der Genrepoetik nicht verstanden werden kann, ohne über ein Konzept des Tragischen und vor allem der tragischen Ironie zu verfügen. Denn die ›unsauberen Trennungen, unreinen Scheidungen‹ und unendlichen Zweideutigkeiten realisieren sich im klassischen Gangsterfilm stets vermittels der vertikalen Stadtreise eines Protagonisten, der, indem er versucht, sich die Welt zu unterwerfen, tatsächlich sich selbst unterwirft; der, indem er seinen Herrschaftsbereich auf immer prächtigere und leuchtendere Räume ausdehnt, schlussendlich nur seine Rückkehr in Schmutz und Dunkelheit vorbereitet; der, indem er alles daran setzt, ein großmächtiges Individuum zu werden, ein Puppenspieler, der die Geschicke der Stadt lenkt, sich in Wahrheit zur Marionette herabwürdigt, die, als dramatische Person, an den Fäden baumelt, welche jene als Autor zieht.

Der Blick aus dem Grab

Man könnte sagen, dass der Gangster eine Figur darstellt, die die Gesetzmäßigkeiten bestimmt, nach denen die Bildräume, die sie durchwandert, konstruiert sind – und sich ebendiesen Gesetzmäßigkeiten zugleich rettungslos ausgeliefert sieht, sowie sie ihren Weg einmal angetreten hat. Freilich könnte man auch versuchen, einen anderen Blickwinkel einzunehmen, weg von dem Protagonisten, hin zu den Räumen des Genres; diese Umkehrung führte notwendig zu der Frage, inwieweit die Stadt selbst von der tragischen Ironie affiziert ist, jene »gefährliche und traurige Stadt der Imagination«, der in jedwedem Zusammenhang mit dem klassischen US-Gangsterfilm eine mindestens ebenso große Bedeutung zukommt wie den Kleinen Cäsars, öffentlichen Feinden und Narbengesichtern, aus deren Taten seine Geschichten gewoben sind. Darum, diesen Blickwinkel zu erproben, soll es zum Abschluss gehen. Als Ausgangspunkt der Untersuchung dient dabei ein höchst sonderbarer Moment aus THE PUBLIC ENEMY, der in den Abhandlungen über Wellmans Film für gewöhnlich nicht einmal Erwähnung findet: Nach dem Tod von Nails Nathan (Leslie Fenton), einem besonders einflussreichen und gefürchteten Mobster, ist die Bande von Paddy Ryan (Robert Emmett O'Connor), zu der auch Tom Powers gehört, geschwächt; eine rivalisierende Gang nutzt die Gunst der Stunde, um ihren Machtbereich auszudehnen: des Nachts werden die Pubs der Iren in die Luft gejagt, eine ihrer Brauereien brennt nieder. Paddy beschließt, seine Leute für einige Tage von der Straße zu holen, um in Ruhe seine Truppen sammeln zu können. Er bringt die murrenden Gangster in der Wohnung seiner Geliebten Jane (Mia Marvin) unter und nimmt ihnen ihr Geld und ihre Pistolen ab, solcherart sicherstellend, dass sie auch dort bleiben werden.

Dann verlässt Paddy die Männer; ehe er seinen Wagen aus der Garage holt und davonfährt, achtet er, sich mehrmals wachsam umblickend, darauf, dass ihn niemand beobachtet. Paddys Vorsichtsmaßnahmen fruchten jedoch nicht: Ein Spion der feindlichen Gang ist ihm gefolgt und unterrichtet die Seinen nun eilends darüber, wo die Iren sich verstecken, die derweil die Zeit mit Kartenspielen totschlagen. Nur Tom, offenkundig frustriert vom untätigen Herumsitzen, scheint keine Lust auf solche Vergnügungen zu haben; er kippt einen Schnaps nach dem anderen, bis er kaum noch stehen kann. In diesem Zustand verführt ihn Jane, mit der Folge, dass Tom, als er am nächsten Morgen, wieder nüchtern, begreift, was geschehen ist, der Frau eine Ohrfeige gibt und dann wutentbrannt die Wohnung verlässt. Matt läuft seinem Freund hinterher – um von den Maschinengewehren der rivalisierenden Gangster niedergemacht zu werden. Es ist dieser Tod, der Tom zu dem Racheakt veranlasst, der sein Ende bedeutet: In der Dunkelheit, im strömenden Regen verfolgt der Zuschauer, wie er das Gebäude betritt, in dem wenige Augenblicke zuvor der Schemer, Boss der feindlichen Bande, verschwunden ist, und dasselbe – man hat Schüsse und Schreie gehört, sieht Pulverdampf aufsteigen und sich verziehen – bald darauf wieder verlässt, schwankend nun. Blutend und hustend taumelt Tom durch die Nacht, bricht schließlich zusammen, nachdem er zuvor jene Worte hervorgestoßen hat, die zwar nicht seine letzten sind in THE PUBLIC ENEMY, aber gleichsam die Summe unter sein Gangsterleben ziehen: »I ain't so tough.«[97]

Für den gegebenen Zusammenhang ist jener Moment von entscheidender Bedeutung, der den Ausgangspunkt der Ereignisse markiert, die Toms Schicksal besiegeln: Paddy, wie er sein Auto aus der Garage holt, nicht ahnend, dass man ihn beobachtet. Die Szenerie wird in einer Totalen eingefangen, eine abgeschlossene Bildkomposition – kein Fetzchen Himmel ist zunächst erkennbar –, die einen Hinterhof zeigt, nicht unähnlich der leeren Gasse, die Griffith zum Schauplatz des Sterbens machte: links der Mittelachse sieht man eine Backsteinwand, eine Art Erker ragt hervor, etwas Gerümpel ist an der Mauer aufgereiht, der Spion des Schemer drückt sich in einen Treppenaufgang; rechts der Mittelachse, im Bildhin-

97 »Ich bin nicht so hart.«

tergrund, setzt sich Paddys Wagen in Bewegung, fährt durch die offenen Garagentore in Richtung der Kamera, die bislang knapp über dem Boden schwebte, nun hinab sinkt, schließlich in der Erde verschwindet und von unten auf das über sie – und den Zuschauer – hinwegbrausende Gefährt blickt. Kaum ist das Auto verschwunden, schneidet Wellman auf den Spion, der Paddy hinterherblickt: ein verschrumpeltes altes Männchen mit schwarzer Melone, das kaum an den Münzsprecher heranreicht, in dessen Muschel es in der nächsten Einstellung seine zuwenigst für Tom und Matt fatalen Entdeckungen raunt.

Was aber hat die Kamerafahrt zu bedeuten, die uns hinein ins Erdreich führt? Gewiss scheint, dass sie sich nicht handlungslogisch begründen lässt: Sie vermittelt dem Zuschauer keinerlei Informationen, die er bräuchte, um den Fortgang der Dinge zu begreifen. Auch würde man vergeblich versuchen, sie an eine der Filmfiguren anzubinden, deren subjektive Perspektive sie etwa einnähme: Nicht nur steht niemand dort, wo sich die Kamera befindet, es ist auch kaum vorstellbar, dass sich wer immer solcherart in den Boden wühlen könnte – zumal ohne dass Paddy oder der Spion darauf aufmerksam würden. Eine vielleicht naheliegende Lösung böte die Annahme, der Regisseur habe eben etwas ausprobieren wollen, schlichtweg einen kleinen stilistischen Exzess begangen. Eine solche Erklärung, an sich schon unbefriedigend genug, scheitert im Fall von THE PUBLIC ENEMY vollends an dem Umstand, dass Wellman in einer weiteren Szene eine vergleichbare Einstellung wählt – und zwar in einem Moment, dem ganz wie dem soeben beschriebenen entscheidende Bedeutung zukommt für die Gesamtkonstruktion des Films, der zudem mit diesem dadurch verbunden ist, dass er den Abschluss jener Entwicklung bezeichnet, die ihren Ausgang nahm, als Paddy mit seinem Wagen die Garage verließ, ohne zu wissen, dass er seine Männer in tödliche Gefahr bringt.

Genauer gesagt geht es um das Ende des Films: Toms Leiche, die in Decken verschnürt und mit Verbänden umwickelt an eine Mumie erinnert, ist von seinen Mördern beim Eingang seines Elternhauses abgestellt worden. Mike hört ein Klopfen, eilt zur Tür, um zu öffnen, und starrt seinem Bruder ins Gesicht. Die Leiche wankt kurz, kippt dann nach vorne über, fällt mit dumpfem Krachen zu Boden, Staub aufwirbelnd. Während Mutter Powers, die ihren Jüngsten am selben Abend noch heil zurück erwartet, gemeinsam mit Mikes Freundin im Obergeschoss die Betten herrichtet – ohne etwas zu ahnen von dem Paket, das ihr gerade geliefert wurde –, sinkt ihr älterer Sohn neben seinem toten Bruder auf ein Knie. Langsam verändert sich sein Gesicht, verzerrt sich vor Wut, Schmerz und Ekel. Während Mike aufsteht, erfolgt ein Schnitt in eine Totale: der Blick des Zuschauers ist nun nach draußen gerichtet, so dass sich der Mittelpunkt der Einstellung in der vollkommenen Finsternis verliert, die das

Powers-Haus umgibt; links der Tür sehen wir den Treppenaufgang, leicht nach rechts verrückt liegt die Leiche, halb auf, halb neben dem Teppich. Mike füllt nun den Türrahmen aus, wobei sich seine Kleidung kaum von der Nachtschwärze abhebt; mit schweren, seltsam unbeholfen und abwesend wirkenden Schritten tritt er immer weiter in den Bildvordergrund, näher heran an die wiederum knapp über dem Boden gehaltene – allerdings in dieser Position verbleibende – Kamera, bis nur noch seine Hosenbeine zu erkennen sind, die den Blick zur Tür hinaus verdecken. Nach einem weiteren Schritt sehen wir die letzte Einstellung von THE PUBLIC ENEMY: eine Platte, die bereits abgelaufen, sich weiter auf dem Teller dreht – während der ganzen Szene war eine leicht wehmütige Blasmusik zu hören, die nun verstummt ist. Der erbauliche Text, welcher über diesem Bild eingeblendet wird und von der Verderbtheit des Gangsters sowie den Pflichten der Öffentlichkeit kündet, vermag nicht darüber hinwegzutäuschen, dass das Ende des Films eine letzte ›saubere Trennung‹ verunmöglicht hat: Mikes Gesichtsausdruck und die Komposition der Einstellung, die ihn mit der Dunkelheit verschmelzen lässt, eröffnen dem Zuschauer weidlich Raum, darüber zu sinnieren, ob der brave und anständige der beiden Powers-Brüder – laut Jonathan Munby ein moderner Abel, woraus man schließen müsste, dass Tom das Kainsmal anhaftet[98] – auch künftig brav und anständig zu bleiben gedenkt.

Wir verstehen nun, dass das, was die beiden Momente von THE PUBLIC ENEMY, in denen Wellman eine extreme Untersicht einsetzt[99], verbindet, nichts anderes ist als das Sterben des Protagonisten: ein langes Sterben, das seinen Anfang nimmt in dem Moment, wo wir mit der Kamera im Erdreich versinken, und endet, wenn sie auf dem Boden liegt und das Nahen des gänzlich verwandelten Mike beobachtet. Diese merkwürdigen Einstellungen sind also, soviel dürfte gewiss sein, weder eine handlungslogisch motivierte Extravaganz dar, noch lassen sie sich auf eine der Figuren rückbeziehen, ebenso wenig wie auf ein Autorensubjekt, das mit dem Einsatz ungewöhnlicher Perspektiven seiner künstlerischen Experimentierfreude freien Lauf gelassen hätte. Was aber ist dann mit ihnen anzufangen?

Vielleicht lohnt es sich, der Annahme nachzugehen, dass hier der Blick der Stadt selbst inszeniert ist; der Stadt als jener umfassenden Raumkonstruktion, die den klassischen US-Gangsterfilm in zumindest gleichem Maße prägt wie seine Protagonisten oder narrativen Stereotypen und deren Augen – wie bereits in BERLIN, DIE SINFONIE DER GROSS-

---

98 Vgl. Munby 1999, 52.
99 Der Einfachheit halber werden hier beide in Rede stehenden Einstellungen mit der Kategorie »Untersicht« versehen, obwohl der Begriff streng genommen nur auf das Ende der Kamerafahrt, die die erste Einstellung konstituiert, angewandt werden kann, jene Momente also, wenn die Kamera zu Paddys Wagen hochblickt.

STADT und ČELOVEK S KINOAPPARATOM – überall anzutreffen sind: auf den Straßen und Plätzen, in den Höfen und Wohnungen, in den Absteigen der Armen und in der Glitterwelt der Reichen. Dann entspräche das Versinken der Kamera dem Moment in LITTLE CAESAR, wenn Rico prahlt, kein Flaherty werde ihm je Handschellen anlegen; seinem Todeskampf hingegen wäre ihr ohnmächtiges Verharren im Angesicht des Leichnams analog. So gesehen erscheint es treffender zu sagen, dass nicht so sehr Toms Sterben die beiden Einstellungen in Untersicht verbindet als vielmehr das Wissen um die unentrinnbare Fatalität, die über den Bildräumen des klassischen US-Gangsterfilms herrscht: darum, dass ›ein Schicksal dies Spiel galvanisiert hat‹. Dieses Wissen aber ist, spinnt man den Gedanken weiter, keines, das immer schon da wäre; es ist ein Wissen, zu dem die Stadt gelangt, indem sie sich selbst das Gesetz ihres Daseins gibt, ihre Räumlichkeiten mithin ein und für allemal den von ihr festgesetzten Regeln unterwirft. In dem Moment, wo die Stadt ohne ersichtlichen Anlass, mutwillig sozusagen, ihre Augen ins Erdreich senkt, nimmt sie die Perspektive der Toten ein; jener, die bereits ihre Straßen anfüllen, und derer, die noch folgen werden, bis zur Auslöschung des Protagonisten. Aus dem Grab blickt die Stadt auf das über sie und den Zuschauer hinwegfahrende Auto und bezeugt solcherart ihr Wissen darum, dass weiteres Morden folgen wird – welches sie zugleich erst ermöglicht, indem sie ein derart finsteres Gesetz über sich verhängt: sagt die Stadt uns doch, dass man sie nur mit dem Blick der Gestorbenen betrachten kann. Aber könnte es nicht auch etwas anderes bedeuten, wenn die Kamera in Untersicht auf Paddys Wagen schaut? Nein, denn die Einstellung am Ende von THE PUBLIC ENEMY, die eine vergleichbare Perspektive einnimmt, lässt sich unmöglich abtrennen von der Präsenz des Leichnams; beide Einstellungen sind, wie gesagt, über den irreversiblen Niedergang Toms zusammengeschlossen, oder allgemeiner ausgedrückt: durch die Einsicht, dass ein unentrinnbares Sterben über den Räumen des Gangsterfilms waltet. In THE PUBLIC ENEMY kann der Zuschauer den Prozess, der zum Tod des Protagonisten führt, nur deshalb als einen moribunden Vollzug erfahren – im Gegensatz etwa zu einem zufälligen Scheitern –, weil Anfang und Ende dieses Prozesses sich in eine spezifische räumliche Konfiguration einschreiben; und im selben Zug werden die Räume des Films mit der Bedeutung aufgeladen, unabweislich unter dem Zeichen des Todes zu stehen, der eben nicht nur das Leben des Gangsters einfordert, sondern die gesamte kinematografische Welt zu seinem Hoheitsgebiet erklärt. Jener zweite, der Stadt zuschreibbare Blick kündet also davon, dass sie keinen Weg findet, den von ihr selbst über sich verhängten Gesetzmäßigkeiten zu entrinnen: ohnmächtig, wie gelähmt betrachtet sie Mike, der langsam näher kommt, das Bild verdunkelt und sich, aller Wahrscheinlichkeit nach, anschickt, die Logik der Vernichtung bald schon in eine neue Schleife zu treiben.

So wie Rico sterben muss, weil er verfügt hat, dass er sich niemals Handschellen anlegen lassen wird, häuft die Stadt ihre Leichenberge an, weil sie sich einmal entschieden hat, und zwar in vollendeter Willkür, den Blick aus dem Grab, welcher der Blick der vergangenen und zukünftigen Toten ist, zum Gesetz ihres Daseins zu erheben; ein Blick, der, aus der Erde kommend, sich erhöht und seinen Ursprung zu aller Ziel macht: nicht als eine Folge der verrinnenden Stunden, sondern des Bauplans, den sich die »gefährliche und traurige Stadt der Imagination« erwählt und zum alleinigen Maßstab ihrer Entfaltung in Raum und Zeit gemacht hat.

Einmal zu Ende gedacht, führt dieser Ansatz unweigerlich zu dem Schluss, dass die Stadt selbst die tragische Heldin des klassischen US-Gangsterfilms ist. Dann bezeichnet die vertikale Stadtreise, von ihrem Ausgang her gedacht, nichts anderes als die Komparenz der Stadt oder, aus umgekehrter Perspektive, den Prozess ihrer Bewusstwerdung, das heißt der Erkenntnis des Gesetzes, das sie über sich verhängt hat, das nunmehr bis zum Schluss ihre Konstruktion bestimmt; zugleich bezeichnet die vertikale Stadtreise die Räumlichkeiten, welche die Stadt sich schafft, um die Verhandlung über das eigene Los zu eröffnen und durchzuführen, Etappe für Etappe. Die Stadt transformiert sich also in einen Gerichtshof, wo sie, ganz wie der Protagonist des Gangsterfilms, zugleich Urteilende und Verurteilte ist: eine Richterin ihrer selbst. Im Falle von THE PUBLIC ENEMY ist ihr Verdikt besonders ungnädig: Der ehemals gute und anständige Mike, der so hart um sein Seelenheil kämpfte, droht sich in einen Mörder oder in einen Wahnsinnigen zu verwandeln. Das Urteil, welches die Stadt, als Richterin, verfügt, um ihre Anmaßung zu bestrafen, sich selbst, als Autorin, das Gesetz gegeben zu haben, besteht darin, dass sie sich, als Figur, auferlegt, immer weitere Blutbäder zu erdulden, nachdem die Leinwand längst schon hell geworden ist, oder aber, den Verlust der Hoffnung zu ertragen, der damit einhergeht, dass niemand übrig bleibt, der für ein anderes Prinzip als das der perpetuierten Gewalt eintreten würde.

Allerdings bedarf es einer wichtigen Einschränkung: Richtigerweise müsste man nämlich sagen, dass die Stadt die Heldin des US-Gangsterfilms sein *kann*. Es ist ohne weiteres möglich, die vertikale Stadtreise, in deren Verlauf sich die tragische Dimension des Genres aufschließt, aus dem Blickwinkel des Protagonisten zu denken, der antritt, um sich als Individuum über die Masse zu erheben, und endet, indem er in die ultimative Anonymität des Todes zurückfällt; sie kann *ebenso* aus der Perspektive der Stadt gedacht werden: Dann vollzieht sich in ihrem Verlauf die Selbstverwandlung der Stadt in einen Gerichtshof, wo sie über sich urteilt, zweierlei Gesetze miteinander konfrontierend: ein erstes, das sie über die eigene Konstruktion verhängt hat, ein zweites, das sie anwendet, um über

sich das Verdikt zu sprechen, auf der Grundlage ihrer Bewusstwerdung über jenes erste Gesetz.
Diese beiden Perspektiven, die des Protagonisten und die der Stadt, sind eben zwei divergierende Blickwinkel, die einander nicht ausschließen, aber verschiedene Ansichten – und das heißt: verschiedene Potentiale zu denken und zu fühlen – implizieren. Im Falle des klassischen US-Gangsterfilms freilich ist jene Möglichkeit der Unterscheidung eher theoretischer Natur.

> Die Unlust, die mit der tragischen Erkenntnis einhergeht, hat ihren Grund daher auch nicht in einem negativen moralischen Urteil – dem Urteil, dass einer solchen Person so etwas nicht passieren soll –, sondern in einem negativen »metaphysischen« Urteil: dem Urteil, dass dies nicht unsere Welt sein soll, dass dies nicht über oder für unsere Welt *wahr* sein soll.[100]

Diese Sätze könnten ebenso gut über die Wirkungsweise von Filmen wie LITTLE CAESAR, THE PUBLIC ENEMY oder SCARFACE geschrieben worden sein. Denn der klassische US-Gangsterfilm behauptet mit aller Unerbittlichkeit, *dass* dies wahr sei für unsere Welt: Es gibt keine richtigen Entscheidungen, kein Entrinnen vor der ›tiefen Zweideutigkeit des Wirklichen, welche die Menschen zu zerreißen vermag‹; wir alle ›müssen wollen, was wir nicht wollen dürfen‹, und ›ein Schicksal hat dies Spiel galvanisiert‹. Die Gnadenlosigkeit des Genres entspricht der uneingeschränkten Herrschaft der Tragödie. In Hinblick auf die Stadtinszenierungen des italienischen Nachkriegskinos sieht es etwas anders aus. Manchmal erschließt die Differenz der Perspektiven – hier der Protagonist oder die Protagonistin, da die Stadt – tatsächlich eine Verschiedenheit der ›Wahrnehmungswelt, welche die Filme zu verwirklichen streben‹ – ja mitunter sogar eine Wahl zwischen Tragödie und Komödie, wobei es stets der Zuschauer ist, der diese Wahl treffen kann beziehungsweise zu treffen hat. Es wird zu zeigen sein, welche Konsequenzen diese Verschiebung zeitigt, und umgekehrt, inwiefern sie selbst auf einem veränderten Verhältnis zu Geschichte und Gesellschaft beruhen könnte, wie es das italienische Nachkriegskino im Vergleich zum klassischen US-Gangsterfilm kennzeichnet.

100 Menke 2005, 105.

III. EINE ANDERE GESCHICHTLICHKEIT:
DIE STÄDTE DES ITALIENISCHEN NACHKRIEGSKINOS

»Ist es noch weit?«, fragte ihn ein kleines Mädchen.
Wohin? dachte er und zuckte mit den Schultern.

Walter Kempowski, *Alles umsonst*

Das Paradigma der Stadtinszenierung

Die Schmerzensspuren und die Stadtreise: ein Resümee
Die genealogische Herleitung dessen, was man in Hinblick aufs italienische Nachkriegskino das Paradigma der Stadtinszenierung nennen kann, ist nun abgeschlossen. Wir wollen zunächst einige wichtige Ergebnisse dieser Untersuchung zusammenfassen: An Roberto Leone Robertis NAPOLI CHE CANTA ließ sich ein Geschichtsentwurf beschreiben, zu dessen Verständnis das von W.G. Sebald in *Austerlitz* entwickelte Bild der »Schmerzensspuren« diente. Das Entscheidende ist hierbei nicht so sehr, dass sich die Entwicklung der menschlichen Zivilisation aus der Perspektive von Sebalds Figur im Zeichen des Saturn vollzieht[1], als ein, wie Nietzsche sagen würde, ›furchtbares Vernichtungstreiben‹.[2] Vielmehr

---

[1] Jean Clair beschreibt die Komplexion der Geschichtsmelancholie – unter Bezugnahme auf das Werk Jacek Malczewskis und die geschichtsphilosophischen Thesen Walter Benjamins – wie folgt: »Alle sozialen Utopien in Europa waren zugleich Kriegserklärungen an die Melancholie. Solange der Sinn der Geschichte mit dem Sinn des Fortschritts in eins fiel, verwehrte ein solches Credo dem Einzelnen jeden melancholischen Rückzug auf sich selbst. [...] Indes ist die Frage, ob sich die Gesellschaft in dem Maße, in dem die aus dem Projekt der Aufklärung geborenen Utopien in der westlichen Welt ihren Glanz zu verlieren scheinen, als eine ›postmoderne‹ Gesellschaft denken wird, die nicht mehr ihrem Ende zustreben kann und die nicht mehr zu sterben vermag, um sich als ideale Gesellschaft zu erfüllen? Oder denkt diese Gesellschaft sich bereits als tot, und zwar nicht in der endzeitlichen Phase ihrer Entwicklung – das wären ja die Annehmlichkeiten einer Gesellschaft der Dekadenz –, sondern als eine mausetote Gesellschaft, verlassen von der Zeit, tot in alle Ewigkeit: eine Gesellschaft in der ›Posthistorie‹?[...] Die vorgebliche Objektivität des Historismus, der sich auf eine vermeintliche Wissenschaft, eine Wissenschaft von den historischen Tatsachen beruft, ist immer nur die griesgrämige Verblendung einer vermeintlichen Aufklärung, die sich im Besitz der Wahrheit wähnt und uns den Zug der Geschichte in Gestalt eines Triumphzugs darstellt, obwohl er doch nie etwas anderes ist als ihr Trauerzug.« Clair 2005, 452f.
Von Benjamins Thesen zur Geschichtsphilosophie – denen Sebald offenbar einiges schuldet – sind im Zusammenhang mit der Poetik der Schmerzensspuren vor allem die Nummern dreizehn bis achtzehn interessant, welche fordern, die Geschichte nicht länger als eine Sukzession von Ereignissen zu begreifen, sondern stattdessen zu einem nicht-linearen Zeitbegriff vorzudringen, um solcherart eine andere Perspektive einzunehmen und das Vergangene nicht länger mit den Augen der Sieger betrachten zu müssen. Vgl. Benjamin 1955, 258-261.
Dass dasjenige Buch Sebalds, welches von allen seinen Werken am stärksten geprägt ist durch schwermütige geschichtsphilosophische Reflexionen, auch tatsächlich den dunklen Planeten in seinem Titel trägt – *Die Ringe des Saturn* –, vermag vor diesem Hintergrund kaum zu überraschen. Vgl. zu der recht widersprüchlichen und verwickelten Geschichte der Attribuierungen an die Gottheit und das Gestirn Saturn: Klibansky/Panofsky/Saxl 1990, 203-315.
[2] Vgl. Nietzsche 1980, 48.

geht es um die konkrete Ausgestaltung dieser Geschichtsmelancholie, darum also, dass Austerlitz mit den wenigen Worten, welche er über die Schmerzensspuren verliert, die sich »in unzähligen feinen Linien« den Jahrhunderten einschreibt, implizit eine Poetik entwirft. Kennzeichnend für diese Poetik ist zum einen die Faltung des Individuellen und Allgemeinen, Harmlosen und Katastrophischen, Randständigen und Epochalen in einer nicht-linearen Zeitlichkeit, zum anderen eine Opazität, die – bezogen aufs Kino – vom Zuschauer eine Entschlüsselung von Bildstrukturen fordert, deren innere Bezüglichkeiten sich nicht ohne weiteres offenbaren.

In dieser Perspektive wird deutlich, dass die Poetik der Schmerzensspuren auf etwas verweist, was man mit Gertrud Koch »Entbergungsästhetik« nennen könnte.[3] Zunächst gibt es eine ›unbekannte Welt, die immer schon da war‹, zu entbergen; mehr noch aber gilt dies für einen spezifischen Blick, der diese Welt erst zur Entfaltung bringt, wie sie umgekehrt ihm neue Prospekte eröffnet. Das genannte Verfahren, zugleich zu trennen und zu vereinen und dabei eine Bildlichkeit zu konstruieren, die erst erschlossen werden muss, zielt nämlich wesentlich darauf, ein weniger abgenutztes Denken von Historizität zu ermöglichen, ein Sich-in-Beziehung-Setzen des Zuschauers sowohl zu seiner eigenen Geschichtlichkeit als auch zu ›der‹ Geschichte, das nicht augenblicklich auf ein immer schon verfügbares Wissen über die Vergangenheit verfällt: ein Reservoir an Zuschreibungen, Erklärungen und Zahlenwerken ebenso wie Ikonografien, Figurentypen und situativen Anordnungen, das jede Frage nach dem Verhältnis des ›Ich‹ zum ›Wir‹, des ›Jetzt‹ zum ›Vormals‹ überflüssig zu machen geneigt ist, weil die Antworten, wenn sie nicht von vornherein feststehen, so doch stets im Rückgriff auf gegebene Erkenntnisse sich finden lassen. Verglichen mit derartigen Vorstellungen, welche die Relationalität verschiedener Zeitebenen stets in einer Form der Faktizität – der Bestätigung des vermeintlich oder tatsächlich Gewissen – aufgehoben sehen, bedeutet die Schmerzensspuren nachzuzeichnen, wie Austerlitz' Lehrer Hilary sagen würde, den Abtritt dessen, ›was von jeher auf dem historischen Theater zu sehen war‹, zu betreiben.

Das heißt nicht, dass nun etwa ›die Wahrheit‹ die Bühne in Beschlag nähme, ebenso wenig wie es darum geht, die historischen Fakten anzuzweifeln, sie gar für bedeutungslos zu erklären; oder vielleicht richtiger gesagt: die Möglichkeit anzuzweifeln und für bedeutungslos zu erklären,

---

3 In Hinblick auf Benjamins Kunstwerk-Aufsatz schreibt Koch: »Im Moment der Befreiung wird die Kamera selbst zum Subjekt, zum Demiurgen, der aus den Trümmern der alten Welt eine neue aufbaut, die immer schon da war, aber nie entborgen wurde: die Kamera wird zum Teleskop der Urgeschichte, vor der ›völlig neue Strukturbildungen der Materie zum Vorschein kommen.‹ Hatte sich Benjamin in seiner an Brecht orientierten Theorie vom Publikum und der Kamera als Testinstrument zum Sänger einer Verfremdungsästhetik gemacht, so laufen seine eigenen Konzepte auf eine Entbergungsästhetik hinaus.« Koch 1992b, 47.

dass man zu einem Wissen um geschichtliche Vorgänge gelangen kann. Die Schmerzensspuren stellen vielmehr die Frage, wie das Vergangene denjenigen, der zurückschaut, überhaupt als eine Erfahrungsform erreichen kann. In diesem Sinn zielen sie auf den Entwurf anderer Bezüglichkeiten zwischen dem Zuschauer und der geschichtlichen Dimension seiner Selbst- und Welterfahrung. Und aus ihrer Perspektive bedeutet dies stets, die Bedingungen für die Möglichkeit von Trauer zu schaffen – ein Denken und ein Fühlen, ein Erkennen und ein Erleben, die sich in einer zeitlichen Versenkung verbinden, welche dem Zuschauer zuteil werden kann, wenn er Filme sieht, die der Poetik der Schmerzensspuren folgen.

Das Lob der Melancholie, das Sebald in Bezug auf die österreichische Literatur – und namentlich Autoren wie Grillparzer, Stifter, Hofmannsthal, Bernhard oder Handke – aussprach, lässt sich also ohne weiteres übertragen auf die Stadtinszenierungen des italienischen Nachkriegskinos:

> Melancholie, das Überdenken des sich vollziehenden Unglücks, hat aber mit Todessucht nichts gemein. Sie ist eine Form des Widerstands. Und auf dem Niveau der Kunst vollends ist ihre Funktion alles andere als bloß reaktiv oder reaktionär. Wenn sie, starren Blicks, noch einmal nachrechnet, wie es nur so hat kommen können, dann zeigt es sich, dass die Motorik der Trostlosigkeit und diejenige der Erkenntnis identische Exekutiven sind. Die Beschreibung des Unglücks schließt in sich die Möglichkeit zu seiner Überwindung ein. [...] Unter diesem Aspekt stellt die Erklärung unseres persönlichen und kollektiven Unglücks ein Erlebnis mit bei, über das das Gegenteil von Unglück, und sei es mit knapper Not, noch zu erreichen ist.[4]

NAPOLI CHE CANTA (I 1926), der wahrscheinlich einzige Beitrag des italienischen Kinos zum Genre der Großstadt-Symphonien, kann als ein Beispiel für eine so verstandene Poetik der Schmerzensspuren gelten. Leone Robertis Film gestaltet in der Abwesenheit Neapels die Vorwegnahme des Sieges der Armut, dessen Insigne die Emigration ist: die leeren Straßen, Plätze und Parkanlagen zeigen die Stadt, wie sie sein würde, wenn das Gros ihrer Einwohner keine Möglichkeit mehr gesehen hätte als auszuwandern, um in der Fremde ein besseres Leben zu suchen. Anstatt aber Bilder materiellen Elends vorzuführen, beklagt NAPOLI CHE CANTA das Unglück von Liebespaaren. Die wehmütige Beharrlichkeit dieser Inszenierungen mag Leone Robertis Film mit einem schmonzettenhaften Anstrich versehen. Allerdings erschöpfen sich die entsprechenden

4 Sebald 1994b, 12f.

Szenen keineswegs im Pathos des Unwiederbringlichen: Denn während sie nichts anderes darstellen wollen als kummervolle Liebende, eröffnen sie im selben Zug eine Konfiguration, welche in dem Bild einer Frau, die um ihren eingesperrten Mann klagt, das einzig angemessene Bild für die Verheerungen der Armut erblickt, Ursache und Wirkung vereinigend: *Weil die Frau traurig ist, ging Neapel verloren, und weil Neapel verloren ging, ist die Frau traurig.* Das Geschick des Einzelnen wird mit dem Los der Stadt verbunden, ohne sich indessen in ihm aufzulösen. Demgemäß gilt die Anteilnahme des Zuschauers – wenn er sich zum Zeugen des ›kleinen, von den meisten Betrachtern gewiss übersehenen Unglücks‹ macht – den Liebespaaren ebenso wie den Emigranten, die ihre Heimat verlassen mussten, denn deren Trauer fällt eben in eins vermittels der Faltung, welche die Poetik der Schmerzensspuren vornimmt. Eine weitere Faltung von NAPOLI CHE CANTA besteht darin, den Bildern des Meeres und der Boote zugleich die Schönheit und das Elend Neapels einzuschreiben; die Einstellungen, welche die Herrlichkeit der Stadt feiern, sind dieselben, die ihren Untergang beklagen. Was in dieser zweiten Faltung offenbar wird, ist ein doppeltes Wissen: das Wissen darum, dass es so gekommen ist oder so kommen wird, und das Wissen darum, dass das nicht alles ist. Es gab auch Glück, und wenn es verloren ging, so war es dennoch wirklich.

Während die Poetik der Schmerzensspuren die Konstruktion einer Zuschauerposition ermöglicht, die eine Aussicht in die Tiefe gestattet, hinein in die Zeit, lässt sich vermittels des klassischen US-Gangsterfilms die Herausbildung eines Standpunktes nachvollziehen, der gewissermaßen aufs Räumliche gerichtet ist – darauf, das Bild einer Gesellschaft vor dem Hintergrund einer spezifischen historischen Konstellation, in einem bestimmten Moment ihres Bestehens zu erfassen. Sicherlich verschwimmen die Perspektiven: Als kategoriale Unterscheidung dürfte die Trennung zwischen einer zeitlichen und einer räumlichen Gerichtetheit des Zuschauerblicks kaum aufrechtzuerhalten sein; analytisch betrachtet hat sie jedoch den Vorteil, bereits eine wesentliche Voraussetzung der Funktionsweise von Filmen wie Mervyn LeRoys LITTLE CAESAR (DER KLEINE CAESAR, USA 1931), William A. Wellmans THE PUBLIC ENEMY (DER ÖFFENTLICHE FEIND, USA 1931) und Howard Hawks' SCARFACE – SHAME OF A NATIION (SCARFACE, DAS NARBENGESICHT, USA 1932) zu benennen: Zur ›Verwirklichung ihrer Wahrnehmungswelt‹ bedürfen die paradigmatischen Genreproduktionen allesamt einer prozessualen räumlichen Bewegung. Damit ist das Strukturprinzip der Stadtreise benannt, das den US-Gangsterfilm der frühen dreißiger Jahre prägt wie kaum ein anderes.

Allgemein gesprochen braucht das Genre die Stadtreise, um sich, wie Robert Warshow schreibt, als eine »moderne Form der Tragödie« entfalten zu können. Einerseits betrifft das die Konstituierung des tragischen Helden, welcher der Gangster ebenso wie die Stadt selbst sein kann; andererseits die Realisation des finsteren Gesetzes, das über den Filmen waltet, was bedeutet, dass die Heillosigkeit, der das Wollen und Streben des Gangsters von Anfang an unterliegt, sich von einer narrativen Behauptung in eine Empfindungsqualität der Zuschauer transformieren muss. Um dies zu erreichen, inszeniert beispielsweise LITTLE CAESAR die Stadtreise seines Protagonisten als eine zirkuläre Bewegung: Ebenjene schäbige und dunkle Bildlichkeit, der Rico zu Beginn des Filmes entflieht, hinein in immer hellere und prunkvollere Räume, harrt seiner am Ende des Weges. Auch die Anonymität, zu der ihn die Mise en Scène verurteilt hat, wenn der Zuschauer ihm zum ersten Mal begegnet – die Verlorenheit in einem weiträumigen Tableau, das nicht einmal sein Gesicht erkennbar werden lässt –, nimmt den Kleinen Cäsar zuletzt wieder auf, diesmal als die Anonymität des Todes. Kaum ein größerer Gegensatz ist denkbar zu dem Inszenierungsmodus, den sich Rico auf dem Höhepunkt seines Ruhmes erkämpft hat. Erfüllt ihm LeRoys Film doch seinen größten Wunsch, der, wie bei allen Gangstern des US-Kinos der dreißiger Jahre, darin besteht, »jemand zu sein«, und das heißt im Zusammenhang mit den klassischen Genreproduktionen, uneingeschränkt über den Bildraum zu herrschen: Wenigstens eine kurze Zeit lang ist Rico ein Star; jede Einstellung bemüht sich, ihm zu dienen, und sein vordem im Schatten versunkenes Gesicht wird nunmehr in Großaufnahmen eingefangen. Umso tiefer freilich muss er dann fallen. Und darin, dass sein Fall eben in den ersten Sekunden des Filmes vorweggenommen wird durch Bildstrukturen, in die es Rico trotz all seiner Mühen schlussendlich zurückzwingt, womit der Niedergang des Kleinen Cäsar das Gepräge des Unvermeidlichen erhält, zu etwas wird, das, wenn man so sagen kann, im Nachhinein immer schon feststand – darin also offenbart sich die Fatalität des Daseins des Gangsters.

Es ist aber nicht zuvorderst diese Fatalität, das Unausweichliche seines Absturzes, die den Gangster zu einem tragischen Helden macht. Noch größere Bedeutung kommt den, unter Bezugnahme auf die einschlägigen Arbeiten Christoph Menkes herauspräparierten, Strukturen tragischer Ironie zu, die in Filmen wie LITTLE CAESAR, THE PUBLIC ENEMY und SCARFACE wirksam sind. Wir wollen nun zwei Formen dieser Denkfigur in den Blick rücken: Zum einen ist da das doppelsinnige Sprechen des tragischen Helden, dem beispielsweise Rico anheim fällt, wenn er seinen Spott über die Unterweltgrößen ergießt, deren Platz er einzunehmen gedenkt. Im Glauben, den Fall des Big Boy zu prophezeien, kündigt er tatsächlich den eigenen Untergang an. Die Selbstherrlichkeit und Verweichlichung, welche Rico den anderen Gangsterbossen anlastet, haben dabei beträchtlichen Anteil an seinem Scheitern. Zunächst nämlich verkennt er, dass sein Einfluss auf Joe bei weitem nicht mehr hinreichend ist, um ihn erneut zu einem Mobster zu machen; dann bringt er es nicht über sich, seinen alten Freund zu erschießen, was die Kalkulationen des Selbsterhalts ebenso erfordert hätten wie das unverbrüchliche Gesetz, demzufolge der Verräter bestraft werden muss. Damit aber verleugnet der Kleine Cäsar jenes Prinzip, das die Poetik des klassischen US-Gangsterfilms als Motor seines Daseins festschreibt: die Akkumulation um ihrer selbst willen; die Anhäufung von Reichtum und Macht, deren Zweck allein darin besteht, die weitere Anhäufung von Reichtum und Macht zu ermöglichen. Dieses Prinzip kollabiert augenblicklich – und mit fatalen Folgen für denjenigen, der ihm untersteht –, wenn der Gangster einen Menschen zu einem Wert an sich erhebt; eben das bedeutet es vor dem Hintergrund der Genrepoetik, ›weich‹ zu werden, und nichts anderes geschieht Rico, wenn er Joe wider besseren Wissens davonkommen lässt. Mit seinem doppelsinnigen Sprechen hat der Kleine Cäsar also das eigene Ende sowohl vorweggenommen als auch ins Werk gesetzt: Seine Rede, gemünzt auf seine Widersacher, erfüllt sich an ihm selbst.

Auch die zweite Form der tragischen Ironie, die im Zusammenhang mit dem klassischen US-Gangsterfilm besonders bedenkenswert ist, kann exemplarisch am Geschick Ricos beschrieben werden: Es geht hier um den Aufstieg von der Position der dramatischen Person (oder Filmfigur) in jene des Dichters (oder Drehbuchautors beziehungsweise Regisseurs) und den erneuten Fall vom Status des Autors in jenen der Figur. Den erstgenannten Umschlag vollzieht der Kleine Cäsar, wenn er Sergeant Flaherty gegenüber prahlt, niemand werde ihm jemals Handschellen anlegen. Die vermeintliche Angeberei ist nämlich in Wahrheit eine Verfügung: Rico gibt sich hier das Gesetz seines Daseins, das fürderhin lautet, er werde lieber sterben, als sich festnehmen zu lassen. Und LITTLE CAESAR gestattet keine Abweichung von diesem Gesetz; es ist Rico nicht möglich, die einmal getätigte Verlautbarung zurückzunehmen, weil er, Flaherty die trotzige Herausforderung ins Gesicht schleudernd, über sich selbst in der dritten Person sprach. Damit verwandelte er sich in die eigene Figur, machte sich zu einer Marionette und zugleich zu dem Puppenspieler, der jener bis zum Schluss ihre Handlungen vorschreibt. Wenn Rico dann, sterbend die Muttergottes anrufend, zum zweiten Mal den eigenen Namen im Mund führt, so tut er es – nun, da die Fäden durchtrennt sind – erneut als eine Figur, die den Vollzug ihres Schicksals bekundet: ein ohnmächtiger Zeuge des eigenen Todes.

Der Gangster stürzt also zugleich aus der Autorenschaft und der großmächtigen Einsamkeit desjenigen, der »jemand sein will«; sein Versagen ist beide Male – selbst wenn es auf den ersten Blick anders scheinen mag – nicht psychologisch motiviert, als Konsequenz eines charakterlichen Defekts, noch in einem moralischen oder auch taktischen Fehltritt begründet. Es unterläuft Rico nicht, dass er schwach wird, just da er Joe erschießen müsste, ebenso wenig wie seine hybride Selbstüberhebung gegenüber Flaherty zu vermeiden gewesen wäre, etwa dadurch, dass der Kleine Cäsar einen kühlen Kopf bewahrt hätte. Keiner von beiden Fehlern entspringt einem persönlichen Versagen; vielmehr *muss* Rico sie begehen, da die Gesetze der Genrepoetik und die grundlegenden Mechanismen der Tragödie *verlangen*, dass er sie begeht. Das Scheitern des Gangsters ist im vollsten Sinn des Wortes unvermeidlich, da er qua *definitione*, aufgrund seines Figurentypus, ein Scheiternder zu sein hat.

Was sich für die Protagonisten des klassischen US-Gangsterfilms beschreiben lässt, gilt ebenso für die Stadt selbst, »jene gefährliche und traurige Stadt der Imagination«, ohne die das Genre undenkbar wäre, da sie nicht einfach nur einen Schauplatz abgibt, sondern, folgt man Warshow, die Veräußerlichung der poetischen Logik von Filmen wie LITTLE CAESAR, THE PUBLIC ENEMY und SCARFACE darstellt. Auch auf die Städte des Gangsterfilms, so die Behauptung, kann die zweite in Rede stehende Form tragischer Ironie angewendet werden. Die implizite Voraussetzung dieser Überlegung besteht darin, die Stadt anthropomorph zu fassen, ihr ein Denken, Fühlen und Wollen zuzugestehen, oder aber, schlichter ausgedrückt, sie einfach für eine weitere Figur des Gangsterfilms zu nehmen, was möglich wird, wenn man einräumt, dass beispielsweise auch ein Rico Bandello nur höchst vermittelt etwas mit lebenden Menschen zu tun hat. Wie letztlich alle »erdichteten Personen«[5] sind auch Filmfiguren zuvörderst ästhetische Konstruktionen, und je nach Anlage ihrer Konstruktion können sie beispielsweise eine Mimikry an reale Frauen und Männer vollziehen oder auf Einfühlung ausgerichtet sein – und zwar, bis zu einem gewissen Grad, unabhängig davon, ob sie menschliche Wesen vorstellen oder nicht.[6]

Wenn es also angemessen sein mag, die »gefährliche und traurige Stadt der Imagination« unter die Figuren des klassischen Gangsterfilms zu zählen, so eröffnet sich die Bedeutung solcher Verschiebungen über den Rückbezug auf eine andere paradigmatische Genreproduktion: Wellmans THE PUBLIC ENEMY. Genauer gesagt, sollte man sich zunächst der Szene erinnern, die am Anfang der Ereignisse steht, die zu Toms Tod führen: Der Anführer der irischen Gangster, Paddy, schleicht sich davon aus dem Versteck, wo er seine Männer untergebracht hat, und wird dabei von

---

5 »Erdichtete Personen existieren nur in der Dichtung. Sie sind wie Gobelinsüjets in ihren Webgrund ins Ganze ihrer Dichtung so verwoben, daß sie als Einzelne aus ihr auf keine Weise können ausgehoben werden.« Benjamin 1974, 85f.
6 Das Kino hatte noch nie Schwierigkeiten damit, die Trennungen zwischen dem Belebten und Unbelebten aufzuweichen oder das Verhältnis sogar umzudrehen. Man denke nur an Eisensteins Rede von der ›Psychologisierung der Dinge‹ und an das innige Verhältnis, welches das Schlachtschiff und das Kanonenboot am Ende von BRONENOSEC POTEMKIN (PANZERKREUZER POTEMKIN, SU 1925) eingehen. Vgl. z.B. Eisenstein 1973, 131.

einem Spion der rivalisierenden Bande beobachtet. Bemerkenswert ist nun, dass die Kamera, während Paddy in sein Auto steigt und davonfährt, langsam in der Erde versinkt, die Einstellung mithin in eine extreme Untersicht mündet, so dass der Wagen des Gangsterbosses gewissermaßen über den Zuschauer hinwegrollt. Ganz offenkundig lässt sich diese Kamerabewegung weder handlungslogisch motivieren noch an die Perspektive einer Figur anbinden; gegen die Deutung, es handle sich hierbei schlicht um eine Spielerei des Regisseurs, spricht weiterhin, dass Wellman für die Inszenierung eines weiteren entscheidenden Moments eine vergleichbare Einstellung wählt. Es geht hier um den Schluss des Films: Mike hat soeben den mumienhaft bandagierten Leichnam seines Bruders gefunden, nun bewegt er sich, mit verzerrtem Gesicht und schlurfenden Schritts, auf die Kamera zu, welche unmittelbar über dem Boden positioniert ist; dort verharrt sie, bis Mikes Hosenbeine die Sicht des Zuschauers vollständig verdecken.

Die beiden beschriebenen Einstellungen markieren Anfang und Ende von Toms langem Sterben. Verständlich werden sie indessen nur, wenn man sie von der Figurenperspektive ablöst oder vielmehr: sie auf die Perspektive der Figur Stadt bezieht. Es ist der Blick der Stadt selbst, der inszeniert wird, wenn die Kamera im Boden versinkt – unternimmt diese Einstellung doch eine Bewegung, die in keinem äußeren Anlass ihre Begründung findet, geschweige denn, dass sie mit Notwendigkeit sich vollzöge. Gerade in ihrer Willkür offenbart die Kamerafahrt hinein in die Erde, dass die Stadt hier die Autorenschaft des Films usurpiert und gewissermaßen in der dritten Person über sich spricht, solcherart vorgibt, welche Beschaffenheit der auf sie gerichtete Blick annehmen soll, ganz ähnlich wie Rico verfügte, dass er sich niemals werde verhaften lassen. Auch die Stadt also gibt sich das Gesetz ihres Daseins, dem sie dann folgen muss. Der Blick aus dem Erdreich ist dabei nichts anderes als der Blick aus dem Grab, und indem die Stadt sich selbst durch die Augen der vergangenen und zukünftigen Toten ansieht, bezeugt sie ihr Wissen um kommendes Morden und beschwört es zugleich herauf. Auch THE PUBLIC ENEMY schließt dann mit dem Absturz aus der Position des Autors: Die starre, auf den sich nähernden Mike gerichtete Einstellung zeigt, dass es der Stadt unmöglich ist, die einmal von ihr verfügten Gesetze aufzuheben. Ihr bleibt nur übrig, den Ablauf der durch diese Gesetzmäßigkeiten gezeitigten Ereignisse zu verfolgen, ohne den Gang der Dinge verändern zu können.

So gesehen, bezeichnet die vertikale Stadtreise einen Prozess der Bewusstwerdung der Stadt: Sie begreift das Gesetz, das sie über sich verhängt hat und dem sie nun bis zum Schluss unterworfen ist; und indem sie begreift, schafft sie sich die Räume, welche sie benötigt, um die Verhandlung über das eigene Los durchzuführen – eine Verhandlung, in der sie, ganz wie Rico Bandello oder Tom Powers, zugleich auf der Anklagebank und auf dem Richtstuhl sitzt. Das Verdikt, das die Stadt über sich spricht, bedeutet letztlich die Selbstbestrafung vermittels einer Perpetuierung der Gewalt und schließt den vermutlich Untergang des aufrechten Mike mit ein: Es gibt nichts, was die Blutspirale zum Stillstand zu bringen vermag, da nun anscheinend auch die letzte Figur ausgefallen ist, die für ein anderes Prinzip, eine Logik jenseits des fortgesetzten Tötens hätte einstehen können. Die Stadt hat sich dazu verurteilt, die Anhäufung von Leichenbergen in ihren Straßen zu ertragen, die noch lange nach dem Ende von THE PUBLIC ENEMY sich fortsetzen wird.

Sowohl das Motiv der vertikalen Stadtreise – ein Strukturprinzip, das die kinematografischen Räume entsprechend einer Idee von Bewegung ordnet, die gleichermaßen auf die Verhandlung über das Los des Einzelnen wie jenes der Gesellschaft zielt – als auch die ihm eingeschriebenen Formen tragischer Ironie dienen dem klassischen US-Gangsterfilm dazu, die Entfaltung einer heillosen Welt als ästhetische Erfahrung zu vollziehen. In Hinblick auf die Protagonisten des Genres heißt dies, dass ihnen, wie eben im Verlauf der Stadtreise offenbar wird, nur die Wahl zwischen zwei Toden bleibt: dem Tod, den es bedeutet, Teil der Masse zu bleiben, für immer in der Dunkelheit verborgen; und dem Tod, den der Versuch, Individuum zu werden und ins Licht zu treten, unweigerlich nach sich zieht. Nur auf den ersten Blick ist der Gangster zum Scheitern verurteilt, weil er nach Erfolg strebt; tatsächlich aber gründet sein Fall in dem Umstand, dass er die poetische Logik einer Welt verkörpert, in welcher der Wille zum Glück und zur Freiheit immer schon auf sein Gegenteil verweist, das Ideal von Freiheit und Glück selbst seine Negation stets in sich trägt – ebendiese unauflösliche Widersprüchlichkeit steht im Zentrum des Entwurfs der amerikanischen Gesellschaft, den Filme wie LITTLE CAESAR, THE PUBLIC ENEMY und SCARFACE vornehmen. An der »gefährlichen und traurigen Stadt der Imagination«, dem *einen* Schauplatz des Genres, erfüllt sich die Heillosigkeit dieser Welt, indem die Stadt selbst die Konstruktion ihrer Räume einem Gesetz unterstellt, das sie auf Verbrechen und Gewalt verpflichtet, bis zum Schluss etwas anderes als die Fortsetzung einer Vernichtungslogik gar nicht mehr denkbar scheint. Es erweist sich, gleich welchen Blickpunkt man wählt, dass die Tragödie uneingeschränkt waltet über dem klassischen US-Gangsterfilm und dem von ihm gestalteten Schreckensbild eines Gemeinwesens, in welchem der Amerikanische Traum sich nur als Blutbad verwirklichen kann.

Widersprüche der Historiografie
Auf der Basis dieser Rekapitulation soll an die beiden wesentlichen Thesen vorliegender Arbeit erinnert werden: Zum einen ist die Behauptung, dass die Poetik der Schmerzensspuren (verstanden als ein Entwurf von

Geschichtlichkeit und eine Möglichkeit für den Zuschauer, sich zu der historischen Dimension seiner Selbst- und Welterfahrung in Beziehung zu setzen) und das Strukturprinzip der Stadtreise (wie es sich am Gangsterfilm beschreiben lässt als eine Möglichkeit, mit kinematografischen Mitteln das Bild einer Gesellschaft greifbar zu machen) einen gewichtigen Einfluss auf das italienische Nachkriegskino ausgeübt haben: Sie nämlich bilden die grundlegenden Elemente des Paradigmas der Stadtinszenierung. Eng verwoben mit der ersten These ist eine zweite: Diesem Paradigma kommt eine herausgehobene Bedeutung zu, weil es erlaubt, das italienische Nachkriegskino als eine spezifische historische Konstellation, selbst noch als eine Form der Geschichtlichkeit zu fassen.[7] Ehe nun – zunächst an der Analyse eines Films, der das Paradigma der Stadtinszenierung in beispielhafter Vollständigkeit realisiert, namentlich UMBERTO D. (I 952) von Vittorio De Sica – zu zeigen sein wird, in welcher Form die Schmerzensspuren und die Stadtreise Eingang gefunden haben in die Ästhetik des italienischen Nachkriegskinos, auf welche Weise sie wirkmächtig wurden und welche Transformationen sie erfuhren im Vergleich zu Roberto Leone Robertis NAPOLI CHE CANTA und dem Genre des Gangsterfilms, gilt es, jene zweite These besser zu verstehen. Zu diesem Zweck soll die Frage beantwortet werden, was in filmhistorischer Perspektive gewonnen ist mit der Einführung eines kinematografischen Paradigmas der Stadtinszenierung. Oder anders ausgedrückt: warum eigentlich bedarf es des Paradigmas der Stadtinszenierung, um das italienische Nachkriegskino als den Entwurf einer Geschichtlichkeit bestimmen zu können?

Diese Frage lässt sich offenbar nur beantworten auf der Grundlage einer Rekonstruktion gängiger Lesarten der Geschichte des italienischen Nachkriegskinos. Vorab sollte festgehalten werden, dass das Gros der einschlägigen Literatur, wenngleich zumeist implizit, von einer Einteilung in drei Phasen ausgeht. Am Anfang steht selbstredend der Neorealismus; die fünfziger Jahre werden dominiert von dem *neorealismo rosa*; die Sechziger erleben dann den Aufstieg des selbstreflexiven Autorenkinos, wie es sich mit den Namen Antonioni, Fellini oder Pasolini verbindet.[8] Sinn und

---

7 Giulia Fanara stellt eine von der Grundtendenz her vergleichbare These für das neorealistische Kino auf, welches sich für sie im Wesentlichen dadurch kennzeichnet, dass es Geschichte anschaulich, greifbar macht, indem es sie konstruiert: »Un cinema che costruisce conoscencza e quindi storia, nella misura in cui fa riflettere, decifrandole, sulle cose che il film mostra o ingloba (anche per lo storico il *lapsus* ha un senso) sulle cose che ormai appartengono al ›visibile‹ e su quelle che le istituzioni hanno preferito tacere.« Fanara 2000, 56. Wir werden sogleich sehen, dass Fanara mit ihrem Versuch, des Phänomens habhaft zu werden, von den üblicherweise eingeschlagenen Wegen abweicht.

8 Dass spätestens seit den sechziger Jahren auch in Italien von einem genuinen Genrekino gesprochen werden kann, dessen filmgeschichtlich einflussreichsten Ausprägungen der Gothic-Horror, der Giallo und der Italo-Western sind, spielt für die allermeisten Untersuchungen zum italienischen Nachkriegskino keine oder nur eine marginale Rolle; es ist, als würde man davon

Zweck der folgenden Ausführungen ist nun nicht zu beweisen, dass eine solche Periodisierung falsch wäre. Vielmehr dienen sie dazu, einige der Widersprüche herauszuarbeiten, die sich jene Unterteilung gerade damit einhandelt, dass sie die verschiedenen Ausprägungen des italienischen Nachkriegskinos so klar und überzeugend zu benennen und aufeinander zu beziehen vermag.

Beginnen wir also mit dem Neorealismus:[9] dieser erscheint mal als ein Filmzyklus,[10] mal als eine Bewegung,[11] mal als »Teil einer ganz grundsätzlichen Hinwendung zum Realismus im Kino dieser Zeit, die eine Art und Weise lieferte, auf die Wirklichkeit des vom Krieg zerrissenen Italien und des Widerstands zu blicken und sie darzustellen.«[12] Häufig gilt ROMA, CITTÀ APERTA (ROM, OFFENE STADT, I 1945) von Roberto Rossellini als der erste, De Sicas UMBERTO D. als der letzte ›richtige‹ neorealistische Film[13]; Alessandro Blasettis 4 PASSI FRA LE NUVOLE (LÜGE EINER SOMMERNACHT, I 1942), Luchino Viscontis OSSESSIONE (OSSESSIONE – VON LIEBE BESESSEN, I 1943) und De Sicas I BAMBINI CI GUARDANO (I 1944) werden üblicherweise als Vorboten des Neorealismus aus den Kriegsjahren betrachtet.[14] Und während für manche Autoren noch Filme wie Pier Paolo Pasolinis MAMMA ROMA (I 1962) oder gar LA NOTTE DI SAN LORENZO (DIE NACHT VON SAN LORENZO, I 1982) der Gebrüder Taviani »auf neorealistische Elemente und Darstellungsweisen zurückgreifen«[15], besteht – folgt man Mark Shiel – weithin Einigkeit, dass, neben ROMA, CITTÀ APERTA und UMBERTO D., Rossellinis PAISÀ (I 1946) und GERMANIA ANNO ZERO (DEUTSCHLAND IM JAHRE NULL, I 1948), De Sicas SCIUSCIÀ (SCHUHPUTZER, I 1946) und LADRI DI BICICLETTE (FAHRRADDIEBE, I 1948) sowie Viscontis LA TERRA TREMA: EPISODIO DEL MARE (DIE ERDE BEBT, I 1948) die ›Meisterwerke neorealistischer Ästhetik‹ darstellen.[16]

---

ausgehen, dass dieses Kino in vollkommen anderen Bezugssystemen funktioniert als das Autorenkino. Allein die Commedia all'italiana findet des öfteren Erwähnung, zumeist im Zusammenhang mit dem neorealismo rosa.
9 Vielleicht sollte man nicht unerwähnt lassen, dass der Begriff ›Neorealismus‹ erstmalig angewendet wurde, um Entwicklungen in der italienischen Literatur zu beschreiben. Millicent Marcus erklärt: »The term neorealism began its career as a literary designation, coined by Arnaldo Bocelli in 1930 to describe the style that arose in reaction to the autobiographical lyricism and elegiac introversion of contemporary Italian letters. In contrast, neorealism offered a ›strenuously analytic, crude, dramatic representation of a human condition tormented between will and inclination by the anguish of the senses, the conventions of bourgeois life, the emptiness and boredom of existence; and a language founded no longer on the *how* but on the *what*, sunk as deeply possible into ›things‹, adhering to the ›object‹.«‹ Marcus 1986, 18.
10 Vgl. Rausch 2004, 120.
11 Vgl. Marcus 1986, xvi.
12 Morandini 1998a, 322.
13 Vgl. z.B. ebenda 323, und Rausch 2004, 122 und 125.
14 Vgl. Sorlin 1996, 94f., und Marcus 1986, 14 und 19f.
15 Vgl. Engell 1992, 183. Vgl. auch Dalle Vacche 1992, 189-193. Angela Dalle Vacche beschreibt PAISÀ hier als »father-text« von LA NOTTE DI SAN LORENZO.
16 Vgl. Shiel 2006, 3.

Lorenz Engell benennt die wichtigsten Merkmale dieser Ästhetik:

> Zunächst einmal müssen die neuen Filme eine neue Erzählstruktur erhalten, eine neue Dramaturgie. Die innere Logik der Erzählung, jetzt als Zwangszusammenhang betrachtet, wird aufgehoben. An die Stelle des großen Bogens tritt auch in der Handlungsführung das Fragment. [...] Vom Rohmaterial, dem fragmentarischen Geschehen des erlebten Alltags, soll sich der Film möglichst nicht entfernen. Dazu gehört, dass den Handlungsablauf jenes Maß an Unwahrscheinlichkeit, an mangelnder Plausibilität und an Einwirkung des Zufalls auszeichnet, das dem Alltagsleben auch anhaftet. [...] Aus diesen dramaturgischen Prinzipien lassen sich im Grunde schon die Montageverfahren des neorealistischen Kinos ableiten. [...] Ganz wie im Hollywoodfilm [...] dient die Montage einzig der unaufdringlichen Anordnung der Bestandteile; aber, anders als in Hollywood, unter Bewahrung des Eigengewichts und der Eigenfunktion der Bestandteile und ohne ihre zwangsweise Unterordnung und Integration im Rahmen eines großen erzählerischen Ganzen. [...] Die Aufmerksamkeit gilt, anders gesagt, nicht mehr dem System und dem Sinn im ganzen, sondern – allenfalls – dem in sich geschlossenen Subsystem und dem Sinnbezirk. Ähnliches trifft dann auch für die Bildgestaltung zu. Kennzeichen neorealistischer Filme war, vor allem in der Frühzeit, dass an Ort und Stelle, auf offener Straße oder an anderen Alltagsplätzen gedreht wurde. [...] Handlung und Dialoge wurden mit den Akteuren an Ort und Stelle abgesprochen. Hinzu kam, dass die Akteure in vielen Fällen keine Schauspieler, sondern Laien waren. [...] Eine der Folgen der Arbeit mit Laien war die Färbung der Sprache durch die Dialekte; das war im italienischen Film noch nie zuvor vorgekommen. Die Dreharbeit auf offener Szene an Ort und Stelle brachte es mit sich, dass Charakteristika des Spielorts oft in den Film Eingang fanden. Die Landschaft und die Architektur einer Stadt wurden zu handlungsbestimmenden Faktoren.[17]

Nun ist kaum zu übersehen, dass nicht in jedem neorealistischen Film alle diese Verfahren gleichermaßen zur Anwendung kommen. Beispielsweise entschied sich Rossellini dafür, die Hauptrollen in ROMA, CITTÀ APERTA mit professionellen Schauspielern zu besetzen, namentlich Anna Magnani und Aldo Fabrizi, die zum damaligen Zeitpunkt bereits in zwei erfolgreichen Komödien – Mario Bonnards CAMPO DE' FIORI (I 1943) und

---

17 Engell 1992, 174-177. Weitere Beschreibungen oder Aufzählungen der für den Neorealismus bedeutsamsten ästhetischen Verfahren – die im Großen und Ganzen alle auf dasselbe hinauslaufen – finden sich etwa bei Shiel 2006, 1f., Bordwell/Thompson 2004, 485f., und Rausch 2004, 121.

Mario Mattolis L'ULTIMA CARROZZELLA (I 1943)[18] – gemeinsam aufgetreten, also auch keine Unbekannten mehr waren. Und am Ende von SCIUSCIÀ bricht De Sica mit jenen Inszenierungsmodi, die auf die Produktion einer an Alltagswahrnehmungen orientierten Bildlichkeit zielen: die Jungen verlieren sich in der Nacht ihres Unglücks wie in einem dunklen Märchenland, und das Pferd, das zuvor bereits für die unerfüllten Träume und vergeblichen Hoffnungen der Straßenkinder einstand, verwandelt sich nunmehr in ein Fabelwesen oder ein Totem, das seine Reiter durch diese geheimnisvolle und gefährliche Welt geleitet.[19]

Die Forscher, die sich darum bemühen, zu einer allgemeingültigen Definition des Neorealismus zu gelangen, stehen also vor einem Dilemma: Einerseits entstammen die von Lorenz Engell (und vielen anderen) benannten ästhetischen Verfahren ja keiner willkürlichen Auswahl; sie finden durchaus ihre Entsprechung in ›neorealistische Meisterwerke‹ wie GERMANIA ANNO ZERO oder LADRI DI BICICLETTE prägenden Gestaltungsprinzipien. Andererseits gibt es keinen Zweifel, dass, wie gesagt, nicht alle Filme ein und desselben neorealistischen Regisseurs, geschweige denn alle Filme aller neorealistischen Regisseure immer und überall auf sie zurückgreifen. Der Versuch, den Neorealismus mithilfe eines Katalogs von Inszenierungstechniken als eine kinematografische Form *sui generis* zu definieren, läuft folglich Gefahr, einen Zirkelschluss zu produzieren, etwa der Art: Neorealistische Filme zeichnen sich durch das Drehen unter freiem Himmel und den Verzicht auf ein durchstrukturiertes Drehbuch aus, und zwar deshalb, weil das Drehen unter freiem Himmel und der Verzicht auf ein durchstrukturiertes Drehbuch kennzeichnend für neorealistische Filme sind. Mit anderen Worten: anstatt zu bestimmen,

18 Übrigens sind beide Filme dadurch gekennzeichnet, dass sie bereits Elemente einer Stadtinszenierung aufweisen. Das gilt insbesondere für CAMPO DE' FIORI, in dem der von Fabrizi gespielte Fischhändler Peppino unbedingt eine Frau heiraten will, die besser gestellt ist als er. Um dieses Ziel zu erreichen, muss er eine Reise durch Rom antreten, die ihn in verschiedene Räumlichkeiten führt – das Café, das Haus, wo die Glücksspiele abgehalten werden, das Gefängnis –, die jeweils nach Regeln organisiert sind, die Peppino nicht versteht, und in denen, von ihm abgesehen, jede Figur im Dienst dieser Regeln ein Rollenspiel vollführt. Freilich geht der Traum des Fischhändlers trotz all seiner Mühen nicht in Erfüllung: Am Ende sind die Armen wieder unter sich, und Peppino nimmt mit der Marktfrau Elide (Anna Magnani) Vorlieb.
19 Vgl. Sitney 1995, 82 und 86f. Und auch dort, wo die neorealistischen Filme tatsächlich auf die ihnen zugeschriebene Ästhetik rekurrieren, tun sie dies nicht notwendigerweise um willen einer besonderen Treue zur alltäglichen Wirklichkeit. So schreibt Kappelhoff über die Inszenierung der Laienschauspieler in LA TERRA TREMA: »Der Film ist geprägt durch eine Schauspielführung, die in ihrer choreografischen Strenge und ihrer Dialoggestaltung noch die Sprache der Fischer und die alltäglichste Geste theatralisch übersetzt, überhöht, übersteigert. Jede Begegnung, jede Handlung, jeder Gesang ist szenisch streng gefasst, so dass sich die Bewohner des Fischerdorfes tatsächlich wie dramatis personae an verschiedenen Orten ihres Dorfes selbst in Szene setzen, als bewegten sie sich durch die unterschiedlichen Dekorationen der Akte ihres Dramas. Die Kamera agiert keineswegs neutral-vorführend, zeigend. Sie artikuliert vielmehr ein eigensinniges, sinnliches Erleben der Orte und Landschaften, der besonderen Erlebniswelt dieser Menschen, ihren verletzten Stolz, ihre Euphorie, ihre Verliebtheit, ihre Niedergeschlagenheit und ihre unendliche Angst.« Kappelhoff 2008, 77.

was der Neorealismus tatsächlich war, wird dem italienischen Kino der ersten Nachkriegsjahre eine Idee davon unterschoben, was der Neorealismus vielleicht hätte sein sollen. Natürlich fehlt es nicht an Stimmen, die darauf hinweisen, dass bezogen auf die Arbeit von Rossellini, De Sica oder Visconti von einer einheitlichen Ästhetik höchstens in einem sehr allgemeinen Sinn die Rede sein kann.[20] Demgemäß ist nicht verwunderlich, dass sich schon seit längerer Zeit, nämlich spätestens seit Lino Miccichès einflussreichem Essay aus dem Jahr 1975, »Per una verifica del neorealismo« (»Für eine Überprüfung des Neorealismus«), die Auffassung verbreitet hat, dass das einigende Band zwischen den verschiedenen Protagonisten des Neorealismus nicht so sehr in einer künstlerischen Programmatik als vielmehr in einer gemeinsamen ethischen Haltung zu erblicken sei. Die entscheidende Passage aus Miccichès Aufsatz lautet:

> Aber der Neorealismus war eben keine »Ästhetik«, und einer der Gründe für seine Niederlage (einer von vielen) war gerade, dass er glaubte, eine zu sein, schlimmer noch, dass er eine sein wollte. Hingegen war der Neorealismus eine »Ethik der Ästhetik«: die implizite Antwort einer neuen Generation von Cineasten auf die Frage von Vittorini: »Werden wir je eine Kultur haben, die den Menschen vor dem Leiden zu beschützen versteht, anstatt sich darauf zu beschränken, ihn zu trösten?« Hierin, und nur hierin, waren sich die Visconti und De Sica, die Rossellini und De Santis, wie entfernt voneinander sie auch immer »ästhetisch« gewesen sein mögen, »ethisch« nahe. »Neorealismus« war vor allem der Name einer Schlacht, einer Front, eines Gefechts, welches die Verfechter jener »Ethik der Ästhetik« führten gegen die Verfechter einer »Ästhetik (anscheinend) ohne Ethik«, das heißt einer künstlerischen Praxis, die, sich unabhängig von den Dingen der Welt wähnend, funktional dabei ist, diese zu konservieren, da es das »Spektakel« ist, das von dem Schmerz, den sie erzeugen, »ablenkt.«[21]

---

20 Vgl. etwa Sorlin 1996, 97, und Landy 2000, 14. Sorlin weist darauf hin, dass Roberto Rossellini streng genommen kein neorealistischer Regisseur ist, da seine Filme u.a. durchkomponierte narrative Strukturen aufweisen, und Marcia Landy betont, dass die üblicherweise dem Neorealismus zugeschriebenen ästhetischen Verfahren bereits in Filmen aus der Hochzeit des Faschismus wie Alessandro Blasettis SOLE (I 1929), Mario Camerinis ROTAIE (I 1929) oder Walter Ruttmanns ACCIAIO (ARBEIT MACHT FREI, I 1933) eingesetzt wurden. Vgl. auch Meder 1993, 326.
21 Miccichè 1978, 27: »Ma il neorealismo, appunto, non fu un' ›estetica‹ e una delle ragioni della sua sconfitta (una delle tante) fu proprio nel credere di esserlo, peggio nel volerlo essere. Il neorealismo fu invece un' ›etica dell'estetica‹: la riposta, implicita, di una nuova generazione di cineasti alla domanda vittoriniana ›Potremo mai avere una cultura che sappia proteggere l'uomo delle sofferenze invece di limitarsi a consolarlo?‹. In questo, solo in questo, i Visconti e i De Sica, i Rossellini e i De Santis, per quanto ›esteticamente‹ lontani, furono ›eticamente‹ vicini.«

Die »Ethik der Ästhetik«, welche Miccichè den bekanntesten neorealistischen Regisseuren zuschreibt, zielt offenbar auf die Weigerung, die Augen zu verschließen vor dem Leiden der Welt, mithin zu akzeptieren, dass Menschen und Dinge in dem vorgefundenen elenden Zustand verbleiben. Millicent Marcus gehört zu denjenigen, die Miccichès Grundannahmen teilen;[22] auch Lorenz Engell hebt hervor, in welchem Maße sich der Neorealismus dafür verantwortlich sah, dass etwa der soziale Zusammenhalt im Italien der Nachkriegsjahre gestärkt wurde;[23] und ganz ähnlich heißt es bei Morando Morandini, dieses Kino habe sich »nicht nur durch seine direkte Auseinandersetzung mit den gesellschaftlichen Problemen der Zeit« ausgezeichnet, »sondern auch durch den Impuls, positive Lösungen für diese Probleme vorzuschlagen und die Anliegen der Menschen und der Gesellschaft ›so, wie die Menschen sie wünschen‹, zusammenzubringen.«[24] Und er fährt fort: »Herzstück der im Neorealismus enthaltenen Ideologie ist das positive und großmütige, wenn auch etwas allgemeine, Streben nach einer fundamentalen Erneuerung der Menschen und der Gesellschaft.«[25]

Auf den ersten Blick erscheint es durchaus überzeugend, die neorealistischen Filme über eine ihnen gemeinsame ethische Haltung zu definieren. Beim genaueren Hinsehen allerdings erweist sich diese Position als ebenso problematisch wie der Versuch, einen Katalog ästhetischer Verfahren zu erstellen, um des Neorealismus habhaft zu werden.

Zunächst einmal stellt sich die Frage, wer der Träger jener »Ethik der Ästhetik« sein soll. Muss man ihn aufseiten der Filmemacher verorten? Wenn ja, wer genau ist gemeint? Die Regisseure, die Kameraleute, die Drehbuchschreiber, die Cutter oder die Schauspieler und Laiendarsteller? Oder etwa sie alle? Miccichès Ausführungen legen den Schluss nahe, dass er, ganz der Autorentheorie verpflichtet, zuvorderst die Regisseure im Blick hat: »die Visconti und De Sica, die Rossellini und De Santis«. Freilich lässt er offen, woher er weiß, was genau die Haltung beispielsweise

›Neorealismo‹ fu, sopratutto, il nome di una battaglia, di un fronte, di uno scontro: quello che i fautori di quell' ›etica dell' estetica‹ condussero contro i fautori di un' ›estetica (apparentemente) senza etica‹, cioè di una pratica artistica che, fingendosi autonoma dalle cose del mondo, è funzionale alla loro conservazione poiché è lo ›spettacolo‹ che ›distrae‹ dalla pena che esse generano.« Wenn Miccichè von der »domanda vittoriniana« spricht, hat er einen Artikel Elio Vittorinis im Sinn – »Una nuova cultura«, veröffentlicht am 29. September 1945 in der Zeitschrift *Politecnico* –, der seinerseits viel Aufsehen erregte und zahlreiche Debatten anstieß. Übrigens stammt der zitierte Essay aus dem von Miccichè herausgegebenen Band *Il neorealismo cinematografico italiano*, der, obwohl über dreißig Jahre alt, in der italienischen Filmwissenschaft noch immer als das Standardwerk zum Neorealismus gilt. In der Zeit danach wurde nämlich auch im Heimatland »der Visconti und De Sica, der Rossellini und De Santis« wenig systematische Forschung angestellt über dieses Thema.
22 Vgl. Marcus 1986, 23.
23 Vgl. Engell 1992, 162-164 und 169f.
24 Morandini 1998a, 322.
25 Ebenda, 322.

Rossellinis war, als er irgendwann im Frühling 1945 versuchte Geld aufzutreiben, um die Dreharbeiten an ROMA, CITTÀ APERTA fortsetzen zu können. Aber selbst wenn es ohne weiteres möglich wäre, in den Besitz derartiger Kenntnisse zu gelangen: Inwiefern wird der Neorealismus dadurch definiert, dass Vittorio De Sica ein Herz für die Armen hatte oder Luchino Visconti nächtelang wach lag und über die Zukunft Italiens nachgrübelte? Gerade wenn man sich an Miccichès Essay hält, muss man ja zu dem Schluss kommen, dass der Zusammenhang zwischen der Persönlichkeit eines Regisseurs und der Ausgestaltung seiner Filme ein höchst vermittelter ist, denn einerseits erfahren wir, dass De Santis, Rossellini, Visconti und De Sica alle Teil haben an einer »Ethik der Ästhetik« – andererseits, dass sich beispielsweise RISO AMARO (BITTERER REIS, I 1949), GERMANIA ANNO ZERO, LA TERRA TREMA und LADRI DI BICICLETTE grundlegend voneinander unterscheiden.

Demgemäß ergeben sich aus dem Versuch, die Filme selbst als den Träger jener ethischen Haltung zu bestimmen, neue Schwierigkeiten. Fasst man die »Ethik der Ästhetik« nämlich so allgemein, wie Miccichè es tut, wird nicht deutlich, was den Neorealismus auf dieser Ebene von den Filmen unterscheidet, für die, um recht willkürlich zwei der Humanisten des US-Kinos zu nennen, John Huston und Charles Chaplin in den ersten Nachkriegsjahren verantwortlich zeichneten. Die Antwort, die man Miccichès Essay entnehmen kann – nämlich, dass der Neorealismus dem »Spektakel« und der »Ablenkung« entsage –, vermag aus verschiedenen Gründen nicht zu befriedigen. Zum einen kann man darüber streiten, ob THE TREASURE OF THE SIERRA MADRE (DER SCHATZ DER SIERRA MADRE, USA 1948) tatsächlich mit so viel mehr Spektakel aufwartet als RISO AMARO und ob MONSIEUR VERDOUX (DER FRAUENMÖRDER VON PARIS, USA 1947) den Zuschauer in einem höheren Maße als LADRI DI BICICLETTE ablenkt von dem düsteren Gang der Geschichte.[26] Und wichtiger noch: wenn man »Ablenkung« mit »Happy End« übersetzt[27] und

---

26 Was Chaplins Film betrifft, so sei zur Beantwortung dieser Frage auf einen luziden Essay Robert Warshows verwiesen, der an MONSIEUR VERDOUX vor allem eine Struktur unendlich sich vervielfältigender Ironie hervorhebt: »So everything goes down together, all caught in the same complex absurdity: the capitalist world; then, in a heap, Verdoux the murderer and man of business, Verdoux the cracker-barrel philosopher, Verdoux the lonely romantic; then Chaplin himself, who believes in Verdoux even if he also believes in the irony that denies him; then we in the audience, who sit watching Chaplin and somehow believing everything at once; finally, the capitalist world again, which produced Verdoux, murderer, philosopher, and all. The final word, cancelling all others, is in the movie's last shot: Verdoux is a very small figure as he walks to the guillotine, limping, overshadowed by his guards.« Warshow 2001d, 187.

27 Dies zu tun scheint dadurch gerechtfertigt, dass der Vorwurf, Hollywood verzuckere die Wirklichkeit mit den Enden seiner Filme, stets einen wesentlichen Bestandteil der Abgrenzungsrituale neorealistischer Selbstdefinition bildete. Bei Cesare Zavattini, der als Drehbuchautor und Essayist bekanntlich zu den prägenden Gestalten des italienischen Nachkriegskinos gehört, heißt es etwa: »This powerful desire of the cinema to see and to analyse, this hunger for reality, for truth, is a kind of concrete homage to other people, that is, to all who exist. This, among other things, is what

richtigerweise feststellt, dass die meisten Filme, die Visconti, De Sica, Rossellini und De Santis in jener Zeit drehten, auf ein solches verzichten – wie passt das dann zusammen mit der weniger allgemeinen Formulierung der neorealistischen Haltung, die man beispielsweise bei Morandini findet? Anders ausgedrückt: welchen Beitrag leistet der Selbstmord Edmunds (Edmund Meschke) am Ende von GERMANIA ANNO ZERO zu einer ›positiven Lösung der gesellschaftlichen Probleme‹, und was genau an diesem Ausgang ist ›von positivem und großmütigem Streben‹ geprägt? Dieselben Fragen könnte man natürlich auch stellen in Hinblick auf die Exekution des Priesters in ROMA, CITTÀ APERTA, die Ermordung des Straßenjungen in SCIUSCIÀ, den scheiternden Diebstahl des Vaters in LADRI DI BICICLETTE oder die Niederlage der Fischer in LA TERRA TREMA. Zielt die Poetik des Neorealismus am Ende auf eine Trotzreaktion des Zuschauers? Auf jene »Unlust, die mit der tragischen Erkenntnis einhergeht« und – wir erinnern uns – ihren Grund hat »in einem negativen ›metaphysischen‹ Urteil: dem Urteil, dass dies nicht unsere Welt sein soll, dass dies nicht über oder für unsere Welt *wahr* sein soll«? Das wäre immerhin denkbar. Davon aber, dass sich ein Trotzdem findet im Herzen der »Ethik des Ästhetischen«, wie sie angeblich das Frühwerk eines Rossellini, De Sica oder Visconti prägt, ist nirgendwo die Rede.

Neorealismus, n e o r e a l i s m o r o s a und Autorenkino
Anscheinend hat der Neorealismus seine Tücken; es erweist sich als diffizil, verbindliche Aussagen darüber zu treffen, was die ihm zugerechneten Filme eigentlich auszeichnet. Fast ist man geneigt, mit Pierre Sorlin davon zu sprechen, dass der Neorealismus sich in Luft auflöse, sowie man nach präzisen Kriterien zu seiner Bestimmung suche,[28] oder, wie Marcia Landy es tut, der Annäherung an das Phänomen die Einsicht voranzustellen, dass es keine feste Definition des Neorealismus gebe und – so das implizite Argument – wohl auch keine geben könne.[29] Allerdings besteht die Aufgabe der vorliegenden Arbeit nicht darin, den hundert Versuchen, die

distinguishes neo-realism from the American cinema. In effect, the American position is diametrically opposed to our own: whereas we are attracted by the truth, by the reality which touches us and which we want to know and understand directly and thoroughly, the Americans continue to satisfy themselves with a sweetened version of truth produced through transpositions.« Zavattini 1978, 69.
28 Vgl. Sorlin 1996, 97.
29 Vgl. Landy 2000, 13f. Landy selbst hat einen streng deleuzianischen Begriff vom Neorealismus: »Italian neorealism can be identified with the inauguration of the time-image, and with reintroducing thought to the cinema. [...] Neorealism was not a polemic, a conduit for ›messages‹ concerning ethics, politics, and morality, though it invoked these concerns. It was, foremost, a harbinger of the attention that must be paid to the visual image in a world that had been set in motion by the powers of the visual and their relation to the dynamism of time, motion and change.« Ebenda 14f. Diese Gedanken mögen dazu angetan sein, auf einer sehr abstrakten Ebene die Bedeutung des Neorealismus zu umreißen; hingegen taugen sie als filmgeschichtliche Bestimmung allein schon

neorealistische *dóxa* zu entschlüsseln, einen weiteren hinzuzufügen. Für den gegebenen Zusammenhang ist es beinahe unwichtig, welchen Sinn man der Rede vom Neorealismus als solcher beimisst; viel größere Bedeutung kommt dem Umstand zu, dass diese Rede eine beträchtliche Wirkung entfaltet hat, wenn es um die Einschätzung dessen geht, was nach ROMA, CITTÀ APERTA, PAISÀ und GERMANIA ANNO ZERO, nach SCIUSCIÀ, LADRI DI BICICLETTE und UMBERTO D. kam beziehungsweise sich parallel dazu entwickelte. Das Merkwürdige ist nämlich, dass eben jener Neorealismus, von dem offenbar niemand so recht weiß, was er eigentlich sein soll, fortwährend zur Messlatte für das übrige italienische Nachkriegskino – vornehmlich den sogenannten *neorealismo rosa* und das Autorenkino der sechziger Jahre – genommen wird, zumindest aber die Folie abgibt, vor der man dieses Kino diskutiert.[30]

Übel ergeht es dabei dem *neorealismo rosa*, der, neben seinem großen Bruder platziert, auf die Betrachter nahezu ausnahmslos einen kümmerlichen oder gänzlich missratenen Eindruck macht. Filme wie Renato Castellanis SOTTO IL SOLE DI ROMA (UNTER DER SONNE ROMS, I 1948) oder Luigi Comencinis PANE, AMORE E FANTASIA (BROT, LIEBE UND FANTASIE, I 1953) gelten als kommerzielle, auf seichte Unterhaltung ausgerichtete Abirrungen, Verfallserscheinungen, Entartungen gar,[31] die neorealistische Themen oder Verfahren aufgreifen und gleichsam aushöhlen, bis nur noch die leere, hübsch bepinselte Hülle übrig bleibt. Wo der Neorealismus die Wunden, die Faschismus, Krieg, Okkupation, Armut und Perspektivlosigkeit Italien geschlagen haben, nicht nur nicht

---

deshalb nicht, weil Deleuze' Modell einer Ablösung des Bewegungs-Bildes durch das Zeit-Bild als historische Zuschreibung kaum haltbar ist. Vgl. zu einer Kritik dieses Modells: Rancière 2006b, 107-123.

30 Ganz explizit findet man diese Position bei Millicent Marcus, die da schreibt: »[The thesis of this book] is that neorealism constitutes *la via maestra* of Italian film, that it is the point of departure for all serious postwar cinematic practice, and that each director had to come to terms with it in some way«. Marcus 1986, xvii. Nebenbei sei darauf hingewiesen, dass die Logik von Marcus' Argumentation impliziert, Genreregisseure wie Mario Bava und Sergio Leone hätten keinen Teil an der »serious postwar cinematic practice« Italiens.

Hinsichtlich des italienischen Kinos der sechziger Jahre hat Giorgio De Vincenti eine ähnliche Position wie Marcus eingenommen: Die seiner Ansicht nach für dieses Kino maßgeblichen »Praktiken« – jene eines »naturalisierten Kinos« und eines »stilistisch ausgeprägten Kinos« – hätten beide »einen gemeinsamen Ursprung: den Neorealismus.« Vgl. De Vincenti 2008, 44.

31 So schreibt Vito Zaggario in Hinblick auf die Entwicklung des italienischen Kinos in den fünfziger Jahren: »La linea culturale si esaurisce così come modello nel momento in cui l'industria sgretola dall'interno il neorealismo e si appropria dei suoi stereotipi. La *generazione* del neorealismo diventa dunque una *degenerazione* del neorealismo« Zaggario 1979, 101. Und Lino Miccichè spricht von der »(de)generazione del neorealismo in bozzettismo«; etwa: »die Weiterentwicklung bzw. Entartung des Neorealismus in Skizzenhaftigkeit.« Miccichè 1979, 27. »Bozzettismo« lautete bereits in den fünfziger Jahren ein häufiger Vorwurf der Kritiker des *neorealismo rosa*. Millicent Marcus erläutert: »When they object to *bozzettismo*, these critics are referring not only to the degeneration of story into so many charming, folkloristic vignettes, but they are also regretting the diminution of the overarching neorealist design, with its comprehensive and cohesive historical vision, into fragments that aspire to nothing more than their one preciosity.« Marcus 1986, 129f.

zudeckte, sondern weit aufriss, hätte der *neorealismo rosa*, so das Verdikt, die Wunden mit Zuckerguss bedeckt. Die sozialen Missstände und Ungerechtigkeiten dienten nurmehr als Vorwand, um möglichst viele Lacher zu erzielen oder von turbulenten Liebesverwicklungen zu erzählen, die sich am Ende freilich in Wohlgefallen beziehungsweise Küsse, Umarmungen und Hochzeiten auflösten. Dass der westdeutsche Verleih Dino Risis POVERI MA BELLI (I 1956) – eine der erfolgreichsten italienischen Produktionen der fünfziger Jahre[32] – keine wörtliche Übersetzung seines Originaltitels gegönnt, ihn also »Arm, aber schön« genannt hat, ist insofern bezeichnend, als der Titel, unter dem er dann in die Kinos kam, »Ich lass mich nicht verführen« nämlich, genau jene Mischung aus Biederkeit und harmlos-dümmlicher Frivolität assoziieren lässt, die dem *neorealismo rosa* tatsächlich von den meisten Filmhistorikern zugeschrieben wird. In diesem Sinne beschuldigt etwa Bruno Torri Filme wie SOTTO IL SOLE DI ROMA und PANE, AMORE E FANTASIA der »oberflächlichen Satire«, der »unpolitischen Anspielung«, des »süßlichen Idylls« und des »›glücklichen Endes‹ in einer stabilen Ordnung« – »[...] nel ›neorealismo rosa‹ tutto veniva ricondotto alla satira superficiale, all'ammiccamento qualunquistico, all'idillio sdolcinato e, naturalmente, al ›lieto fine‹ dentro l'ordine prestabilito«[33] –, um im Folgenden noch einen Schritt weiterzugehen und den *neorealismo rosa* für das Erstarken einer Ideologie »der Plauderei und des Konsens«, »della conversazione e del consenso« mitverantwortlich zu machen.[34] Selbst den Säulenheiligen des italienischen Nachkriegskinos wird die Hinwendung zu, gängiger Wahrnehmung nach, bestenfalls vergnüglichen Belanglosigkeiten nicht verziehen: Am Beispiel der Arbeit Cesare Zavattinis – der in den fünfziger Jahren die Drehbücher für einige ›rosafarbene‹ Filme (mit)verfasste, darunter PRIMA COMUNIONE (DER GÖTTERGATTE, I/F 1950) und AMORE E CHIACCHIERE (LIEBE UND GESCHWÄTZ, I/F/E 1958) von Alessandro Blasetti sowie L'ORO DI NAPOLI (DAS GOLD VON NEAPEL, I 1954) von Vittorio De Sica – beschreibt Morando Morandini den Niedergang des Neorealismus:

> Das Ziel, das Alltagsleben zu beschreiben, diente als Entschuldigung für Skizzenhaftigkeit, die ins Pittoreske gewendete Realität und für die ins (meist römische oder süditalienische) Lokalkolorit abgerutschte Unmittelbarkeit. Das soziale Engagement und die starke, jedoch nur noch vereinzelt hochgehaltene Tradition des italienischen Dialekttheaters wurden durch Folklore verdrängt.[35]

32 Vgl. Comand 2008, 360.
33 Torri 1979, 39.
34 Vgl. ebenda, 40. Natürlich widerspricht all dies Torris Meinung nach dem Geist der »autentiche opere neorealistiche«.
35 Morandini 1998a, 323f. David Overbey erklärt De Sica und Zavattini, im Licht ihrer Filme aus den fünfziger und sechziger Jahren, geradezu für Verräter an der Sache des Neorealismus. Vgl. Overbey 1978, 25.

Die Liste der Anschuldigungen gegen den *neorealismo rosa* – und die an ihm beteiligten Regisseure und Drehbuchautoren – ließe sich noch lange fortsetzen;³⁶ auffällig ist, dass die Schärfe der Vorwürfe in einem eigentümlichen Missverhältnis steht zu dem, was man jenseits des allgemeinen Verrisses tatsächlich erfährt über SOTTO IL SOLE DI ROMA, PANE, AMORE E FANTASIA oder POVERI MA BELLI: als wäre die Untauglichkeit dieser Filme von vornherein ausgemacht und man müsste deshalb nur die bekannten Stichworte aufrufen, um die Angelegenheit ad acta zu legen.³⁷ Derartige Probleme haben die frühen Arbeiten Antonionis, Fellinis oder Pasolinis, wie CRONACA DI UN AMORE (CHRONIK EINER LIEBE, I 1950), I VITELLONI (DIE MÜSSIGGÄNGER, I/F 1953) oder ACCATTONE (ACCATTONE – WER NIE SEIN BROT MIT TRÄNEN ASS, I 1961) freilich nicht; niemand bestreitet die künstlerische Dignität dieser Regisseure, und ihre Filme werden in aller Ausführlichkeit diskutiert, gewürdigt und

---

36 Beispielsweise gehört auch Millicent Marcus zu denjenigen, die den *neorealismo rosa* eindeutig als Ergebnis eines Niedergangs begreifen: »No longer a protagonist in the historical process of renewal, neorealism could not retrench or revert to a Verghian position of passive witness to social injustice. Instead, it went underground, allowing a pseudo-version of itself to take over in the form of ›rosy neorealism‹, which mimicked the external trappings of the neorealist model without any of the attendant commitment to social analysis and consequent corrective action.« Marcus 1986, 28.
Angela Dalle Vacche – die im Kontext mit der Wiederkehr von Körperinszenierungen, die aus den Muskelmänner-Filmen des faschistischen Kinos bekannt sind, vor allem auf Silvana Magnanos Auftritt in AISO AMARO eingeht – bezeichnet die Filme des *neorealismo rosa* als »escapist comedies« und führt aus: »Pink neorealist comedies and the peplum films are *filoni*, rather than ›genres‹ in the Hollywood sense [...]. Unlike the Hollywood genre, the Italian *filone* has a brief life-span and an hypertrophic size. It would seem that the *filone* is a genre that degrades itself into an empty redundancy«. Dalle Vacche 1992, 54f.
Bei Mark Shiel heißt es: »[...] *neorealismo rosa* seemed to give expression to a ›healthy and constructive optimism‹ by incorporating strong elements of romance and conventional comedy while remaining neorealist in visual style (filmed on location in humble rural or urban settings). [...] such films displayed neither the political commitment nor the artistic innovation of neorealism and what realism they had was reassuring rather than revealing.« Shiel 2006, 87; vgl. auch ebenda 79 und 126.
Gian Piero Brunetta fasst die ästhetischen Strategien des *neorealismo rosa* – und die Haltung der Kritik gegenüber denselben – wie folgt zusammen: »Il riso, o anche il semplice sorriso, ottenuti con mezzi facili e sicuri, ricorrendo ai doppi sensi e alla parodia di figure e situazioni note, pur snobbati dalla critica per il qualunquismo delle battute e la ripetitività delle situazioni, toccano da subito aspetti importanti del vissuto collettivo, ponendo l'accento su comportamenti e contraddizioni diffuse e immettendo sempre delle pillole di fiducia nel difficile cammino dell'uomo nel dopoguerra.« Brunetta 2003, 138.
37 Hier stellt Millicent Marcus eine Ausnahme dar, widmet sie doch ein ganzes Kapitel ihres Buches *Italian Film in the Light of Neorealism* der Analyse von Comencinis PANE, AMORE E FANTASIA. Ihr Fazit allerdings weicht kaum von den landläufigen Urteilen über den *neorealismo rosa* ab: »When Carotenuto [die von Vittorio De Sica gespielte Hauptfigur des Films] asks the pauper what he puts on his bread and the response *is fantasia*, we realize from the perspective of the ending that this is no neorealist exposé of the failure of postwar reconstruction, but rather that it is a metacinematic statement about how Comencini is going beyond his neorealist predecessors. His film will not be about bread, it will be about love, though the story just happens to take place in a society where bread is in short supply. FANTASIA explains how stories about bread become stories about love, or in other word, how neorealism is transformed into rosy realism.« Marcus 1986, 143.

kritisiert. Eines aber ist den großen italienischen Filmautoren der sechziger Jahre und den Schmuddelkindern des *neorealismo rosa* gemein: Sie alle stehen im Schatten von ROMA, CITTÀ APERTA, PAISÀ und GERMANIA ANNO ZERO; von SCIUSCIÀ, LADRI DI BICICLETTE und UMBERTO D., von LA TERRA TREMA oder auch BELLISSIMA (I 1951). Vielleicht sollte man es, bezogen auf die Protagonisten des Autorenkinos, anders ausdrücken und sagen, dass kein Blick möglich scheint auf die Filme zumindest Antonionis und Fellinis,[38] der nicht immer schon Maß nähme an den ›Meisterwerken neorealistischer Ästhetik‹, Vergleiche ziehend und Abstände auslotend, mal implizit und mal explizit die Frage aufwerfend, was bestimmt werden kann an Trennendem und Verbindendem. Die Antworten auf diese Frage fallen recht unterschiedlich aus: Paul Monaco und Mark Shiel halten Antonioni und Fellini für Erben des Neorealismus, seine Tradition einerseits fortführend, andererseits mit ihr brechend;[39] Lorenz Engell und Andrew J. Rausch betonen die Kontinuität im italienischen Nachkriegskino;[40] Sam Rohdie und P. Adams Sitney sehen Antonioni vor allem in der Nachfolge Rossellinis,[41] während Marcia Landy

38 Pasolini nimmt tatsächlich eine Sonderstellung ein im italienischen Nachkriegskino. Zwar werden seine frühen Filme, wie gesagt, des öfteren mit gängigen Zuschreibungen an den Neorealismus abgeglichen; insgesamt aber erscheint Pasolinis Schaffen vielen seiner Interpreten wie ein eigener Kosmos. Dies mag daran liegen, dass es – zumal seit seinem Tod – üblich geworden ist, die Annahme einer engen Verzahnung von Leben und Werk zur Grundlage der Deutungen von Pasolinis künstlerischer und theoretischer Produktion zu machen. Bernhard Groß drückt es so aus: »Konstant an der Beschäftigung mit dem Dichter, Romancier, Filmemacher und Essayist Pier Paolo Pasolini und damit immer aktuell scheint allein das Rätsel um die Person selbst.« Groß 2008, 11. Freilich kritisiert Groß selbst die Fokussierung der Persönlichkeit Pasolinis: »Denn spätestens mit Gérard Genettes Erzähltheorie – der am weitesten ausgearbeiteten Strukturierung ästhetischer Erzählmuster – sind nicht nur Autor, Erzähler und Figur systematisch differenziert, sondern auch Fiktion und Faktizität, das heißt Illusion und Realitätsbezug der Erzählung, unterscheiden sich immer nur graduell, nie wesensmäßig voneinander. Genau diese wesensmäßige Trennung vollziehen viele Untersuchungen zu Pasolini, indem sie biographische Ereignisse als Metatext betrachten, der Fluchtpunkt der poetischen Arbeiten ist. Als Letztbegründung verstellen diese biographischen Bezüge die Analyse.« Ebenda, 13.
39 Vgl. z.B. Monaco 1987, 7, und Shiel 2006, 94. Insbesondere Mark Shiels Analysen von Antonionis CRONACA DI UN AMORE und Fellinis LE NOTTI DI CABIRIA (DIE NÄCHTE DER CABIRIA, I/F 1957) sind weitgehend dem Versuch gewidmet, das Verhältnis dieser Filme zu einer Idee neorealistischer Poetik zu klären. Vgl. ebenda 96-104 und 113-121.
40 So schreibt Engell: »Die Handlungen der Figuren helfen bei der Sinnorientierung nicht mehr weiter, denn die Helden, die oft von einer undurchschaubaren und entweder übermächtigen (LADRI DI BICICLETTE) oder gestaltarmen (I VITELLONI) Wirklichkeit umzingelt werden, und die einzig und allein die Aufgabe zu lösen haben, sich in dieser Welt zu situieren, rücken selbst in die Position der Zuschauer gegenüber dem Film ein. Es stößt ihnen mehr zu als sie selbst ausrichten können, und der entscheidende Punkt ist für sie das Treffen einer Entscheidung, einer Wahl. Auch dieser Aspekt findet seine Fortsetzung über den Neorealismus hinaus etwa bei Pasolinis oder Antonionis Hauptfiguren.« Engell 1992, 178. Deutlich schlichter argumentierend, sieht Rausch jene Kontinuität im italienischen Nachkriegskino durch das fortgesetzte Interesse für das Alltagsleben der Menschen gewährleistet. Vgl. Rausch 2004, 126.
41 Rohdie führt aus: »In so far Antonioni relates to Italian neo-realism and perhaps most of all to Rossellini it is partly here in this reticent narration and documentation of objects, events, figures on the side of the camera without immediately functioning as signs and objects of a pre-known, pre-organized narrative. But there is another element in common, as well with, if not neo-realism,

vorrangig in Fellinis Verhandlungen über die Themen von Zeit und Zufälligkeit sowie Antonionis Neigung zu vieldeutigen Enden die Möglichkeit einer Rückbindung an den Neorealismus erkennt;[42] Lino Miccichè macht bei Fellini im Allgemeinen und seinen Filmen der sechziger Jahre im Besonderen eine Abkehr von »der Wirklichkeit« aus, wohingegen Antonioni stets danach gestrebt hätte, dieselbe zu konfrontieren;[43] Pierre Sorlin schließlich vertritt die Auffassung, dass beide Regisseure mehr an der Erprobung und Erweiterung der Möglichkeiten des Mediums Kino interessiert gewesen wären als an der Erkundung sozialer Realität,[44] und Morando Morandini meint, spätestens L'AVVENTURA (DIE MIT DER LIEBE SPIELEN, I/F 1960) und LA DOLCE VITA (DAS SÜSSE LEBEN, I/F 1960) hätten ›entschlossen mit der Vergangenheit gebrochen‹, mithin »die Welle der bevorstehenden Entwicklungen« angekündigt.[45]

Der Königsweg zum Spukhaus
Den Urhebern all dieser Einschätzungen – wie verschieden immer – ist gemein, dass sie versuchen, die Wandlungen im italienischen Nachkriegskino zu begreifen, indem sie den Ort aufsuchen, von dem alles seinen Ausgang nahm; zugleich Gipfel und Quellsprung gestattet dieser Ort den Blick über ein weites Panorama, erlaubt, die das Umland durchziehenden Flüsse von ihrem gemeinsamen Austritt an in ihrem Lauf zu verfolgen, bis sie versickern oder in der Ferne sich verlieren. In einer derartigen Perspektive versteht man, warum es die wenigsten Autoren der Mühe wert erachten, all das Verwerfliche, was sie am *neorealismo rosa* entdecken, an den Gegenständen ihrer Untersuchung nachzuweisen. Aus ihrer Sicht erübrigt sich dies tatsächlich, weil ihnen mit den ›Meisterwerken neorealistischer Ästhetik‹ das Ideal eines guten Kinos vor Augen steht, welches offenkundig nicht *d'accord* geht mit der »oberflächlichen Satire«, der »unpolitischen Anspielung«, dem »süßlichen Idyll« oder gar dem »glücklichen Ende«. Präzise hierin aber liegt das Problem. Denn einmal mehr droht ein durch »den Neorealismus« präfiguriertes Denken seine Voraussetzungen mit seinen Ergebnissen zu verwechseln. Ehe man weiß, ob das Kino in schweren Zeiten fröhlich sein – beziehungsweise sich den Anschein des Fidelen geben – darf, oder ob unter solchen

certainly Rossellini: the documentation of the ›writing‹, the presence of the camera seeking to find, and waiting to find, its subject. In the case of Rossellini the subject is more certain and the apprehension of it relatively unproblematic; in Antonioni, the uncertainty and slippage of the subject becomes the drama of the narrative.« Rohdie 1990, 149f. Sitney schließt sich dieser Deutung an und ergänzt »that Antonioni refined and nuanced the Bergman heroines«, vor allem in den von Monica Vitti gespielten Frauenfiguren seiner Filme der sechziger Jahre. Vgl. Sitney 1995, 145.
42 Vgl. Landy 2000, 138 und 296.
43 Vgl. Miccichè 1975, 235 und 237.
44 Vgl. Sorlin 1991, 168-169.
45 Vgl. Morandini 1998b, 541.

Umständen allein Zerknirschung sich ziemt, muss man ja erst einmal wissen, wovon die Rede ist, wenn es heißt: ›das Kino‹. Dies nun glaubt jeder zu wissen, der über das italienische Nachkriegskino schreibt, weil er oder sie eben weiß, was der Neorealismus ist. Allein der Neorealismus markiert, wie wir gesehen haben, weit eher einen eingebildeten als einen realen Ausgangspunkt: Werden sie auf ihre Stichhaltigkeit abgeklopft, zerstieben die Gewissheiten über seine Ästhetik oder Ethik schnell in alle Winde.

Man könnte den Neorealismus also mit Thomas Elsaesser das »historisch Imaginäre«[46] des italienischen Nachkriegskinos nennen, insofern sich mit dieser Denkfigur eine spezifische Zeitlichkeit beschreiben lässt: Etwas, dem anfangs keine Wirklichkeit zukommt (oder das zumindest schwer nur erfasst werden kann), gewinnt nach und nach ungeheure Wirkmacht, vermittels einer Rede, die es stets aufs Neue heraufbeschwört, und wird schließlich »ein vorwärts wie rückwärts durch die Zeit reisendes, scheinbar immer wiederkehrendes Double«.[47] Hinter der Eindeutigkeit der Rede, der Wucht des von ihr entfalteten Wahrheitsanspruchs, droht der Ursprung dieser Rede ebenso zu verschwinden wie das, was, mehr oder weniger freiwillig, in ihre Kreise eintritt: Sie nimmt tatsächlich eine untote Daseinsform an, wird zu einem Wiedergänger, einem Gespenst oder, wie Elsaesser schreibt, zu einem »Doppelgänger«[48]. Somit verwandelt sich das kinematografische Ideal unter der Hand in ein Phantasma, und die Gemäuer, in denen es umgeht, drohen gerade aufgrund des Spuks zu verfallen. Die uneingelösten Versprechungen des Vergangenen halten die verschiedenen Gegenwarten in ihrem Bann; und der Bann ist solcherart, dass er aller Augen und Ohren nur erlaubt, das zu sehen und zu hören, was an der Gegenwart von dem Vergangenen offenbar wird.

Dabei dreht sich auch die Bestimmung des Verhältnisses zwischen Neorealismus und *neorealismo rosa* oder den Protagonisten des Autorenkinos weniger um die Entscheidung, was zutreffend ist und was nicht. Im Einzelnen mögen viele der hier zitierten Urteile und Verlautbarungen wohlbegründet sein (obwohl es zweifelsohne zu kurz greift, Filme wie SOTTO IL SOLE DI ROMA, PANE, AMORE E FANTASIA und POVERI MA BELLI ausschließlich unter ideologiekritischer Ägide zu betrachten). Vor allem

---

46 Vgl. Elsaesser 1999, 9-13; vgl. auch Elsaesser 2000, 3-5, und Elsaesser 1992.
47 Elsaesser 1999, 10.
48 In der englischen Ausgabe von Elsaessers Weimar-Buch heißt es: »Weimar cinema is not just (like) any other period of German cinema, it is this cinema's *historical imaginary*, which suggests that it is ›the German cinema and its double‹: in fact, it became a *Doppelgänger* of its own pre-history: foreshadowed in the ›kino-debate‹ of the 1910s, it shadowed the Nazi-cinema that selectively tried to (dis)inherit it in the 1930s. On the other side of the Atlantic, in the 1940s, it legitimated – almost equally selectively, as film noir – the work of German émigré film makers, before it was dug up again in the 1970s, to lend a historical pedigree to the New German Cinema of Syberberg, Herzog and Wenders.« Elsaesser 2000, 4.

müssen wir verstehen, was die Grenzen dieser Rede sind, wo ihre Möglichkeiten enden.
Die Antwort auf diese Frage führt zurück an den Anfang unserer filmhistorischen Untersuchung. Sie sollte der Verdeutlichung dienen, was gewonnen ist mit der Einführung eines Paradigmas der Stadtinszenierung. Nun hat sich gezeigt, dass der Neorealismus einerseits, wie Millicent Marcus schreibt, den Königsweg des italienischen Nachkriegskinos darstellt, andererseits aber in keiner Weise präzise bestimmt werden kann, nicht durch eine Ästhetik, nicht durch eine Ethik; ja nicht einmal darüber herrscht Einigkeit, welche Filme ihm zuzurechnen sind.[49] Wesentliche Grundannahmen, Kategorisierungen und Urteile über das italienische Nachkriegskino kreisen somit um ein leeres Zentrum.[50] Dessen ungeachtet behauptet die Forschung bis in die jüngste Zeit hinein die Gültigkeit eines Ordnungssystems, das vornehmlich die Unterteilung zwischen Neorealismus, *neorealismo rosa* und selbstreflexivem Autorenkino kennt – und die Eilfertigkeit, mit der etwa PANE, AMORE E FANTASIA noch immer als versöhnlerisch und verlogen abgeurteilt wird, zeigt, dass auch die mit diesen Schlagworten verbundenen Wertungen kaum etwas von ihrer Verbindlichkeit eingebüßt haben.

»Ein anschaulicher Modus des Denkens«
Versucht man nun, das italienische Nachkriegskino unter dem Vorzeichen des Paradigmas der Stadtinszenierung zu denken, wird gleichsam die Perspektive umgekehrt. In den Blick gerät, was sonst droht unter dem Gewicht der Zuschreibungen verschüttet zu bleiben. Mit anderen Worten: die Filme selbst sollen daraufhin befragt werden, welche Erfahrungsmodi sie erlauben, welches Denken von Geschichte und Gesellschaft sie ermöglichen vermittels der Konstruktion bestimmter Zuschauerpositionen. Diesem Ansatz liegt – neben dem filmanalytischen Modell, das zu Beginn der vorliegenden Arbeit diskutiert wurde – nicht zuletzt der Gedanke Stanley Cavells zugrunde, dass sich die Möglichkeiten des Kinos keineswegs medienontologisch herleiten lassen als etwas, das den Filmen aufgrund eines technischen Dispositivs ohnehin gegeben wäre; dass diese Möglichkeiten vielmehr nur soweit verwirklicht sind, wie es eben Filme gibt, die sie verwirklicht haben.[51] Was UMBERTO D. ist, was POVERI MA

---

49 Vgl. z. B. Shiel 2006, 3f.
50 Es ist vielleicht keine allzu kühne Annahme, dass dies nicht nur für das italienische Nachkriegskino gilt. Anja Streiter hat beispielsweise dargelegt, dass die filmhistorische Kategorie »Nouvelle Vague« auf ähnliche Weise ins Leere läuft wie der »Neorealismus«. Vgl. Streiter 2006, 19-25.
51 »The first successful movies – i.e., the first moving pictures accepted as motion pictures – were not applications of a medium that was defined by given possibilities, but the *creation of a medium* by their giving significance to specific possibilities. Only the art itself can discover its possibilities, and the discovery of a new possibility is the discovery of a new medium.« Cavell 1979, 32. Vgl. hierzu und zum Folgenden auch Kappelhoff 2008, 14-16.

BELLI und was L'ECLISSE (LIEBE 1962, I/F 1962), lässt sich also gerade nicht dadurch klären, dass man diese Filme einer Epoche, einer Strömung oder einer Schule zuordnet; es lässt sich aber auch nicht klären, indem man sie schlichtweg dem Paradigma der Stadtinszenierung subsumiert. Die wesentlichen Elemente dieses Paradigmas – die Poetik der Schmerzensspuren und das Strukturprinzip der Stadtreise – geben keineswegs alle Antworten vor; sie dienen vielmehr als Leitfaden der Analyse, und es gilt, die jeweilige Ausprägung der kinematografischen Konfigurationen zu bestimmen, die solcherart bezeichnet sind. Damit verknüpft sich die Annahme, dass das Paradigma der Stadtinszenierung einerseits distinkt genug ist, um sichere Unterscheidungen zu gewährleisten, andererseits hinreichend flexibel, um zu erhellen, was es tatsächlich an Trennendem und Verbindendem gibt zwischen den ›Meisterwerken neorealistischer Ästhetik‹ den ›eskapistischen Komödien des *neorealismo rosa*‹ und den Autorenfilmen, die mit ›der Vergangenheit brechen und Wellen der Neuerung ankündigen‹.

Die bereits genannte Grundthese vorliegender Arbeit – dass das Paradigma der Stadtinszenierung dienlich ist, um das italienische Nachkriegskino als eine spezifische Form von Geschichtlichkeit zu bestimmen – lässt sich vor diesem Hintergrund genauer fassen: Wir wollen nunmehr davon ausgehen, dass sich an den Stadtinszenierungen beispielhaft realisiert, was Rancière dem Film ganz allgemein zuschreibt: Er stelle die Kunst dar, »die die Identität eines anschaulichen Modus des Denkens und eines denkenden Modus der anschaulichen Materie realisiert«[52]; somit erfülle er das »älteste Programm der Ästhetik«, denn diese sei »der Gedanke der Veranschaulichung, die die Ideen vergemeinschaftet, die eine Gemeinschaft in den Besitz der anschaulichen Form ihrer Idee bringt.«[53] Eben hierin bestünde auch das Einigende zwischen den verschiedenen Ausprägungen des Paradigmas der Stadtinszenierung; sie alle werden von dem italienischen Kino genutzt, um eine unausgesetzte Verhandlung darüber zu führen, welche ›Idee der Gemeinschaft‹ dem Land eigne, so eine solche Idee – in einem wie immer übergeordneten, verbindlichen Sinn – überhaupt noch ausgemacht werden kann: eine Verhandlung, die sich vollzieht im Rückbezug auf die Hoffnungen, die am Ende des Zweiten Weltkrieges standen, ebenso wie im Eingedenken an die Enttäuschungen, die folgen sollten in den kommenden Jahren. Indem das italienische Nachkriegskino, vermittels des Paradigmas der Stadtinszenierung, diese Verhandlung eröffnet, rekurriert es auf eine kinematografische Utopie, die sich mit den Worten Hermann Kappelhoffs beschreiben lässt als

---

52 Rancière 2003, 241.
53 Ebenda, 240.

[...] die Idee eines Bildes, das imstande wäre, die soziale Welt in vollkommen sinnlicher Evidenz auszubreiten; ein Bild, das die Gesetze und Bedingungen, die Gewalten und die Notwendigkeiten, die das Leben der Gemeinschaft durchherrschen und konstituieren, als ein individuell-leibliches, leibhaftes In-der-Welt-Sein in Szene setzt. Anschaulich, greifbar kann dieses Leben nur in den konkreten ästhetischen Operationen, Interventionen und poetischen Konzeptionen sein; sinnlich evident ist es als eine immer neu entworfene und gedachte, immer neu zu entwerfende und zu denkende Möglichkeit, die Realität der Gesellschaft wahrnehmbar werden zu lassen. In dieser Perspektive bezeichnet das Kino eine kulturelle Praxis der Bestimmung und Verschiebung der Orte, von denen aus das soziale Leben als sinnlich evidentes Verhältnis greifbar wird.[54]

Um zu verstehen, was das konkret bedeuten könnte, wollen wir uns nun einem Film zuwenden, der nicht nur unter die bekanntesten des italienischen Nachkriegskinos zählt und vielen als Vollendung des Neorealismus gilt, sondern – zudem und vor allem – sämtliche Merkmale, die das Paradigma der Stadtinszenierung ausmachen, in bemerkenswerter Vollständigkeit enthält.

Ein exemplarischer Film
Vittorio De Sicas UMBERTO D.

Bazin, Kracauer und die Quadratur des Kreises
Vergegenwärtigt man sich noch einmal die Zuschreibungen an den italienischen Neorealismus, so kommt man kaum umhin festzustellen, dass die filmwissenschaftliche Forschung, was dies betrifft, seit André Bazin nur wenig vorangekommen ist. Schon gegen Ende der vierziger Jahre versuchte Bazin den Neorealismus – den er damals noch als die »italienische Schule nach der Befreiung« titulierte[55] – vermittels einer Bestimmung seiner Ästhetik und seiner Ethik zu erfassen und entwickelte im Zuge dieses Versuches so manchen Gedanken, der uns mittlerweile bekannt vorkommen dürfte. So erkennt er die ›Ethik der Ästhetik‹ des Neorealismus in einem »*revolutionären Humanismus*«, einer »*Liebe und Ablehnung der Wirklichkeit*«.[56] Bazin führt aus:

---

54 Kappelhoff 2008, 15.
55 Vgl. Bazin 2004b. Der Titel des höchst einflussreichen Essays von 1948 lautet: »Der filmische Realismus und die italienische Schule nach der Befreiung«.
56 Vgl. ebenda, 302.

Die jüngsten italienischen Filme sind zumindest vorrevolutionär; implizit oder explizit, durch Humor, Satire oder Poesie, kritisieren sie die gesellschaftliche Wirklichkeit, derer sie sich bedienen, doch sie verstehen es, selbst noch in ihren deutlichsten Stellungnahmen, diese Wirklichkeit nie als Mittel zum Zweck zu behandeln. Sie zu verurteilen setzt keine Böswilligkeit voraus. Die Filme vergessen nicht, dass die Welt, bevor sie etwas zu Verurteilendes ist, einfach ist.[57]

Und über die Komposition und Montage von PAISÀ heißt es:

Tatsachen sind Tatsachen, unsere Vorstellungskraft benutzt sie, doch sie haben nicht a priori die Funktion, ihr zu dienen. Bei der üblichen filmischen Auflösung (mittels eines Verfahrens, welches der Erzähltechnik des klassischen Romans ähnelt) macht sich die Kamera über die Tatsache her, zerstückelt, analysiert sie und setzt sie wieder zusammen; zwar verliert die Tatsache ihre eigentliche Substanz nicht völlig, doch sie wird in eine Abstraktion gehüllt, wie der Lehm des Ziegelsteins in die noch fehlende Mauer, die seine Quaderform vervielfachen wird. Auch bei Rossellini nehmen die Tatsachen einen Sinn an, doch nicht wie ein Werkzeug, dessen Funktion seine Form im voraus bestimmt. Die Tatsachen folgen aufeinander, und der Verstand kann im Grunde nicht anders, als ihre Ähnlichkeit untereinander zu bemerken, und dass sie, da sie sich ähnlich sind, am Ende etwas bedeuten, was in jeder von ihnen schon enthalten war und was, wenn man so will, die Moral von der Geschichte ist.[58]

Wenn die Überlegungen Bazins hier ausführlich wiedergegeben wurden, so nicht, um erneut den Abstand zwischen der Rede über den Neorealismus und den ›Meisterwerken neorealistischer Ästhetik‹ selbst zu vermessen. Was uns interessieren sollte, ist vielmehr, dass Bazin mit größerer Insistenz und Klarheit als die meisten seiner Nachfolger auf eine besondere Eigenschaft der Filme hinweist, welche er der »italienischen Schule nach der Befreiung« zuordnet: Diese nämlich, so sagt er uns, »vergessen nicht, dass die Welt, bevor sie etwas zu Verurteilendes ist, einfach ist«; ihre Bildlichkeit zeichnet sich durch die Achtung vor der Integrität der »Tatsachen« aus. Derartige Formulierungen verweisen auf eine Überzeugung, die Bazin anderswo ganz offen benennt; sie besagt, dass das neorealistische Kino zuallererst durch einen bestimmten »ontologischen Standpunkt« geprägt sei:[59] »Der Neorealismus kennt nur die Immanenz. Einzig vom Anblick, von der reinen Erscheinung der Menschen und der Welt leitet er im nachhinein die Lehren ab, die sie in sich bergen. Er ist eine

---

57 Ebenda, 302.
58 Ebenda, 319.
59 Vgl. Bazin 2004c, 358.

Phänomenologie.«[60] In dieser Perspektive zeichnen sich die Filme, die etwa Visconti, Rossellini und De Sica zwischen Mitte der vierziger und Anfang der fünfziger Jahre gedreht haben, dadurch aus, dass sie eben nicht immer schon wissen, was Geschichte ist, was Gesellschaft und was Wirklichkeit: Wenn sich der Arbeiter aus De Sicas LADRI DI BICICLETTE auf die Suche nach seinem Fahrrad begibt, wenn der kleine Junge aus Rossellinis GERMANIA, ANNO ZERO einsam und verlassen durch die Ruinen Berlins irrt, wenn die sizilianischen Fischer aus Viscontis LA TERRA TREMA zum Fang ziehen, dann werden die Verzweiflung und Verlorenheit, die Mühen und kleinen Freuden dieser Figuren nicht aufgehoben in einem höheren, sinnstiftenden Ordnungsprinzip – mit einer solchen Zusammenfassung tut man der Position des französischen Kritikers gewiss nicht unrecht. Doch gibt es eine innere Spannung in Bazins Denken über den Neorealismus. So schreibt er 1949 über LADRI DI BICICLETTE, es handle sich hierbei sicherlich um den

> [...] einzig gültige[n] kommunistische[n] Film der letzten zehn Jahre, gerade weil er auch dann nicht seinen Sinn verliert, wenn man von seiner gesellschaftlichen Bedeutung abstrahiert. Seine soziale Botschaft ist nicht losgelöst, sie bleibt dem Geschehen immanent; dennoch ist sie so deutlich, dass keiner sie übersehen, geschweige denn sich ihr verweigern kann, da sie niemals als Botschaft formuliert wird. Die implizierte These ist von ebenso wunderbarer wie erschreckender Einfachheit: In der Welt, in der dieser Arbeiter lebt, müssen die Armen, um zu überleben, *sich gegenseitig bestehlen.*[61]

Man sollte an dieser Stelle einen Moment innehalten, um sich die vertrackte Struktur von Bazins Argument zu verdeutlichen: Wir haben es mit einer Botschaft zu tun, die nicht als Botschaft formuliert wird, als implizierte These aber eine ungeheure Wirkmacht entfaltet, wobei diese These nicht nur von »wunderbarer und erschreckender Einfachheit« ist, sondern zudem eine atemberaubend umfassende Gültigkeit behauptet. Und was wie die Quadratur des Kreises klingt, kann LADRI DI BICICLETTE vollbringen, weil die Botschaft, die keine ist, stets dem Geschehen immanent bleibt. Oder um Gedanken zu paraphrasieren, die Bazin in Hinblick auf PAISÀ geäußert hat: ›Der Verstand kann sich dieser Botschaft gerade deshalb nicht entziehen, weil sie ihm von der Wirklichkeit selbst vermittelt wird.‹[62]

60 Ebenda, 357.
61 Bazin 2004d, 339. Thomas Meder spricht in Hinblick auf LADRI DI BICICLETTE von einer »kalkulierte[n] Zufallsästhetik«, ohne indessen zu erläutern, was genau das seiner Meinung nach bedeutet. Vgl. Meder 1993, 331.
62 Vgl. Bazin 2004b, 319.

Was nun haben Bazins Ausführungen, sie mögen zutreffend sein oder nicht, mit dem Paradigma der Stadtinszenierung zu schaffen, wenn doch soeben die Behauptung aufgestellt wurde, dass dieses Paradigma ein Denken über das italienische Nachkriegskino eröffnet, das verschlossen bleiben muss, solange man sich an Unterteilungen wie Neorealismus, *neorealismo rosa* und selbstreflexives Autorenkino hält? Gehen wir zunächst davon aus, dass Bazins Überlegungen nicht einfach der Lust an der Paradoxie entspringen, sondern tatsächlich etwas Wesentliches erfassen an der Wirkungs- und Funktionsweise von LADRI DI BICICLETTE und zahlreichen anderen Filmen des italienischen Nachkriegskinos. Gehen wir weiterhin davon aus, dass sowohl der »ontologische Standpunkt«, den Bazin hier für den Neorealismus geltend macht, als auch die Konstruktion des Bildes einer Gesellschaft, die er an LADRI DI BICICLETTE beschreibt, sich dann analytisch einholen lassen, wenn man beides – die ontologische Unvoreingenommenheit gegenüber Gesellschaft und Geschichte sowie der anklagende Blick auf dieselben – zuvörderst als Insignien jener Filme begreift, die dem Paradigma der Stadtinszenierung zugehören. Löst man Bazins Gedanken solcherart von den Kategorisierungen ab, denen er verhaftet bleibt – sei es »die italienische Schule nach der Befreiung«, sei es »der Neorealismus« –, so vermögen sie tatsächlich, einige grundlegende Erkenntnisse über das italienische Nachkriegskino zu befördern.

Die folgende Untersuchung zielt entsprechend darauf, das, was bei Bazin wie ein reines Paradoxon erscheint, als ästhetisches Konstruktionsprinzip (genauer: eines der wesentlichen Konstruktionsprinzipien der Stadtinszenierungen) aufzuschlüsseln, das sich seinerseits in der Erfahrung des Zuschauers realisiert. Zu diesem Zweck soll ein anderer Film Vittorio De Sicas untersucht werden, der gegenüber LADRI DI BICICLETTE den Vorteil hat, dass die Enden der interpretatorischen Zuschreibungen in seinem Fall noch weiter gespannt sind. Die Rede ist von UMBERTO D.

Heutzutage gilt UMBERTO D. gemeinhin als ein Höhepunkt des italienischen Neorealismus. 1952 jedoch, als der Film erstmals in die Kinos kam, stieß er bei Publikum und Kritik vor allem auf Unverständnis. Bazin, der in UMBERTO D. schon damals ein »makelloses Meisterwerk«[63] erblickte, bildete mit seiner Einschätzung zunächst die Ausnahme. Warum dies so ist, kann man leichter nachvollziehen, wenn man sich klarmacht, dass der französische Kritiker an De Sicas Film gerade die Absage an jegliche konventionelle Dramaturgie hervorhebt. Folgt man Bazin, inauguriert UMBERTO D. stattdessen die »ontologische Gleichwertigkeit« der aufeinander folgenden »konkreten Augenblicke des Lebens, von denen keiner den Anspruch erheben kann, wichtiger zu sein als der andere«[64], und

63 Bazin 2004e, 375.
64 Ebenda, 377.

ist deshalb derjenige Film, der dem kinematografischen Ideal Cesare Zavattinis – zusammen mit Guido Aristarco, Gründer von »Cinema Nuovo«, der einflussreichste Theoretiker des Neorealismus und Drehbuchautor der meisten Filme De Sicas – am nächsten kommt: ohne einen Schnitt neunzig Minuten aus dem Leben eines Mannes zu zeigen, in denen nichts geschieht.

Damit ist die eine Linie in der Interpretation von UMBERTO D. markiert; sie führt bis zu Deleuze, für den De Sicas Film aus ähnlichen Gründen wie den von Bazin genannten eine prominente Rolle einnehmen kann bei der Bestimmung des »Kinos des Sehenden«, das aus reinen optischen und akustischen Situationen besteht und dem das handlungsmächtige Subjekt ebenso abhanden gekommen ist wie eine ausdeutbare Welt.[65] In der neueren und neusten Literatur zum Neorealismus im Allgemeinen und De Sica im Speziellen wird freilich ein anderer Schwerpunkt gesetzt: UMBERTO D. – so heißt es mit großer Einmütigkeit in den verschiedenen Studien – offenbare die Zerstörung von Menschlichkeit, die überdauert habe, noch lange, nachdem die Trümmer der zerbombten Häuser weggeräumt wurden; er prangere eine Gesellschaft an, die erbarmungslos ausstößt, was alt ist und arm und schwach, was nicht Schritt halten kann im allseitigen Fortschrittstaumel; er mache, in der Figur des pensionierten Staatsdieners Umberto Domenico Ferrari, die unerträgliche Einsamkeit spürbar, die damit einhergeht, solcherart entsorgt, für nichts und von niemandem mehr gebraucht zu werden.[66]

Es gibt keinen Anlass, diese Deutungen grundsätzlich in Zweifel zu ziehen. Tatsächlich scheint kaum ein Zuschauer denkbar, der De Sicas Film nicht mit der Empfindung verlässt, eine verheerte Menschlichkeit, eine verfallende Sozietät bezeugt zu haben. Abgesehen davon aber, dass noch unklar ist, an welchem Punkt die beiden Linien der Interpretation von UMBERTO D. zusammentreffen, richtet sich an die zuletzt genannten Deutungen dieselbe Frage, mit deren Beantwortung schon Bazin in seinem Essay zu LADRI DI BICICLETTE gerungen hat. In Hinblick auf UMBERTO D. lautet sie: Wie kommt man von der Geschichte eines alten Mannes, der nicht mehr weiß, wie es für ihn und seinen Hund weitergehen soll, zum Bild einer ganzen Gesellschaft? Eine nahe liegende Annahme wäre, dass Wohl und Wehe des Italiens der Nachkriegsjahre im Film explizit verhandelt würden, beispielsweise in den Dialogen. Wer UMBERTO D. gesehen hat, weiß indessen, dass dem nicht so ist. Die Gespräche, welche die Figuren des Films führen, drehen sich fast ausschließlich um Alltagsprobleme, vor allem um jene Fragen, die Umberto

---

65 Vgl. Deleuze 1991, 11-26.
66 Vgl. Shiel 2006, 68; Sorlin 1991, 124; Cardullo 2002, 54. Vgl. auch Brunetta 2003, 167, und Landy 2000, 133. Mitunter finden sich beide interpretatorische Ansätze auch unverbunden nebeneinander gestellt. Vgl. Borelli 1990, 79.

existentiell bewegen, Fragen des Geldes: »Was kann ich für welche Summe verkaufen? Wie kann ich meine Schulden bezahlen, um nicht im Armenhaus zu enden?« Zwar klagt er hin und wieder über seine niedrige Pension oder über die Gleichgültigkeit seiner Mitmenschen, aber es gibt in De Sicas Film keinen einzigen Dialog, der die Züge eines Pamphlets annähme. Auch ist die Inszenierung bemüht, jenen Szenen, die offenkundig von sozialen Spannungen und Verwerfungen erzählen, gerade keinen allegorischen Charakter zu verleihen, etwa in dem Sinn, dass Umberto auf eine Personifikation der unterdrückerischen Staatsmacht oder des ausbeuterischen Reichtums träfe: Die Polizisten, die gegen die Demonstration der Rentner vorgehen, mit welcher der Film beginnt, tun dies in eher unaufgeregter Weise, und Umbertos ehemaliger Vorgesetzter im Ministerium begegnet dem alten Mann weder mit besonderer Anteilnahme noch schroff-zurückweisend. Wenn die Verbindung zwischen dem alltäglichen Einzelschicksal und der Verhandlung über den Zustand der Gesellschaft aber nicht auf der Ebene der von De Sica erzählten Geschichte vorgenommen wird – wo dann?

Ein Gedanke, den Siegfried Kracauer über die Filme Rossellinis, Fellinis und De Sicas geäußert hat, gibt einen ersten Anhaltspunkt dafür, wo sich jene Verbindung auffinden lässt. Nachdem Kracauer festgestellt hat, die genannten Regisseure würden es verabsäumen, »die Elemente oder Einheiten ihrer Handlungen auf rationale Weise zu verbinden«, da ihnen »eine gerade Linie« unmöglich zu sein scheine, stellt er fest: »Gleichzeitig ist es jedoch, als besäßen sie eine Wünschelrute, die sie befähigt, auf ihren Streifzügen durchs Labyrinth physischer Existenz Phänomene und Geschehnisse von ungeheurer Bedeutung zu entdecken.«[67] Für unseren Zusammenhang ist entscheidend, was De Sicas Wünschelrute Kracauer zufolge im Falle von UMBERTO D. aufspürt. Er benennt »die Straße, die ins möblierte Zimmer eindringt, und die Reihen römischer Hausfassaden, wie man sie von einem fahrenden Autobus aus sieht.«[68]
Fast beiläufig rückt Kracauer hier – wie übrigens auch in seinen Beispielen zu Rossellini und Fellini – das Motiv der Stadtreise in den Blick, das, wie wir gesehen haben, einen wesentlichen Bestandteil des Paradigmas der Stadtinszenierung bildet. In UMBERTO D. verbindet es sich auf exemplarische Weise mit der Poetik der Schmerzensspuren, vereinigt solcherart, was es zugleich trennt: das Individuelle und das Soziale, das Randständige und das Epochale, den Augenblick und die Driften der Geschichte. Um diese These verständlicher zu machen, soll zunächst die Struktur von De Sicas Film erläutert werden.

67 Kracauer 1985, 337.
68 Ebenda, 337.

Prozesse von Vereinigung und Trennung

UMBERTO D. beginnt mit einer Demonstration von Pensionären. Die alten Männer rufen nach einer Erhöhung ihrer Rente, doch als die Polizei den ungenehmigten Marsch auflöst, können sie dem nichts entgegensetzen. Nachdem sich die Demonstranten zerstreut haben, beginnt die erste Stadtreise Umbertos (Carlo Battisti), in deren Verlauf es ihm gelingt, seinen Hund Flaik mit Pasta zu füttern und seine Taschenuhr für 3.000 Lire zu verkaufen. Dieser ersten Stadtreise werden bis zum Schluss des Films drei weitere folgen. Es sind Sequenzen, die Bewegung und Suche kennzeichnet: Zweimal durchstreift Umberto die Stadt im Bemühen, Geld aufzutreiben; einmal sucht er nach dem entlaufenen Flaik und einmal nach einer Möglichkeit, das Tier unterzubringen, ehe er selbst in den Tod gehen will. Den vier Stadtreisen stehen vier Sequenzen in Umbertos Wohnung gegenüber, die sich zusammensetzen aus Unterhaltungen mit dem Hausmädchen Maria (Maria-Pia Casilio), Streitigkeiten mit der Padrona Antonia (Lina Gennari) und Szenen, die alltägliche Abläufe im Leben von Umberto und Maria zeigen: der alte Mann, wie er sich für die Nacht zurechtmacht und schlaflos im Bett liegt; das Hausmädchen, wie es sein Tagwerk beginnt, Ameisen ertränkt und Kaffee mahlt. Tatsächlich sind es vor allem diese Momente, auf welche sich Bazin und Deleuze beziehen, wenn sie an De Sicas Film hervorheben, dass er die Inszenierung reiner Dauer anstrebe, die Zeit selbst zum Gegenstand kinematografischer Gestaltung mache.

Im Unterschied dazu beschreiben die Stadtreisen Umbertos das Ringen des Protagonisten um seine Handlungsmächtigkeit; in immer neuen Anläufen versucht der alte Mann, sein Leben dem blinden Strömen der Ereignisse zu entreißen, Entscheidungen zu treffen, Einfluss zu nehmen. Die Verschiedenheit in der Inszenierung der Stadtreisen auf der einen Seite und des Alltags in der Wohnung auf der anderen Seite wird durch die episodische Gliederung der erstgenannten Sequenzen unterstrichen, die vermittels je einmaliger Begegnungen Umbertos realisiert ist, zumeist mit Fremden, manchmal mit alten Bekannten, die sich abheben von den wiederholten Gesprächen mit Maria und den Auseinandersetzungen mit der Vermieterin.

Auf die erste Stadtreise Umbertos, die etwa zehn Minuten dauert, folgen drei lange Sequenzen in der Wohnung, die – unterbrochen von einem Zwischenspiel, in dem Umberto alte Bücher verkauft, um sich Geld zu verschaffen – eine halbe Stunde beanspruchen. Dieser Teil des Films endet mit Umbertos Einlieferung ins Armenkrankenhaus, die er selbst erwirkt hat, um so die Kosten für Essen und Trinken einzusparen. Die Szene im Hospital durchbricht die Folge von Stadtreisen und Wohnungssequenzen und markiert zugleich – nicht zufällig, wie sich zeigen wird – den Mittelpunkt von UMBERTO D. Nach der Atempause, die ihm der Aufenthalt im Krankenhaus verschafft hat, kehrt der alte Mann in seine Wohnung zurück, wo er sich erneut, und in zugespitzter Weise, mit den Schwierigkeiten konfrontiert sieht, denen er zuvor entflohen war. Die Padrona hat in Abwesenheit ihres Schuldners umfängliche Renovierungsarbeiten ins Werk gesetzt, die auch dessen Zimmer betreffen: Umberto findet Arbeiter vor, die die Tapeten von den Wänden kratzen, während kein einziges Möbelstück mehr an seinem Platz scheint. Schlimmer noch: Flaik ist entlaufen, während sich sein Herrchen im Hospital zu erholen suchte. Dieses erneute Zwischenspiel, in dem die Verlorenheit und Überforderung des alten Mannes endgültig zum Greifen werden, bildet den Auftakt für die zweite und dritte Stadtreise: Umberto begibt sich auf die Suche nach Flaik, rettet den Hund vor der Einschläferung im Tierheim und versucht erneut Geld aufzutreiben. Im Schatten des Pantheons trifft er auf einen ehemaligen Kollegen und seinen früheren Vorgesetzten, doch er vermag nicht, seine Bekannten offen um Hilfe zu bitten, ebenso wenig, wie er es über sich bringt, Fremde anzubetteln. Die vierte Wohnungssequenz zeigt dann einen Umberto, der, überzeugt davon, dass es auf der Welt keinen Platz mehr für ihn gibt, zu sterben beschließt; auf seiner vierten Stadtreise beobachten wir den alten Mann dabei, wie er einen Ort sucht, wo er Flaik zurücklassen kann, ehe er sich umbringt. Als ihm dies nicht gelingt, trifft Umberto die Entscheidung, gemeinsam mit seinem Hund in den Tod zu gehen. Allein Flaiks Angst und Wut sind es, die sein Herrchen im letzten Moment davon abhalten, sich vor einen Zug zu werfen.

Wenn man sich die Konstruktion von De Sicas Film vor Augen führt, wird deutlich, dass UMBERTO D. sehr wohl über die von Kracauer vermisste »gerade Linie« verfügt. Nur lässt sie sich nicht auf der Ebene der Handlung, des repräsentierten Geschehens nachzeichnen. Auf dieser Grundlage können wir obige These präziser formulieren: Die Bedeutung der Stadtreise erschließt sich nur, wenn man sie – wie im klassischen US-Gangsterfilm der dreißiger Jahre, so auch in den Stadtinszenierungen des italienischen Nachkriegskinos – nicht als Aneinanderreihung von Einzelszenen auffasst, sondern als grundlegendes Strukturprinzip. Für sich genommen, folgt jede Episode dem, was Bazin ›das Prinzip der ontologischen Gleichwertigkeit der konkreten Augenblicke des Lebens‹ nennt; aufs Ganze des Films gesehen aber entwerfen sie das Bild einer Gesellschaft, beschreiben das Verhältnis des Einzelnen zu seiner Geschichtlichkeit. Ein Blick auf den Anfang und das Ende von Umbertos Stadtreise, welche zugleich die erste und die letzte Einstellung von De Sicas Film bilden, soll verdeutlichen, was damit gemeint ist.

Die erste Einstellung von UMBERTO D.: Die hoch positionierte Kamera sieht die Flucht einer belebten römischen Straße hinab; die Häuserreihen, welche die Bildkomposition an den Seiten abschließen, nehmen zugleich auch die Sicht auf den Himmel; Passanten füllen die Bürgersteige; Autos und Motorroller fahren. Während der Vorspann abläuft und sich die Kamera zur Straße senkt, rückt langsam eine Demonstration in den Vordergrund: eine Ansammlung von Männern mit Anzug, Hut und Pappschild, die zunächst kaum zu erkennen war, verschmolz sie doch beinahe mit dem Verkehr und dem dunklen, wuchtigen Gebäude im Bildhintergrund. Dieser Eindruck einer Verschmelzung verkehrt sich im selben Maße, wie die Demonstranten deutlicher zu sehen sind: Nun wirken sie im Gegenteil merkwürdig getrennt von allem, was sie umgibt: den Wagen, die ihnen ausweichen, den Fußgängern und Fahrradfahrern, die sie nicht einmal zur Kenntnis zu nehmen scheinen. Dann schiebt sich rechts im Vordergrund ein Bus ins Bild; während er die Demonstration teilt, sich einen Weg entlang der Straße bahnt, wird der letzte Schriftzug des Vorspanns eingeblendet. Übersetzt lautet er: »Dieser Film ist meinem Vater gewidmet«;[69] darunter steht der Name des Regisseurs.

Die letzte Einstellung: nachdem Umberto von seinem Hund Flaik vor dem Selbstmord bewahrt worden ist und das Vertrauen des verängstigten Tieres zurückgewonnen hat, sehen wir die beiden beim Spielen. Eine zentralperspektivisch komponierte Totale zeigt eine Promenade: Auf der rechten Seite zieht sich eine Reihe mächtiger Pinien, deren Äste über die ganze Breite des Weges ragen, in die Bildtiefe; links erheben sich einige Laternen, kleinere Bäume und Büsche in den ansonsten freien Himmel. Schon zu Beginn der Einstellung wirken Umberto und Flaik sehr klein unter dem Astwerk, vor der Weite des Horizonts; während der alte Mann nun seinen Hund lockt, ihn immer wieder nach einem Pinienzapfen springen lässt, gehen die beiden die Promenade hinab und entfernen sich dabei immer weiter vom Zuschauer. Als das Wort »Fine« eingeblendet wird, taucht links zwischen den Bäumen und Büschen eine Schar Kinder auf: In einer Gegenbewegung zu Umberto und Flaik laufen die Kinder nun in den Bildvordergrund, bis sie fast die Position der Kamera erreicht haben, laut rufend und lachend, so dass die Stimme Umbertos nicht mehr zu hören ist.

Die erste und die letzte Einstellung von UMBERTO D. spiegeln einander und sind zugleich als Antipoden konstruiert; an ihnen lässt sich aufzeigen, wie De Sicas Film verbindet, was er im selben Moment trennt: die Demonstranten, wütende und verzweifelte alte Männer, teilen sich den Bildraum mit geschäftigen Passanten, aber sie haben ebenso wenig etwas miteinander zu schaffen wie Umberto und Flaik mit den vergnügt rennenden Kindern. Zu Beginn des Films drängen sich die Alten mit ihrer unangemeldeten Demonstration buchstäblich illegitim in den Mittelpunkt, nur um aus den unrechtmäßig angeeigneten Räumen von der Po-

---

69 »Questo film è dedicato a mio padre.«

lizei vertrieben zu werden; am Ende des Films sieht man Umberto und Flaik, wie sie spielend verschwinden, in einer Komposition, aus der zugleich die Verheißung eines neuen Anfangs und die Drohung einer letztgültigen Auflösung spricht.

Was hier zerfällt, gehört jedoch stets auch zusammen: die Vergangenheit, die Gegenwart und die Zukunft: jene, die die Gesellschaft einmal geprägt und getragen haben, jene, die es jetzt tun, und jene, die es einmal tun werden. Und De Sicas Film kann seine Trennungen weder aufheben noch ein und für allemal vollziehen, nicht in seinen ersten, nicht in seinen letzten Sekunden. Vielmehr unterstreicht der Regisseur die Spannung, die diesen Bildern zueigen ist, indem er der Anonymität des Anfangstableaus die persönliche Widmung an seinen Vater einschreibt, während er in der beinahe idyllischen Offenheit der Schlusskomposition das Wort »Fine« erscheinen lässt, das sich, ebenso wie die Kinder, dem Zuschauer annähert, so dass in den letzten Augenblicken von UMBERTO D. gegenläufige Zeitlichkeiten in einer Bewegung vereint sind und ein Bild des Lebens und zugleich des Todes gestalten: Wohin, so fragt man sich, werden Umberto und Flaik gehen, wenn wir sie nicht mehr sehen können?

Die hier umschriebene, komplexe gedankliche Figur realisiert sich für den Zuschauer als die Erfahrung des Films. Dies geschieht vermittels der Stadtreise Umbertos, wie sie sich zwischen dem Anfangs- und Endpunkt, der Demonstration der Alten und der von Kindern beherrschten Promenade vollzieht. Im Verlauf der Stadtreise sind die Prozesse von Vereinigung und Trennung in ein Kompositionsgefüge gestaltet, dessen Bedeutung sich dem Zuschauer erschließt, indem er es Schritt für Schritt, Etappe für Etappe mit dem Protagonisten durchläuft, ebenso, wie er mit ihm an den Stationen des Stillstands ausharrt, die durch die Szenen in der Wohnung, aus der Umberto vertrieben werden soll, markiert sind.

Die Fremdheit im eigenen Leben
Welches Bild der italienischen Nachkriegsgesellschaft ist es nun, das im Verlauf von Umbertos Stadtreise entsteht? Wie beschrieben, ist schon mit der ersten Einstellung von De Sicas Film eine grundlegende Teilung oder Zerrissenheit innerhalb dieser Gesellschaft inszeniert: eine Zerrissenheit, die mit der Trennung von Vergangenheit und Gegenwart in eins fällt; die demonstrierenden Pensionäre haben nichts zu schaffen mit den geschäftigen Passanten, die einem Beruf nachgehen oder zuwenigst einem Zeitvertreib. Ob die Alten hungern müssen, kümmert nur die Alten.

Die drei Episoden von Umbertos erster Stadtreise zeigen nun, dass die Demonstranten untereinander kaum mehr gemein haben. Das Gespräch zwischen Umberto und den beiden anderen Pensionären, mit denen er sich in den Eingang einer Passage zurückgezogen hat, ist geprägt von Missverständnissen: Als einer der Männer zu schimpfen beginnt, meint der zweite, er rede über die Polizisten, die den Umzug auseinanderscheuchten; tatsächlich aber hat er die Organisatoren des Marsches im Blick, die versäumt hätten, diesen anzumelden. Auch Umberto sieht sich getäuscht: Im Glauben, von Leidensgenossen umgeben zu sein, beginnt er, über seine Schulden zu sprechen, nur um zu erfahren, dass die anderen Pensionäre deutlich besser gestellt sind als er – oder dies zumindest vorgeben, um keine Blöße zu zeigen. Kaum ist die Aufmerksamkeit der Polizisten abgelenkt, als Umberto und die übrigen Männer, die sich in dem Durchgang versteckt hielten, auch schon eilig ihrer Wege gehen, nun erkennbar als die Fremden, die sie von Anfang an waren.

Ganz ähnlich zeigt sich der Alte, den Umberto in der zweiten Episode der ersten Stadtreise begleitet, sofort peinlich berührt, als dieser ihm seine Uhr zum Kauf anbietet und damit die Tiefe seiner Not offenbart. Derjenige, der die Uhr schließlich kauft – wiederum ein alter Mann –, hantiert, nachdem er Umbertos Preis gehörig gedrückt hat, mit einer Tasche voller Geldscheine, nur um sich im nächsten Augenblick in einen Bettler zu verwandeln, der fürs tägliche Brot auf Almosen angewiesen ist. Zuvor wurde Umberto von der Leiterin der Mensa, wo er seine Mahlzeiten einnimmt, zur *persona non grata* erklärt, da er seinen Hund verbotenerweise an seiner Pasta teilhaben ließ.

De Sicas Film beginnt hier ein Mosaik auszulegen, das er in den Episoden der übrigen Stadtreisen Stück um Stück ergänzt: Buchstäblich sichtbar wird das Ende von Anstand und Mitgefühl. In der Welt von UMBERTO D. sind alle Beziehungen zwischen Menschen, so scheint es, einer ökonomischen Logik unterworfen. Was keinen Gewinn bringt, gilt nicht nur als überflüssig, sondern gar als verwerflich: Die Verbindlichkeit im alltäglichen Miteinander ist abgelöst worden durch ein Maskenspiel, in dem die größtmögliche Verfügbarkeit von abschreckenden, undurchschaubaren und ungerührten Gesichtern den größtmöglichen Gewinn garantiert.

Die Episoden der zweiten Stadtreise vervollständigen dieses Mosaik um einige wesentliche Steinchen, indem sie zeigen, dass auch Umberto selbst Teil des im Entstehen begriffenen Bildes ist. Zu erschöpft oder zu gleichgültig, als dass er sich um etwas anderes kümmern könnte als die eigenen Nöte, begreift er nicht, dass die schwangere Maria von den beiden möglichen Vätern ihres Kindes – dem Soldaten aus Florenz und dem aus Neapel – verlassen worden ist, ebenso wie Umbertos Sorge ob Flaiks Schicksal umgekehrt Maria nicht zu erreichen scheint. Auch ist Umberto unfähig, den einzigen wirklichen Leidensgenossen zu erkennen, der ihm im ganzen Film beggenet: den armen Mann im Tierheim, der ebenfalls seinen Hund wiederhaben will und sich wie betäubt die Frage vorlegt, ob er 450 Lire für das Tier bezahlen oder es sterben lassen soll. Umberto steht also nicht außerhalb seiner Zeit oder der Gesellschaft; er ist kein Leuchtturm der Menschlichkeit. In Konsequenz heißt dies, dass De Sicas

Film dem Zuschauer einen Standpunkt verweigert, von welchem sich das selbstsüchtig-herzlose Treiben leichthin überblicken und aburteilen ließe. Weder für die Figuren noch für die Zuschauer gibt es ein Außerhalb des inszenierten Verfalls. Wer UMBERTO D. sieht, soll sich gemeint fühlen.

Vor diesem Hintergrund versteht man besser, weshalb die Szene im Hospital einen so zentralen Platz in der Konstruktion des Films einnimmt. Denn was Zuhause war, ist hier fremd geworden, das Fremde hingegen kann die einzige Zuflucht bieten: Dem Zimmer Umbertos, in dem die Tapeten von den Wänden gerissen und Löcher in die Mauern geschlagen werden, stellt De Sica ein Armenkrankenhaus entgegen, in dem eine Ordensschwester regiert, die alles begreift, alles durchschaut – zuvorderst die kleinen Betrügereien ihrer Patienten – und doch darauf verzichtet, zu verurteilen und zu strafen. Als würde ihr Blick den gesamten Bildraum des Filmes verwandeln, können die menschlichen Unzulänglichkeiten während dieser einen Szene in heiter-humoristischem Licht erscheinen. So, wenn Umbertos Bettnachbar, das Musterbeispiel des proletarischen Ur-Römers mit rauer Stimme, breitem Dialekt und Adlernase, inbrünstig den Rosenkranz nuschelt und dabei hungrig aufs Essen schielt.

In diesem Sinne bietet das Hospital nicht nur De Sicas Protagonisten, sondern auch den Zuschauern eine Atempause in dem Prozess des anscheinend unaufhaltsamen Verlustes, den der Film über die Dauer seiner Laufzeit als den Verlust von Menschlichkeit erfahrbar macht. Was sich an Umberto in einer Reihe immer existenzieller Niederlagen vollzieht – er muss seine Uhr verkaufen und seine Bücher, er verliert seine Wohnung, seinen Lebenswillen und zuletzt beinahe die Liebe Flaiks –, stellt sich dem Zuschauer dar als ein Schwinden von Möglichkeiten, eine unausgesetzte Verengung der filmischen Welt, ähnlich wie es für die Maus in Kafkas Fabel zuletzt nur noch die Falle und den Schlund der Katze gibt.[70] Auch Deleuze' reine optische und akustische Situationen – der alte Mann, der im Bett liegt und nicht einschlafen kann; das Dienstmädchen, das in der morgendlich-stillen Küche sitzt und Kaffee mahlt – haben Anteil an der Gestaltung dieses Prozesses, eröffnen sie doch im Modus des Stillstandes, des Nichts-Geschieht die zeitlichen Räume, in denen sich für den Zuschauer realisiert, was Umberto erfährt, wenn er im verzweifelten Bemühen, seine verlorene Würde zurückzuerlangen, die Etappen der Stadtreise abschreitet: dass das eigene Leben bis in die alltäglichsten Regungen hinein fremd geworden ist.

70 »›Ach‹, sagte die Maus, ›die Welt wird enger mit jedem Tag. Zuerst war sie so breit, dass ich Angst hatte, ich lief weiter und war glücklich, dass ich endlich rechts und links in der Ferne Mauern sah, aber diese langen Mauern eilen so schnell aufeinander zu, dass ich schon im letzten Zimmer bin, und dort im Winkel steht die Falle, in die ich laufe.‹ – ›Du musst nur die Laufrichtung ändern‹, sagte die Katze und fraß sie.« Kafka 1969, 320.

Eine unausgesetzte Verhandlung
Was aber bedeutet dies für die Stadtinszenierungen des italienischen Nachkriegskinos insgesamt? Wie lassen sich die Ergebnisse der Analyse von UMBERTO D. in Hinblick auf dieses Kino verallgemeinern? Es scheint am sinnvollsten, zunächst den wesentlichen Unterschied zwischen den Stadtreisen des klassischen US-Gangsterfilms auf der einen Seite und des italienischen Nachkriegskinos auf der anderen Seite festzuhalten: Jene vollziehen sich stets in einer vertikalen, diese in einer horizontalen Bewegung. Um Missverständnisse zu vermeiden, soll an dieser Stelle ein weiteres Mal betont werden, dass die Rede von einer vertikalen beziehungsweise horizontalen Stadtreise in erster Linie auf eine Idee von Bewegung zielt, die als filmisches Strukturprinzip dem ästhetischen Entwurf einer Gesellschaft dient, indem sie erlaubt, den Zustand dieser Gesellschaft – wie er sich gemäß den Vorgaben der jeweiligen kinematografischen Konstruktion darstellt – sowie das Verhältnis des Einzelnen zu ihr transformiert in einen zeitlichen Prozess zu entfalten: Mithin gestaltet sie eine Verhandlung, die sich über die Laufzeit der Filme als Zuschauererfahrung realisiert. Wäre die vektorielle Ausrichtung der vertikalen Stadtreise allein oder auch nur vorwiegend auf die im Handlungsraum repräsentierten Bewegungen bezogen, so hieße dies ja, dass etwa Tom Powers an Wolkenkratzern hochlaufen müsste. Auch ist es schwer vorstellbar, eine Stadt zu durchqueren, ohne an schlussendlich horizontalen Linien sich zu orientieren. Das heißt nun umgekehrt nicht, dass man von einer vertikalen beziehungsweise horizontalen Stadtreise nur als Abstraktion sprechen dürfte. Zumal es in den Stadtinszenierungen des italienischen Nachkriegskinos häufig vorkommt, dass Figuren auch im Handlungsraum die Stadt (oder einzelne Straßen, Viertel und Quartiere) ausschreiten und ihre Gänge tatsächlich als eine Art Reise repräsentiert sind: Wir haben dieses Darstellungsverfahren am Beispiel vom UMBERTO D. beschrieben und werden noch weiteren Filmen begegnen, die auf ähnliche Weise funktionieren. Festzuhalten ist, dass der Stadtreise als Strukturprinzip generell zwar die Aufgabe zukommen kann, die erzählte Geschichte in einzelne Episoden zu untergliedern, dass sie aber letztlich auf die Modellierung der Wahrnehmung des Zuschauers zielt, also im Bildraum sich ereignet.
Auf dieser Grundlage gilt es nun, die horizontale Stadtreise gegen ihr Korrelat aus dem klassischen US-Gangsterfilm abzuheben. Zunächst sei daran erinnert, dass für Filme wie LITTLE CAESAR, THE PUBLIC ENEMY und SCARFACE die Strukturierung über Aufstieg und Fall ihrer Protagonisten kennzeichnend ist. Die Ricos, Toms und Tonys wollen »jemand werden«, aus dem Schatten ans Licht treten, sich die Welt und die Menschen unterwerfen; ihr Weg führt aus der schäbigen Dunkelheit der Kleinstädte oder den Ghettos der Bindestrich-Amerikaner in die Glitterwelt der

Reichen und Mächtigen und zurück in die Gosse, wo Regen oder Schnee auf ihren Leichnam fallen. Von Handlangern werden sie zu Bossen, von Nobodys zu gefürchteten Unterweltgrößen, bis sie am Ende die Anonymität des Todes umfängt. Weitaus gewöhnlicher sind hingegen die Schwierigkeiten, mit denen sich die Helden der italienischen Stadtinszenierungen – für die niemand besser einstehen könnte als der Pensionär Umberto Domenico Ferrari – herumschlagen: Sie suchen Arbeit oder eine Bleibe, haben Hunger, leiden Kälte, wollen ihrer Familie ein anständiges Leben bieten, werden von Liebesnöten geplagt oder wünschen einfach, dass ihnen ihre Mitmenschen mit Respekt begegnen. Auch Umberto strebt danach, »jemand zu sein« oder vielmehr »jemand zu bleiben« – allein seine Antwort auf die Frage, was dies heißt, würde gänzlich anders ausfallen als die von Rico Bandello oder Tom Powers. »Jemand sein« bedeutet für ihn gerade nicht, seine Hoffnung in die großmächtige Einsamkeit dessen zu setzen, welcher über der Masse steht und auf sie hinabblickt; im Gegenteil ist es präzise jene Alltäglichkeit, die dem Gangster unerträglich erscheint, die er flieht und die ihn schlussendlich – in Gestalt des alten Freundes, den er nicht verraten kann, oder der Frau, in die er sich wider besseren Wissens verliebt – doch immer einholt, ein alltäglich-banales Da-Sein also, auf das sich Umbertos Sehnsucht richtet. Er will, wie die meisten Protagonisten der Stadtinszenierungen des italienischen Nachkriegskinos, einem Gemeinwesen zugehörig sein, einer von vielen, aber nicht als Teil der Masse, sondern als Individuum.

Es ist also ein genuin demokratischer Anspruch, den das Paradigma der Stadtinszenierung verhandelt. Der Gangster sieht sich zwei Optionen gegenüber, die in Wirklichkeit der Wahl zwischen Teufel und Beelzebub gleichkommen, weil es sich um zwei Diktaturen handelt: gegen die Zwangsvergemeinschaftung der Masse entscheidet er sich für den Absolutismus seines Ich-Anspruchs; ob sich Vergesellschaftungsprozesse auch anders denken lassen als in Form von gewaltsamen Einpressungen, Anpassungen und Niederwerfungen, steht in den klassischen Genreproduktionen wie LITTLE CAESAR, THE PUBLIC ENEMY und SCARFACE überhaupt nicht zur Debatte. Hingegen weigern sich die Stadtinszenierungen des italienischen Nachkriegskinos zu akzeptieren, dass die Hoffnungen auf eine bessere Zukunft, die sich mit dem Ende von Krieg und Okkupation verbanden, vergeblich waren; sie wollen nicht hinnehmen, dass die Armen arm bleiben und die Reichen reich, dass die Ungerechtigkeiten und Ungleichheiten sich fortsetzen, dass Korruption und Ausbeutung ihre Urständ feiern; sie fordern, mit einem Wort, dass Italien eine Republik nicht dem Namen, sondern der Idee – oder dem Ideal – nach sei. Deshalb also vollzieht sich die Stadtreise in diesen Filmen stets in einer horizontalen Bewegung, von einem Viertel zum nächsten, durch die Straßen und Gassen, über die Plätze, Märkte und Promenaden, vorbei

an den Geschäften von Schustern und Friseuren, an Bars und Trattorien, Brachen und Kriegsruinen. Nicht selten führt sie dabei vom Zentrum der Stadt in deren Peripherie, so in De Sicas UMBERTO D., wo sich der Protagonist freilich bis zuletzt weigert, jene Orte zu verlassen, die ihm über Jahrzehnte hinweg ein Zuhause boten.[71] Mitunter kommt es auch vor, dass die horizontale Stadtreise eine vertikale Neigung annimmt, etwa wenn der Fischhändler Peppino sich in CAMPO DE' FIORI auf die Suche nach einer gutbetuchten Frau begibt. Oder wenn Luciano Bianchi (Ugo Tognazzi), Kulturattaché eines Minenunternehmens und Protagonist von Carlo Lizzanis LA VITA AGRA (I 1964), nach seiner Entlassung Mailand aufsucht, um dort, als Rache für seine Desavouierung und den Tod einiger Kumpel, die bei einem Stollenunglück starben, die Konzernzentrale in die Luft zu sprengen, dann jedoch sein Genie als Werbetexter entdeckt und zugleich seinen sozialen Aufstieg und menschlichen Abstieg erlebt, bis er am Schluss das geworden ist, was er stets verabscheute und ihm nur noch übrig bleibt, sich in den eigenen Lügen einzurichten. Indessen sind diese Schlenker selbst noch Teil einer Bewegung, die von der Frage getrieben wird, in welcher Gesellschaft wir – wir, die Armen; wir, die Reichen; wir die frierenden Marktverkäuferinnen und Marktverkäufer; wir, die vergnügungssüchtigen Bürgerinnen und Bürger; wir, die Arbeiter ohne Fahrrad und die pensionierten Staatsdiener, denen der Hund abhanden gekommen ist[72] –, in welcher Gesellschaft also wir leben: in einer Demokratie, in einer Oligarchie oder in einer Plutokratie? Natürlich zielt diese Frage nicht auf eine politikwissenschaftliche oder historische Abhandlung; sie will sich Klarheit darüber verschaffen, ob die grundlegenden Rechte nur auf dem Papier bestehen, oder ob ihnen in der gelebten Erfahrung, den geteilten Räumen alltäglicher Sozietät eine Wirklichkeit zukommt: *Haben wir eine Stimme? Werden wir gehört? Dürfen wir unser Leben leben? Können wir es leben, oder sind wir den lieben, langen Tag allein mit Überleben beschäftigt?*
Auf den ersten Blick fällt die Antwort der Stadtinszenierungen, das Beispiel von UMBERTO D. legt dies bereits nahe, höchst pessimistisch aus. Jedenfalls wird man den ›Impuls, positive Lösungen für gesellschaftliche Probleme vorzuschlagen‹, den manch einer »dem Neorealismus« zu-

---

71 Pierre Sorlin schreibt über diesen Zusammenhang: »A retired civil servant, he [Umberto D.] was unwilling to leave the abode he had been used to for such a long time. We easily follow him on his daily strolls and note that he is closed inside a sort of magic circle (say from Marble Arch to Charing Cross), the boundaries of which he is unable to pass. From the point of view adopted here (spatial relationships in a town) his drama is simple: he can no longer stay in the centre but he does not want to admit that like his former colleagues he should find a flat in the suburbs.« Sorlin 1991, 118.
72 Es ist wichtig, beispielsweise von Marktverkäuferinnen und Marktverkäufern, Bürgerinnen und Bürgern zu sprechen. Denn die Stadtinszenierungen sind keineswegs indifferent gegenüber Geschlechterverhältnissen. In UMBERTO D. wird dies vor allem an dem Stellenwert deutlich, den der Film der Beziehung zwischen Umberto und Maria einräumt, etwa im Vergleich dazu, wie die Interaktion zwischen Umberto und anderen Männern inszeniert ist. Wir werden noch auf diesen Punkt zurückkommen.

schreibt, hier wohl vergebens suchen. Sache der Stadtinszenierungen scheint vielmehr jener schwermütige Widerstand, den Sebald an der österreichischen Literatur schätzt: Er besteht darin, derartige Fragen überhaupt zu stellen und nicht damit aufzuhören, sie zu stellen; und er besteht darin, ›starren Blicks nachzurechnen, wie es nur so hat kommen können‹. Doch wir werden noch sehen, dass sich die Stadtinszenierungen des italienischen Nachkriegskinos nicht ausschließlich der Geschichtsmelancholie verpflichtet fühlen. Was auch das Urteil im Einzelfall sein mag, von der Anlage des Paradigmas her betrachtet wollen die Stadtinszenierungen um keinen Preis zulassen, dass die Verhandlung über den Zustand der italienischen Nachkriegsgesellschaft abgeschlossen wird; viel lieber laden sie neue Zeugen vor, überprüfen weitere Indizien, lauschen noch einem Plädoyer. Die Verhandlung zu führen ist ein Wert an sich – darin besteht, wenn man so will, die »Ethik der Ästhetik«, welcher die Stadtinszenierungen zuneigen. Die Verhandlung wird also immer wieder aufgerollt; in gewisser Weise kennt sie kein Ende. Sehr wohl allerdings hat sie einen Anfang: Er fällt in eins mit dem Verstummen der Waffen, mit dem Friedensschluss. Das Ende des Zweiten Weltkriegs markiert den Anfang der Selbstbefragung der italienischen Gesellschaft im Paradigma der Stadtinszenierung. Vielleicht wäre es, denkt man an Filme wie De Sicas SCIUSCIÀ, die noch während der Kampfhandlungen produziert wurden, zutreffender zu sagen, dass die schiere Hoffnung auf eine bessere Zukunft diese Verhandlung bereits ermöglichte. Fest steht jedenfalls, dass die Schmerzensspuren, die sich den Stadtinszenierungen des italienischen Nachkriegskinos einschreiben, in welche Zeitenklüfte sie auch sonst hinabreichen mögen, zumeist den Zweiten Weltkrieg durchziehen. Inmitten der Kämpfe und Bombardierungen, der Okkupation und des Widerstands, der Gefallenen, Fliehenden und Eingekerkerten suchen sie einen Augenblick, an dem sich ein ›kleines, von den meisten Betrachtern gewiss übersehenes Unglück‹ ereignete; dieser Augenblick markiert für sie den Ausgang des Leidens – das in einer nicht-linearen Zeitlichkeit die Jahre, die da kommen, durchwirkt –, ebenso wie der Friedensschluss den Moment bezeichnet, an dem alles möglich gewesen wäre. Oder anders ausgedrückt: der Krieg vereint ein gegenwärtiges Grauen und ein absentes Glück, das sich an eine Zukunft richtet, in der es eingelöst werden muss; eine Zukunft, die sich dadurch definiert, das sie ist, was der Krieg nicht ist – eine Zeit der Freiheit, ohne Hunger und Angst. Der Frieden trägt die Bürde der Erwartung dieses Glücks, und man könnte die Frage, welche die Stadtinszenierungen an die italienische Nachkriegsgesellschaft richten, auch so formulieren: *Hat der Frieden etwas mit dem gemein, als was wir ihn uns erträumten; ist die Zukunft wirklich eine neue Zeit oder nur die Fortsetzung der Vergangenheit?*
Dies lässt sich ebenfalls an UMBERTO D. aufzeigen. Ein kurzer Dialog macht deutlich, dass der Zweite Weltkrieg, in der Logik von De Sicas Film,

auf den Nullpunkt der Stadtinszenierung verweist. Umberto befindet sich im Armenkrankenhaus; während die Schwestern das Essen austeilen und die Patienten in Erwartung einer warmen Mahlzeit den Rosenkranz beten, spricht er mit seinem Bettnachbarn. Er erzählt von seiner Vermieterin: Als noch Krieg war, habe sie ihn Großvater genannt, und er habe ihr Brot gegeben. Nach dem Krieg aber sei sie verrückt geworden: Nunmehr hasse sie sogar seinen Hund, und wenn man Flaik sehe – so fügt Umberto nachdrücklich hinzu, alldieweil sein Nebenmann schon leicht ungeduldig zu werden scheint –, dann verstehe man nicht, wie das möglich sei.

Es ist bezeichnend für die Poetik der Schmerzensspuren, dass sie Umberto nicht an die Hekatomben, nicht an von Granatsplittern zerfetzte Leiber oder herrisch-brutale Wehrmachtssoldaten denken lässt. Die Worte von De Sicas Protagonisten entsprechen vielmehr exakt der Struktur des soeben skizzierten Arguments: Im Krieg gab es Grauen und Not (der Hunger), aber es gab auch Hoffnung und Solidarität (das Brot, das Umberto der Padrona schenkte, und der Umstand, dass sie ihn Großvater nannte, vereinte beide in der Erwartung einer besseren Zukunft); der Frieden vermochte nicht die Hoffnungen der Kriegszeit einzulösen: Die Vermieterin hasst den alten Mann und seinen Hund, und Umberto hat nach wie vor nicht genug zu essen (vielleicht leidet er sogar größeren Hunger als im Krieg, da er damals, wie er sagt, ja wenig aß); nun droht ihm gar noch Obdachlosigkeit. Auch an der Tatsache, dass der Bettnachbar Umbertos dessen Worten kaum zuhört, in Gedanken offenbar schon bei der Suppe ist – der Dialog also mehr einem Monolog gleicht –, erfüllt sich diese Logik: Diejenigen, die noch keine grauen Haare haben, interessieren sich nicht für die Geschichten eines Greises; damit sieht sich Umberto abgeschnitten von Gegenwart und Zukunft, er muss in einer Vergangenheit leben, die niemand (mehr) mit ihm zu teilen bereit ist und die deshalb auch zu keiner Erneuerung beizutragen vermag.

Die Geschichte: niemandes Held
Vor diesem Hintergrund verstehen wir besser, was es mit dem »ontologischen Standpunkt« auf sich hat, den Bazin dem Neorealismus zuschreibt, und in welchem Zusammenhang dieser steht zu der Auseinandersetzung einerseits mit den Avantgarden der zwanziger Jahre und andererseits mit dem US-amerikanischen Genrekino der dreißiger Jahre, auf deren Basis sich das Paradigma der Stadtinszenierung konstituiert. Wenn Bazin nämlich erklärt, der Neorealismus kenne »nur Immanenz« und würde ›seine Lehren einzig vom Augenblick, von der reinen Erscheinung der Menschen und der Welt ableiten‹, dann ist er nicht zuletzt bestrebt, Filme wie ROMA, CITTÀ APERTA, LADRI DI BICICLETTE oder LA TERRA TREMA abzugrenzen von dem Ideal eines propagandistischen Montagekinos, wie es etwa – die keineswegs nur Nuancen betreffenden

Unterschiede beiseite gelassen – Eisenstein, Pudowkin oder Vertov vorschwebte. So betont er, dass die »Originalität des italienischen Neorealismus« darin bestehe, dass dieser »im Vergleich zu den früheren großen realistischen Schulen und zur sowjetischen Schule [...] die Realität nicht a priori irgendeinem Gesichtspunkt unterordnet.«[73]
Für den gegebenen Zusammenhang ist nun bemerkenswert, dass Bazins Kritik des russischen Avantgardefilms (die er in dem soeben zitierten Aufsatz von 1953 an Dziga Vertovs Theorie vom »Kino-Auge« explizit macht) vollkommen übereinstimmt mit den Anklagen, die Robert Warshow fast zeitgleich gegen Eisenstein, Pudowkin und Dowschenko erhebt. Im Jahr 1955, kurz vor seinem frühen Tod, schrieb der amerikanische Essayist einen – unvollendet gebliebenen – Artikel über einige der berühmtesten sowjetischen Revolutionsfilme, die er nach mehr als anderthalb Jahrzehnten erneut hatte sehen können. Bei diesen Filmen handelte es sich unter anderem um Pudowkins KONEC SANKT-PETERBURGA (DAS ENDE VON SANKT PETERSBURG, SU 1927), Dowschenkos ZEMLJA (ERDE, SU 1930) und Eisensteins BRONENOSEC POTEMKIN (PANZERKREUZER POTEMKIN, SU 1926). Bedenkt man, welche Hochachtung dem sowjetischen Montagekino bis heute entgegengebracht wird von Filmkritikern und -wissenschaftlern jedweder politischen Couleur, so überrascht die zornige Ablehnung, die Warshow den Arbeiten Dowschenkos, Pudowkins und vor allem Eisensteins gegenüber zum Ausdruck bringt. Diese Ablehnung hat ihren Ursprung in einer historischen Erfahrung, die Warshow mit Bazin teilte: Es waren die Erinnerung an die Schrecken des Zweiten Weltkrieges und das Wissen um die Verbrechen des Stalinismus,[74] die ihn – einen jüdischen Intellektuellen aus New York, der sich selbst zur amerikanischen Linken zählte – eine derartige Verachtung gegenüber Filmen empfinden ließen, die genau zu wissen meinen, worin Grund, Richtung und Ziel der Geschichte bestehen.
Entsprechend lesen sich Warshows Beschuldigungen wie ein Komplement zu Bazins Lob des Neorealismus: Er wirft Eisenstein, Pudowkin und Vertov vor, dass in ihren Arbeiten nichts für sich bestehen, kein Augenblick des Leidens oder der Freude als solcher gelten dürfe, ohne vor den Karren einer höheren Idee, des Sieges der sozialistischen Revolution, gespannt zu werden. Noch der Tod des Babys auf den Stufen der Odessaer Hafentreppe in BRONENOSEC POTEMKIN erscheint in dieser Perspektive als Bestandteil eines großen, unfehlbaren Planes, wird schlussendlich degradiert zu einem Markstein auf dem langen Weg, der zum irdischen

---

73 Bazin 2004c, 356.
74 Wenn Bazin den »revolutionären Humanismus« des Neorealismus feiert, legt er großen Wert darauf, im selben Zug klarzustellen, welche Art von ›Revolution‹ er nicht im Sinn hat: »Sie [die neorealistischen Filme] lassen uns, obwohl der Zeitpunkt dafür vielleicht schon vorüber ist, einen gewissen revolutionären Tonfall genießen, der mit Terror noch nichts zu tun zu haben scheint.« Bazin 2004b, 302f.

Paradies des Kommunismus führt.[75] Warshow richtet sich hier gegen die kraftmeierische Kumpanei mit ›der Geschichte‹, die gewisse Marxismen kennzeichnet. Demgemäß gipfelt seine Anklage gegen das sowjetische Montagekino in den bitteren Worten:

> Es ist häufig gesagt worden, dass die große Errungenschaft des frühen Sowjetkinos sein Verständnis des Unpersönlichen war, des Dramas der »Massen« und »Kräfte«. Es war eine neue Kunst für ein neues Zeitalter, in dem das Individuum sein wahrstes Sein als Teil der Massen zu haben schien. Der wahre Held dieser Filme ist die Geschichte. Aber wenn es etwas gibt, was wir aus der Geschichte gelernt haben sollten – und zwar vor allem aus der Geschichte der Russischen Revolution –, dann, dass die Geschichte niemandes Held sein sollte. Wenn sie zu einem Helden gemacht wird, ist sie nicht einmal mehr Geschichte, sondern Falschheit.[76]

Erinnern wir uns nun an die Poetik des klassischen Gangsterfilms, so scheint es, dass sich nicht nur »der Neorealismus«, sondern auch das US-amerikanische Genrekino als ein Gegenentwurf zum sowjetischen Montagekino deuten lässt – zumindest hinsichtlich der Frage, wer oder was im Mittelpunkt des jeweiligen Entwurfs von Geschichte und Gesellschaft steht. Denn ebenso wie Bazin betont, dass der »revolutionäre Humanismus« von ROMA, CITTÀ APERTA, LADRI DI BICICLETTE oder LA TERRA TREMA nicht auf die Massen als das Subjekt historischer Prozesse zielt, sondern auf den Einzelnen, der verzweifelt bemüht ist, seine Individualität zu bewahren gegen die Drohung der Auslöschung in einer erzwungenen Kollektivität,[77] so besteht das Tragische an LITTLE CAESAR, THE PUBLIC ENEMY und SCARFACE ja nicht zuletzt darin – und wer betonte dies stärker als Warshow? –, dass der Gangster weder mit noch ohne die anonymen Vielen leben kann. Was die Gesellschaft voranbringt, und sei es in Richtung des Abgrunds, sind aus Sicht dieser Filme stets die

---

75 Vgl. Warshow 2001e, 239-252.
76 Ebenda, 242: »It has been said often that the great achievement of the early Soviet cinema was its grasp of the impersonal, of the drama of ›masses‹ and ›forces‹. It was a new art, for a new age, in which the individual was seen to have its truest being as part of the mass. The real hero of these movies is history. But if there is one thing that we should have learned from history – and from the history of the Russian Revolution above all – it is that history ought to be nobody's hero. When it is made into a hero, it is not even history any more, but falsehood.«
Übrigens scheint umgekehrt auch Bazins Feier der ›neorealistischen Meisterwerke‹ einen Widerhall in Warshows Schriften zu finden, wenn dieser an Rossellinis PAISÀ die Treue gegenüber der Wirklichkeit des jeweiligen Augenblicks hervorhebt: In seinen besten Momenten würde der Film Bilder erschaffen, die sich mit der Wucht gelebter Erfahrung im Bewusstsein der Zuschauer festsetzten und in ihrer Autonomie eine Kraft und Wichtigkeit erzielten, die ihnen niemals zueigen hätten sein können, wenn sie mit ihnen vorgängigen Ideen belastet worden wären. Vgl. Warshow 2001f, 221-229.
77 Vgl. Bazin 2004b, 325.

Bestrebungen des Einzelnen: sein unbändiger Willen, die eigenen Bedürfnisse, den eigenen Glücksanspruch und die eigene Vorstellung davon, wie die Welt zu sein habe, durchzusetzen – auch mit Gewalt und gegen die Interessen (oder angenommenen Interessen) der Allgemeinheit. Daraus folgt freilich, dass der Gangsterfilm keinerlei Neigung verspürt, ›seine Lehren einzig vom Augenblick und der reinen Erscheinung abzuleiten‹. Im Gegenteil ist der »ontologische Standpunkt«, den beispielsweise THE PUBLIC ENEMY einnimmt, denkbar festgefügt: Die Gesellschaft ist ein Schlachthaus, und Geschichte stellt sich dar als ein Tappen durch Blutnebel, denn es kann keinen Ausgleich geben zwischen dem Individuum und der Masse; der Einzelne wird stets bestrebt sein, die Vielen zu unterjochen, ebenso wie die Vielen gar keine Wahl haben, als den Einzelnen zu vernichten, da dieser ihnen auf unerträgliche Weise die eigene Erbärmlichkeit vorführt. Auch kann das Räderwerk, welches das Individuum ebenso wie die Masse zermahlt, nicht zum Stillstand gebracht werden, weil das grundlegende Dilemma – dass man für Erfolg ebenso bestraft wird wie für Misserfolg – schlicht unlösbar ist. Soweit der Gangsterfilm.

Zwischen Avantgardepoetik und Genrekino
Und was nun trägt es zu einem Verständnis der Stadtinszenierungen bei, sie solcherart in ein Spannungsverhältnis zwischen Avantgardepoetiken und Genrekino zu platzieren? Um für seine Zeit und seine Gesellschaft die Idee einer spezifischen Geschichtlichkeit entwickeln zu können, war das italienische Nachkriegskino gezwungen, die Auseinandersetzung mit den Avantgarden und Hollywood zu führen, verbanden sich mit diesen beiden Modellen von Kino – und sei es als Entwurf oder Zuschreibung – doch paradigmatisch zwei verschiedene Konzepte von Politik: ein utopisches, das auf die radikale Umwälzung des Bestehenden, die grundlegende Neugestaltung der sozialen Lebenszusammenhänge zielte; und ein pragmatisches, das in der permanenten öffentlichen Diskussion darüber, was unter den gegebenen Voraussetzungen möglich sei, das tauglichste Mittel zur Wahrung und Vergrößerung von Gerechtigkeit und Wohlstand erblickte.[78] Den Großstadt-Symphonien der zwanziger Jahre nun entlehn-

---

[78] Es sei hier nochmals auf die bereits in der Einleitung zitierten Thesen Hermann Kappelhoffs verwiesen: »Die Erneuerung des westeuropäischen Kinos artikulierte sich nämlich nicht nur in der Kritik der Autonomiekonzepte des Kinos. Vielmehr wurde die ästhetische Erfahrungsform Kino mal mehr, mal weniger explizit mit dem Genrekino Hollywoods verbunden. [...] Während die Kritik gleichermaßen dem traditionellen Kunstverständnis wie den avantgardistischen Modellen von Kino und Film galt, artikulierte sich zugleich ein Kulturverständnis, welches, in Reaktion auf die Erfahrung des Zweiten Weltkrieges, das Hollywoodkino als Teil einer Erneuerung westlicher Kultur begriff: Das populäre Genrekino konnte einstehen für die Idee einer neuen, auf egalitärer Demokratie gegründeten Gesellschaft.
Anders als in den avantgardistischen Montagekonzepten, die sich auf die Mobilisierung einer kollektiven Existenz beziehen, wird die ästhetische Erfahrungsform des Kinos in dieser Perspektive als Möglichkeit einer adäquaten Welterfahrung des Individuums innerhalb der modernen Lebenswelt begriffen.« Kappelhoff 2008, 56f.

ten die Stadtinszenierungen die Ambition, in der Konstruktion der kinematografischen Stadt einen Entwurf von Geschichte sinnlich erfahrbar, greifbar zu machen; der klassische US-Gangsterfilm stiftete hingegen mit der vertikalen Stadtreise ein Verfahren, welches geeignet war, das Bild einer Gesellschaft in der Zuschauerwahrnehmung als einen zeitlichen Prozess zu entfalten.

Auch noch in einer anderen Hinsicht brauchten die Stadtinszenierungen das amerikanische Genrekino; sie mussten nämlich abweisen, was den Kern des avantgardistischen Programms der Großstadt-Symphonien ausmachte: das vorgängige Wissen um Geschichte und Gesellschaft; die Auflösung des Einzelnen in der Menge, die sich als Ganzes wiederum dem Regelwerk der Stadt unterzuordnen hat; die Formung des Publikums im Sinne einer den Filmen eingeschriebenen politischen Überzeugung. Zwar wäre es voreilig zu behaupten, dass das italienische Nachkriegskino der Utopie gänzlich abgeschworen hätte (die Stadtinszenierungen wären ja auch kaum der Rede wert, wenn sie sich als Handbücher der staatsbürgerlichen Tugend gerieren würden, in denen man ein wenig blättert, um sich an die traurige, hienieden aber unvermeidliche Diskrepanz zwischen Anspruch und Wirklichkeit erinnern zu lassen) – doch am Ende eines Krieges, der von den Verfechtern einer Ideologie herbeigeführt worden war, die eine Volksgemeinschaft als ideale Sozietät propagierte und weit über fünfzig Millionen Menschenleben gekostet hatte, schien ein Ansatz, der bestrebt ist, den Einzelnen in der Masse aufgehen zu lassen, kaum zur Neubegründung der Gesellschaft oder des Kinos tauglich. Die Hinwendung der Stadtinszenierungen zu den Genrepoetiken Hollywoods rührte folglich daher, dass hier das Individuum im Mittelpunkt steht – und zwar gerade insofern und inwieweit es sich den historischen und sozialen Notwendigkeiten (oder ›Notwendigkeiten‹) widersetzt und eben nicht bereit ist hinzunehmen, dass es nur winziger Bestandteil eines gigantischen Getriebes sein soll, was exakt die Funktion und den Ort bezeichnet, welche vor allem BERLIN, DIE SINFONIE DER GROSSSTADT (D 1927) für die Einwohner der Metropole vorgesehen hat. Allerdings hielt das US-amerikanische Genrekino, zumindest der Gangsterfilm, immer noch an einer unverrückbar gefügten Idee von Geschichte und Gesellschaft fest. Die grundlegende ästhetische Konstruktion von LITTLE CAESAR, THE PUBLIC ENEMY und SCARFACE zielte zwar auf den Einzelnen, doch der Weg dieses Einzelnen war stets vorgezeichnet; dem entspricht die uneingeschränkte Herrschaft der Tragödie über dieses Genre. Hier nun wird die Bedeutung der Schmerzensspuren für die Stadtinszenierungen des italienischen Nachkriegskinos offenbar. Denn wo sich die Schmerzensspuren in NAPOLI CHE CANTA ebenfalls noch mit einer vorgängigen Idee von Geschichte verbanden – sie schien allein vorstellbar als »Trauerzug« im Zeichen des Saturn –, so war dieser Konnex doch kein notwendiger. Vielmehr eröffnet die Poetik der Schmerzensspuren ihrer inneren Logik gemäß die Möglichkeit anderer Bezüge zwischen dem Zuschauer und der geschichtlichen Dimension seiner Welt- und Selbsterfahrung. Präzise darauf zielen ja ihre Verfahren: die Faltung des Individuellen und Allgemeinen, Harmlosen und Katastrophischen, Randständigen und Epochalen in einer nicht-linearen Zeitlichkeit ebenso wie der Entwurf von Bildstrukturen, die dem Zuschauer gerade nicht vorschreiben, was er zu denken und zu fühlen hat, sondern es in seine Verantwortung legen, ob er zum Zeugen des ›kleinen von den meisten Betrachtern gewiss übersehenen Unglücks‹ wird. Stets geht es darum, um noch einmal Hilary zu paraphrasieren, dem zu einem Abtritt zu verhelfen, ›was von jeher auf der historischen Bühne zu sehen war‹. Diese Pluralität der Beziehungen zwischen dem Zuschauer und dem kinematografischen Bildraum wird von den Großstadt-Symphonien der zwanziger Jahre nur widerwillig zugelassen (man denke daran, wie Vertovs Montage, wenn er seinen Kameramann auf urbane Expeditionen schickt, die Risse im Gewebe der kommenden Metropole offenbart, während sie zugleich den vermeintlichen Sieg des Sozialismus feiert); im US-amerikanischen Gangsterfilm ist sie als Möglichkeit angelegt (eine gewisse Bereitschaft vorausgesetzt, das ein oder andere zu übersehen, kann man vielleicht zu dem Schluss gelangen, in LITTLE CAESAR etwa ginge es darum, dass Verbrechen sich nicht auszahle, Tugend hingegen belohnt werde); die Stadtinszenierungen des italienischen Nachkriegskinos schließlich machen sie zur Grundlage der Idee von Politik und Geschichtlichkeit, die sie zu entwickeln bemüht sind.

Bislang können wir sagen, dass Geschichte und Gesellschaft hier vom Einzelnen und seinem alltäglichen Dasein aus gedacht werden. Wir können weiterhin sagen, dass die Beziehung des Einzelnen sowohl zu seiner eigenen Vergangenheit als auch zu der Vergangenheit des Gemeinwesens, dem er angehört, als eine unausgesetzte Verhandlung sich darstellt und dass die Zuschauer im Kinosaal von den Filmen immer schon als Teilnehmende an dieser Verhandlung konzipiert sind. Die Idee, dass der Einzelne, das anonyme Individuum in der Masse – und aus solchen besteht das Publikum im Kinosaal bis heute – etwas verändern, einen Unterschied machen kann, realisiert sich am Zuschauer aber nicht als plane Botschaft oder Sonntagsrede, sondern als eine ästhetische Modellierung: Die Pluralität der Bezüglichkeiten, welche ihm die Stadtinszenierungen im Prozess seiner Wahrnehmung als intellektuelle und emotionale Affizierungspotentiale eröffnen, erfährt er nämlich zugleich als eine Möglichkeit, sich zur eigenen Zeit, der eigenen Gesellschaft und der eigenen Geschichte in Beziehung zu setzen.

Was aber heißt das in Hinblick auf UMBERTO D.? Es heißt nicht, dass schwarz auf einmal weiß würde. Die Einsamkeit des pensionierten Staatsdieners; die Enttäuschung der Hoffnungen, die sich mit dem Friedensschluss verbanden; der Verlust von Menschlichkeit in der italienischen Nachkriegsgesellschaft – all das bleibt bestehen. Es heißt aber, dass De Sicas Film sich weigert, das letzte Wort zu sprechen über das Leben von Umberto. Wenn der alte Mann und sein Hund spielend die Promenade hinabgehen, sich langsam vom Zuschauer entfernen – entschwinden die beiden dann ins Nichts oder in eine bessere Zukunft? Oder kehren sie schlicht zurück in die Agonie ihres vorherigen Lebens? Die Antwort, die UMBERTO D. auf derartige Fragen gibt, besteht eben darin, seinem Publikum eine Antwort vorzuenthalten. Was noch möglich ist am Ende von De Sicas Film, hängt vom Zuschauer ab. Und dessen Urteil über Umberto und Flaik kann wohl kaum gänzlich losgelöst werden von der Einschätzung, welche Aussichten ihm selbst verblieben in ähnlicher Lage: Die Deutung der kinematografischen Welt faltet sich zurück auf die Deutung jener Welt, die die Alltagsrealität des Zuschauers bestimmt, und die Geschichtlichkeit des Films verbindet sich mit der Geschichtlichkeit seines Publikums. Dabei entwickelt sich die Perspektive, die der Zuschauer auf jene einnimmt, aus der Verhandlung über diese und umgekehrt – als Folge des Versuchs einer Bezugnahme, die gleichermaßen auf die filmische und die alltägliche Historizität gerichtet ist und sich im selben Zuge an beiden erprobt.

Selbst ein so düsterer, in mancherlei Hinsicht nahezu hoffnungsloser Film wie UMBERTO D. hält es also nicht für ausgemacht, was als Summe stehen wird unter der Rechnung von Gewinn und Verlust, die die Worte, Handlungen und Erlebnisse seines Protagonisten bilden. Zwar vermöchte allein ein wohlfeiler Utopismus zu behaupten, dass den Stadtinszenierungen, wenn sie in den Schmerzensspuren eine Geschichte von unten oder aus der Perspektive der Opfer erzählen und im Verlauf der Stadtreise das Bild einer verheerten Sozietät entfalten, zugleich der Glaube daran eingeschrieben wäre, dass unten nicht unten und Opfer nicht Opfer bleiben müsse und die mit Wunden übersäten Straßen, Plätze und Wohnstätten ihre Heilung nur zu erwarten hätten. Dennoch erweist es sich, dass zu der Idee von Politik und Geschichtlichkeit, auf welche die Stadtinszenierungen zielen, wesensmäßig eine Offenheit gehört, die bedeutet, dass diese Idee von Politik und Geschichtlichkeit selbst noch Veränderungen erfahren kann – eine Möglichkeit, die ihrerseits den Entwurf der einzelnen Filme betrifft, sich vor allem aber in der Entwicklung beziehungsweise der Auffächerung des Paradigmas der Stadtinszenierung im Ganzen realisiert: als eine Verhandlung, wenn man so will, die die Stadtszenierung über die eigene Gültigkeit führen.

Es gilt noch besser zu verstehen, was das bedeutet. Zu diesem Zweck sollen nun Einzelanalysen von Filmen anschließen, welche die Vielgestaltigkeit der Stadtinszenierungen des italienischen Nachkriegskinos aufzeigen – in dem, was sie verbindet, wie auch in dem, was sie voneinander trennt. Den Anfang macht Alessandro Blasettis PRIMA COMUNIONE, der die verschiedenen Elemente einer Stadtinszenierung kaum weniger vollständig aufweist als UMBERTO D., jedoch daherkommt im Gewande der ›eskapistischen Komödien‹ des *neorealismo rosa*.[79] Wir werden sehen, dass Blasettis Film hinsichtlich der von ihm konstruierten Zuschauerposition als komplementär zu De Sicas ›neorealistischem Meisterwerk‹ gelten kann. Dieser Umstand sollte bereits eingangs betont werden, um keinerlei Unklarheiten darüber aufkommen zu lassen, dass das Paradigma der Stadtinszenierung weder auf einzelne Gattungen beschränkt ist – etwa das Drama –, noch um die Unterscheidung zwischen Autoren- und Genrekino sich bekümmert.

Gespaltene Perspektiven
Alessandro Blasettis PRIMA COMUNIONE

Es läutet die Kirchturmglocke; für einige Momente betrachtet die Kamera das eifrige Bimmeln, dann neigt sie den Blick zu den Dächern und Straßen Roms. Bald ist sie sozusagen auf Augenhöhe mit den Einwohnern der Stadt angekommen: Zwei Frauen tauschen Wangenküsse und gute Wünsche aus, lächelnde Gesichter, leuchtende Augen. Zu diesen Bildern singt der Erzähler, der den Zuschauer durch den gesamten Film geleiten wird,[80] ein betont kindlich-unschuldiges Liedchen über die Freuden der Osterzeit: Wir alle sind fröhlich, reinen Herzens und guten Willens; wir drücken uns, umarmen uns und sind stets für die Bedürftigen da. ›Wir alle‹ – das ist im Fall von Alessandro Blasettis PRIMA COMUNIONE in einem denkbar umfassenden Sinn gemeint, wie das Ende des Liedes verdeutlicht: »È Pasqua, è Pasqua, noi siamo tutti buoni, l'autore, il re-

---

79 Man sollte erwähnen, dass PRIMA COMUNIONE nicht unter die Filme zählt, deren Zugehörigkeit zu der einen oder anderen ›Tendenz‹ des italienischen Nachkriegskinos unumstritten wäre. Gian Piero Brunetta beispielsweise rechnet ihn nicht nur dem Neorealismus zu, sondern hält Blasettis Komödie sogar für ein gelungenes Beispiel desselben (vgl. Brunetta 2003, 172), obwohl man gewiss an dem Versuch scheitern würde, die – tatsächlich oder vermeintlich – ROMA, CITTÀ APERTA, LADRI DI BICICLETTE und LA TERRA TREMA kennzeichnenden ästhetischen Strategien hier auch nur annähernd vollständig nachzuweisen. (Dafür mangelt es PRIMA COMUNIONE, wie wir sehen werden, nicht an Inszenierungstechniken, die der neorealistischen Lehre rundweg zuwiderlaufen.) In jedem Fall scheint sich Adriano Aprà eher im Einklang mit dem Gros der Forschungsliteratur zu befinden, wenn er, ohne dies allerdings mit einer abfälligen Wertung zu verbinden, Blasettis Arbeiten der fünfziger Jahre den optimistischen, mit glücklichem Ende versehenen Komödien des *neorealismo rosa* beigesellt. Zwar vermeidet es Aprà, dieses Etikett zu benutzen, doch stellt er Blasetti ausdrücklich in eine Reihe mit den Regisseuren der PANE, AMORE E... und POVERI MA...-Serien: Luigi Comencini und Dino Risi. Vgl. Aprà 1979, 204.
80 Es handelt sich dabei übrigens um Alberto Sordi, der später als Schauspieler, Drehbuchautor und Regisseur zu einem der bedeutendsten Humoristen des italienischen Nachkriegskinos aufsteigen sollte, indem er sich selbst als »Archetyp der Laster und Tugenden des zeitgenössischen Italiens« entwarf. Vgl. Morandini 1998a, 325.

gista, il pubblico e Carloni.«⁸¹ Nicht nur die Filmemacher und Zuschauer sind vereint im österlichen Geist, auch Blasettis Protagonist sieht sich aufgenommen in den Bund der Nächstenliebe.

Niemand anderes nämlich ist jener Carloni (Aldo Fabrizi), und der Erzähler verliert keine Zeit, uns den Helden von PRIMA COMUNIONE eingehender vorzustellen: »Si, signori, Carlo Carloni, il proprietario di questa pasticceria...«⁸², beginnt er, während die Kamera am reich geschmückten Schaufenster ebendieses Geschäfts entlangfährt; dort sieht man Engel, umgeben von Gehängen und Gebinden aus Zweigen und Blattwerk, schneeweiße Täubchen und Lämmchen, die Blütenkränze umranken. Allein der Anblick derartiger Reinheit stelle die Seelengüte Carlonis unter Beweis, so versichert der Erzähler im Folgenden, wobei es ihm insbesondere besagte Täubchen und Lämmchen angetan haben: »Sembrano vivi. Sono proprio il simbolo di questo giorno di pace.«⁸³ Dann aber unterläuft PRIMA COMUNIONE ein Missgeschick; als ob sie mitgerissen würde vom Überschwang der Erzählstimme, verfehlt die Kamera den rechten Moment, um innezuhalten. Sie setzt die Fahrt fort, noch nachdem das Ende der Auslagen von Carlonis Konditorei erreicht ist, rückt solcherart das Angebot des benachbarten Geschäfts in den Blick, das sich mit anderen Täubchen und Lämmchen schmückt: Kopfüber baumeln die abgehäuteten Kadaver der letztgenannten in ihrem Gehänge, während erstere fein säuberlich gereiht auf dem Ladentisch liegen. »Di questo giorno di pace...«, wiederholt der Erzähler, während die Kamera hastig zur Reinheit von Carlonis Süßwaren zurückkehrt, um nach einem nervös-betretenen Lachen fortzufahren: »Di questo giorno di fraternità, di mitezza, di amore... Auguri, auguri, auguri!«⁸⁴

Naschwerk und Gekröse
Was Blasetti als peinlichen Fehler ›des Films‹ inszeniert, ist in Wahrheit eine Art kinematografischer Offenbarungseid, mit dem PRIMA COMUNIONE das Prinzip seiner Konstruktion offen legt, noch ehe Carlo Carloni oder eine der anderen Hauptfiguren erstmalig die Bühne betritt. Es geht hier um eine doppelte, eine gespaltene Perspektive: Die Zuckerbäckerei und das Schlachthaus, das Naschwerk und das Gekröse sind, zugespitzt gesagt, nicht voneinander zu trennen; in ein und derselben Bewegung werden sie von der Kamera erfasst. Blasettis Film kennzeichnet also von Anfang an eine perspektivische Verdopplung, und dass die Inauguration dieser Verdopplung selbst noch wie ein oberflächliches

---

81 »Es ist Ostern, es ist Ostern, wir sind alle gut, der Autor, der Regisseur, das Publikum und Carloni.«
82 »Ja, meine Herren, Carlo Carloni, der Eigentümer dieser Konditorei...«
83 »Sie erscheinen lebendig. Sie sind wirklich das Symbol dieses Tages des Friedens.«
84 »...dieses Tages der Brüderlichkeit, der Sanftheit, der Liebe... Alles Gute, alles Gute, alles Gute!«

Witzchen anmuten mag – gewiss, auch das Osterlamm wurde nicht als Festschmaus geboren, und die gebratenen Tauben erbieten sich nur im Schlaraffenland aus freien Stücken zum Verzehr – gehört ebenfalls zu dem Konstruktionsprinzip von PRIMA COMUNIONE, dem selbst Pierre Sorlin vollkommene Harmlosigkeit zuschreibt.[85] Man würde Blasettis Film nämlich ebenso wenig gerecht, wollte man umgekehrt behaupten, er sei nicht harmlos. Wenn PRIMA COMUNIONE den Blickpunkt des Zuschauers immer schon als einen doppelten konstruiert, so heißt dies ja gerade, dass der Film wie ein Vexierbild funktioniert, das ganz verschiedene Ansichten vorstellt, je nachdem, von welcher Warte aus man es betrachtet.

Zwei mögliche Warten – beileibe nicht die einzigen – bieten die Ebene der Handlung und die Perspektive der Stadt, wie sie sich im Vollzug der Stadtreise herausbildet. Beginnen wir mit der Handlung. PRIMA COMUNIONE spielt im Rom des Anno Santo 1950; wir befinden uns in der Osterzeit. Carlo Carloni, Konditoreiinhaber und arrivierter Kleinbürger, hat das Problem, dass das Kommunionskleid seiner Tochter am großen Tag noch nicht fertig ist; er muss sich also aufmachen, um bei der säumigen Schneiderin das begehrte Kleidungsstück einzufordern. Zu Beginn des Filmes steht alles zum besten für unseren Helden. Denn da verfügt er noch über sein schönes großes Auto (neustes Modell, wie er nicht müde wird zu betonen), mit dem er souverän die Verkehrsregeln missachten, Fußgänger über die Straße scheuchen und Radfahrer in die Gosse befördern kann. Kaum hat es Carloni jedoch geschafft, das Kommunionskleid an sich zu bringen – die Näherin hat zu ihrer Verteidigung nur vorzubringen, es sei doch so schön geworden –, als er gleichsam im Gegenzug sein Auto zurücklassen muss (er selbst hat im Zorn den Anlasser ruiniert, es lässt sich nicht mehr starten). Nolens volens begibt sich der Möchtegern-Bourgeois nun in die Niederungen des weniger privilegierten Rom hinab: Ein anderer Mann schnappt ihm das einzige Taxi weit und breit vor der Nase weg, und ihm bleibt nur übrig, in einem der völlig überfüllten Busse die Heimfahrt anzutreten. Unterwegs jedoch kommt es zu einem Wortgefecht mit einem unbotmäßigen Mitbürger, der, nachdem er ausgestiegen ist, Carloni zu allem Überfluss »le corna« zeigt und somit zu verstehen gibt, er halte den Konditoreibesitzer für einen Hahnrei. Dieser will sich eine solche Beleidigung keineswegs bieten lassen. Obwohl es gar nicht seine Haltestelle ist, steigt Carloni ebenfalls aus, ›hinterlegt‹ das Kleid seiner Tochter bei einem Kiosk und folgt dem Mann, schnaubend vor Wut, in eine Bar, wo die Auseinandersetzung endgültig tumultuöse Züge annimmt. Als das Abenteuer überstanden ist –

---

85 Vgl. Sorlin 1996, 87. Ernesto G. Laura betont im Gegenteil, dass Blasettis Film die idyllische Atmosphäre, die ihm während seiner ersten Minuten eigne, nach und nach vollständig zerstöre. Vgl. Laura o. J., 21.

mit viel Mühe wurden die beiden Streitenden getrennt –, ist freilich auch das Kommunionskleid verschwunden.

Wie die Zusammenfassung des Inhalts der ersten Hälfte von PRIMA COMUNIONE bereits nahelegt, schöpft der Film sein humoristisches Potential aus den Konfrontationen zwischen Carloni und seinen Mitmenschen, derer sich reichlich ergeben, da der Konditoreiinhaber – auch dies dürfte klar geworden sein – ein Muster an Selbstherrlichkeit darstellt. Grundsätzlich gilt, dass Carloni alles darf, was er bei anderen verurteilt. Weist ihn jemand darauf hin, dass seine neuen Lederschuhe knarren und rät ihm, deren Sohlen ein wenig zu benetzen, so reagiert Blasettis Protagonist mit einem Lächeln und einer wegwerfenden Handbewegung, halb pikiert, halb amüsiert. Lärmt hingegen das Schuhwerk eines Mitbürgers, so wirft Carloni diesem einen empört-gereizten Blick zu – freilich ohne den Mann mit dem Ratschlag zu bedenken, der ihm selbst in aller Freundlichkeit gegeben worden ist. Schnappt ein Nachbar dem Konditoreibesitzer den Fahrstuhl vor der Nase weg, dann wittert er den Verfall der Sitten; tut er selbst desgleichen, so liegt es an seiner Eile. Missfällt Carloni die Fahrweise eines anderen, soll das Gesetz den vermeintlichen Rabauken zur Rechenschaft ziehen; verursacht hingegen er beinahe eine Massenkarambolage und wird deshalb verwarnt, gehören die Polizisten, die ihm den Strafzettel ausstellen, entlassen oder zuwenigst in die Provinz versetzt. Und so weiter, und so fort.

Erstaunlicherweise gelingt es PRIMA COMUNIONE, seine Verwicklungen einem »süßlichen Idyll« beziehungsweise einem »glücklichen Ende« zuzuführen, obwohl sich Carloni bis fast ganz zum Schluss treu bleibt und – entgegen seinen zahlreichen Versicherungen, Papa werde die Sache schon richten – jede Gelegenheit nutzt, um alles zu verkomplizieren. Jedoch naht Rettung in Gestalt eines Lahmen (Umberto Sacripante). Dieser stand, wie der Zufall so spielt, an erwähntem Kiosk und sah sich die Schlagzeilen der Zeitungen an, als Carloni vorbeieilte und das ordentlich verpackte Kommunionskleid in die Obhut des Fremden übergab, natürlich ohne sich dessen Einverständnis zu versichern. Bei dem Hinkenden nun handelt es sich um einen hochanständigen Mann – auch wenn Carloni den Unbekannten ein ums andere Mal des Diebstahls bezichtigt –, der keine Mühe scheut, um das ihm Anvertraute seinem Eigentümer zurückzugeben. Der jedoch ist zunächst nicht aufzufinden; der Hinkende verliert ihn in dem Durcheinander, das die Beinahe-Schlägerei in der Bar hervorruft, aus den Augen. Erfolg hat er schließlich dank der Schneiderin: Frau Giacobini (Adele Moretti) nämlich war derart stolz auf ihre Arbeit, dass sie dem Päckchen noch, gegen den Widerstand des ungeduldigen Carloni, ihr Namensschild anfügte, welches dem Hinkenden erlaubt, sie aufzuspüren, so dass sie wiederum ihm sagen kann, wem er das Kleid zu überantworten hat. Kaum ist das ersehnte Päckchen eingetroffen, verkehrt sich ein bitterer Streit zwischen Carloni und seiner Frau Maria (Gaby Morlay) in eine Versöhnung mit feuchten Augen; das Töchterchen Anna (Andreina Mazzotto) kommt gerade noch rechtzeitig in die Kirche, um die heilige Erstkommunion zu begehen, und dem Dienstmädchen Antonia (Adriana Gallandt) gelingt es endlich, dass von ihr zerbrochene Porzellan unauffällig verschwinden zu lassen – während sie sich im Spiegel von Carlonis Schlafzimmer betrachtete und etwas an ihren Haaren zu richten suchte, warf sie Ziergeschirr zu Boden –, nachdem sie die Scherben den ganzen Morgen lang mühsam vor den Augen der Herrschaften verborgen hielt. Mit einem Wort: alle sind, wie es in dem Lied heißt, das der Erzähler zu Beginn des Films singt, fröhlich, rein und gut.

Wir werden uns dem Finale von PRIMA COMUNIONE noch ausführlicher widmen. Zuvor allerdings soll darauf hingewiesen werden, dass Carlonis Suche nach dem Kommunionskleid, sie mag für noch so viel Gelächter unter den Zuschauern sorgen, zumindest in einer der möglichen Perspektiven auf dasselbe hinausläuft wie jene trübseligen Gänge, die der pensionierte Staatsdiener Umberto Domenico Ferrari durch Rom antreten muss. Auch im Falle von Blasettis ›unschuldiger Komödie‹ fügen sich die Episoden der Stadtreise zu dem Bild einer Gesellschaft ohne Freundlichkeit zusammen. Das liegt natürlich zuvorderst am Auftreten Carlonis – seiner Neigung, die Verkehrsregeln nach Gusto zu interpretieren; den Demütigungen, welchen er die Näherin vor den Augen ihrer kleinen Tochter aussetzt; seinem herrischen Gehabe gegenüber allen, die er für sozial minderwertig hält –, das jedoch seine Reflexion findet in dem Benehmen anderer soignierter Bürger. Die beiden Männer beispielsweise, mit denen der Konditoreibesitzer in Streit gerät (der eine fährt im Taxi davon, der andere verabschiedet sich aus PRIMA COMUNIONE, indem er gegen den Hinkenden wütet, der ihn nach dem Besitzer des Päckchens fragte), stehen Blasettis Protagonisten kaum nach, sowohl was das cholerische Temperament betrifft als auch hinsichtlich ihrer grenzenlosen Eingenommenheit von der eigenen Person.

Teilhabe am Verfall
Wenn das Lied des Erzählers in der herzigen Versicherung gipfelt, »wir alle« seien gut, so ist die Ironie dieser Zeilen aber nicht nur an Carloni und andere Figuren aus PRIMA COMUNIONE gerichtet, sondern betrifft tatsächlich »uns alle«; »l'autore, il regista, il pubblico« sind gleichfalls ihr Adressat. Auch dies macht Blasettis Film bereits zu Anfang deutlich. Ehe er uns Carloni vorstellt, verweilt der Erzähler bei der Begegnung zweier älterer Herren, die überschwänglich Ostergrüße austauschen, einander und ihren Familien Glück und Wohlstand wünschen. Nachdem die beiden sich verabschiedet haben, stellt der Erzähler gerührt fest, man müsse

seine Hoffnung in die Menschheit noch nicht aufgeben,[86] um dann, als wollte er die Probe aufs Exempel machen, einen der beiden Signori um tausend Lire zu bitten. Der in Rede stehende Herr reagiert allerdings eher ungnädig auf dieses Ansinnen: Er habe nicht die Freude, den Erzähler – eine körperlose, weder räumlich noch zeitlich verortete Stimme, die nun für den Augenblick in die Diegese eingetreten ist – zu kennen, und überhaupt, wenn er jedem, der ihn danach fragte, tausend Lire gäbe... Schon im Begriff, davonzuschreiten, dreht sich der Herr noch einmal um. Ihm ist ein Gedanke gekommen: Ob denn umgekehrt der Erzähler bereit wäre, ihm tausend Lire zu borgen? Dem betretenen Gemurmel des solcherart Überrumpelten begegnet der Signore mit triumphal-spöttischem Gelächter: »Lo vede? Una cosa sono gli auguri, mille lire un'altra!«[87]

Das Gelächter kann der Zuschauer getrost auf sich selbst gemünzt empfinden. Ähnlich wie UMBERTO D. verweigert PRIMA COMUNIONE seinem Publikum einen Platz außerhalb des inszenierten Verfalls, der es erlauben würde, jenes Schwinden von Menschlichkeit sozusagen aus sicherer Entfernung zu begutachten. Dass die Zuschauer miteinbezogen sind in die Entfaltung des kinematografischen Entwurfs, wird besonders deutlich anhand der Erinnerungsszenen, Traum- und Phantasie-Bilder, welche, vom Erzähler ausgiebig kommentiert, die Abenteuer Carlonis immer wieder unterbrechen. Einer der ersten dieser Einschübe zeigt einige Träume von Blasettis Protagonist, der noch schlummernd im Bett liegt. Zunächst versucht sich der Konditoreiinhaber daran, eine Nachbarin zu verführen, was auch gute Fortschritte macht. Bald jedoch wird dieser Traum durch zwei weniger erquickliche abgelöst: Man sieht Carloni, wie er seine erst kürzlich – und zwar mit Ach und Krach, weiß der Erzähler – bestandene Fahrprüfung wiederum durchlebt; dann muss er ins Jahr 1943 zurückkehren, befindet sich erneut auf der Flucht vor einem Bombenangriff. Damals habe Carloni versprochen, stets gut zu sein, wenn Gott ihn aus dieser Not erretten würde – so erläutert der Erzähler, ehe der Konditoreibesitzer aus dem Schlaf schreckt. Später dann, als der Tumult in der Bar in eine Massenschlägerei auszuarten droht, führt der Erzähler die Zuschauer weg vom Schauplatz des Geschehens und hinein in die Zukunft, um sie, zwanzig Jahre sind vergangen, einen Blick auf den Grabstein Carlonis werfen zu lassen, den ein Foto des Toten ziert; dieses Foto beginnt zu sprechen, beteuert aber, sich an den peinlichen Zwischenfall nicht erinnern zu können. Bald darauf zeigt uns ein Wunschbild Carlonis, der verzweifelt das verlorene Kommunionskleid sucht, eine seinem Geschmack entsprechend eingerichtete Welt: Der Verkehrspolizist, den er um Hilfe bittet, hält sämtliche Autos, Lastwagen, Motorroller und Fahrräder an und informiert die Bürger über die missliche Lage des Konditorei-

86 Wörtlich heißt es: »Ah! C´è ancora diritto di sperare negli uomini!«
87 »Sehen Sie? Glückwünsche sind die eine Sache, tausend Lire eine andere!«

inhabers, worauf ein jeder und eine jede sich eifrig auf die Suche begeben – sogar die Bauarbeiter klettern an ihren Gerüsten hinab, und die Geistlichen, die Carloni in seiner Aufregung zuvor beinahe über den Haufen gerannt hätte, sind ebenfalls mit von der Partie –, bis der Dieb des Kommunionskleides (natürlich der Hinkende) dingfest gemacht worden ist und der rechtmäßige Besitzer sein Eigentum wieder in Empfang nehmen kann.

Diese letzten Bilder machen deutlich, was das Movens sämtlicher Phantasien des Konditoreibesitzers bildet: Es ist die Sehnsucht danach, dass die Welt in allem dem eigenen Ich zu Diensten sei. (Umgekehrt sind seine Angstvorstellungen stets vom Wissen um die Vergeblichkeit derartiger Wünsche erfüllt.) Ihrem Wesen nach dürften sich die Tagträume Carlonis demnach kaum von jenen unterscheiden, die das Publikum zur Genüge aus eigenem Erleben kennt. Wie das Verhalten des Konditoreibesitzers insgesamt nur eine Übersteigerung dessen darstellt, was auch zurückhaltendere Mitbürger in ihrem Alltag praktizieren. In dieser Perspektive nun wird deutlich, dass, so verschieden ihre Ausgangspunkte sein mögen, De Sica und Blasetti – beziehungsweise De Sica, Blasetti und Zavattini, der ja das Drehbuch für UMBERTO D. und PRIMA COMUNIONE verfasste – auch hinsichtlich ihres Protagonisten einem ähnlichen Ziel zusteuern: Umberto leidet unter der Kälte und Gleichgültigkeit seiner Umgebung, vermag selbst aber zusehends weniger Anteilnahme für die Belange anderer zu empfinden; Carloni hingegen tritt auf wie die Personifikation jener Logik, die Umberto nachgerade an den Rand des Suizids treibt, ist aber letztlich wie alle. »L'autore, il regista, il pubblico« können sich, ob sie wollen oder nicht, in dem Konditoreibesitzer wiedererkennen.

Es wäre folglich angemessen, auch in Hinblick auf Blasettis Protagonisten von einer gespaltenen Perspektive sprechen. Zustande kommt sie nicht zuletzt durch die Darstellung Aldo Fabrizis, der auch einer Figur wie Carloni mit seiner Stimme, Gestik und Mimik – wie überhaupt mit seiner bärig-tappsigen Physiognomie – eine unwiderstehliche Liebenswürdigkeit zu verleihen versteht, ohne sie in einen Menschenfreund umzudeuten. Ebendiese Wirkung machte sich Roberto Rossellini in FRANCESCO, GUILLARE DI DIO (FRANZISKUS, DER GAUKLER GOTTES, I 1950) zu Nutzen, wo Fabrizi den Tyrannen Nicolaio spielt, dem zugleich etwas Bedrohliches, rückhaltlos Gewalttätiges und Drollig-Raubeiniges eignet. Damit aber inkorporiert Nicolaio den Blick des Franz von Assisi und seiner Anhänger: ein Blick, der in allem und jedem das Gute aufdeckt. Und ähnlich wie Rossellinis Bildraumgestaltung wesentlich darauf zielt, diesen allliebenden Blick für die Dauer des Films auf den Zuschauer zu übertragen – und zugleich im vollsten Wortsinn zu einer Glaubensfrage macht, ob man in dem Mann, der selbst den Tod seine Schwester nannte, einen Heiligen oder einen Narren erblickt –, will Blasettis Inszenierung durchaus Sympathien für Carlo Carloni erwecken. Oder vielleicht zutreffender gesagt: Sie ist bestrebt, trotz allem, was im Verlauf von PRIMA COMUNIONE geschieht, einen Rest an Sympathie für diese Figur erhalten.

Die Tochter des Straßenkehrers und die Frau des Konditoreibesitzers
Freilich ist der Konditoreibesitzer kein Opfer wie Umberto; niemand, der vernachlässigt, ausgestoßen oder verhöhnt würde. Diese Rolle kommt anderen zu. Es ist die Familie eines Angestellten der städtischen Reinigungsbetriebe, den die übrigen Bewohner des Hauses »lo spazzino« – den Straßenkehrer – nennen, welche in den meisten Stadtinszenierungen der fünfziger Jahre den Mittelpunkt des Geschehens gebildet hätte. Während Carloni es nicht ertragen kann, einer unter vielen zu sein, wünschen sich der Straßenkehrer und seine Frau, die Tür an Tür mit dem Konditoreibesitzer wohnen, vor allem dies: nicht als Bürger zweiter oder dritter Klasse betrachtet zu werden. Ihr Bestreben geht wie das von Umberto dahin, »jemand zu bleiben«; dagegen sind sie es, denen die schlimmste Demütigung in PRIMA COMUNIONE widerfährt. Schon zu Beginn des Films ist ihre Lage prekär: Der Erzähler berichtet, dass die Familie des Straßenkehrers, die einzigen Armen im ganzen Gebäude, ihre Wohnung während des Krieges in Beschlag genommen habe, nun aber bald fortziehen werde. Und zwar nicht zuletzt auf Betreiben Carlonis. »Ormai la guerra è finita da tempo e ciascuno deve tornare al proprio posto«[88], pflegt der Konditoreibesitzer zu sagen, der die Wohnung seiner Nachbarn gerne für sich selbst hätte. Als Carloni nun unverrichteter Dinge nach Hause zurückkehrt – es wird noch eine Weile dauern, bis der Hinkende mit dem begehrten Päckchen eintrifft –, erinnert er sich des Umstandes, dass auch die Tochter des Straßenkehrers an diesem Tag ihre Erstkommunion begehen soll. Daraufhin lässt er das Mädchen ihren Vater herbeirufen und bietet diesem, die Kleine hat er zuvor außer Hörweite geschickt, 20.000 Lire für das Kleid seiner Tochter, das er sich selbstverständlich nur zu leihen gedenke. Als der Straßenkehrer dennoch zögert, erhöht Carloni sein Angebot um eine Jacke und ein paar Schuhe. Außerdem, so versichert der Konditoreibesitzer, werde er Sorge tragen, dass sich die Familie des Armen in diesem Jahr noch nicht nach einer neuen Bleibe umsehen müsse – schließlich sei er ein Freund des Hauseigentümers. Da wird der Straßenkehrer schwach; er sagt zwar, dass er die Angelegenheit noch mit seiner Frau besprechen wolle, doch Carloni ist sich seines Sieges bereits sicher. Und tatsächlich kommt der Arme bald darauf zurück, unentwegt seinen Hut bürstend, den Blick gesenkt haltend, und erklärt, er sei mit dem Vorschlag einverstanden. Gleichwohl hat sich Carloni zu früh

---

88 »Der Krieg ist jetzt schon eine Weile vorbei, und jeder muss an seinen Platz zurückkehren.«

gefreut. Es erweist sich nämlich, dass nicht genügend Geld im Hause ist und seine Frau die guten neuen Schuhe, die er dem Straßenkehrer geben wollte, bereits verschenkt hat: sie seien ganz verschlissen gewesen und hätten keine Absätze mehr gehabt. Während der Konditoreibesitzer nun hinab in sein Geschäft hetzt, um 20.000 Lire zu besorgen (zuvor hat er Maria angewiesen, den Armen mit anderen Schuhen – Wildleder, doppelte Sohle – sowie einem Paar Pantoffeln zu versorgen), nimmt sein Geschick eine erneute Wendung: Auf dem Rückweg, im Treppenhaus, begegnet ihm jenes Mädchen, dessen Kommunionskleid er seiner Tochter geben wollte; an der Hand der Mutter und sozusagen in voller Montur eilt es zur Kirche. Kurz darauf stellt Carloni den Vater zur Rede; doch dieser zuckt nur mit den Schultern: »Sa, si è messa a piangere...«[89], sagt er fast entschuldigend.

Es ist dieser Fehlschlag – im Verbund mit einigen weiteren Unbilden verschiedenen Ausmaßes, die Blasettis Protagonisten in der Folge noch ereilen –, der den Konditoreibesitzer schließlich dazu bringt, einen Streit mit seiner Frau anzuzetteln. Schon zuvor musste sich Maria von ihrem Mann immer wieder Vorwürfe anhören; für alles, was nicht gelang, machte Carloni sie verantwortlich: Wenn nur die von ihr ausgewählte Näherin pünktlich gewesen wäre... wenn sie nicht all sein Geld ausgegeben hätte... Nun nutzt Carloni die Gelegenheit für eine Generalabrechnung: Ganz Rom würde anerkennen, dass er aus dem Nichts etwas erbaut habe, aber in diesem Haus habe er nicht einmal genügend Autorität, um die Schneiderin zu wechseln; er sei das alles satt, seit zwanzig Jahren arbeite er, nie habe es Maria an etwas gefehlt, sie hingegen habe der Verschwendung gefrönt und ihm nie auch nur Respekt entgegengebracht... Hätte sie einmal gesagt: »Carlo, das hast du gut gemacht! Carlo, du hast Recht!«, so wäre er zufrieden und glücklich gewesen... Er erwarte ja keine Liebe... Oh Nein! Zwischen ihnen gebe es überhaupt nichts, sie seien nicht für einander gemacht, hätten sich niemals kennen lernen dürfen... Maria, die bislang demutsvoll geschwiegen hat und sich nur einmal die Nase wischte, beginnt nun zu weinen. Carloni wirft ihr vor, ihm eine Szene zu machen, alle hörten sie. Aber so seien die Frauen: Sie glaubten, mit ein paar Tränen lasse sich alles lösen. Er, Carlo Carloni, hingegen kenne das Leben; wenn etwas schief gehe, beklage er sich nicht, denn er... er! Da springt Maria auf: Ich, ich, ich! Das sei alles, was sie jemals von ihrem Mann gehört habe! Nun sei es an ihr zu sagen, dass sie genug habe! Sie sei dem allen überdrüssig, seiner, ihrer selbst... Carloni starrt seine Frau ungläubig an: Sie sei ihn müde? Er greift Marias Arme und schüttelt seine Frau. Müde? Ihn?! Sie schreit Carloni ihr Ja ins Gesicht, gibt ihm eine Ohrfeige, fährt einen Augenblick später entsetzt zusammen. Ihr Mann kann nicht fassen, was gerade geschehen ist. Nun

89 »Wissen Sie, sie hat angefangen zu weinen...«

schweigt er, und Maria redet. Aber der Sinn ihrer Rede verkehrt sich plötzlich ins Gegenteil: Sie fleht Carloni an, ihr zu verzeihen, er habe Recht gehabt, es sei ihre Schuld, alles sei ihre Schuld... die Schneiderin... alles habe sie falsch gemacht... Er habe etwas viel besseres verdient als sie, er sei so gut, so geduldig. Carloni sind indessen die Tränen in die Augen gestiegen, er schüttelt den Kopf: »Sono un porco«, flüstert er, wiederholt es immer wieder, gegen den Willen Marias, die versucht, ihm den Mund zuzuhalten, brüllt es schließlich: »Sono un porco, e devono saperlo tutti! Sono un porco! Un porco!«[90] In diesem Moment stößt das Dienstmädchen Antonia freudestrahlend die Tür auf: Das Kleid ist eingetroffen.

Der gute Schluss und das böse Ende
Wie die obige Beschreibung deutlich gemacht haben sollte, ist die Auseinandersetzung zwischen dem Konditoreibesitzer und seiner Frau keineswegs ein Streit um des Kaisers Bart. Blasetti inszeniert sie auch nicht so. Im Gegenteil fehlt der Szene, in welcher Carloni Vorwurf auf Vorwurf häuft, jedes humoristische Moment, und auch Marias kurzer Wutausbruch entbehrt völlig der Komik, erst recht ihre anschließende Selbsterniedrigung. Man muss sich weiterhin klarmachen, dass zu dem Zeitpunkt, wo Antonia ins Zimmer platzt und die frohe Kunde überbringt, keine fünf Minuten mehr fehlen zum Ende von PRIMA COMUNIONE. Wie nun, so lautet die naheliegende Frage, gelingt es dem Film, jene bereits beschriebene, umfassende Versöhnung – der Hinkende wird von Carloni gar zum neuen Familienmitglied erkoren – plausibel zu machen? Die Antwort ist: gar nicht. Das nunmehr alles gut sei, stellt schlichtweg eine Behauptung dar. Für dieses ›Versäumnis‹ nun wird man kaum die künstlerische Inkompetenz des Regisseurs oder des Drehbuchautors haftbar machen wollen, noch auch die angebliche Neigung der dem *neorealismo rosa* zugerechneten Filme, einer versöhnlerischen Ideologie zuzuarbeiten. Vielmehr gipfelt das für PRIMA COMUNIONE insgesamt kennzeichnende Verfahren, eine gespaltene oder doppelte Perspektive zu produzieren, in diesem Ausgang, der eben zugleich ein »süßliches Idyll« darstellt und das gerade Gegenteil eines solchen. Einerseits verkündet der Film nachdrücklich, dass zum guten Schluss alles Ungemach gewichen sei aus dem Hause Carloni: Das Ehepaar scheint versöhnt, die Tochter darf sich ihres schönen weißen Kleides erfreuen und gemeinsam mit anderen Kommunionskindern die Eucharistie feiern, und das Dienstmädchen hat sich glücklich der Überbleibsel des Porzellans entledigt. Zudem zeigt der Konditoreibesitzer selbst Anzeichen eines Gesinnungs-

---

90 »Ich bin ein Schwein! Und alle sollen es wissen! Ich bin ein Schwein! Ein Schwein!« Ironischerweise fällt für Carloni der Augenblick der Erkenntnis in eins mit der Erfüllung seiner Phantasien: Endlich sagt ihm jemand alles das, was er hören will, und meint es möglicherweise sogar ernst.

wandels: Reumütig erinnert er sich daran, dass er den Hinkenden des Diebstahls bezichtigt habe und bezeugt dem Retter des familiären Osterfestes dafür umso größere Dankbarkeit; auch bestätigt Carloni auf Nachfrage, dass er sich selbst als Schwein bezeichnete (und beendet damit einen kleinen Disput unter seinen männlichen Gästen, von denen einige meinten, er habe »Sono pronto!«, »Ich bin bereit!« also, gerufen), und fleht seine Frau auf Knien um Verzeihung an. Andererseits dürften die meisten Zuschauer zu tief die Bitterkeit des Streits zwischen den Eheleuten empfinden und sich zu sehr über die Schamlosigkeit empören, mit welcher der Konditoreibesitzer die Armut seines Nachbarn auszunutzen gedachte, als dass sie ungeteilte Freude über das »glückliche Ende« von Blasettis Film zu verspüren vermöchten – ganz abgesehen davon, ob es ohne weiteres möglich erscheint, an die Nachhaltigkeit (oder, wenn man auf dieser Ebene argumentieren wollte, die psychologische Plausibilität) der Läuterung Carlonis zu glauben.

Die Spaltungen sind also mannigfaltig: Nimmt man die Perspektive der Stadt ein, wie sie durch die Episoden der Stadtreise konstruiert wird, so hinterlässt Blasettis Film einen kaum weniger finsteren Eindruck als UMBERTO D.; stellt man sich hingegen auf die Warte der Handlung, erhält PRIMA COMUNIONE tatsächlich die Anmutung einer ›unschuldige Komödie‹, insofern der Film dafür Sorge trägt, dass die dunklen Wolken sich rechtzeitig zum Happy End verzogen haben. Die Dezidiertheit beider Einschätzungen wird durch den Schluss von PRIMA COMUNIONE jedoch zugleich auch infrage gestellt, da dieser einander widerstreitende Deutungen nicht nur erlaubt, sondern geradezu herausfordert: In Hinblick auf die letzten Minuten von Blasettis Film kann man ebenso wohl von einem »süßlichen Idyll« oder einem »glücklichen Ende« sprechen wie von der Selbstverhöhnung eines kinematografischen Entwurfs. Schließlich haben wir gesehen, dass auch der Protagonist von PRIMA COMUNIONE, Carlo Carloni, auf eine zumindest doppelte Bezugnahme vonseiten der Zuschauer hin angelegt ist.

Bei all dem muss betont werden, dass derartige Ambivalenzen nicht zufällig oder ›irgendwie‹ ihren Weg gefunden haben in Blasettis Film, sondern zurückzuführen sind auf das Paradigma der Stadtinszenierung, das hier eine spezifische Form annimmt. In diesem Zusammenhang gilt es, an die Bemerkung zu erinnern, die am Schluss unserer Untersuchung über den klassischen US-Gangsterfilm stand. Dort war die Rede von einer Differenz der Perspektiven, die sich ergebe, je nachdem, ob man die Stadtreise durch die Augen der Figur, die sie vollzieht, oder der Stadt selbst betrachtet; weiterhin war die Rede davon, dass diese Differenz, wenn es um die Stadtinszenierungen des italienischen Nachkriegskinos geht, mitunter eine Verschiedenheit des Weltentwurfs der jeweiligen Filme erschließe – eine Differenz, die sogar auf den Unterschied zwischen Komödie und Tragödie hinauslaufen könne. Die vorangegangenen Seiten sollten verdeutlicht haben, was das bedeutet. Nicht zuletzt auf die Einsetzung derartiger Differenzen nämlich zielt es, wenn PRIMA COMUNIONE gespaltene Perspektiven produziert, die sich im Wahrnehmungsprozess des Zuschauers zu realisieren haben. Freilich ist nur eine – wenngleich eine wesentliche – dieser Spaltungen durch den Widerspruch bezeichnet, der an den divergierenden Blicken Carlonis und der Stadt selbst auf die Stadtreise deutlich wird: Der Konditoreibesitzer fühlt sich, während er die Etappen der Stadtreise abschreitet, stets im Recht mit seinem Tun und Lassen; für ihn gibt es hier keine Tragik, nur die Impertinenz minderwertiger Mitbürger. Hingegen fügen sich die Etappen der Stadtreise aus der Sicht der Stadt zum Bild einer mitleidlosen Gesellschaft zusammen, in der die Menschlichkeit, die es gibt, unerkannt bleibt. Die Stadt vermag auch nicht einen Ausweg aus der Misere zu erkennen, denn sie hat sich bereits das Gesetz ihres Daseins gegeben, als sie – gegen den Willen des Erzählers, ohne eine äußere Notwendigkeit – darauf bestand, die Schlächterei neben der Patisserie in den Blick zu rücken. Unbedingt will sie an die Kadaver erinnern, wo man es doch bei Süßigkeiten hätte belassen können.

Damit aber ist ihre Perspektive festgelegt. Die folgenden Geschehnisse bestätigen ihr immer wieder aufs Neue, dass das Getue um großherzige Nächstenliebe, die Versuche, ein trautes Familienglück und nachbarschaftliche Idyllik vorzugaukeln, höchst notdürftig nur die unermessliche Selbstsucht und Gleichgültigkeit verbergen, die darunter sich ausbreiten, als hätte man über einen bodenlosen Abgrund ein paar dürre Stöcke gelegt oder eine Fratze mit etwas Schminke bemalt. Und wo Blasettis Protagonist die Ereignisse dieses Ostermorgens im Rückblick gewiss als unglückliche Verkettung von Missverständnissen sehen würde, die sich vielleicht aus dem Versuch erklärt, zu viel auf einmal richtig machen zu wollen, kann die Stadt nur eine Aneinanderreihung von Niederlagen erblicken, welche die Überbleibsel von Freundlichkeit auf einem verlorenen Posten zurücklassen. Demgemäß dürften Carloni und die Stadt sehr verschiedene Antworten geben auf die Frage, wie das Ende von PRIMA COMUNIONE zu deuten sei – diese Entscheidung aber obliegt letztlich dem Zuschauer. Er ist es, an dem sich die Spaltung der Perspektiven, die Blasettis Film ins Werk setzt, realisiert; die einzelnen Figuren, und das gilt eben auch für die Stadt selbst, bleiben hingegen ihrer Warte verhaftet.

Uns retten nur noch Wunder
Roberto Rossellinis DOV'È LA LIBERTÀ...?

Der Krieg als Nullpunkt
Wir haben gesagt, dass die Stadtinszenierungen des italienischen Nachkriegskinos ihren Nullpunkt häufig im Zweiten Weltkrieg finden, als einem zeitlichen Ort, der angefüllt ist mit Angst und Leid, Hoffnung und Erwartung. Wenn sich der Protagonist von De Sicas UMBERTO D. an den Krieg erinnert, so gedenkt er zugleich der Entbehrungen, die er erdulden musste, und einer Solidarität, die er damals für unverbrüchlich gehalten haben mag; »das kleine, von den meisten Betrachtern gewiss übersehene Unglück«, von dem Austerlitz spricht, besteht hier darin, dass die Vermieterin eines Tages aufhörte – man weiß nicht warum –, den alten Mann ihren Großvater zu nennen. In der Logik der Schmerzensspuren kann dieses Unglück einstehen für das Schwinden von Menschlichkeit aus der italienischen Nachkriegsgesellschaft insgesamt. Auf ähnliche Weise setzt PRIMA COMUNIONE die Vergangenheit in Beziehung zur Gegenwart. Der Krieg spielt dabei vor allem in zweierlei Zusammenhängen eine Rolle: Zum einen birgt er den Moment, wenn Carloni – auf der Flucht vor einem Bombenangriff, sich dem Tod nahe wähnend – Gott um Rettung anfleht und verspricht, er werde stets gut sein, sollte ihm diese zuteil werden; zum anderen eröffnet er, die Auflösung überkommener sozialer Formen herbeiführend, der Familie des Straßenkehrers die Möglichkeit, sich Räume anzueignen, die ihr in besseren Zeiten zweifellos verwehrt geblieben wären. Die Gesamtkonstruktion von Blasettis Film legt nahe, dass der Konditoreibesitzer sein Versprechen im selben Maße ›vergaß‹, wie er den sozialen Aufstieg bewerkstelligte. Dem Straßenkehrer und seiner Frau ist hingegen als einziges Überbleibsel der Träume von einem besseren Morgen jene Wohnung geblieben, aus der Carloni sie zu entfernen gedenkt, wie um damit die Scham seines gebrochenen Versprechens zu tilgen. Die Präsenz der Armen in dem gediegenen Palazzo bedeutet gleichsam einen Stein im Schuh des Fortschritts, der doch so gerne gewaltig ausschreiten möchte.
»Was ist geschehen mit uns?«, »Wie konnte es soweit kommen?«, »Worin besteht unser Versäumnis, unsere Schuld?« – diese und vergleichbare Fragen stellen die Stadtinszenierung am deutlichsten, wenn sie solcherart auf den Zweiten Weltkrieg (beziehungsweise die Hoffnungen, die sich an den Friedensschluss knüpften) als den Ausgangspunkt ihres kinematografischen Entwurfs verweisen. Anhand von Roberto Rossellinis DOV'È LA LIBERTÀ...? (WO IST DIE FREIHEIT?, I 1954), einer wenig erheiternden Komödie, lässt sich dabei ein besonders eindrücklicher Rückbezug auf die Jahre des Grauens und der Erwartung diskutieren. Die Hauptrolle in diesem Film spielt Totò, den vermutlich nicht nur Morando Morandini

als den »inspiriertesten Clown« der zweiten Hälfte des 20. Jahrhunderts bezeichnen würde.⁹¹ Für Jean-Louis Comolli beispielsweise war es Totò, der

> [...] die Perfektion der neapolitanischen Kunst der Verkörperung des Hampelmanns (Pulcinella) oder der Marionette (Jago in *Che cosa sono le nuvole*, Pasolini 1967) auf den Gipfel ihrer Wirkungsmöglichkeiten [erhob]. Die Simulation des Holzkörpers des Hampelmanns durch den Schauspieler aus Fleisch und Blut, die Wiedergabe des Blockierens, Hinkens und Verschiebens, die obligater Bestandteil der den Menschen imitierenden Marionette sind, durch den menschlichen Körper, diese erneute Verschachtelung, Körper, der die Maschine imitiert, die den Körper imitiert, enthüllt in aller Brutalität den Zusammenstoß, der ohne Unterlass einen Menschen erschüttert, der beständig zwischen Ruhe und Schwung, zwischen Tod und Leben schwankt.⁹²

Wir werden später auf Comollis durchaus abgründige Analyse einer Methodik zurückkommen, die das Belebte und Unbelebte solcherart zu ver-

---

91 Vgl. Morandini 1998a, 325.
92 Comolli 2004, 102. In seiner ausführlichen Würdigung betont Pierre Sorlin einerseits ähnliche Aspekte, unterstreicht andererseits die politischen Implikationen von Totòs Kunst: »Stressing the limitations of language, Totò destroyed words and switched them towards other interpretations. ›Armed robbery‹ became, for instance, ›shouldered robbery‹ (TOTÒ THIRD MAN, 1951). Arm means weapon but designates also a part of the body. How do thieves break down a closed door? With their shoulders. Filling their scripts with double meanings, the Neapolitans [neben Totò sind damit vor allem Eduardo und Peppino De Filippo gemeint] denounced a tendency to have recourse to sophisticated, incomprehensible terms. But this did not end in some absurd jargon. There was something behind the words, a signification that viewers were invited to discover. In TOTÒ AND CAROLINE (1956), a policeman, on guard in a hospital, realized that he has slept in the bed of a woman who has just died. Has he caught her illness? ›Don't worry,‹ the doctor tells him, ›she died from inanition.‹ – ›Inanition? What kind of disease is that?‹ – ›Deficiency‹ – ›I feel deficient.‹ – ›She starved to death.‹ – ›Starvation! I'm relieved.‹ Complicated terms like inanition are easily misunderstood. Get rid of them and you see the truth: policemen do not starve.
However, Totò did not disappear in a cloud of puns, he was a physical presence. His bizarre clowning was the centre of the action and swamped the screen. He made full use of both his loose, rubbery body and a lightening-fast ability to switch moods from upset scepticism to naive enthusiasm and from affronted sulking to cheerful keenness. His sure grasp of the codes of the stage helped him to emphasize his own involvement and play on ambiguity, especially androgyny, with a tendency to draw on a male feminity or maybe rather on the female weakness of an unsure man. Uncanny though he was, Totò was too sympathetic to be easily forgotten. When he showed up with a distressed gaze and trembling nostrils, spectators felt diverted by his comical expression and moved by his physical unfitness. [...] Coming form nowhere, being an alien in his own country, he lived in a nonsensical sphere [...]. Attached to traditional values, he made fun of them and, while stressing the validity of regional idioms, he ridiculed them. Caught between two worlds, past and future, unable to master events, he gave his spectators a sense of a suspension of time. His public delighted in listening to his strange speech, which represented a transition from the provinces where they were born, toward a new social and economic space which was in the making.« Sorlin 1996, 112f.

binden vermag. Zunächst wollen wir uns die Anlage von DOV'È LA LIBER-
TÀ...? vergegenwärtigen.

Kein Weg zurück
Totò spielt hier den Barbier Salvatore Lojacono, der zweiundzwanzig
Jahre lang im Gefängnis saß – für den Mord an seinem besten Freund, der
ein Auge auf seine Frau Aida geworfen hatte. Nun ist die Zeit seiner Entlassung gekommen. Ausgestattet mit vielen guten Ratschlägen und ziemlich wenig Geld begibt sich Salvatore nach Rom, in der Hoffnung, dort
eine Bleibe und Arbeit zu finden. Er will, wie man sagt, ein neues Leben
beginnen. Freilich besteht Salvatores Problem darin, dass sein neues
Leben längst begonnen hat, in seiner Abwesenheit, ohne sich um seine
Wünsche und Bedürfnisse zu scheren. Nichts ist mehr, wie es der Barbier
erinnert. Die Gegenwart – wir schreiben das Jahr 1952 – scheint gänzlich
getrennt von der Vergangenheit; zumindest von jener Vergangenheit, die
Salvatore lieb und teuer ist. Dies wird ihm deutlich, als er zufällig die Orte
passiert, an denen er vor dem Verbrechen seine Tage verbrachte: Der
Corso ist noch da, die Via Vittoria ist noch da, auch das Augustusmauso-
leum ist – wenngleich kaum mehr wiedererkennbar – noch da. Aber wo ist
Salvatores Straße, die Via dei Pontefici, wo die Via delle Colonnette, wo er
sein Geschäft eingerichtet hatte, auf das er so stolz war? All das sei verschwunden, lässt ihn ein Signore wissen. Der Barbier mutmaßt, Bom-
benangriffe hätten das Viertel verheert, doch von dem Passanten erfährt
er, dass seine Welt bereits vor dem Krieg verloren war. Sie wurde zerstört
im Zuge der sogenannten *sventramenti* – der ›Ausweidungen‹ also, die das
faschistische Regime in den zwanziger und dreißiger Jahren vornahm,
um das Gewirr von kleinen Gassen und verwinkelten Straßen, aus dem
das alte Rom bestand, durch repräsentativ-pompöse Anordnungen zu
ersetzen, mit denen sich leichter Staat machen ließ.[93] Bereits ganz zu
Beginn seiner Stadtreise, er hat die Freiheit noch kaum gekostet, muss
Salvatore solcherart erfahren, dass das Rom, welches für ihn Heimat
bedeutete, sich buchstäblich in Luft aufgelöst hat.

---

93 Mark Shiel schreibt über die städteplanerische Umgestaltung Roms: »Mussolini moved government offices around Rome in order to centralise the Piazza Venezia as the city's and the nation's
seat of government. Programmes of demolition known as *sventramenti* widened streets and made
way for modern buildings within the city's tapestry of ancient, medieval, renaissance and baroque
buildings and spaces. The creation of the Via dell'Impero (now the Via dei Fori Imperiali) provided
a new space for grand military parades and state occasions, while the cutting of the Via della Con-
ciliazione, which demolished the old neighbourhoods of the Borgo Vecchio and the Borgo Nuovo
in front of St Peter's, removed some of what many fascists considered the unattractive cluster of
the city's historical centre and symbolised the reconciliation of Church and State in the 1929 Lat-
eran Pact. The displacement caused by these works was absorbed by a relaxation in the maximum
height of residential buildings allowed in Rome and by mass relocations of inner-city communi-
ties to new, purpose-built suburban accommodation of the type planed for the reclaimed Pontine
marches featured in Blasetti's SOLE.« Shiel 2006, 71.

Die Stadt ist ihm – aus anderen Gründen wie Umberto und Carloni, jedoch auf strukturell vergleichbare Weise – fremd und feindlich geworden. Dass es das Haus, in dem er lebte, den Barbiersalon, in dem er arbeitete, die Straßen, durch die er spazierte, die Geschäfte, wo er einzukaufen pflegte, nicht mehr gibt, dass mit einem Wort die materiellen Spuren seines früheren Lebens verschwunden sind, markiert für Salvatore indessen nur die erste in einer langen Reihe von Enttäuschungen, die er im Verlauf seiner Stadtreise erfährt: Beispielsweise wollen die ›jungen Leute‹, denen er Panini und Pasta kauft, damit sie ihren Tanzmarathon gestärkt fortsetzen können, nichts mehr mit ihm zu tun haben, als sie herausfinden, dass er im Gefängnis saß; weniger aus Heuchelei oder Angst vor Scherereien, sondern aufgrund einer beinahe unschuldigen, jedenfalls blinden Vergnügungssucht: Es zählt allein der Tanz, und der Barbier ist dem Tanz nicht länger förderlich. Auch die Männer des Palazzo, in dem er später unterkommt, ändern ihr Verhalten gegenüber Salvatore, nachdem sie entdeckt haben, dass er vor beinahe einem Vierteljahrhundert einen Mord beging: Ließen sie sich zunächst gerne von ihm die Haare schneiden und den Bart stutzen, so meiden sie ihn nun. Offenbar nicht, weil sie darum besorgt wären, dass sich Salvatore in der Art eines römischen Sweeney Todd mit seinem Rasiermesser an ihren Kehlen vergriffe; nein, Indignation ist das Gefühl, welches sie umtreibt – wobei DOV'È LA LIBERTÀ…? klarstellt, dass die Signori ausnahmslos selbst in kriminelle Machenschaften verschiedenen Kalibers verstrickt sind. So auch der Herr, der Salvatores Geheimnis lüftet: Dieser nutzt sein, wie ein Spießgeselle sich ausdrückt, professorales Erscheinungsbild dazu, falsche antike Münzen an Touristen zu verkaufen.

Aus der Sicht des Protagonisten von DOV'È LA LIBERTÀ…? lassen sich diese Enttäuschungen beschreiben als ein fortgesetzter Verlust des Vertrauten, ein Prozess der Desillusionierung über den wahren Wert all dessen, was er für unantastbar hielt: Ehre, Anstand, Tugend. Hierbei handelt es sich offenbar um eine Aufzählung von Leerformeln, die Salvatore denn auch nur mit den Wahrheiten der Väter zu füllen vermag: als ›tugendhaft‹ gilt ihm beispielsweise die Frau, die ihre Jungfräulichkeit bis zur Ehe bewahrt. Für den Nachvollzug der Konstruktion von Rossellinis Film ist es aber weniger wichtig, die von Salvatore vertretenen Werte auf ihre Tauglichkeit hin zu überprüfen, als sich klarzumachen, dass er – ein Mörder, wohlgemerkt – ziemlich der einzige ist, der in DOV'È LA LIBERTÀ…? überhaupt irgendwelche Werte verficht, beziehungsweise sich bemüht, nicht ausschließlich das eigene Wohlergehen und den eigenen Vorteil zum Maßstab seiner Handlungen zu machen. Dies wird schon daran deutlich, dass Rossellinis Protagonist sich während des ganzen Filmes als unfähig zur Lüge erweist. Nicht einmal auf die Frage, ob er »der Barbier aus der Via dei Pontefici« sei, vermag er eine falsche oder ausweichende Antwort zu geben.

Lob der Gefangenschaft
Wenn Salvatore dann gegen Ende des Films in die Haftanstalt einbricht, wo er zweiundzwanzig Jahre seines Lebens verbrachte, um wieder in die Geruhsamkeit seiner Zelle und den brüderlichen Bund der Delinquenten zurückzukehren, so dient diese Pointe nicht der Erheiterung des Publikums. Und natürlich zielt es ebenso wenig auf die Idealisierung der Zustände in realen Zuchthäusern, wenn Rossellinis Held gegenüber dem Richter, der ihm den Prozess macht für dieses unerlaubte Eindringen – DOV'È LA LIBERTÀ...? ist in Rückblenden erzählt, welche die Geschichte des Barbiers, seine Erinnerungen an die Zeit ›draußen‹ illustrieren –, nicht nur das ruhige, friedliche Leben eines Sträflings anpreist, sondern sogar die gute Luft lobt, die sich der Lage des Gefängnisses zu verdanken hätte. Vielmehr ist Salvatores Rückzug als durchaus ernst gemeinte Antwort auf die Frage zu verstehen, die der Film im Titel trägt. Die Freiheit, so lautet sie, findet man im Gefängnis; und das heißt: man findet sie nirgendwo. Es geht also darum, zwei Formen des Scheiterns einander gegenüberzustellen. Im kinematografischen Entwurf von DOV'È LA LIBERTÀ...? ist die Freiheit in der Welt nur zu haben um den Preis der Aufgabe jeglicher Ideale; die Freiheit im Gefängnis hingegen erweist sich als rein negativ: Frei ist Salvatore vor allem von dem Zwang, seine Vorstellung davon, wie das Leben sein sollte, mit der Wirklichkeit dieses Lebens zu konfrontieren. Zugespitzt könnte man sagen, dass Rossellinis Held sein Heil nur in der Absage an die Idee der Selbstbestimmtheit finden kann, weil die Wahrung seiner Selbstbestimmung für ihn eben bedeuten würde, sein Selbst aufzugeben.

Aber DOV'È LA LIBERTÀ...? erschöpft sich nicht in der Gestaltung einer Paradoxie. Neben Salvatore gibt es nämlich noch eine zweite Figur, die einmal eingesperrt war; bei ihr handelt es sich um einen italienischen Juden, dessen ganze Familie in den Deportationszügen und Vernichtungslagern umgekommen ist: Abramo Piperno (Leopoldo Trieste), dem der Sinn ganz bestimmt nicht nach einem Lob des Lebens in Gefangenschaft steht. Von Bedeutung nun sind sowohl die Geschichte Abramos als auch die Darstellung des Holocaust-Überlebenden. Abramo hat seinen Auftritt zu einem Zeitpunkt, da Salvatores Geschick eine Wendung zum Besseren genommen zu haben scheint: Während eines ziellosen Ganges durch Rom – seiner Bleibe wurde er verwiesen, nachdem er der Tochter der Padrona, sehr zum Missvergnügen der letztgenannten, eine selbstkomponierte neapolitanische Liebesweise vorgesungen hatte – stößt der Barbier zufällig auf seinen Cousin Romolo Torquati (Eugenio Orlandi). Dieser ist mittlerweile ein gemachter Mann und führt den unglücklichen

Exhäftling zurück in den Schoß der Familie. Versorgt mit Speis' und Trank und einem warmen Bett, umgeben von wohlwollenden Verwandten, die sein Verbrechen offenkundig längst verziehen haben, scheint es Salvatore, als würde die Freiheit vielleicht doch noch ihrem Ruf gerecht werden; zumal sich in Gestalt von Agnesina (Vera Molnar) neues Liebesglück ankündigt. Allein die Hoffnungen des Barbiers zerschlagen sich in dem Maße, wie er die Wahrheit über die Seinen erfährt.

Es ist das Auftauchen Abramos, das diese erneute Wendung einleitet. Eines Tages klingelt er an der Wohnungstür und bittet um eine Unterredung mit einem Familienmitglied. Da die Torquatis sämtlich ausgegangen sind, erbietet sich Salvatore, dem Wunsch des Fremden zu entsprechen – und begreift nach und nach, dass seine so rechtschaffenen und liebenswürdigen Verwandten vor neun Jahren eine jüdische Familie denunziert haben, um Eigentum und Wohnung der Deportierten übernehmen zu können; Abramo, wie gesagt, ist der einzige Überlebende dieser Familie, der Pipernos. Zudem erfährt Salvatore, dass seine Frau Aida, in der er stets eine Heilige erblickte, mehr als nur einen Geliebten hatte und ihre Traurigkeit über seine Einkerkerung sich in engen Grenzen hielt; schließlich, dass Agnesina von Romolo mehr oder weniger auf den Barbier angesetzt wurde, um ihn bei Laune zu halten und davon abzubringen, etwa unbequeme Fragen zu stellen, und zudem, noch eine Phantasmagorie der Unschuld und Reinheit zerfällt zu Staub, bereits seit einiger Zeit schwanger ist. Restlos enttäuscht und verbittert infolge dieser Enthüllungen, entscheidet sich Salvatore, ins Gefängnis zurückzukehren, zu einem friedlichen Leben inmitten anständiger Krimineller.

Die erschütternde Komik des Hampelmanns
Was diejenigen Szenen von DOV'È LA LIBERTÀ...?, die Abramo gewidmet sind, so beunruhigend macht, ist allerdings weniger die, gewiss hinreichend bittere, Geschichte des Holocaust-Überlebenden an sich noch auch die Funktion, welcher dieser Geschichte – als jener Offenbarung, die dem Barbier endgültig den Boden unter den Füßen wegzieht – innerhalb der Gesamtanlage des Films zukommt, sondern vor allem die Art und Weise, wie Rossellini den Mann in Szene setzt, den die Torquatis bevorzugt »il giudeo«, den Juden, nennen. Er inszeniert ihn beinahe als Witzfigur. Hochgewachsen, bleich, mit weit aufgerissenen Augen, merkwürdig unbewegtem Gesicht, irritierend sanfter Stimme und stets leicht abgehackt oder verzögert wirkenden Bewegungen betritt Abramo nach einem kurzen Dialog mit Salvatore die Wohnung der Torquatis, ohne seinen Namen genannt oder sein Anliegen präzisiert zu haben. Während er be-ginnt, sich aufmerksam in den Räumen umzusehen, setzt eine lauernde, unheilschwangere Musik ein, die annähernd dem Gemütszustand des Barbiers zu entsprechen scheint. Dieser folgt Abramo unbehaglich auf

seiner Inspektion, wobei Totò den Umstand, dass Salvatore dem Fremden nicht recht über den Weg traut, durch allerlei verstohlenes Grimassieren kenntlich macht. Rekurrieren wir nun auf die oben zitierte Analyse Comollis, so wird deutlich, dass die Darstellung des Barbiers und des Holocaust-Überlebenden in einem wesentlichen Merkmal übereinstimmen: Der »Simulation des Holzkörpers des Hampelmanns«, wie Totò sie vollzieht, entspricht die vage mechanische Anmutung im Spiel Leopoldo Triestes. Zunächst unabhängig davon, ob diese Art von Schauspiel intendiert war, den seelischen Zerrüttungen eines Menschen Ausdruck zu verleihen, der die faschistische Mordmaschinerie überstanden hat, gibt uns der beschriebene Zusammenhang eine Erklärung dafür an die Hand, warum der Figur Abramo Piperno – oder vielmehr: der physischen Präsentation jener Figur – etwas Lächerliches und zugleich Verstörendes anhaftet, das von Anfang an dafür sorgt, dass der Zuschauer sich über den merkwürdigen Besucher, den Salvatore da empfängt, amüsieren möchte und des eigenen Amüsements doch nicht froh wird. Derselbe Erklärungsansatz kann uns auch helfen, die Konstruktion von Rossellinis Helden selbst und DOV'È LA LIBERTÀ...? insgesamt besser zu verstehen.

Es sei daran erinnert, dass Henri Bergson in seinem Essay »Le rire« (»Das Lachen«) den Ursprung des Komischen in einer unbewussten psychologischen oder physiologischen »Steifheit« des einzelnen Menschen erkennt, die im Widerspruch zum, laut Bergson, immer im Fluss befindlichen, sich nie wiederholenden Leben stehe, welches denjenigen, der sich der »Starrheit« schuldig macht, deshalb mit Lächerlichkeit abstrafe, oft unterstützt durch Sanktionsmechanismen der Gesellschaft. Wann also hat Körperlichkeit den Anschein des Lächerlichen? Bergson schreibt: »*Komisch sind die Haltungen, Gebärden und Bewegungen des menschlichen Körpers genau in dem Maß, wie uns dieser Körper an einen gewöhnlichen Mechanismus erinnert.*«[94] Indem er Karikaturen untersucht, fährt er fort: »*Je exakter beide Vorstellungen – Mensch und Mechanismus – ineinandergreifen, um so erschütternder [!] ist die komische Wirkung.*«[95] Weshalb dieser Zusammenhang? »Weil ich jetzt einen Mechanismus vor mir sehe, der automatisch arbeitet. Das ist nicht mehr Leben, das ist ein ins Leben eingebauter und das Leben imitierender Automatismus.«[96] Wichtig ist aber, dass der Aspekt der Menschlichkeit immer gewahrt bleibt. Denn: »Es gibt keine Komik außerhalb dessen, was wahrhaft *menschlich* ist.«[97] Die Beschreibung Bergsons lässt sich ohne weiteres den Sätzen anschließen, die Jean-Louis Comolli über das humoristische Genie Totòs schrieb, trifft mithin

---

94 Bergson 1993, 49.
95 Ebenda, 50.
96 Ebenda, 51.
97 Ebenda, 34.

ebenfalls auf das Schauspiel Leopoldo Triestes in DOV'È LA LIBERTÀ...? zu. In dieser Perspektive ist das buchstäblich Verschrobene an den Figuren Salvatore und Abramo folglich das Mechanische, der ›ins Leben eingebaute, das Leben imitierende Automatismus.‹

Aber auch auf einer anderen, gewissermaßen psychologischen Ebene vermag Bergsons Essay zu einem Verständnis der Konzeption Rossellinis beitragen. Anlässlich seines Versuches, einen speziellen Typus von Mensch zu charakterisieren, den er »der *Zerstreute*«[98] nennt, schreibt Bergson:

> Denken wir uns eine gewisse angeborene Unbeweglichkeit der Sinne und des Geistes, die bewirkt, dass ein Mensch sieht, was nicht mehr ist, hört, was nicht mehr tönt, sagt, was nicht mehr passt, kurz, dass er sich in einer vergangenen und unwirklich gewordenen Situation häuslich einrichtet, während er sich doch der augenblicklichen Wirklichkeit anpassen sollte. Hier verlagert sich das Komische in die Person selbst.[99]

Sowohl Salvatore als auch Abramo sind – in je eigener, voneinander sehr verschiedener Weise – solche »Zerstreuten«. Der Barbier versucht ein Dasein zu leben, das es längst nicht mehr gibt, einer Vergangenheit habhaft zu werden, die auf immer verflossen ist – und weiß es noch nicht einmal mehr, ganz wie auch Bergsons »Zerstreute« (und seine anderen lächerlichen Typen) sich über ihr eigenes Tun und also ihre eigene Komik nicht bewusst sind.[100] So entspringt sowohl die Komik Salvatores als auch das Traurige der Figur nicht zuletzt ihrer ebenso untröstlichen wie lächerlichen Unangepasstheit an die objektiven Umstände ihrer Existenz. Der Weg zurück in die ›gute alte Zeit‹ (die wahrscheinlich, nicht nur im Fall von Rossellinis Helden, ohnehin nur ein Spiel der Erinnerung darstellt) ist dem Barbier mit aller Endgültigkeit versperrt, aber etwas in ihm versucht, von unstillbarer Sehnsucht getrieben, stets aufs Neue, ihn wieder zu eröffnen. Was Abramo betrifft, so kann wohl kaum die Rede davon sein, dass eine »angeborene Unbeweglichkeit der Sinne und des Geistes« für sein Querstehen zu der Gegenwart, in der er lebt, verantwortlich zu machen wäre. Wenn er – mit seinen weit aufgerissenen Augen, die immer etwas erschrocken wirken, und jenem starren Blick, der mehr oder zuwenigst anderes zu sehen scheint, als es diejenigen tun, die ihn umgeben – durch die Wohnung der Denunzianten geht, dann dürfte er nicht nach Überbleibseln jener ›guten alten Zeit‹ Ausschau halten, von der Salvatore träumt. Vielleicht aber sucht er nach den Spuren einer Vergangenheit, wo

---

98 Ebenda, 39.
99 Ebenda, 38f.
100 Vgl. ebenda 41f.

seine Familie am Leben war und es noch Gerechtigkeit für ihn hätte geben können. Dass sich Abramo, wie der Barbier im Verlauf seiner Gerichtsverhandlung beklagt, zuletzt auf einen Kuhhandel mit den Torquatis einlässt, um seinen Schmerz zumindest in einen finanziellen Vorteil umzumünzen, erscheint in diesem Zusammenhang weniger wie die moralische Bankrotterklärung eines vom Leiden gebrochenen Mannes als vielmehr wie ein desperater Anpassungsversuch an die Realität des Italien der frühen fünfziger Jahre, beziehungsweise an einen spezifischen Entwurf dieser Realität. Die denkbar umfassendste Havarie erlitten hat aus Sicht von Rossellinis Film nämlich die italienische Nachkriegsgesellschaft, und wenn wir es bei DOV'È LA LIBERTÀ...? mit einer eher unlustigen Komödie zu tun haben, so liegt dies zuvörderst daran, dass der humoristische Firnis hier – anders als etwa bei PRIMA COMUNIONE oder POVERI MA BELLI – allzu dünn ist, um die zugrunde liegende Verzweiflung im Verborgenen zu belassen.

Die Worte Comollis, denen zufolge Totòs Schauspielkunst einen Zusammenstoß enthülle,»der ohne Unterlass einen Menschen erschüttert, der beständig zwischen Ruhe und Schwung, zwischen Tod und Leben schwankt«, dürften wohl auf keinen Film des neapolitanischen Clowns mehr zutreffen als eben auf DOV'È LA LIBERTÀ...? Nur dass die Alternative zwischen Tod und Leben in diesem Fall, wie bereits beschrieben, auf die Wahl zwischen verschiedenen Formen von Gefangenschaft hinausläuft und sich das physiognomische und motorische Gepräge einer Figur – oder vielmehr zweier Figuren, denn das Schauspiel Triestes folgt ja in seiner grundlegenden Ausgestaltung dem Stil Totòs – solcherart mit dem Entwurf einer Geschichtlichkeit verbindet: schwankend zwischen Vergangenheit und Gegenwart, Ablehnung und Akzeptanz einer veränderten Zeit, einer Art von Leben, das eine Art von Tod verlangt, und einer Art von Tod, der eine Art von Leben ermöglicht, sind Salvatore und Abramo zugleich komische und erschütternd traurige Gestalten. Dass für den Barbier der Ausweg aus dieser Auswegslosigkeit in einer Flucht ins Gefängnis besteht, offenbart, wie wenig DOV'È LA LIBERTÀ...? daran glaubt, dass jenseits der zerstörten Illusionen neue Hoffnung aufscheinen könnte. Eine Möglichkeit der Besserung oder gar Rettung liegt außerhalb dessen, was Rossellinis Film denken kann oder will. Weit weniger Schwierigkeiten hat er, das Gegenteil sich auszumalen. Denn wenn DOV'È LA LIBERTÀ...?, durchaus untypisch für die Stadtinszenierungen des italienischen Nachkriegskinos, ganz explizit auf eine der Menschheitskatastrophen des 20. Jahrhunderts Bezug nimmt, so vor allem deshalb, um den vergangenen Schrecken über eine Kette ›kleiner, von den meisten gewiss übersehener Unglücke‹ in die Zukunft hineinzuprojizieren. Die nicht-lineare Zeitlichkeit, welche die Poetik der Schmerzensspuren kennzeichnet, verbindet die Enttäuschung über die Entwicklung der italienischen Nachkriegsgesellschaft mit der Erwartung künftigen Unheils: *Solange wir so denken, fühlen und handeln,* so das summa sumarum von Rossellinis Film, *solange kann uns nur ein Wunder davor bewahren, eines Tages die Wiederkehr der Grauen, welche wir überwunden glaubten, zu bezeugen.* Dass DOV'È LA LIBERTÀ...? bereit ist, Salvatore mit seiner Zelle nicht nur ein Refugium zuzugestehen, sondern die Abgeschlossenheit des Gefängnisses sich ihm gleichsam in ein Apotropäum wandelt – bei seiner Rückkehr weint er vor Glück und Rührung, dann legt er sich auf seine Pritsche, seufzt erleichtert, schmatzt zufrieden, schlummert ein, selig wie ein kleines Kind, als hätte er das Böse ein und für alle Mal gebannt aus seinem Dasein –, erschiene darum höchstens dann beruhigend, wenn es denkbar wäre, die Welt unter einem Glassturz zu verwahren.

Heimführung des Vaters
Pietro Germis IL FERROVIERE

Überdruss am Manichäismus
Um zu verstehen, inwiefern Pietro Germis Drama IL FERROVIERE (DAS ROTE SIGNAL, I 1956) dazu angetan ist, unsere Einsicht in das Paradigma der Stadtinszenierung zu vertiefen, mag es hilfreich sein, für einen Moment zu UMBERTO D. zurückzukehren. Genauer gesagt interessiert uns das Verhältnis zwischen De Sicas Protagonisten und einem der Pensionäre, denen er nach dem vorzeitigen Ende der Demonstration begegnet, sowie dem Hausmädchen Maria. Was De Sica hier gegenüberstellt, ist eine Geschlechtersolidarität, die beim ersten Lufthauch in Nichts sich auflöst, und eine Nähe, die aus der Fremdheit erwächst. Die Kameradschaft zwischen Umberto und dem Alten an seiner Seite reicht genau soweit, dass dieser ihn ermutigt – man sei ja unter Männern –, seine Padrona eine Hure zu nennen, ob der Mieterhöhung, die sie ihm auferlegt hat. Das einvernehmliche Gelächter, mit dem die beiden Männer sich ihre Kumpanei bestätigen, weicht allerdings schon Sekunden später betretener Verstimmtheit, als das Ausmaß von Umbertos Elend daran deutlich wird, dass er dem anderen Pensionär seine Uhr verkaufen will. Peinlich berührt ist der Alte, vielleicht auch ein wenig verärgert; jedenfalls macht er sich eilends von dannen, wobei er Umberto zudem noch anlügt, um sich nicht mehr mit dessen Not beschäftigen zu müssen: Er tut so, als sei er bereits Zuhause angekommen, nur um aus der Passage, in der er verschwunden ist, wieder herauszutreten, sowie ihm der andere Mann den Rücken zudreht.

Auf ein deutlich solideres Fundament scheint das Verhältnis von Umberto und Maria gestellt. Nicht, dass De Sicas Film irgendetwas idealisieren

würde; auch zwischen diesen beiden gibt es reichlich Missverständnisse und Gleichgültigkeit. Das ändert aber nichts daran, dass UMBERTO D. der Inszenierung eines verbindlichen Miteinanders nirgends näher kommt als in der Beziehung zwischen dem pensionierten Staatsdiener und dem Hausmädchen (da Flaik kein Mensch ist, wollen wir an dieser Stelle von seinem Verhältnis zu seinem Herrchen absehen). Die Nennung der Professionen Umbertos und Marias markiert hierbei nur eines von mehreren Gegensatzpaaren, die zusammengenommen kennzeichnend sind für die Konstellation, in die De Sica seine Hauptfiguren einstellt: Er ist ein Mann, sie ist eine Frau; er ist alt, sie ist jung; er ist kinderlos geblieben, sie ist bereits eine werdende Mutter. Vergegenwärtigt man sich die genannten Attribute, so liegt der Schluss nahe, dass in der Perspektive von UMBERTO D. all das Trennende sich zu einer Möglichkeit von Kommunikation addiert, wo hingegen die Fakta von Armut und Unglück (oder auch die Zugehörigkeit zum gleichen Geschlecht) alleine nicht hinreichend sind, diese Möglichkeit zu stiften – denn arm oder unglücklich sind fast alle Figuren, die dem Zuschauer im Verlauf von De Sicas Film begegnen. Insbesondere scheint es UMBERTO D. darum zu tun, die Beziehung zwischen den Geschlechtern ein Stück weit aus den Logiken amouröser Konflikte, Dependenzen und Betrügereien herauszulösen. Dass der alte Mann und die junge Frau überhaupt den Versuch unternehmen können, füreinander da zu sein – was in diesem Film sehr viel ist –, hängt offenbar damit zusammen, dass sie ›nichts voneinander wollen‹: Zwischen den beiden besteht weder eine sexuelle noch eine pekuniäre Abhängigkeit. Nun wird man vielleicht sagen, dass es in Anbetracht der vielen Jahre, die Umberto und Maria trennen, nicht wunder nimmt, dass geschlechtliches Begehren keinen (oder keinen nennenswerten) Teil hat an ihrer Beziehung. Was hier vorliegt, ist allerdings ebenso wenig eine Vater/Tochter- oder Großvater/Enkelin-Konstellation – dafür sind die Stärken und Schwächen zu gleichmäßig verteilt, wie auch das Maß an Bedürftigkeit und Unabhängigkeit –, sondern eine von mancherlei Not bedrückte Freundschaft.
Aus heutiger Sicht mag das wenig spektakulär erscheinen. Im italienischen Nachkriegskino aber muss man lange suchen, ehe man einen zweiten Film findet, in dessen Mittelpunkt ein Mann und eine Frau stehen, zwischen denen sich nicht früher oder später ein sexuelles Verhältnis entwickelt, wenn es nicht bereits von Anfang an gesetzt ist. Für den gegebenen Zusammenhang scheint dabei zweitrangig, ob die Liebe den Sieg davonträgt, in eine Katastrophe mündet, wechselseitig ist oder vielleicht von einem der Beteiligten nur vorgespiegelt wird, aus Einsamkeit (Natalia in LE NOTTI BIANCHE) oder heiratsschwindlerischer Berechnung (Oscar in LE NOTTI DI CABIRIA). So gesehen könnte man fast meinen, der Altersunterschied zwischen Umberto und Maria sei die Voraussetzung dafür

gewesen, dass De Sica überhaupt das Wagnis eingehen konnte, im Italien der fünfziger Jahre eine Beziehung zwischen einem Mann und einer Frau zu inszenieren, die zwar von Zuneigung geprägt, nicht aber durch sexuelles Begehren determiniert ist. Einstweilen kommt es weniger darauf an, ob eine solche Inszenierung in irgendeinem Sinn als fortschrittlich gelten kann. Von Bedeutung ist zunächst, dass die Art und Weise, wie UMBERTO D. sich müht, dem Manichäismus phallischer Geschlechterliebe zu entrinnen, bezeichnend ist für einen gewissen Überdruss an der Sexualität, der viele Stadtinszenierungen kennzeichnet, und letztlich wahrscheinlich ein Überdruss an den in der italienischen Nachkriegsgesellschaft vorherrschenden Zuschreibungen an Männlichkeit und Weiblichkeit darstellt. Diese Vermutung legt jedenfalls die Analyse des Films nahe, mir dem wir uns nun beschäftigen wollen.

Das männliche Gasthaus, die weibliche Wohnung
Zweidrittel von IL FERROVIERE sind vergangen: Es ist Nacht, wir sehen die düstere, fast gänzlich verlassene Flucht eines Treppenhauses. Ein Mann steigt die Stufen empor, langsam, mit schweren Schritten; er hat die Hände in die Hosentaschen geschoben, hält die Augen gesenkt, fast zur Gänze verborgen sind sie durch den Schirm seiner Schiebermütze und die Schatten, die über sein Gesicht fallen. Bei der Wohnung, in der er lebt, bleibt der Mann stehen. Er holt ein Schlüsselbund hervor, hält es einen Moment lang zwischen den Fingern, schickt sich an, leicht zögerlich, die Tür aufzusperren. Der Mann weiß es nicht, aber er ist nicht allein: Noch jemand wacht zu der späten Stunde. Seine Frau, vergrübelt im Bett liegend, hat die sich nähernden Schritte gehört. Sie ist aufgestanden und durch die Diele zur Eingangstür gegangen, in Nachthemd und Morgenrock, ohne das Licht anzuschalten in den Zimmern.
Abwechselnd hat der Zuschauer die beiden gesehen: ihn bei seinem Gang durchs Treppenhaus; sie, in der Dunkelheit auf Geräusche lauschend; seine massige, ein wenig gebeugte Gestalt; ihre kummervollen Züge, als sie zur Tür tritt, den Oberkörper nach vorne neigt, wie um zu horchen, ihre Hände ans Schloss legt, Anstalten macht, ihm zu öffnen, es dann doch nicht tut, stattdessen sich umdreht und weggeht, so dass der Mann – kaum im Wohnungsinnern ist er, jenseits der Schwelle, noch einmal stehengeblieben – in einen Flur blickt, dessen Leere und Düsternis an das Treppenhaus gemahnen, das er soeben verlassen hat. Nur eine sacht sich bewegende Portiere, offenbar von der Frau gestreift bei ihrem Rückzug, könnte ihn auf den Gedanken bringen, dass nicht schon seit Stunden alles schläft in den stillen Räumen. Während er nun in die Küche geht, am Tisch Platz nimmt, sich ein Glas Wein eingießt, das Gesicht in den Händen vergräbt, hat sie sich erneut zu Bett begeben, blickt stumm in seine Richtung, am Kragen ihres Nachthemdes nestelnd. Freilich sind sich

weder der Mann noch die Frau darüber bewusst, dass eine dritte Person in der Wohnung ihre schwermütige Ruhelosigkeit teilt. Es ist Sandrino (Edoardo Nevola), der ebenso wenig zum Schlafen kommt wie sein Vater und seine Mutter: das jüngste Kind der Familie Marcocci, um die die Handlung kreist in Germis IL FERROVIERE. Der titelgebende Eisenbahner Andrea, dargestellt vom Regisseur selbst, und seine Frau Sara (Luisa Della Noce) sind offenkundig viel zu eingenommen von ihrem eigenen Kummer, um einen Gedanken daran zu verlieren, inwiefern der Unstern, der über ihrem Heim aufgegangen ist, auch den nächtlichen Frieden ihres Sohnes zuschanden machen könnte. Ihre wenigstens in diesen Stunden waltende Ignoranz findet in der Bildraumgestaltung der beschriebenen Szene einen ganz unmittelbaren Ausdruck, da Sandrino in deren Verlauf nämlich auch für den Zuschauer unsichtbar bleibt, im Wortsinn keine Rolle spielt. Doch wird das bedrückende, in wenigen Bildern entfaltete Drama über den Verlust einer gemeinsamen Sprache und die Qualen, die aus diesem Verlust resultieren, bezeichnenderweise eingeleitet durch die Erzählstimme des Jungen, die von seiner eigenen Schlaflosigkeit berichtet, und jener der Mutter – eine Schlaflosigkeit, die dafür sorgt, dass weder Sandrino noch Sara die Rückkehr Andreas entgeht und das Kind die Ohnmacht seiner Eltern aus nächster Nähe miterleben muss. Die kleine Episode ist also in doppelter Hinsicht bemerkenswert: zum einen aufgrund der Konstellation, die sie in Szene setzt – Andrea und Sara, die Sandrino gewissermaßen nicht auf der Rechnung haben, wohingegen der Junge mehr sieht, hört und begreift, als alle ahnen oder zuzugeben bereit sind –; zum anderen verlangt die in ihr vorgenommene Raumaufteilung besondere Beachtung. Denn es ist kein Zufall, dass sich die Tür, die Andrea von Sara trennt, als ein unüberwindliches Hindernis erweist. Vielmehr markiert der Umstand, dass der Mann die Wohnung erst betreten kann, nachdem die Frau verschwunden ist, und umgekehrt die Frau den Durchgang, im Wissen um die Anwesenheit des Mannes, verschlossen hält, nicht nur den Grund für Andreas Scheitern, sondern steht geradezu emblematisch ein für die Konfiguration von Geschlechterverhältnissen, die der Film in seiner Gesamtheit vornimmt. Wenn nämlich wahr sein sollte, dass Germis Komödien aus den sechziger Jahren – zuvorderst die sogenannte »Trilogie des Grotesken«, bestehend aus DIVORZIO ALL'ITALIANA (SCHEIDUNG AUF ITALIENISCH, I 1961), SEDOTTA E ABBADONATA (VERFÜHRUNG AUF ITALIENISCH, I/F 1964) und SIGNORE & SIGNORI (ABER, ABER, MEINE HERREN..., I/F 1965) – die »Entfremdung des Einzelnen von sich selbst« zum Thema haben,[101] so ist es IL FERROVIERE vor allem um die Entfremdung des Einzelnen von seinem Nächsten beziehungsweise seiner Nächsten zu tun, durchgespielt

101 Vgl. Bieberstein 2008, 344f.

am Beispiel des Zerfalls der Familie von Andrea und Sara Marcocci: ein nur scheinbar unaufhaltsamer Prozess, der allerdings, indem er seine Reversion erfährt, zugleich sich vollendet. Dass Germis Drama die Verhandlung über Geschlechterverhältnisse betreibt, ist buchstäblich zu verstehen, da IL FERROVIERE nicht in erster Linie vermittels einer elaborierten Figurenpsychologie greifbar zu machen sucht, welche Zwänge mit den in der italienischen Nachkriegsgesellschaft herrschenden Definitionen von Männlichkeit und Weiblichkeit einhergegangen sein mögen, sondern dieses Ziel zu erreichen strebt durch die Gestaltung spezifischer Räumlichkeiten. Oder vielleicht sollte man es anders sagen: die psychologische Dimension der Figuren des Films erschließt sich zuverlässig nur dann, wenn diese betrachtet werden auf Grundlage der Analyse der von Germi vorgenommenen Raumkonstruktionen. Einstweilen wollen wir – sozusagen als noch einzulösendes Pfand auf diese Behauptung – annehmen, dass es Sinn macht, den Lokführer Andrea, nicht Sara zur wesentlichen Person dieser Verhandlung zu erklären, insofern er, der Vater, die Perpetuierung überkommener Geschlechterrollen festzuschreiben bemüht ist und zugleich an der Einhaltung der von ihm selbst verfochtenen Regeln zugrunde geht.

Bereits die plane Wiedergabe der Geschichte dieser Figur lässt die Spannung in ihrer Anlage erahnen: Andrea, der so stolz ist auf seinen Beruf, dass er die Eisenbahnermütze sogar in der freien Zeit trägt, wird vom Dienst suspendiert, nachdem er, um seine Nerven zu beruhigen – ein Mann hatte sich vor ihm auf die Gleise geworfen und der Lokführer konnte nicht rechtzeitig bremsen –, zur Flasche griff und in alkoholisiertem Zustand beinahe einen Zusammenstoß mit einem anderen Zug verursacht hätte; alsdann entfernt er sich, zutiefst verbittert und in der Überzeugung, von allen verkauft und verraten worden zu sein, immer weiter von seinen Kollegen und seiner Familie, wird zum Streikbrecher, geht schließlich gar nicht mehr arbeiten, sondern sucht Zuflucht in einer eher zweifelhaften Kneipe, wo er sich regelmäßig betrinkt, allein oder in beliebiger Gesellschaft.

Schon zu Beginn des Films, Andrea steht scheinbar noch fest in seinem Leben, gestaltet Germi streng voneinander geschiedene, männlich und weiblich konnotierte Bildräume. Es gibt die Osteria, welche die Eisenbahner nach der Arbeit aufsuchen: Das Gasthaus ist männlich, hier wird getrunken, gesungen und gelacht. Andrea, der für seine Freunde und Kollegen auf der Gitarre spielt, stellt das Zentrum dieses Männerfestes dar. Und es gibt die Wohnung: die Wohnung ist weiblich, hier wird gegessen und diskutiert, werden Streit und Versöhnung ins Werk gesetzt. Den Mittelpunkt dieses Milieus bildet Sara, die ihre Kraft darauf verwendet, ihre Familie zusammenzuhalten. Als der Zuschauer die Bekanntschaft des Lokführers macht, hat dieser bereits die Abkehr hin zu einer reinen Männerwelt vollzogen. Die Familie ist ihm zur Last geworden, bedeutet eine Bürde, die er weder zu tragen noch abzuschütteln vermag, was seinen Ausdruck darin findet, dass er die häusliche Umgebung zusehends meidet. Zwar muss Andrea immer wieder in die Wohnung zurückkehren; dann aber sucht er – wie in der beschriebenen Szene – die Einsamkeit oder verstärkt die Trennung von den übrigen Familienmitgliedern, indem er sie schroff auf den Platz verweist, den sie im patriarchalen Gefüge einzunehmen haben: Seine Frau Sara, deren Pflicht es ist, ihm das Dasein so angenehm wie möglich zu machen, wenn er von seinen Fahrten heimkehrt; sein älterer Sohn Marcello (Renato Speziali), der die Tage als Müßiggänger verbringt und bei nahezu jeder Begegnung mit seinem Vater etwas tut oder sagt, was ihn in dessen Augen als Taugenichts ausweist. Vor allem aber sieht sich Andrea durch seine Tochter Giulia (Sylva Koscina) überfordert, die er nach einer ungewollten Schwangerschaft zur Heirat mit Renato Borghi (Carlo Giuffrè) zwang; einem Mann, von dem sie sich eigentlich schon getrennt hatte und der – meint Giulia – sozusagen ihre nicht vorhandenen Gefühle erwidert. Vollends in Zerrüttung gerät das Verhältnis zwischen Vater und Tochter, als sich offenbart, dass Giulia, deren Kind tot geboren wurde, sich einen Liebhaber genommen hat: die Kommunikation zwischen den beiden ist in der Folge auf den Austausch bitterster Vorwürfe beschränkt, wobei Andrea seiner Sicht der Dinge mit Schlägen Nachdruck zu verleihen sucht.

Vor diesem Hintergrund nimmt kaum wunder, dass weder Andrea noch Sara, weder Giulia noch Marcello die Vermittlung zwischen dem männlichen Gasthaus und der weiblichen Wohnung zu leisten vermögen. Andrea ist zwar nicht der Ursprung der in diesen Räumlichkeiten festgeschriebenen Trennung, wohl aber ihr Agent, wie es auch Sara zu spüren bekommt, als sie die Osteria der Eisenbahner aufsucht in der Absicht, ihren Mann nach dessen entwürdigender Zurücksetzung heimzuholen, nur um von diesem vor versammelter Runde abgekanzelt zu werden. Giulia und Marcello sind ihrerseits unfähig zum Brückenschlag, da sie beide eindeutig aufseiten ihrer Mutter stehen, die eine solche Parteinahme freilich nicht wünscht. Die Tochter taucht bald nur noch in ihrem ehemaligen Zuhause auf, wenn Andrea fern ist; der ältere Sohn kann zwischen dem Gasthaus und der Wohnung wechseln (wobei er nicht dieselbe Wirtsstube aufsucht wie die Kollegen seines Vaters, sondern ein Café für Möchtegern-Bohemiens wie Marcello selbst, in dem wohl nicht nur er sich tüchtig beim Kartenspiel verschuldet), nutzt diese Fähigkeit aber keineswegs, um etwas zu der Annäherung beider Welten beizutragen. Dass er überhaupt vermag, die Grenze zwischen Wohnung und Gasthaus so mühelos zu überschreiten, verdankt Marcello ganz offenkundig seinem vazierenden Dasein; Tagedieb, der er ist, gehört er, trotz seines Alters, nicht wirklich zu der von proletarischer Leistungsethik bestimmten Welt der Eisenbahner. Diese Eigenschaft teilt er mit Sandrino, dem

Nesthäkchen der Familie Marcocci, der – nicht mehr Kind, noch nicht Mann – nur über unklare Vorstellungen davon verfügt, was es mit der Geschlechtlichkeit auf sich hat und also, gemäß der Logik von IL FER-ROVIERE, nicht vollends gebunden ist an das Gesetz der Väter oder eine Raumaufteilung, die letzten Endes diesem Gesetz gehorcht. Sandrino nun ist nicht nur willens, sondern auch fähig, jene Vermittlung zwischen dem Gasthaus und der Wohnung zu leisten.

Gang durch die Welten
Die Pointe von Germis Film besteht darin, dass der Junge die Versöhnung zwischen männlicher und weiblicher Welt erst bewerkstelligen kann, nachdem er ›zum Mann geworden ist‹, was in seinem Fall bedeutet: den Kinderspielen zu entsagen, ein guter Schüler zu werden, Verantwortung zu übernehmen. Eine in diesem Sinn männliche Identität annehmen kann Sandrino wiederum erst dadurch, dass er ebenfalls für seine Mutter Partei nimmt. Dieses Sich-auf-die-Seite-Schlagen ist, was den Jungen betrifft, ganz wörtlich zu verstehen: eines Nachts klettert er in Saras einsames Bett und tröstet sie, nachdem sie, verzweifelt ob all dem Unbill, das die Ihren erdulden müssen, zu weinen begonnen hat. Im Bewusstsein, seiner Mutter einstweilen den Ehemann ersetzen zu müssen, macht sich Sandrino auf die Suche nach seinem Vater (übrigens ist Germis Film mit der Frage, welche Folgen derartige ödipale Konfusionen zeitigen mögen, höchstens am Rande befasst), den er dann nicht nur dazu bringt, in die Familie zurückzukehren, sondern dem er auch einen Wiedereintritt in die Osteria ermöglicht, in welcher seine Kollegen verkehren, wo Andrea, zu seiner Überraschung wohl, mit offenen Armen empfangen wird.
Wenn es sich bei dem Lokführer also zweifellos um die zentrale Person von Germis Drama handelt, so kann man mit ebenso großer Berechtigung sagen, dass Sandrino den Fluchtpunkt der Konstruktion des Films bildet. Nach und nach wird man sich darüber bewusst, dass der Junge nicht einfach einen kindlichen Erzähler abgibt, der vor allem dazu tauglich ist, die Zuschauer mit den nötigen Informationen über die Hintergründe der in IL FERROVIERE erzählten Ereignisse zu versorgen und dabei, als angenehmer Nebeneffekt, mit unschuldiger Niedlichkeit für sich einzunehmen weiß. Vielmehr stellt Sandrino die aktivste Figur der Geschichte dar. Von allen Mitgliedern der Familie Marcocci ist er derjenige, welcher am wenigsten sich bereit findet, die eins ums andere sich aufhäufenden Desaster als schicksalhafte Fügungen hinzunehmen. Anstatt im Bann des Unheils zu verharren gleich dem Kaninchen, das die Schlange anstarrt, befindet sich Sandrino ständig in Bewegung. Das gilt auf mehreren Ebenen: Zum einen baumelt er, im Gegensatz zu seinen Eltern und Geschwistern (noch?) nicht an den Fäden der Tradition. In der Perspektive von IL FERROVIERE verdankt sich jene gefühlsmäßige und

intellektuelle Flexibilität Sandrinos, wie beschrieben, der Tatsache, dass der Junge einstweilen am Rande der Erwachsenenwelt – und das heißt: dem Reich des Geschlechtergegensatzes – sich aufhält.
Ganz abgesehen davon aber kann Sandrino auch in physischer Hinsicht als außerordentlich beweglich gelten. Denn nicht Andrea ist es, der in Germis Film die Stadtreise durchläuft, sondern sein jüngster Sohn. Genauer gesagt: die Stadtreise des Lokführers endet, ehe sie richtig beginnt, bei ihrer ersten Station, und zwar in der billigen Schenke, die er nach seiner Degradation frequentiert, um im Wein Trost oder zumindest Vergessen zu suchen. Was Andrea hingegen findet, ist Stillstand. Ganz anders Sandrino, der sich bereits zu Anfang von IL FERROVIERE auf eine Reise begibt, die ihn bis zum Schluss an immer neue Orte führt. Tatsächlich zeigen schon die ersten Bilder des Films den Jungen, wie er, ein schelmisches Lächeln im Gesicht, durch die von weihnachtlicher Betriebsamkeit erfüllten Straßen Roms sich schlängelt, um seinen Vater, der im Begriff steht, von einer Fahrt zurückzukehren, am Bahnhof abzuholen. Und auch im weiteren Verlauf der Handlung sieht der Zuschauer einen Sandrino, der ständig unterwegs ist. Mehr noch, man könnte IL FERROVIERE erzählen anhand der Abfolge der Gänge, die der Junge tätigt, im Auftrag anderer oder auf eigene Rechnung: sei es, dass er ganz zu Beginn des Dramas von Sara losgeschickt wird, um den Vater, der in seinem Stammlokal nur schnell ein Glas trinken wollte, für den Heiligen Abend heimzuholen; sei es, dass er sich, nachdem Andrea berauscht eingeschlafen ist, in derselben Nacht ein weiteres Mal auf den Weg macht, nunmehr zur Wohnung Renatos sich begibt, wo seine Schwester in den Wehen liegt; sei es, dass er Renato die Nachrichten der unglücklichen Giulia überbringt und von diesem zurückgesandt wird mit der Bitte, seiner Schwester auszurichten, sie möge ihn nicht mehr in die Bottega schicken; sei es, dass er sehr viel später von dem inzwischen ebenfalls ins Unglück geratenen Renato darum gebeten wird, Giulia in der Wäscherei aufzusuchen, wo sie ein Auskommen gefunden hat, um ein Paket mit von ihr in der ehemals gemeinsamen Wohnung zurückgelassenen Dingen zu übergeben; sei es, dass er vor einem Polizisten davonlaufen muss, da er das Heckfenster des Autos des Geliebten seiner Schwester mit einem, auf den Hinterkopf des Mannes gezielten, Geschoss aus seiner Steinschleuder zertrümmert hat; sei es, dass er in das Café eilt, wo Marcello seine Zeit mit Kartenspielen vertreibt, um die Hilfe des großen Bruders zu holen, als Andrea und Giulia mit ihrem Streit das ganze Haus aufscheuchen; sei es schließlich, dass er gemeinsam mit Gigi Liverani (Saro Urzì), dem treuesten Freund Andreas, sich auf die Suche nach seinem Vater begibt.
Indem er eine Vielzahl von Orten kennenlernt, wird Sandrino zugleich mit einer Vielzahl von Perspektiven vertraut, da eben Germis Film den subjektiven Blickwinkel der einzelnen Figuren mit der Beschaffenheit eines je-

weils spezifischen Milieus oder bestimmten Tätigkeiten identifiziert. So entspricht Saras Kummer die nicht endende Plackerei in der düsteren Wohnung, und Renatos pragmatische Betriebsamkeit findet ihr räumliches Äquivalent in der stets gut gefüllten Bottega, wohingegen sich sein Liebesleid und seine Verwirrung später in Gängen und Fahrten durch die Stadt ausdrücken, die stets Giulia zum Ziel haben, ohne dieses Ziel direkt anzusteuern. Gemäß den Gestaltungsprinzipien, die der Figur des Jungen zugrunde liegen, realisieren sich auch diese Kenntnisse nicht als ein passives Wissen, sondern als eine auf die Beeinflussung ihres Umfeldes ausgerichtete Anstrengung. Es ist nämlich, als würde der Sohn die seelische und körperliche Beweglichkeit, die ihm eignet, in der Folge auf den Vater übertragen. Denn sowie er sich von Sandrino an die Hand hat nehmen lassen – eine Umkehrung des *comme il faut* der Beziehung zwischen dem Erwachsenen und dem Kind, wie sie den Stadtinszenierungen des italienischen Nachkriegskinos spätestens seit De Sicas LADRI DI BICICLETTE vertraut ist[102] –, gewinnt Andrea eine Biegsamkeit, die ihm zuvor vollkommen fremd war. Diese hat im Falle von Germis Film nichts mit opportunistischer Anpassungssucht zu tun, sondern zielt wesentlich auf die Fähigkeit, die eigene Trauer und Verletztheit, die eigenen Versäumnisse und Ressentiments einzugestehen – als Ergebnis einer Hinneigung zu den Untiefen des Selbst, welche offenbar schlecht sich verträgt mit der grandiosen Illusion eines souveränen männlichen Subjekts, der Andrea, warum auch immer, zuvor anhing. Derlei Mutmaßungen über das ›Seelenleben‹ einer kinematografischen Figuration können im Fall von IL FERROVIERE geerdet werden, wenn man sich klarmacht, dass sie im Grunde nichts anderes darstellen als sprachliche Übertragungen, die rückführbar sind auf eine zum Ende von Germis Drama hin sich verändernde räumliche Konstellation beziehungsweise auf den Anteil der Figur des Lokführers Andrea an dieser Veränderung. Ihm, der er zuletzt weder in der Osteria noch in der Wohnung mehr heimisch war, sondern allein in der selbst gewählten Isolation, scheint es ab einem bestimmten Punkt nämlich möglich, beide Welten zu bewohnen, ja sogar sie zu verbinden.

102 Normalerweise exemplifiziert sich diese Krise an einer Vater/Sohn-Beziehung – eine Regel, von der es bemerkenswerte Ausnahmen gibt. Zu nennen wären zum einen Antonio Petruccis CORTILE (E/I 1955): Der jugendliche Delinquent, der im Mittelpunkt des Filmes steht, versucht verzweifelt, ›anständig‹ zu werden und Eingang in die Gemeinschaft der Jungen zu finden, die um das Leben des titelgebenden Hofes kreist, bis er schließlich in einem anderen Außenseiter, dem von Eduardo De Filippo gespielten Straßenmusiker, einen Freund und Lehrer findet, der ihm zugleich den Vater ersetzt. Größere Probleme als der absente Erzeuger bereitet dem Protagonisten seine Mutter, vor der er davongelaufen ist und an deren Liebe er lange zweifeln muss. Schließlich jedoch gelingt es ihm, sich mit seiner Mutter auszusöhnen und – nunmehr ›ein Mann‹ geworden – im selben Zug die Zuneigung eines Mädchens zu gewinnen, das am Hof wohnt. Einen weniger erbaulichen Ausgang findet bekanntlich das Verhältnis zwischen Mutter und Sohn, das Pasolini in MAMMA ROMA gestaltet; dieses sieht für die Titelheldin (Anna Magnani) das Schicksal einer melodramatischen Heroine vor, während ihr Sprössling Ettore (Ettore Garofolo) als »kleiner Schmerzensmann« die Passion durchlaufen muss. Vgl. Groß 2008, 191-211, v.a. 205-210.

Ein neuer Genius Loci
Das wird deutlich am Ende von IL FERROVIERE: Der Film mündet in einem großen Weihnachtsfest, das stattfindet in den Räumen der Marcoccis und die Kluft, die Germis Drama über das Gros seiner Laufzeit hinweg zwischen den Geschlechtern auftun sah, zumindest für den Augenblick überbrückt. Andrea und Sara empfangen Frauen und Männer, Liebende und Familien, Kinder und Greise, Kollegen und Nachbarn; vor allem aber vereinigen sie die Zuschreibungen an männliche und weibliche Milieus, indem sie die Wohnung zu einem Ort machen, wo Diskussionen und Versöhnungen stattfinden – der Lokführer beendet das Gespräch, das er und seine Tochter am Telefon führten, mit den Worten: »Ti aspettiamo, Giulia... Non manchi che tu, bambina mia«;[103] zuvor bereits haben Andrea und Marcello ihr Zerwürfnis mit einer Umarmung beigelegt –, und wo zugleich getrunken, musiziert und getanzt werden kann. Somit erschafft das Ehepaar ein Gegenbild zu den trostlosen Festtagen, die am Anfang des Films standen und in der Totgeburt des Kindes von Giulia und Renato ihren tiefsten Punkt erreichten; ein neuer *Genius Loci* ist eingezogen in das Heim der Marcoccis. Ob er geblieben wäre, vermag niemand zu sagen, denn auch diese Weihnachten bringen den Verlust eines Lebens. Andrea stirbt, nachdem er selbst die flüchtige Zusammenführung von männlicher und weiblicher Welt vollendet hat,[104] indem er zum ersten Mal für Sara zur Gitarre greift und damit eine Tätigkeit in ihrer Wirkungsrichtung verkehrt, welche bislang dazu diente, die Exklusivität des Männerkreises, der ja nicht umsonst zotigen Liedern frönte, immer wieder aufs Neue zu bestätigen: »Voglio farti una serenata... per te sola«,[105] sind beinahe die letzten Worte, die der Eisenbahner spricht.
Dass die Figur nicht überleben kann, hat eine gewisse Logik, da sie die Grenzen ihres eigenen Konstruktionsprinzips aufbricht in dem Moment, wo sie die Position des unnahbaren Patriarchen verlässt und – in der manichäistischen Ordnung, die den Ausgangspunkt von Germis Drama bildet – weiblich konnotierte Gesten, Gefühle und Verhaltensweisen annimmt: Umarmungen, Einfühlsamkeit, die Tränen in den Augen und die versagende Stimme...
Die Frage, für wie lange es Andrea und Sara gelungen wäre, ein erneutes Aufklaffen des Abgrundes zwischen der männlichen und der weiblichen

---

103 »Wir erwarten dich, Giulia... Es fehlt nur du, mein Kind.«
104 Die vorliegende Analyse hat diese Zusammenführung aus männlicher Sicht beschrieben. Das ist vor allem darin begründet, dass IL FERROVIERE den Schwerpunkt auf die Ausgestaltung der Perspektiven von Andrea und Sandrino legt. Nichtsdestotrotz wäre es auch möglich, die hier skizzierte Bewegung vom Blickpunkt Saras oder Giulias aus zu beschreiben. Die Ergebnisse wären vermutlich – eben aufgrund der ungenaueren Konturierung dieser Figuren – weniger eindeutig, würden aber zweifellos in ihrer Grundtendenz sich decken mit den auf den vorangegangenen Seiten entwickelten Gedanken.
105 »Ich möchte dir ein Ständchen bringen... nur für dich.«

Welt zu verhindern, muss also unbeantwortet bleiben. Vielleicht besteht der Optimismus von IL FERROVIERE in der Annahme, dass zumindest Sandrino – den sein Vater Sandro zu nennen beginnt, nachdem der Junge gekommen ist, um ihn aus den Kaschemmen herauszuführen, in denen er so heillos sich verloren hat – mit den Logiken einer sich fortsetzenden Vergangenheit werde brechen können. Ihm jedenfalls gehören die letzten Bilder des Filmes. Wieder sieht man den Sohn des Lokführers durch die Straßen eilen, und das, was geschehen ist in der Zwischenzeit, scheint seine Fröhlichkeit zwar gemindert, aber eben auch nur gemindert zu haben. Wo er zu Anfang von IL FERROVIERE von rechts nach links sich bewegte, dem Vater entgegen, folgt er nun einem Schulkameraden, der nach rechts aus dem Bild läuft – wohin, das weiß man nicht.

Lebende und Tote
Luchino Viscontis LE NOTTI BIANCHE

»Ein Träumer ist kein Mensch...«
Bei der Stadtinszenierung, der wir uns jetzt zuwenden wollen, handelt es sich um eine sogenannte Literaturverfilmung. Das Vorbild für Viscontis Film ist die Erzählung Helle Nächte, die Fjodor Dostojewski 1848 in Druck gab. Diese Erzählung stellt die dritte größere Prosaarbeit Dostojewskis dar – nach Arme Leute und Der Doppelgänger, die beide 1846 erschienen –, und der Autor bezeichnet sie im Untertitel als einen »empfindsamen Roman«, welcher »den Erinnerungen eines Träumers« entstamme.[106] Nicht nur auf den ersten Blick haben Helle Nächte in ihrer literarischen Form wenig gemein mit den Thematiken, die, folgt man den bisherigen Ergebnissen vorliegender Untersuchung, das wesentliche Anliegen der Stadtinszenierungen des italienischen Nachkriegskinos bilden. Im Zentrum der Erzählung steht vielmehr eine Konstellation, deren Gestaltung für Dostojewski gegen Ende der vierziger Jahre, wie Aage A. Hansen-Löve schreibt, »den Charakter eines Wiederholungszwanges« annahm: das »Dreiecksverhältnis zwischen einerseits brüderlich-schwesterlich befreundeten und andererseits erotisch verstrickten Figuren.«[107] Es versteht sich beinahe von selbst, dass diese *ménages à trois* kein gutes Ende zu nehmen pflegen. Denn: »Die Schwester ist keine Schwester, sondern die Geliebte, der Bruder hält sich nicht an seine Rolle, sondern wird zum erotischen (Un-)Wesen, die unschuldsvolle Idee der allgemeinen Fraternität versinkt im Inzest.«[108] Nicht nur in Helle Nächte inszeniert Dostojewski das zerstörerische Beziehungsgeflecht mit der für ihn – bezogen auf die in den Lie-

---

106 Vgl. Dostojewski 1996, 761.
107 Hansen-Löve 1996, 925.
108 Ebenda, 921.

beswirren sich verfangenden Figuren – so bezeichnenden Mischung von tränenseliger Einfühlung und boshafter Bloßstellung. Im Falle seines »empfindsamen Romans« bedient er sich hierzu einer Dialektik von Traum und Wachen, Einbildung und Wirklichkeit, Nacht und Tag, in die sein Ich-Erzähler mindestens ebenso heillos verstrickt ist wie in die Gefühle, welche er gegenüber Nasstenka hegt, was ihn – auch dies typisch für Dostojewski – indessen nicht daran hindert, sich selbst und anderen die innere Logik seiner obsessiven Phantastereien, und zwar mit all ihren verhängnisvollen Konsequenzen, bis ins Kleinste auseinanderzusetzen:

> Und man fragt sich: Wo sind denn deine Träume geblieben? Und schüttelt den Kopf und murmelt: Wie schnell die Jahre vergehen! Und wieder fragt man sich: Was hast du mit deinen Jahren angefangen? Wo hast du deine beste Zeit begraben? Hast du überhaupt gelebt? oder nicht? Sieh, sagt man zu sich selbst, sieh, wie kalt es in der Welt wird. Es werden noch einige Jahre vergehen und dann kommt die grämliche Einsamkeit, kommt mit der Krücke das zittrige Alter und bringt dir Kummer und Leid. Verbleichen wird deine phantastische Welt, verwelken und sterben werden deine Träume und wie das gelbe Laub von den Bäumen, so werden sie von dir abfallen... O Nasstenka! Wie wird es dann so öde sein, allein zu bleiben, ganz allein, und nicht einmal etwas zu haben, worum man trauern könnte – nichts, gar nichts... Denn alles, was man verloren hat, alles das war doch nichts, war eine Null, eine reine Null, war ja nichts als ein Träumen![109]

Also spricht der namenlose Ich-Erzähler und ist imstande, sich in wahre Verzückungen des Leidens hineinzusteigern und die eigenen Worte zugleich als »pathetische Rede« zu denunzieren, die wohl dazu diente, der Schwester-Geliebten einen »gewissen Respekt« einzuflößen.[110] Dazu passt auch, dass der Protagonist von *Helle Nächte*, während er sich bereits in Nasstenka verliebt hat, folgende Selbst-Charakterisierung zum Besten gibt: »Ein Träumer ist – wenn man es genauer erklären soll – kein Mensch, sondern, wissen Sie, eher so ein gewisses Geschöpf sächlichen Geschlechts.«[111]

Für ein Verständnis von Viscontis LE NOTTI BIANCHE (WEISSE NÄCHTE, I/F 1957) kann es durchaus hilfreich sein, sich die hier grob umrissene Anlage der Erzählung Dostojewskis zu vergegenwärtigen. Denn einer oberflächlichen Betrachtung mag der Schluss naheliegend erscheinen, dass der Film die, wie man sagt, an den äußeren Ablauf der Handlung des »empfindsamen Romans«: Ein einsamer Mann lernt bei seinen nächtli-

---

109 Dostojewski 1996, 795.
110 Vgl. ebenda, 795.
111 Ebenda, 782.

chen Gängen durch die Stadt eine ebenso einsame Frau kennen, die jeden Abend an einem bestimmten Ort auf irgendetwas oder irgendjemanden zu warten pflegt; als er erfährt, dass es sich bei diesem Ort um einen Treffpunkt handelt, den die Frau mit ihrem Geliebten vereinbart hat – der sie vor Jahresfrist verlassen musste, in diesen Tagen aber zurückkehren soll –, ist der Mann hin- und hergerissen zwischen seinen eigenen aufkeimenden Gefühlen und dem Wunsch, der Unglücklichen zu helfen; nachdem es dann für eine kurze Zeit so ausgesehen hat, als würde sich die Frau in den Protagonisten verlieben, findet sie sich am Ende, nahezu trunken vor Freude, in den Armen des anderen Mannes wieder, während der ›brüderliche Freund‹ so alleine ist wie eh und je. Auch hat die Drehbuchautorin Suso Cecchi d'Amico einige Dialoge bis in den Wortlaut der italienischen Übersetzung von *Helle Nächte* hinein übernommen; ebenso deckt sich die Hintergrundgeschichte Nasstenkas in den wesentlichen Punkten mit jener der Natalia des Films (die blinde Großmutter, die das Mädchen mit einer Stecknadel an ihrem Kleid festmacht, um besser auf es Acht geben zu können; der Fremde, der eines Tages als Mieter in das Haus der Großmutter zieht und Nasstenka vom ersten Augenblick an gefällt; der gemeinsame Opernbesuch, die tränenreiche Liebesoffenbarung im Zimmer des Mieters, die unmöglichen Fluchtpläne und so weiter...). Schließlich hat sogar Dostojewskis Dialektik von Traum und Wirklichkeit, Nacht und Tag – wie wir noch sehen werden – ihre Entsprechung in Viscontis Adaption des Stoffs.

Diese Ähnlichkeiten, die ja keineswegs nur oberflächlicher Natur sind, sollten allerdings nicht darüber hinweg täuschen, dass LE NOTTI BIANCHE ein Dokument der Nachkriegszeit darstellt – eine Zugehörigkeit, die nicht auf das Produktionsjahr beschränkt ist, vielmehr in einer unbedingten Verpflichtung auf bestimmte Konflikte und Problematiken ihren Ausweis findet, letztlich die gesamte ästhetische Konstruktion des Films prägt. So gelten Viscontis Bestrebungen keineswegs der nostalgischen Reminiszenz an eine Zeit, in der die Kunst es sich vermeintlich leisten konnte, die Angelegenheiten des Herzens zu ihrer einzigen Präokkupation zu machen. LE NOTTI BIANCHE zielt vor allem auf die Vergegenwärtigung eines wahrlich erdrückenden Dilemmas: Die Verfasstheit der Epoche macht es einerseits unmöglich, das individuelle Glück oder Unglück noch in irgendein konkordantes Verhältnis zu bringen mit den kollektiven Verheerungen, weshalb der Anspruch auf dieses Glück oder Unglück selbst als eine Art Niedertracht oder sogar Wahnsinn erscheint; andererseits aber ist die Hoffnung auf eine historische Verheißung, die den Horizont des Bestehenden kategorial übersteigt, derart vollständig zugrunde gerichtet, dass nichts bleibt als die selbstsüchtige Raserei einer in Anbetracht der jüngsten Vergangenheit geradezu lächerlichen Vorstellung von persönlichem Wohlergehen. So zumindest ließe sich die Perspektive von Viscontis Film umreißen.

Die Imitation einer Stadt
Der Rückbezug auf die unseligen Gefühlstaumel von Dostojewskis Dreierbeziehungen eignet sich besonders gut für eine solche Demonstration, da die Figuren von *Helle Nächte*, sowohl der Ich-Erzähler als auch Nasstenka, im Verlauf ihrer mäandernden Gespräche in eine solche Monomanie sich hineinsteigern, dass es von hier aus nur noch ein kleiner Schritt ist bis zu der buchstäblichen Blindheit, die, wie zu zeigen sein wird, das verhinderte Liebespaar aus LE NOTTI BIANCHE während seiner nächtlichen Exerzitien ergreift. Des Weiteren hat sich Visconti das Potential zu Nutzen gemacht, das die dritte, sozusagen heimliche Hauptfigur des kleinen »empfindsamen Romans« birgt. Bei dieser Figur handelt es sich um die Stadt selbst. Auch wenn *Helle Nächte* nämlich – hierin sich nahtlos einfügend in das Gesamtwerk Dostojewskis – zum größten Teil in Form von Dialogen, Monologen und inneren Monologen gehalten sind, so verfügt Sankt Petersburg in dieser Erzählung doch über eine besondere Präsenz. Vor allem zu Beginn der »Erinnerungen eines Träumers«, als Nasstenka noch nicht in Erscheinung getreten ist, beschwört der Ich-Erzähler das Bild einer anthropomorphen Stadt herauf, die ihn auf ähnliche Weise in seiner Einsamkeit begleitet wie zahlreiche Mitbürger, mit denen er noch nie ein Wort gewechselt hat und die ihm gleichwohl bestens vertraut sind:

> Ich bin auch mit den Häusern bekannt. Wenn ich so gehe, dann ist es, als laufe jedes, sobald es mich erblickt, ein paar Schritte aus der Front und sehe mich aus allen Fenstern an und sage gewissermaßen: ›Guten Tag, hier bin ich! und wie geht es Ihnen? Auch ich bin, Gott sei Dank, ganz frisch und munter, aber im Mai wird man mir noch ein Stockwerk aufsetzen.‹ Oder ›Guten Tag! Wie geht's? Denken Sie sich, ich werde morgen neu angestrichen!‹ Oder: ›Bei mir gab's ein Feuer und ich wäre um ein Haar niedergebrannt! Ich habe mich dabei so erschreckt!‹ Und so weiter. Unter ihnen habe ich natürlich meine Lieblinge, sogar nahestehende Freunde. Eines von ihnen will sich in diesem Sommer von einem Architekten kurieren lassen. Werde dann unbedingt täglich hingegen, damit man mir den Freund nicht etwa vollkommen umbringt! Gott behüte ihn davor!...[112]

Wenn Passagen wie die soeben zitierte eine phantastische Urbanität evozieren, so ist die namenlose Stadt, die den Schauplatz von LE NOTTI BIANCHE darstellt, durch eine gewisse Verschiebung gekennzeichnet, welche sie der Alltagswahrnehmung entrückt. Es ist diese schwer greifbare, irreale Atmosphäre – nicht seine Thematik –, die Viscontis Film

112 Ebenda, 764.

grundlegend unterscheidet von den Stadtinszenierungen des italienischen Nachkriegskinos, die wir bislang untersucht haben: UMBERTO D., PRIMA COMUNIONE, DOV'È LA LIBERTÀ...? und IL FERROVIERE sind, ihre mannigfaltigen Verschiedenheiten für den Moment beiseite gestellt, sämtlich Filme, die auch im gängigsten Sinne des Wortes als ›realistisch‹ gelten können. Die Orte, an denen ihre Handlung spielt, finden häufig ihr Gegenstück in der außerdiegetischen Wirklichkeit, manchmal gar bis hin zu einer Zuordenbarkeit von Straßennamen und Hausnummern. Das heißt nun natürlich nicht, dass etwa UMBERTO D. darauf zielen würde, eine möglichst genaue Rekonstruktion des Rom der frühen fünfziger Jahre zu bewerkstelligen; wohl aber heißt es, dass die Filme von De Sica, Blasetti, Rossellini und Germi die Vorlage gegebener Örtlichkeiten nutzen, um ihre Verhandlung über die italienische Nachkriegsgesellschaft zu eröffnen, und dass die ästhetische Transformation in ihrem Fall an einem Punkt einsetzt, wo die äußere Realität und die kinematografische Konfiguration sich gleichsam berühren beziehungsweise tatsächlich ineinander verschränkt sind.

Nicht ganz zutreffend wäre nun die Behauptung, dass LE NOTTI BIANCHE eine gegenteilige Wirkung beabsichtigt. Die merkwürdige Stimmung des Films verdankt sich vielmehr dem Umstand, dass Visconti eine epistemologische Uneindeutigkeit anstrebt, die bereits der materiellen Qualität der von ihm inszenierten Stadt eingeschrieben ist: Diese stellt ihre Kulissenhaftigkeit aus, besteht aber zugleich darauf, als Kulisse das Bild einer faktischen Stadt zu erschaffen. Mit anderen Worten: alles, was der Zuschauer in LE NOTTI BIANCHE zu sehen bekommt, ist eine im Studio erbaute Szenerie, die Imitation einer Stadt, die ihre Mimikry jedoch in einer Vollständigkeit vollzogen hat – Straßen, Gassen, Plätze, Häuser, Winkel, Kanäle mit ihren Brücken und Treppchen, Geschäfte, Bars und Tanzlokale, nichts fehlt hier –, dass es möglich scheint, dieses zugleich so traumartig-schwebende und handfest-greifbare Territorium tatsächlich auszuschreiten. Was Mario (Marcello Mastroianni) und Natalia (Maria Schell), die Hauptfiguren des Films, denn auch tun.

Fasst man folglich Veronica Pravadellis These, wonach ein »tragfähiges theoretisches Gerüst zur Besprechung von Viscontis Werk« gegeben sei, »wenn sein Schaffen als die *Konvergenz von antithetischen Elementen* betrachtet wird«, in einem weiteren Sinn, als die Autorin selbst es nahelegt, so kann man in diesem Gedanken einen Schlüssel für das Verständnis der Konstruktion des Stadtraumes von LE NOTTI BIANCHE erkennen.[113] Aber

---

113 Vgl. Pravadelli 2008, 203. Weiter schreibt Pravadelli, das Kino Viscontis verbinde »intellektuell herausfordernde Geschichten und Themen, die aus einer großen Auswahl literarischer und künstlerischer Quellen stammen, insbesondere aus der italienischen und europäischen Kultur des 19. und 20. Jahrhunderts, und aus Genres, vor allem dem Melodram und dem historischen Epos, deren visueller Stil äußerst spektakulär ist. Außerdem steht dabei die emotionale Wirkung des

natürlich beschränkt sich Visconti nicht darauf, ein Spiel mit Illusion und Wirklichkeit zu betreiben. Er braucht das phantastische Gepräge der Stadt ebenso wie ihre gewissermaßen appropriierte Wirklichkeit, um mit LE NOTTI BIANCHE jene Fragen stellen zu können, die auch etwa UMBERTO D., PRIMA COMUNIONE, DOV'È LA LIBERTÀ...? und IL FERROVIERE beschäftigen. Der offenkundigste – und am wenigsten aussagekräftige – Indikator, dass der Film auf seine Gegenwart, nicht das Petersburg längst vergangener Tage, gemünzt ist, besteht darin, dass Dostojewskis »empfindsamer Roman« nicht im Dekor eines Kostümfilms daherkommt, sondern, der mitunter irrealen Atmosphäre seines Schauplatzes zum Trotz, entschieden in das Italien der Nachkriegsjahre verlegt wurde: Dies macht bereits die erste Einstellung deutlich, in der eine Zapfsäule und ein in der Dunkelheit sich nähernder Bus zu sehen sind. Weit wichtiger ist aber die Konstruktion der Stadt selbst, vor allem die Art und Weise, wie Visconti Belebtes und Unbelebtes miteinander in Verbindung setzt. Es geht also zunächst um das Verhältnis zwischen den Gebäuden und Straßen und denjenigen, die sie bewohnen und durchwandern.

Unbehaustheit und Wohlstand
Ohne weiteres ist erkennbar, dass die Einwohner der namenlosen Stadt von LE NOTTI BIANCHE zumeist etwas eigentümlich Unbehaustes an sich haben. Häufig verbergen sie ihre Körper und Gesichter in Mänteln und unter Hüten, sind fast nur Silhouetten in den nächtlichen Gassen, zudem häufig beladen mit Taschen, Tüten oder sonstigem Gepäck, als besäße niemand einen Ort, wo er hingehen könnte, als müssten sie alle ihre Habseligkeiten von einem provisorischen Unterschlupf zum nächsten schleppen. Die Anmutung einer ebenso ruhe- wie ziellosen, zugleich getriebenen und ermatteten Geschäftigkeit wird dadurch verstärkt, dass die Frauen und Männer oft einfach nur dastehen, zwischen Schutthaufen, in dunklen Ecken und Winkeln, den Eingängen von Häusern oder Tunneln, als würden sie eines Ereignisses harren, das niemals einzutreffen scheint, oder als hätten Riesenhände sie ergriffen und an den ihnen zugewiesenen Platz befördert: Figuren auf einem Spielbrett, die darauf warten, dass man sie ein weiteres Mal zieht. Je länger der Zuschauer mit Mario und Natalia durch die nächtlichen Straßen geht, desto weniger kann er sich des Eindrucks erwehren, als wäre Viscontis Stadt, in der unsichtbare Kirchturmglocken die Stunde schlagen und das Tuten entfernter Schiffe zu hören ist, tatsächlich von einer allgemeinen Obdachlosigkeit befallen worden: Kinder spielen spät abends in den finster-verwahrlosten Gassen, ein älterer Herr sitzt mitten in der Nacht auf der Kanalmauer und angelt; Männer hocken um ein Feuer in einer Art Innenhof, der

Melodramas dem angenommenen reflexiven und intellektuellen Charakter der hohen Kunst gegenüber.« Ebenda, 203.

offenbar einmal den Keller eines Hauses bildete, von dem indessen nur geschwärzte Mauerreste übrig geblieben sind. Obzwar von allerlei seltsamen Gestalten bevölkert, wirkt diese dunkle und unwirtliche Steinlandschaft – zu der auch eine Art Leiter gehört, aus Türen oder sonstigen Überbleibseln zusammengenagelt, die an der Ruine lehnt und von der man nie recht begreift, wo sie eigentlich hinführen soll – stets irgendwie verlassen. Ebenso wenig wie die Stadt den Menschen zur Heimat wird, können die vereinzelten Figuren allem Anschein nach der Stadt einen Sinn geben.

Um genau zu sein: das bislang Gesagte gilt für den einen Teil der von LE NOTTI BIANCHE entworfenen Urbanität. Dieser steht aber in scharfem Kontrast zu der belebten Einkaufsmeile, die ebenfalls zu den Räumen gehört, welche Mario und Natalia durchschreiten: Hier gibt es Handwerker, Straßenhändler und Flaneure, hell erleuchtete Schaufenster, Tanzlokale und Cafés, Müßiggang und zugleich eine Stimmung rühriger Alltäglichkeit. Visconti entwickelt seine Stadtinszenierung also in jener Spannung zwischen Leere und Fülle, die nicht zuletzt kennzeichnend ist für NAPOLI CHE CANTA und den klassischen US-Gangsterfilm; auch im Falle von LE NOTTI BIANCHE hat sie etwas zu tun mit dem Konflikt zwischen Leben und Tod, Einsamkeit und Gemeinschaftlichkeit. Während denjenigen, die sich in dem Gewirr von Brücken und Gässchen, krummen Winkeln und Kanälen aufhalten, meist etwas Expatriiertes anhaftet, das mitunter ans Gespenstische rührt, erwecken die Frauen und Männer, die in der Einkaufsmeile ihren Lustbarkeiten oder Geschäften nachgehen, durchaus den Eindruck, da zu sein, wo sie hingehören – was wohl dazu beiträgt, dass die im Umfeld dieses Schauplatzes angesiedelten Örtlichkeiten, im oben benannten Gebrauch des Wortes, realistischer wirken als die düsteren Gefilde, in denen Mario und Natalia sich zum ersten Mal begegnen. Zwischen beiden Reichen nun besteht eine Scheidelinie, die recht präzise durch die Bar markiert wird, die sich in unmittelbarer Nachbarschaft des erwähnten Hofes befindet. Hier ist es den Nachtgestalten möglich, eine Rast einzulegen auf ihren ansonsten wenig verheißungsvoll anmutenden Streifzügen; hier auch treffen sich die zwei Stadtgebiete, da diejenigen, welche die Bar betreten, sowohl von der Einkaufsmeile her kommen als auch aus den die Kanäle umgebenden Straßen.

Abgesehen aber von der Installation dieses Grenzpostens, der im selben Moment eine Durchgangsstation darstellt, wird die Trennung zwischen den Reichen strikt aufrechterhalten: Licht, Wohlleben und Zugehörigkeit auf der einen Seite, Düsternis, Verfall und Verlorenheit auf der anderen. Die beiden Teile der Stadt sind sich fremd, oder zumindest trifft das auf ihre Bewohner zu, die strikt an die jeweilige Welt gebunden scheinen. Es gilt nun den Sinn dieser Trennung zu verstehen. In sie nämlich schreibt sich das grundlegende Thema von Viscontis Film ein: die Unmöglichkeit, die individuelle Verfasstheit und das kollektive Geschick noch in irgendein Verhältnis zueinander zu setzen, das über ein Eingeständnis der Zwecklosigkeit eines derartigen Ansinnens hinausginge. Und das Beunruhigende an LE NOTTI BIANCHE besteht vor allem darin, dass nicht nur die helle Seite der Stadt gleichgültig ist gegenüber der an sie grenzenden Dunkelheit, sondern dass diejenigen, die bei den Kanälen leben, selbst nichts voneinander wissen wollen. Oder präziser: je ärmer man ist in der schäbigen Düsternis, desto mehr verschmilzt man mit dieser Düsternis, bis es soweit kommt, dass die anderen nicht mehr Notiz von einem nehmen als von den Steinen, auf welchen man ruht. Wer in der Bar verkehrt, wird noch gesehen und gehört – die Männer, die im Hof ums Feuer hocken, kennt niemand mehr.

Diese Indifferenz ist die Signatur der von Viscontis Film ›verwirklichten Wahrnehmungswelt‹; deren zeitliche Entfaltung vollzieht sich, indem der Zuschauer Mario und Natalia auf ihren nächtlichen Gängen folgt. Die phantastische Stadt muss begehbar sein wie ein realer Raum, damit verständlich wird, dass die unverbundenen Ereignisse, die hier sich vollziehen und zu denen LE NOTTI BIANCHE im Durchschreiten der einzelnen Nacht immer wieder zurückkehrt, einander darin gleichen, dass sie jeweils wie eingekapselt erscheinen, umgeben von einer unsichtbaren, undurchdringbaren Mauer und getränkt in einer Atmosphäre umfassender Gleichgültigkeit gegenüber allem, was das eigene Anliegen nicht unmittelbar berührt. Weiterhin ist die Stadt ein chronologisch gestaltetes Bild insofern, als die in ihr sich abspielenden Vorgänge eine Fortsetzung finden unabhängig von der Haupthandlung. In der zweiten ›hellen Nacht‹ sieht man beispielsweise, Mario und Natalia begleitend, Arbeitern bei ihrer mühsamen Tätigkeit zu, Briketts in Körbe und Säcke zu schaufeln; etwas später dann trifft man die Männer wieder, als ihre Wege erneut die des Paares kreuzen, und kann beobachten, wie sie, nur flüchtig im Bildhintergrund auftauchend, ihre Ware durch die geöffnete Eingangstür eines Geschäftes tragen, über dem ein Schild verkündet, das hier Holz und Kohle feilgeboten würden. Für die Konfiguration der Stadt ist zudem entscheidend, dass die Protagonisten von LE NOTTI BIANCHE weit davon entfernt sind, zu der Gleichgültigkeit ein Gegengewicht zu bilden. Umgekehrt steigert sich die ohnehin endemische Unbeteiligtheit bei Mario und Natalia tatsächlich bis zu einer Form der Blindheit. Das wird deutlich, wenn die beiden nahe bei dem Feuer der Obdachlosen stehen: Während sie Mario ihre Geschichte erzählt, blickt Natalia durch den ins Nichts führenden Eingang eines Hauses, von dem gerade noch die Vorderwand steht, als öffnete sich ihr die Aussicht auf ein weites Panorama. Und wenn Visconti die Szenen, die den Erinnerungen Natalias gewidmet sind, so inszeniert, dass sich Vergangenheit und Gegenwart vermittels assoziativ anmutender Kamerafahrten und Schnitte unmittelbar verbinden – der verwahrloste Hof in der Dauer eines Augenblicks ins Haus der Großmutter sich verwandelt, oder es anstelle des Geliebten (Jean Marais) plötzlich der Beinahe-Fremde ist, dem die tränenerstickten Liebesschwüre gelten –, dann begreift man, dass die Liebesphantasmen dem aktualen Erleben buchstäblich keinen Platz lassen. Und schon gar nicht erlauben sie den fast nur als Schatten erkennbaren Gestalten, die am Feuer sich wärmen, etwas von der Aufmerksamkeit des ganz vom eigenen Glück und Kummer eingenommenen Paares zu erheischen.

Verkörperte Vergangenheit
Wahrhaft unheimlich aber wird LE NOTTI BIANCHE in dem Moment, als Mario und Natalia gezwungen sind, das sie umgebende Elend wahrzunehmen. Dies geschieht am Ende der Bootsfahrt, die das Paar für eine kurze Zeit zum Liebespaar werden lässt und nicht zufällig in Dostojewskis Erzählung fehlt. Mario bewegt Natalia zu dieser Ruderpartie in einem Kahn, der keinem von beiden gehört, um einen Traum wahr werden zu lassen: Einmal hat er, bei einer Brücke, Liebende beobachtet, und sich vorgenommen, eines Tages mit seiner Freundin an diesen Ort zu gehen, ganz allein. Dies tut er also. Nur dass die beiden nicht alleine sind. Natalia lacht, als sie gewahr wird, dass unter dem Brückenbogen Obdachlose schlafen. Um ein niedriges Feuer, beinahe in Reichweite der Riemen, ist eine kleine Gruppe versammelt, vielleicht eine Familie. Alles schläft – gehüllt einmal mehr in Mäntel und Umhänge, die Gesichter von Kapuzen oder Hüten bedeckt –, bis auf einen Jungen, der die Fremden in dem Boot zu betrachten scheint. Halb belustigt, halb beschämt, versuchen Mario und Natalia das Beste aus ihrer Lage zu machen: Mario erklärt, noch seien sie ja nicht wirklich zusammen, wenn es erst so weit wäre, würden sie hier ganz allein sein können; Natalia lacht noch einmal leise, senkt den Blick aber immer tiefer, gibt Mario schließlich zu verstehen, dass er still sein solle. Daraufhin setzt dieser sich neben seine Angebetete und klärt sie darüber auf, wie es um ihn bestellt ist: Er habe Arbeit, sei aber arm, sehr arm sogar... Das alles könne natürlich besser werden: »...con te vicino certo migliorerò«[114], schließt er seine kleine Rede, Natalias Hand haltend, sie verliebt anblickend.
Kaum sind die Worte ausgesprochen, als Visconti, durch keine filmische Konvention vorbereitet, in eine Totale schneidet: Von erhöhter Warte aus blickt die Kamera auf die Uferstraße, die Treppen, die hinab zum Kanal und hinauf zu der Brücke führen: überall, so scheint es, haben sich Obdachlose einen Platz für die Nacht gesucht, weit mehr, als zunächst zu ahnen war; zusammengekauert, gegen Wände oder aneinander gelehnt sitzen und liegen sie da, lautlos und unbeweglich. Langsam schwenkt die

---

114 Etwa: »Wenn du mir nahe bist, werde ich es sicher zu etwas bringen.«

Kamera von links nach rechts, bis der Zuschauer erneut Mario und Natalia in ihrem Kahn erkennen kann. Ein weiterer, beinahe ebenso jäher, schroffer Schnitt, und wir sehen die Gesichter der beiden in einer Nahaufnahme: Natalia hat ihren Kopf an Marios Schulter gelegt; noch immer hält er ihre Hand und noch immer spricht er, lachend und im selben Moment zu Tränen gerührt, vor Glück strahlend und zugleich voller Trauer: »Io vorrei farti dormire, ma... come i personaggi delle favole, che dormono per svegliarsi solo il giorno in cui seranno felici... Ma succederà così anche a te. Un giorno tu ti sveglierai e vedrai che è una bella giornata. Ci sarà il sole! E tutto sarà nuovo, cambiato, limpido. E quello che prima ti sembrava impossibile, diventerà semplice, normale...«[115]
Ob sie es nicht glaube, fragt Mario eindringlich und sucht den Blick Natalias, in deren Zügen sich Trauer und Glück auf ähnliche Weise zu verbinden scheinen wie in den seinen. Er sei sich dessen sicher, fährt Mario dann fort, als er keine Antwort erhält. Und es werde bald geschehen. Morgen schon. Sie möge den Himmel betrachten, er sei ein Wunder! Dann beginnt es zu schneien. Was auf den ersten Blick wie jene Wendung erscheint, die die Liebesgeschichte zwischen Viscontis Protagonisten vollends in das von Mario – nicht nur in den zitierten Worten – beschworene Märchen verwandelt, bedeutet in Wahrheit ihr Ende. Zumindest in den Augen des Mannes ist der Schnee das Leichentuch, das auf die Stadt sich senkt, denn was Visconti am Ende der Bootsfahrt in Szene setzt, sind die uns bereits bekannten Figuren tragischer Ironie.
Die Totale, welche die am Kanal ruhenden Obdachlosen zeigt, erfüllt eine ähnliche Funktion wie der Blick aus dem Grab in THE PUBLIC ENEMY oder der Schwenk auf die Tierkadaver in PRIMA COMUNIONE. Es ist einmal mehr die Perspektive der Stadt, die hier inszeniert wird. Denn auch LE NOTTI BIANCHE konstruiert die Zuschauerposition über eine grundlegende Spaltung zwischen dem Erleben der Figuren und jenem der Stadt; nur dass diese Spaltung, anders als im Falle von Blasettis PRIMA COMUNIONE, hier nicht auf die Unterscheidung zwischen Komödie und Tragödie hinausläuft. Vielmehr nehmen Mario und Natalia die Perspektive des individuellen Glücks und Kummers ein, bestehen gewissermaßen auf ihrem Recht zur Ignoranz; hingegen ruft die Stadt, im beschriebenen Einstellungswechsel, nahezu gewaltsam das kollektive Unheil ins Gedächtnis: Sie zwingt, wenn nicht die Protagonisten von Viscontis Film, so doch uns, die Zuschauer, dazu zu sehen, was wir beinahe vergessen hätten oder auch vergessen wollten in unserer Rührung über die traurige Liebesge-

---

115 »Ich möchte dich gerne schlafen schicken, aber... so wie die Figuren aus den Märchen, die schlafen, nur um an dem Tag zu erwachen, an dem sie glücklich sein werden... Aber das wird auch dir geschehen! Eines Tages wirst du aufwachen und sehen, dass es ein schöner Tag ist. Es wird sonnig sein! Und alles wird neu sein, verändert, hell. Und das, was dir zuvor unmöglich schien, wird einfach werden, normal...«

schichte. Freilich geht es nicht darum, die Hoffnungen und Ängste des Einzelnen gegen ein übergeordnetes Wohl auszuspielen, das mit der Position einer wie immer zu bestimmenden Allgemeinheit identifiziert würde. Auch in LE NOTTI BIANCHE realisieren sich die Kataklysmen der Geschichte in einer Vielzahl ›kleiner, von den meisten gewiss übersehener Unglücke.‹ Die Stadt gemahnt dabei nicht nur an das Elend derjenigen, die verloren gegangen sind auf dem Weg ins Wirtschaftswunder. Zwar können die Obdachlosen aus LE NOTTI BIANCHE einstehen für die Armen und Verzweifelten der italienischen Nachkriegsgesellschaft; aber darüber hinaus, und das ist entscheidend, verkörpern sie die Erinnerung an den Krieg. Die Frauen und Männer, die da am Kanal schlafen oder ziellos durch die Dunkelheit wandern, sind – unabhängig von zeitgenössischen sozialen Verwerfungen, auf die Visconti sich bezogen haben mag – vor allem deshalb ohne Heim und Zuflucht, da für sie die Vergangenheit niemals aufgehört hat.

> Man findet in vielen deutschen Nachkriegsfilmen eine spezifische Art und Weise, wie Zeit und Raum gestaltet werden [...]: die Filme sind gekennzeichnet von langen Rückblenden, deren erzählte Zeit oft so umfassend ist, dass die Vergangenheit nur in Episoden auftaucht, während die Gegenwart meist nur wenig Raum einnimmt. In dieser Gegenwart bewegen sich die Figuren oft so ziellos wie die Handlung, oder sie sind starr und handlungsunfähig. Dies ist bedingt durch eine Raumgestaltung, in der die Unterscheidung grundlegender Koordinaten des Handlungsraums wie innen und außen, oben und unten etc. nicht mehr existiert. Die damit verbundene Stillstellung eröffnet andere Bildräume: d.h. Projektionen, Träume, Erinnerungen.[116]

Was Bernhard Groß über Trümmerfilme wie Wolfgang Liebeneiners LIEBE 47 (D 1948) schreibt, lässt sich Punkt für Punkt auf LE NOTTI BIANCHE übertragen: nicht was die konkreten Verfahrensweisen betrifft, wohl aber in Hinblick auf die diesen zugrundeliegende poetische Logik. In Viscontis Konzeption realisiert sich die »Stillstellung«, von der Groß spricht, nicht über Rückblenden, sondern durch eine Raumkonstruktion, die den steinernen Stadtleib mit Ruinen und Schutthaufen bedeckt, als wären es Wunden oder Narben. Und die gespenstische Anmutung der Straßen, Gassen und Winkel, welche um die Kanäle sich lagern, rührt eben daher, dass hier in Wahrheit ein Totenreich gestaltet ist: Wer an diesen Orten haust, den hält eine Agonie gefangen, welche für diejenigen, die sich im bescheidenen Wohlstand einzurichten versuchen, längst vergessen ist, zuwenigst aber um keinen Preis erinnert werden darf. Nicht

116 Groß 2009, 2.

nur die »Koordinaten des Handlungsraums wie innen und außen, oben und unten« existieren nicht mehr; auch die Grenzen zwischen Vergangenheit und Gegenwart, Diesseits und Jenseits sind in Auflösung geraten – was sich paradoxerweise gerade darin bestätigt, dass LE NOTTI BIANCHE so strikt die Scheidelinie zieht zwischen beiden Teilen der Stadt. Denn ebenso wie Mario und Natalia bezeugt der Zuschauer zwar die Trennung zwischen Licht und Dunkelheit, ist aber nicht an sie gebunden. Dass Viscontis Protagonisten frei sich bewegen können in den verschiedenen Stadtregionen, hängt indessen mit ihrem eigenen, durchaus prekären Status zusammen.

Jenseits der Geschichte
Um zu verstehen, was das bedeutet, wollen wir uns nun der zweiten Form tragischer Ironie zuwenden, auf die Visconti am Ende der Bootsfahrt rekurriert. Wenn sich die Stadt nämlich mit der Totalen, die die Obdachlosen am Kanal zeigt, selbst das Gesetz gibt, dem sie dann, wie wir sehen werden, bis zum Ende unterworfen bleibt, so verfängt Mario sich kurz darauf in den Schlingen des doppelsinnigen Sprechens, wenn er Natalia deren glückliche Zukunft ausmalt. Was Mario nicht ahnt, ist, dass seine Hoffnungen zuschanden gehen, indem seine Vision zur Erfüllung gelangt. Bald, ganz bald schon, wird für Natalia die Sonne scheinen, und das, was zuvor unmöglich erschien, wird plötzlich leicht und einfach sein – nur dass Mario nichts damit zu tun hat. Stattdessen kehrt plötzlich und unerwartet der Geliebte wieder, den Natalia niemals wirklich aufgeben hat. Eben noch waren sie und Mario ein Liebespaar. Gemeinsam spazierten die beiden durch die schnell sich aufklärende Dämmerung, das Licht des frühen Morgens – er hatte einen Arm um sie gelegt und hielt ihre Hände gedrückt, sie lehnte sich im Gehen an ihn –, und nicht nur Mario, auch dem Zuschauer erschien die Stadt ganz verändert durch den Schnee, der schon wieder zu fallen aufhörte: heller, vielleicht etwas freundlicher, jedenfalls fast märchenhaft-verwunschen in ihrem weißen Kleid. Dann biegen Mario und Natalia um eine Hausecke, und mit einem Mal ist alles anders: Sie erstarrt, muss sich an der Wand abstützen, macht noch einen unsicheren Schritt. Er ist es! Ihr Geliebter ist zurückkehrt! Im Bildhintergrund sieht man ihn, wie er, auf der Brücke, wo sie so viele Stunden auf ihn gewartet hat, langsam auf und ab schreitet. Ganz in schwarz gekleidet ist er, und Mario und Natalia begreifen, dass sie sich selbst und einander betrogen haben.
Es trifft zu, dass Mario niemals bereit war, die Rolle des brüderlichen Freundes so rückhaltlos zu übernehmen wie Dostojewskis namenloser Ich-Erzähler. Sehr schnell macht er deutlich, dass er Natalia nicht zur Freundin wünscht, sondern als Frau begehrt, und so wirft er den Brief, den sie an ihren Geliebten schrieb, denn auch fort, anstatt ihn zu übermit-

teln, wie es sein literarisches Gegenstück zu tun müssen glaubt. Am Ende laufen die Dinge dennoch für beide auf das Gleiche hinaus: Sie sind Träumer, und ihre Träume können dem Licht nicht standhalten. Wenn Dostojewskis Ich-Erzähler sich als »ein gewisses Geschöpf sächlichen Geschlechts« bezeichnet, so ist Mario eine Art Untoter, der weder in der Gegenwart noch in der Vergangenheit, weder im Schlaf noch im Wachen lebt. Zumindest, was das betrifft, hat er in Natalia tatsächlich eine Seelenverwandte gefunden. Beide können die Grenzen zwischen dem dunklen und dem hellen Teil der Stadt so mühelos überschreiten, weil ihr Dasein ganz anderen Gesetzen folgt als jenen, die Visconti in dieser räumlichen Konfiguration gestaltet als Historizität der italienischen Nachkriegsgesellschaft, an einem spezifischen Punkt in der Zeit, den aus der Perspektive seines Filmes eine unaufhebbare Zerrissenheit kennzeichnet. Mario und Natalia hingegen führen ein gleichsam geschichtsloses Dasein: Allein den eigenen Phantasmen verpflichtet, können sie gehen, wohin sie wollen; sie sehen sowieso nicht, was sie umgibt. Wenn Natalia ganz am Schluss ihren Geliebten in die Arme schließt, so dient dessen sinistres Erscheinungsbild wohl weniger dazu, die Solidarität des Publikums mit dem unglücklichen Mario zu verstärken; vor allem zeigt es an, was das Ziel dieser Reise ist, die hinausführt aus der Schwere der Erinnerung. Natalia in fast der gleichen Pose umarmend, die Mario zuvor angenommen hat, scheint der Geliebte in das Nichts zurückkehren zu wollen, aus dem er gekommen ist und das, im Entwurf von LE NOTTI BIANCHE, noch weit jenseits der Gefilde liegt, welche die Toten durchstreifen.[117]

Visconti stellt demnach drei Reiche einander gegenüber: die lichteren Regionen der Stadt gehören allen, die in der Wirklichkeit und der Gegenwart leben; die düsteren Straßen und Gassen, die die Kanäle umlagern, werden von denen bewohnt, die in der Vergangenheit gefangen sind und in ihrem eigenen Dasein wie Gespenster umgehen; schließlich gibt es den Ort, wo man frei sein kann von der Geschichte. Dorthin entschwindet Natalia am Ende, und man begreift, dass uns Visconti nicht zeigen kann, wie es an jenem Ort aussieht. Man müsste ihn schon in dem strengen, fast starren Blick suchen, den der Schwarzgekleidete unverwandt in die Ferne gerichtet hält, Mario und Natalia, die Abschied nehmen, den Rücken zukehrend.

Übrigens hat der männliche Protagonist von LE NOTTI BIANCHE mehr Glück als sein Pendant in Dostojewskis »empfindsamem Roman«. Im Ge-

---

117 In diesem Sinn kann man Norbert Grob zustimmen, wenn er von Natalias »todessehnsüchtigen Träumereien« spricht (vgl. Grob 2008, 221); nicht unerwähnt bleiben sollte, dass Lino Micchichè – in einem Interview, das sich auf der 2003 von »Twentieth Century Fox« veröffentlichen DVD-Edition befindet – eine ganz andere Interpretation des Films vorschlägt: Seines Erachtens gibt LE NOTTI BIANCHE Natalia Recht, deren so unsinnig scheinende Treue zu ihrem Geliebten am Ende belohnt werde. Damit behaupte Visconti, dass Utopien wenigstens auf einer individuellen Ebene einlösbar seien.

gensatz zu jenem bleibt Mario nämlich nicht ganz allein zurück. Ein Hund schließt sich ihm an während seines Ganges durch die noch schlafende Stadt, die ihm nunmehr vermutlich wenig märchenhaft vorkommt – ebenjener weiße, weder große noch kleine Hund, der ihn bereits zu Beginn des Films, ehe er Natalia traf, ein Stück des Weges begleitete. Immerhin also befindet sich Mario – gewiss nicht das schlechteste Omen für seine Zukunft – jetzt in Gesellschaft eines Geschöpfs, das Benjamin als ein Wappentier der Melancholie beschreibt[118] und dessen Geschäft im »Ausfindigmachen der Wahrheit«[119] besteht.

Am Ende der Stadt
Michelangelo Antonionis L'ECLISSE

Summarium des Paradigmas
Die ästhetischen Strategien, die wir im Verlauf der Diskussion von PRIMA COMUNIONE, DOV'È LA LIBERTÀ...?, IL FERROVIERE und LE NOTTI BIANCHE ausgemacht haben, können zum größeren Teil bereits in UMBERTO D. beobachtet werden, ebenso wie die Ziele, denen sie dienen sollen, eine Entsprechung finden in der Konstruktion von De Sicas Film. Es soll nun eine Rekapitulation anschließen, um aufzuzeigen, was die analysierten Filme gemein haben – jenseits der Zugehörigkeit zum Paradigma der Stadtinszenierung, die ja zum Beispiel die Strukturierung vermittels einer horizontalen Stadtreise ohnehin erwarten lässt. Der Rückbezug auf UMBERTO D. dient dabei nicht dem Versuch, De Sicas Film als eine Art Master-Text zu installieren, mit dessen Hilfe das Potential der Stadtinszenierungen bereits zur Gänze erschlossen werden könnte; vielmehr gestattet er eine Engführung der Ergebnisse der Einzelanalysen. Wenn die Studien zu PRIMA COMUNIONE, DOV'È LA LIBERTÀ...?, IL FERROVIERE und LE NOTTI BIANCHE also eine Auffächerung des kinematografischen Paradigmas vollziehen sollten, so geht es nun darum, die Fäden wieder zusammenzubinden, mithin um den Nachweis, dass die Verhandlung über die italienische Nachkriegsgesellschaft, welche die Stadtinszenierungen anstreben, bei aller Diversität der konkreten Ausgestaltung zugleich auch durch eine beachtliche Kohärenz der ästhetischen Methodik gekennzeichnet ist. Wir werden sehen, dass an manchen Filmen offen zu Tage tritt, was andere nur subterran durchdringt. Beispielsweise ist die

---

118 »Nach alter Überlieferung ›beherrscht die Milz den Organismus des Hundes‹. Er hat dies mit dem Melancholiker gemein. Entartet jenes, als besonders zart beschriebene Organ, so soll der Hund die Munterkeit verlieren und der Tollwut anheimfallen. Soweit versinnlicht er den finsteren Aspekt der Komplexion. Andererseits hielt man sich an den Spürsinn und die Ausdauer des Tieres, um in ihm das Bild des unermüdlichen Forschers und Grüblers besitzen zu dürfen.« Benjamin 1974, 131.
119 Sebald 2006, 112.

Bezugnahme auf den Zweiten Weltkrieg als Nullpunkt der Stadtinszenierung bei UMBERTO D. und DOV'È LA LIBERTÀ...? recht leicht auszumachen, wohingegen es im Falle von LE NOTTI BIANCHE deutlich größerer Anstrengungen bedarf, um diesen Zusammenhang nachzuvollziehen. Die Stadtinszenierungen stellen, kurz gesagt, weder ein monolithisches Gebilde dar, noch sind sie solcherart zersplittert, dass archäologisches Feingefühl vonnöten wäre, um das sie Verbindende auszumachen. Freilich würde ein detaillierter Vergleich von UMBERTO D., PRIMA COMUNIONE, DOV'È LA LIBERTÀ...?, IL FERROVIERE und LE NOTTI BIANCHE zu viel Raum beanspruchen; auch ist fraglich, ob er genügend neue Erkenntnisse hervorbrächte, um den Aufwand zu rechtfertigen, welchen er erforderte. Es erscheint sinnvoller, die Komparation auf einige wesentliche ästhetische Strategien zu konzentrieren, an denen sich – unter kursorischem Einbezug weiterer Filme des Paradigmas – zugleich die grundlegenden Anliegen der Stadtinszenierungen verdeutlichen lassen. Auf der Basis dieser Zusammenfassung erfolgt dann die Analyse von Michelangelo Antonionis L'ECLISSE: Ein Film, der, wie wir sehen werden, in gewisser Hinsicht den Endpunkt dessen bezeichnet, was das Paradigma der Stadtinszenierung an Modi von Weltbezüglichkeit eröffnet und die Grenze seines Potentials markiert, Geschichte und Gesellschaft sowie das Verhältnis des Einzelnen zu beiden Entitäten denkbar zu machen.

Zunächst jedoch wollen wir uns an PRIMA COMUNIONE, DOV'È LA LIBERTÀ...?, IL FERROVIERE und LE NOTTI BIANCHE halten und der Frage nachgehen, welche Spezifika die Werke Blasettis, Rossellins, Germis und Viscontis jeweils mit UMBERTO D. teilen. Noch im Falle der beiden von Cesare Zavattini geschriebenen Filme – die zunächst ja kaum mehr gemein zu haben scheinen als eben den Drehbuchautor – können dabei weitreichende Parallelen aufgedeckt werden. So gemahnen die gespaltenen Perspektiven, die Blasetti mit seiner Komödie produziert, an die unauflösliche Ambivalenz in der Anlage der Figur des Pensionärs Umberto Domenico Ferrari, der ein Opfer der umfassenden Gleichgültigkeit und Selbstsucht seiner Zeit darstellt und zugleich Teil hat an der Exekution und Perpetuierung eben der Verhaltensweisen, unter denen er leidet. Und nicht anders als UMBERTO D. geht es auch PRIMA COMUNIONE letztendlich darum, eine Zuschauerposition zu entwerfen, die im selben Moment ein analytisches Verständnis der dargestellten Missstände erlaubt, wie sie eine emotionale und intellektuelle Verwicklung in diese Missstände bedeutet.

Mit einem Wort: weder ihren Figuren noch ihrem Publikum gestatten die Filme De Sicas und Blasettis eine überlegene Warte. »Wir alle sind gut«, verkündet der Erzähler von PRIMA COMUNIONE zu fröhlichem Glockengeläut, und das heißt: »Wir alle« sind einbegriffen in den Prozess des Verfalls von Menschlichkeit, der das wesentliche Thema so vieler Stadtinsze-

nierungen des italienischen Nachkriegskinos ausmacht. Ein Unterschied zwischen den Filmen De Sicas und Blasettis besteht freilich darin, dass PRIMA COMUNIONE die Vervielfältigung der Perspektiven soweit treibt, dass es sogar möglich ist, hier eine ›unschuldige Komödie‹ zu erblicken. Das aber steht nur scheinbar in Widerspruch zu dem soeben Gesagten; eher dürfte zutreffen, dass die Rede von der Unmöglichkeit, sich gegenüber diesen Filmen souverän zu positionieren, hier auf einer abstrakteren Ebene ihre Bestätigung findet, insofern als etwa das Ende von PRIMA COMUNIONE ein »süßliches Idyll« darstellt und zugleich die Selbstdemontage der Diegese ins Werk setzt.
Im Übrigen ist die Inauguration gespaltener Perspektiven ein beinahe ebenso unabdingbarer Bestandteil des Paradigmas der Stadtinszenierung wie die Poetik der Schmerzensspuren und die horizontale Stadtreise; daher dürfte es wenig sinnvoll sein, einzelne Arbeiten hervorzuheben, die dieses Merkmal aufweisen. Schließlich gestalten UMBERTO D., PRIMA COMUNIONE, DOV'È LA LIBERTÀ...?, IL FERROVIERE und LE NOTTI BIANCHE sämtlich prekäre, ambivalente, gespaltene Zuschauerpositionen, auf je eigene Weise, wobei sich das Verfahren, wie gesagt, am klarsten an den Filmen De Sicas und Blasettis herauspräparieren lässt.
Um das Paradigma der Stadtinszenierung als Ganzes in den Blick zu bekommen, sollte an dieser Stelle dennoch vermerkt werden, dass die Wahl zwischen Komödie und Tragödie, wie sie dem Zuschauer im Fall von PRIMA COMUNIONE obliegt, tatsächlich für den *neorealismo rosa* typisch ist. Sie kennzeichnet beispielsweise Dino Risis POVERI MA BELLI und Gianni Franciolinis RACCONTI ROMANI (VIER HERZEN IN ROM, I/F 1953), um zwei Titel von deutlich divergierendem Bekanntheitsgrad zu nennen. Die Filme Blasettis, Risis und Franciolinis – und nicht nur sie – präsentieren sich als Kippfiguren, die im selben Zug ein »süßliches Idyll« und ein verrottetes Gemeinwesen zu entwerfen, ein glückliches und ein bitteres Ende einzusetzen vermögen, indem sie ihrem Publikum über die Dauer ihrer Laufzeit zugleich gegenläufige und parallele Modi von Weltbezügen anbieten: Wo die einen unsägliche Oberflächlichkeit, Heuchelei und Herzensleere ausmachen, wollen die anderen lieber vergnügliche Verwicklungen sehen, die sich meist in allgemeinen Freudentaumel, jedenfalls aber in der denkbar harmlosesten Weise auflösen. Es geht nicht darum zu entscheiden, welche Perspektive ›wahrer‹ ist; vielmehr muss betont werden, das sie beide *möglich* sind und letztlich die gleichen Rechte eingeräumt bekommen von der Konstruktion der Filme.
Nicht nur zwischen UMBERTO D. und PRIMA COMUNIONE, auch zwischen De Sicas Film und DOV'È LA LIBERTÀ...? bestehen bemerkenswerte Verbindungen, die über eine allgemeine Zugehörigkeit zum Paradigma der Stadtinszenierung hinausgehen. So verweist die Verhandlung über den Zustand der italienischen Gesellschaft der fünfziger Jahre in beiden

Fällen auf die Erfahrung des Zweiten Weltkriegs, oder vielleicht exakter: Sie inkludiert die Recherche, was geblieben sein mag von den Hoffnungen, die am Ende der Kampfhandlungen standen. In UMBERTO D. übernimmt der kleine Dialog, den der alte Mann im Armenhospital mit seinem Bettnachbarn führt, diese Funktion: Aus der Perspektive der Schmerzensspuren war der Traum von einer besseren Zukunft sowohl für Umberto als auch für die italienische Nachkriegsgesellschaft in dem Moment verwirkt, wo die Padrona aufhörte, ihn Großvater zu nennen. Sehr viel umfassender – nicht nur was ihre zeitliche Dimension betrifft – ist die Bezugnahme im Fall von DOV'È LA LIBERTÀ...?. Der Barbier Salvatore Lojacono hat das Eigene am eigenen Leben verloren; dieser Verlust datiert zurück in die dreißiger Jahre, wo die faschistischen Aufräumarbeiten im alten Rom ihm den Ort nahmen, an dem er nach Abbüßung seiner Gefängnisstrafe die Spur der Vergangenheit hätte aufnehmen können, und findet seine Fortsetzung in der Zeit nach Salvatores Freilassung, die sich für ihn darstellt als eine Aneinanderreihung von Enttäuschungen und Niederlagen. Schlussendlich sieht sich der Barbier darüber belehrt, dass es in dieser Gegenwart keinen Platz für ihn gibt, und kehrt zurück ins Gefängnis, wo er ungestört sein Dasein zu fristen hofft.

Dabei verbinden sich die ›kleinen, von den meisten Betrachtern gewiss übersehenen Unglücke‹, die Salvatore niederdrücken, durch die Figur des Holocaust-Überlebenden Abramo Piperno, dessen Familie in den Deportationszügen und Vernichtungslagern der Nazis zugrunde ging, mit den Kataklysmen der Geschichte. Dass die Verwandten des Barbiers, in denen er seine Retter erblickte, die ihn aus dem Sumpf der Verkommenheit ziehen würden, selbst bis zum Hals in diesem Sumpf stecken, wird spätestens dann offenbar, als sich herausstellt, dass ihr Wohlleben mit dem Tod der Pipernos erkauft wurde. »Si sono messi bene col sangue mio!«,[120] sagt Abramo bei seiner ersten Begegnung mit Salvatore, und dessen anschließende Frage, ob er etwa ein Blutspender sei, mag als unangemessener Kalauer erscheinen, lässt möglicherweise gerade in ihrer Unangemessenheit aber die Tiefe der Verzweiflung erahnen, die Rossellinis Film umtreibt. Das Italien der fünfziger Jahre erscheint aus Sicht von DOV'È LA LIBERTÀ...? nämlich als ein Ort, an dem Gerechtigkeit weder im Kleinen noch im Großen prävaliert und eine vorsätzliche Blindheit gegenüber der Vergangenheit herrscht, die es zugleich unmöglich macht, die Augen zu öffnen für die Abgründe, die den Weg in die Zukunft säumen – so dass die Zukunft selbst nur eine Wiederholung der Vergangenheit zu werden droht.

Die Erinnerung an beziehungsweise der Rückbezug auf den Zweiten Weltkrieg – die fortgesetzten Ängste, die unerfüllten Hoffnungen und Träume – markiert in zahlreichen Stadtinszenierungen den Nullpunkt des kinematografischen Entwurfs. Wohlgemerkt handelt es sich hierbei um eine

---

120 »Sie haben sich gut eingerichtet mit meinem Blut!«

ästhetische Strategie, die vielerlei Gestalt annehmen kann: Manchmal bildet sie ganz offensichtlich das Epizentrum des jeweiligen Films, beispielsweise in TOTÒ CERCA CASA (I 1949) von Mario Monicelli und Steno, der die Familie des Protagonisten auf ihrer gleichermaßen unermüdlichen wie erfolglosen Suche nach einer Wohnung begleitet, durch das Rom des *dopoguerra*, das den Armen ebenso wenig eine Heimstatt bietet, als läge es bis aufs letzte Haus in Trümmern. Mitunter gehören die Reminiszenzen an die Kriegszeit hingegen zur Geschichte einzelner Figuren: In IL FERROVIERE erinnert sich der Lokführer Andrea in einer Szene daran, wie er einstmals Partisanen zur Seite stand, und gleicht sein vergangenes Heldentum mit seiner gegenwärtigen Verworfenheit ab; und in Monicellis und Stenos GUARDIE E LADRI (RÄUBER UND GENDARM, I 1951) brüsten sich sowohl der Polizist als auch der Gauner damit, dass sie im Krieg gekämpft haben, wobei jeder aus diesem Umstand seinen Anspruch auf Ehrenhaftigkeit ableitet. Auch kommt vor, dass die Bezugnahme auf den Krieg sich in einem Witz versteckt; so verhält es sich in MAMMA MIA, CHE IMPRESSIONE! (I 1951) von Roberto L. Savarese und in Luigi Zampas IL VIGILE (WIE SCHÖN, EIN POLIZIST ZU SEIN, I 1960), wo ein Passant den frisch gebackenen Schutzmann, der in seiner martialischen schwarzen Uniform durch die Straßen stolziert, darauf aufmerksam macht, dass er aussehe wie ein Deutscher. Schließlich gibt es Filme, die allein in der Bildlichkeit einer Szene oder sogar nur weniger Einstellungen auf den Krieg rekurrieren; dergleichen geschieht etwa in LE NOTTI DI CABIRIA: Die Armen hausen hier in Erdlöchern, die sich ausnehmen wie Bombenkrater.

Letzten Endes tut es wenig, ob der Nexus zwischen der Gegenwart der Filme und der Jahre des Zweiten Weltkriegs (oder der Frage nach den Hoffnungen, die sich mit dem Friedensschluss verbanden) den Mittelpunkt des Geschehens ausmacht oder sich sozusagen an den Rändern und Grenzen der Bilder verbirgt, da die Poetik der Schmerzensspuren – zusammen mit der horizontalen Stadtreise – das grundlegende Strukturprinzip einer jeden Stadtinszenierung bezeichnet. Denn die Schmerzensspuren zielen ja gerade darauf ab, lineare Logiken von Temporalität und Kausalität aufzuheben oder zumindest in ihrer Gültigkeit anzuzweifeln.

In Hinblick auf IL FERROVIERE und UMBERTO D. kann man festhalten, dass beide Filme ein Anliegen teilen: nämlich eine Perspektive auf die Beziehungen zwischen Männern und Frauen einzunehmen, welche diese nicht immer schon in manichäistischen Ordnungen erstarrt sieht. Was Germis Drama betrifft, so muss hierzu eine Raumaufteilung überwunden werden, die die rigide Trennung zwischen männlich und weiblich konnotierten Milieus festschreibt. Auf sich allein gestellt, können Andrea und Sara Marcocci freilich nicht aus der Logik ausbrechen, die das Gasthaus den Männern und ihren Feiern vorbehält, während sie die Wohnung den

Frauen zuweist, die sich dort um die familiären Obliegenheiten kümmern, da sie beide, auf je eigene Weise, ebendieser Logik unterworfen sind. Vor allem Andrea trägt dazu bei, die Trennung zwischen männlichen und weiblichen Milieus zu perpetuieren, indem er sich als Patriarch gebärdet, der den Platz bestimmt, der den übrigen Familienmitgliedern im räumlichen Gefüge zukommt. Dabei merkt der Eisenbahner nicht, dass er vor allem seine eigenen Bewegungsmöglichkeiten stetig weiter reduziert, bis ihm zuletzt sowohl das Gasthaus als auch die Wohnung verschlossen sind. Es bedarf des jüngsten Sohnes des Ehepaars Marcocci, um Andrea aus seiner Isolation heraus- und in den Kreis seiner Familie und seiner Kollegen zurückzuführen. Sandrino scheint dieser Aufgabe deshalb gewachsen zu sein, weil er am Rande der Erwachsenenwelt steht, noch nicht vollends ins Reich des Geschlechtergegensatzes eingetreten ist, weshalb die Dichotomien, welche die Raumkonstruktion von IL FERROVIERE kennzeichnen, über ihn eine weitaus geringere Macht haben als über die restlichen Mitglieder seiner Familie. Dank Sandrino gelingt es Andrea und Sara, ihre Wohnung zu einem Ort zu machen, wo wenigstens für die Dauer eines Abends die Trennung zwischen weiblichen und männlichen Milieus sich aufgehoben findet: Es sind dieselben Räume, in denen Frauen und Männer gemeinsam feiern und Versöhnungen vollziehen.

Während der Überdruss an manichäistischen Geschlechterordnungen recht offensichtlich die ästhetische Konstruktion von Germis Film grundiert, schreibt er sich im Fall von UMBERTO D. hauptsächlich in die Beziehung zwischen De Sicas Protagonisten und dem Hausmädchen Maria ein. In allem, was sie voneinander trennt – Geschlecht und Alter markieren hier nur die offensichtlichsten Divergenzen –, sind sich die beiden doch näher, als man es von sämtlichen anderen Figuren des Films behaupten kann (das Verhältnis zwischen Flaik und seinem Herrchen einmal ausgenommen). Hierin wendet sich UMBERTO D. einerseits gegen eine Vorstellung von Geschlechtersolidarität, wie sie ihren Ausdruck in der von den Pensionären betriebenen sexuellen Verunglimpfung der Vermieterin Umbertos findet, andererseits gegen eine Denktradition, die die wechselseitige Bezugnahme von Männern und Frauen nur in Form von amourösen Abhängigkeiten und Ausbeutungen gelten lassen will. Letztendlich scheint der Einspruch der Filme Germis und De Sicas die in der italienischen Nachkriegsgesellschaft vorherrschenden Zuschreibungen an Männlichkeit und Weiblichkeit zu adressieren, wobei IL FERROVIERE und UMBERTO D. ihre Figuren auch hinsichtlich dieser Fragen niemals außerhalb des Konfliktes positionieren: An einem Punkt ihrer Entwicklung befördern Andrea und Sara, Umberto und Maria die manichäistischen Strukturen, die ihr Unglück vergrößern; an einem anderen widersetzen sie sich ihnen.

Ganz allgemein lässt sich sagen, dass die Verhandlung über Geschlechterverhältnisse eines der wesentlichen Anliegen der Stadtinszenierungen darstellt. Man wird wenige diesem Paradigma zuzurechnende Filme finden, die nicht auf die eine oder andere Art und Weise dominierende Vorstellungen von Männlichkeit und Weiblichkeit auf ihre Gültigkeit hin befragen. In den humoristischen Stadtinszenierungen geschieht dies häufig nach einem Muster, das vorbildlich in den Filmen des Paares Sophia Loren/Marcello Mastroianni aus den fünfziger und sechziger Jahren gestaltet ist.[121] Emblematisch für die Parodie auf den italienischen Machismo, wie sie diese Filme kennzeichnet, ist die Konstellation in Alessandro Blasettis PECCATO CHE SIA UNA CANAGLIA (SCHADE, DASS DU EINE KANAILLE BIST, I 1954): Mastroianni spielt hier den etwas trotteligen Taxifahrer Paolo, der sich – zwar wider Willen, dafür aber umso unrettbarer – in Lina Stroppiani (Loren) verliebt, die, Tochter aus einer ehrenwerten Diebesfamilie, ihm gleich zu Beginn ihrer Bekanntschaft das Symbol seiner Männlichkeit und ökonomischen Potenz stehlen will: sein Auto.

Besonders bemerkenswerte Verhandlungen über Geschlechterverhältnisse finden sich in Luciano Emmers LE RAGAZZE DI PIAZZA DI SPAGNA (I 1952) und Mauro Bologninis IL BELL'ANTONIO (BEL ANTONIO, I/F 1960). Emmers Stadtinszenierung erzählt von drei jungen Frauen, die in einer Schneiderei bei den Spanischen Treppen arbeiten und allerlei Schwierigkeiten zu überwinden haben, bis sie die Liebe finden. Das Happy End erhält eine eigentümliche Brechung, wenn die Stimme des Erzählers – ein Literaturprofessor, der in seiner Mittagspause des öfteren mit den ragazze plauderte und sich dabei an ihrer Schönheit erfreute – die Heldinnen des Films direkt anspricht, im Tonfall nostalgischer Wehmut, und erklärt, dies sei die Geschichte ihrer Jugend gewesen. Zugleich macht der Professor klar, dass er Marisa (Lucia Bosé), Elena (Cosetta Greco) und Lucia (Liliana Bonfatti) nach ihrer Heirat niemals mehr wieder gesehen habe, woraus man schlussfolgern kann, dass die drei ihre Arbeit aufgeben wollten oder mussten. So oder so scheint es, dass die Frauen im selben Moment, da sie die Liebe fanden, ihre Freiheit verloren. LE RAGAZZE DI PIAZZA DI SPAGNA eröffnet in seinen letzten Augenblicken also einen völlig neuen Blickwinkel auf seine Geschichte, ohne indessen die Hoffnungen und Träume seiner Figuren zu denunzieren. Die Frage, was Beziehungen zwischen Männern und Frauen in einer Zeit bedeuten mögen, die

---

121 Jacqueline Reich schreibt: »In their collaborations, many of which were commercial successes that crossed national and arthouse borders, Loren and Mastroianni had each come to symbolize Italian eroticism for both a national and an international audience. In these films, mostly commedie all'italiana shot on location in Rome and Naples, the wild female character who rebels against patriarchal authority meets the Italian inetto, the man at a loss to respond to the changing role of women in contemporary society, revealing the effects of a gradual post-war female emancipation on Italian masculinity.« Reich 2004, 105.

ihnen solch starre Rollen zuweist, wird von Emmers Film auf diese Weise an das Publikum weitergereicht, das sie aber gewissermaßen aus dem Kino hinaus- und ins Leben hineintragen muss, wenn es sich ihr stellen will. In Bologninis IL BELL'ANTONIO, dessen Schauplatz Catania ist, spielt Mastroianni die Titelfigur; einen Mann, dem die Frauen in Scharen zu Füßen liegen, der aber unfähig ist, mit ihnen zu schlafen. Genauer gesagt kann er nur dann Geschlechtsverkehr haben, wenn es sich bei seinen Sexualpartnerinnen um Prostituierte oder um Angehörige niedrigerer Klassen handelt. Jacqueline Reich kommentiert:

> Vorehelicher Sex mit einem guten Mädchen (die *vergine*) wird sie in eine *puttana* verwandeln, sie somit für eine zukünftige Ehe verderben und den Namen und die Ehre ihrer Familie ruinieren. Antonio aber ist, wenn er auf jungfräuliche Schönheit und weibliche Keuschheit trifft, paralysiert, von Schuld geplagt und impotent gemacht. [...] Das für die sizilianische Kultur, wie der Film sie darstellt, essentielle Ideal der weiblichen Keuschheit hat somit, anstatt die sizilianische Männlichkeit zu bestätigen, eher den abträglichen Effekt, sie in ihr gefürchtetes Gegenteil zu verkehren: den impotenten Mann. [...] Die sizilianische Kultur hat die Figur der Jungfrau in einem solchen Maße verehrt und so unauflöslich mit Männlichkeit verbunden, dass die Entweihung dieser Jungfräulichkeit als die Sünde selbst betrachtet wird. Antonio betet die Figur der Jungfrau in einem *dolce stil novo*-Typ von Liebe an, weshalb der Geschlechtsverkehr droht, diese quasi-seligmachende Vorstellung zu entweihen. Wenn er sie in der Gestalt von Barbara [Claudia Cardinale] findet, entzieht sich ihm die Befriedigung weiterhin, da das Materielle droht das Spirituelle herabzuwürdigen, trotz der Behauptungen der Kirche, dass eine Ehe sowohl das Fleisch als auch den Geist einschließt. Für Antonio sind die beiden, genau wie das Ideale und das Reale, unvereinbar.[122]

---

122 »Pre-marital sex with a good girl (the *vergine*) will turn her into a *puttana*, thus spoiling her for future marriage and ruining her family's name and honor. But Antonio, when faced with virgin beauty and female chastity, is paralyzed, guilt-ridden, and rendered impotent. [...] Thus, the essential ideal of female chastity to Sicilian culture as depicted in the film, rather than reaffirming Sicilian masculinity, has the detrimental effect of turning it into its feared opposite: the impotent man. [...] Sicilian culture has revered the figure of the virgin to such an extent, and tied it so inextricably to masculinity, that the violation of that virginity is perceived as sin itself. Antonio so worships the figure of the virgin in an idealized *dolce stil novo* type of love that sexual intercourse threatens to violate the quasi-beatific notion. When he does find it in the figure of Barbara [Claudia Cardinale], satisfaction continues to elude him as the material threatens to impinge in the spiritual, despite the Church's predications that a marriage involves both the flesh and the spirit. For Antonio the two, just like the ideal and the real, are irreconcilable.« Ebenda 2004, 62. Mauro Bolognini, der ganz allgemein bekannt ist für seine Neigung zu starken, unabhängigen Frauenfiguren, hat auch mit seinen anderen Stadtinszenierungen – namentlich GLI INNAMORATI (DIE VERLIEBTEN, I/F 1955) und LA NOTTE BRAVA (WIR VON DER STRASSE, I/F 1959) – Verhandlungen über die Gültigkeit gängiger Zuschreibungen an Männlichkeit und Weiblichkeit geführt.

Kommen wir nun zu LE NOTTI BIANCHE. Zunächst sollte man festhalten, dass Viscontis Film gespaltene Perspektiven inszeniert, ähnlich wie PRIMA COMUNIONE es tut, und seinen Nullpunkt in der Erinnerung an den Zweiten Weltkrieg findet, hierin vergleichbar mit DOV'È LA LIBERTÀ...? Die Spaltung betrifft die Standpunkte des Einzelnen und der Allgemeinheit, die nicht mehr überein gebracht werden können. Die Hoffnungen und Enttäuschungen, das Glück und das Leiden des Individuums auf der einen Seite und die kollektiven Verheerungen auf der anderen Seite sind vollkommen inkommensurabel. Aus der Sicht von LE NOTTI BIANCHE stellt dies die Signatur der Epoche dar, deren Geschichtlichkeit der Film zu fassen sucht. Innerhalb der Diegese erweist sich die erschütternde Inkongruenz zwischen den Ansprüchen des ›Ich‹ und des (höchst zweifelhaft gewordenen und zugleich unhintergehbaren) ›Wir‹ an der merkwürdigen Abgesondertheit des verhinderten Liebespaares. Mario und Natalia sind buchstäblich blind gegenüber dem Leiden ihrer Mitmenschen; sie vermögen nicht zu sehen, was um sie herum geschieht, derart vereinnahmt sie ihre Herzensnot. Die Obdachlosen, die der Aufmerksamkeit von Viscontis Protagonisten entgehen, inkorporieren dabei den Rückbezug auf den Zweiten Weltkrieg. Sie leben in den Ruinen und zwischen den Schutthaufen, innerhalb eines eigenen Bereichs der namenlosen Stadt von LE NOTTI BIANCHE, da die Vergangenheit für sie eben niemals aufgehört hat: Wie Gespenster durchstreifen sie die Düsternis und können nicht in die lichteren Regionen vordringen, die für jene reserviert sind, deren Dasein in der Gegenwart sich abspielt.

Hinsichtlich seiner Thematik kann Viscontis Film also, soviel dürfte deutlich geworden sein, als typische Stadtinszenierung gelten. Was ihn von UMBERTO D., PRIMA COMUNIONE, DOV'È LA LIBERTÀ...? oder IL FERROVIERE vor allem unterscheidet, ist die Beschaffenheit seines Schauplatzes. Diesen Schauplatz nämlich kennzeichnet eine grundlegende epistemologische Uneindeutigkeit, handelt es sich bei ihm doch um eine Kulissenstadt, die ein authentisches Gepräge anstrebt. Im Ergebnis erhält er eine phantastische Anmutung, die gut dazu passt, dass LE NOTTI BIANCHE von Lebenden, Toten und – in Gestalt von Mario und Natalia, die weder in der Gegenwart noch in der Vergangenheit, weder im Diesseits noch Jenseits heimisch sind – Untoten erzählt, die allesamt in einer katastrophischen Geschichte sich zu verlieren drohen. Wichtig ist nun, dass die irreale Atmosphäre von Viscontis Film nicht in Widerspruch steht zum Paradigma der Stadtinszenierung, sondern eine spezifische Ausgestaltung dieses Paradigmas darstellt: LE NOTTI BIANCHE mag einem konventionellen Begriff von Realismus eher wunderlich oder gar verschroben vorkommen; das ändert aber nichts daran, dass der Film die Verhandlung über Wohl und Wehe der italienischen Nachkriegsgesellschaft mit demselben Ernst und derselben Unnachgiebigkeit verfolgt wie etwa UMBERTO D.

Es sollte hervorgehoben werden, dass wohl kein zweiter Film des Paradigmas in der Konstruktion seiner Stadträume so konsequent eine epistemologische Unsicherheit inszeniert, wie Viscontis LE NOTTI BIANCHE dies tut. In die Nähe einer solch phantastischen Urbanität kommen allerdings De Sicas MIRACOLO A MILANO (DAS WUNDER VON MAILAND, I 1951) und IL CAPPOTTO (I 1952) von Alberto Lattuada. Letztgenannter Film basiert auf der gleichnamigen Erzählung Gogols, und spätestens in dem Moment, wo Carmine De Carmine (Renato Rascel), Lattuadas unglücklicher Held, das titelgebende Kleidungsstück durch die Winternacht spazieren führt, nimmt die Stadt zusehends irreale, schließlich geisterhafte Züge an. Auch im Fall von IL CAPPOTTO dient diese Transformation nicht einfach der Erzeugung wohliger Schauder, sondern unterstützt zugleich die Verhandlung über die italienische Nachkriegsgesellschaft: Denn die unheimliche Leere der Straßen, in welcher der arme Beamte seines Mantels beraubt wird, versinnlicht den Zustand eines Gemeinwesens, in dem buchstäblich niemand mehr für den anderen da ist.

Die Filme De Sicas und Lattuadas bilden aber, wie gesagt, eher eine Ausnahme. Weit häufiger begegnet man Stadtinszenierungen, die ihre Räumlichkeiten eigentlich nach realistischen Konventionen gestalten, dann aber mehr oder weniger subtil den Einbruch von etwas Gespenstischem, Unwirklichem oder Ungreifbarem in Szene setzen. Antonioni bedient sich gerne dieses Verfahrens – etwa in LA NOTTE (DIE NACHT, I/F 1961) oder, wir kommen darauf zurück, in L'ECLISSE, jedoch auch schon in CRONACA DI UN AMORE. Wohlgemerkt kann es gleichfalls zu humoristischen Zwecken eingesetzt werden, wie etwa TOTÒ CERCA CASA zeigt, wenn die Armen ins Haus des Friedhofswärters einziehen und sich alsbald von Geistern bedroht sehen, die einerseits phantasiert, andererseits real sind, insofern sie emblematisch dafür einstehen können, dass die italienische Gesellschaft der Vergangenheit heillos verhaftet bleibt.

Spätestens jetzt, wo wir uns die Ergebnisse der Analysen vergegenwärtigt haben, stellt sich natürlich die Frage, warum PRIMA COMUNIONE, DOV'È LA LIBERTÀ...?, IL FERROVIERE und LE NOTTI BIANCHE zur Untersuchung ausgewählt wurden. Der wichtigste Grund hierfür besteht darin, dass die genannten Filme die ästhetischen Strategien, die die Diskussion fokussierte, in jeweils beispielhafter Form aufweisen – so dürfte PRIMA COMUNIONE von allen dem Paradigma zuzurechnenden Komödien diejenige sein, die gespaltene Perspektiven hinsichtlich der von ihr konstruierten Zuschauerposition am deutlichsten herausbildet,[123] und LE

---

123 Übrigens versucht Robin Buss diese generell für die Komödien des italienischen Nachkriegskinos und, es wurde bereits erwähnt, vor allem des *neorealismo rosa* bezeichnende Spaltung bezogen auf den Handlungsraum zu fassen: »So the comedies of the post-war period are not mere farce. In fact, it is characteristic of Italian comedy that its subjects are often decidedly unfunny (war, especially; crime; seduction and adultery; even rape) and that it lurches often from farce to tragedy. This seems to me distinct from what is usually understood by ›black‹ comedy. It does

NOTTI BIANCHE ist, wie gesagt, mit Sicherheit die Stadtinszenierung, in der die Idee einer phantastischen Urbanität ihre eindrücklichste Verwirklichung findet. Dazu kommt, dass die analysierten Filme bezüglich ihrer Produktionsdaten einen hinreichend großen Zeitraum abdecken – schließt man L'ECLISSE ein, so handelt es sich um zwölf Jahre –, um zu belegen, dass sich das Paradigma nicht schon in der ersten Hälfte der Fünfziger erschöpft, sondern die Stadtinszenierungen tatsächlich Sache des italienischen Nachkriegskinos insgesamt sind. Außerdem stellen PRIMA COMUNIONE, DOV'È LA LIBERTÀ...?, IL FERROVIERE und LE NOTTI BIANCHE zugleich repräsentative und randständige Vertreter dieses Kinos dar, in dem Sinne, dass Blasetti, Rossellini, Germi und Visconti zweifellos zu den bedeutendsten italienischen Regisseuren zählen, aber wenigstens DOV'È LA LIBERTÀ...? und LE NOTTI BIANCHE innerhalb des jeweiligen Œuvres einen bescheidenen Platz einnehmen, was die ihnen zuteil gewordene Aufmerksamkeit, mithin die Zuschreibungen an filmhistorischer Bedeutung und künstlerischer Dignität betrifft.[124] Ein Umstand, der, verbunden mit dem Rekurs auf verschiedene Genres und Filmtypen, die Annahme nahelegt, dass das Paradigma der Stadtinszenierung zeitliche Beständigkeit mit einer gewissen ästhetischen Streuung verbindet.

Diese Annahme erscheint umso plausibler, wenn wir uns vor Augen führen, dass es ohne weiteres möglich wäre, allein unter den Arbeiten der genannten Regisseure zahlreiche andere Stadtinszenierungen ausfindig zu machen, die sich in ihrer Machart zum Teil erheblich unterscheiden von den hier analysierten. So hat Blasetti neben PRIMA COMUNIONE drei weitere Stadtinszenierungen gedreht: IO, IO, IO... E GLI ALTRI (I/F 1966) und die beiden Sophia Loren/Marcello Mastroianni-Komödien PECCATO CHE SIA UNA CANAGLIA und LA FORTUNA DI ESSERE DONNA (WIE HERRLICH, EINE FRAU ZU SEIN, I/F 1954); alle drei Filme konstruieren eine Zuschauerposition der gespaltenen Perspektiven, die, wie es bei italienischen Komödien jener Jahre häufig der Fall ist, etwas mit dem Abgrund zwischen dem schönen Schein und dem trostlosen Sein zu tun haben. Das Werk Rossellinis weist noch wenigstens zwei Stadtinszenierungen auf, die zudem ganz anders funktionieren als DOV'È LA LIBERTÀ...?: zum einen EUROPA '51 (I 1952), zum anderen VIAGGIO IN ITALIA

not seek laughter in disaster or attempts to exorcise fear of death by making jokes about it (though there may be elements of this). It derives, rather, from an inability to keep out the unpleasant realities of life and an awareness that fate has a habit of making clowns into emperors, heroes into corpses and cowards into heroes. It has to do with insecurity about identity, an uncertainty about what one is engaged in, which blurs distinctions of genre.« Buss 1989, xiif.

124 Man wird kaum Aufsätze finden, die sich schwerpunktmäßig mit einem der beiden Filme beschäftigen; und wo DOV'È LA LIBERTÀ...? überhaupt erwähnt wird, geht dies zumeist mit einer eher abschätzigen beziehungsweise von Unverständnis geprägten Beurteilung einher. Vgl. z.B. Sitney 1995, 107.

(REISE IN ITALIEN, I/F 1954), der einen Sonderfall darstellt, da sich die Stadtreise hier gewissermaßen unter Umgehung der Stadt vollzieht: Katherine (Ingrid Bergman) lässt sich von Einheimischen an berühmten Orten herumführen, die zu Neapel gehören, zugleich jedoch von der Stadt getrennt sind und alle etwas mit der entfernten Vergangenheit, manchmal auch mit Liebe oder Tod zu tun haben; in dem Moment, wo sie und ihr Mann Alex (Georg Sanders) zum ersten Mal den Fuß in die Straßen der Stadt selbst setzen, werden sie gleichsam von ihr weggerissen, während ihnen im selben Zug das Wunder Neapels zuteil wird. Auch von Germi gibt es zumindest zwei weitere Stadtinszenierungen: LA CITTÀ SI DIFENDE (JAGD OHNE GNADE, I 1951), in dem jeder der Räuber eine eigene Stadtreise durchläuft beim Versuch davonzukommen, und jeder auf eigene Weise scheitert, sowie UN MALEDETTO IMBROGLIO (UNTER GLATTER HAUT, I 1959) – einer der frühesten, wenn nicht der früheste *film poliziesco* – in dem die Überführung des Verbrechers in den Etappen der Stadtreise einhergeht mit der Aufdeckung des Marasmus der italienischen Nachkriegsgesellschaft, der seinen Ausdruck findet im moralischen Bankrott sogenannter unbescholtener Bürger. Hingegen dürfte ROCCO E I SUOI FRATELLI (ROCCO UND SEINE BRÜDER, I/F 1960) neben LE NOTTI BIANCHE der einzige Film Viscontis sein, der eindeutig dem Paradigma der Stadtinszenierung zuzurechnen ist: Auch hier gibt es mehrere Stadtreisen, und sie alle führen mit erschütternder Zwangsläufigkeit in die Brutalisierung, münden in Schlägereien, innerhalb und außerhalb des Rings, Vergewaltigung und Mord. Was nun De Sica betrifft, so ließe sich sein Werk bis in die sechziger Jahre hinein als eine fortgesetzte Variation über das Paradigma der Stadtinszenierung beschreiben: von SCIUSCIÀ über LADRI DI BICICLETTE, MIRACOLO A MILANO und UMBERTO D. bis hin zu L'ORO DI NAPOLI, IL TETTO (DAS DACH, I/F 1956) und zumindest der Neapel-Episode von IERI, OGGI, DOMANI (GESTERN, HEUTE UND MORGEN, I/F 1963) hat dieser Regisseur wie kein zweiter Vertreter des italienischen Nachkriegskinos das ästhetische Potential der kinematografischen Konstruktion der Stadt ausgelotet.[125]

Es steht zu erwarten, dass einige der hier genannten Filme, unterzöge man sie einer genaueren Analyse, dazu angetan wären, neue Facetten der Stadtinszenierungen aufzudecken. Dies gilt beispielsweise für VIAGGIO IN ITALIA und gewiss auch in Hinblick auf L'ORO DI NAPOLI, der mit seinen sechs Episoden je verschiedene Modi von Weltbezüglichkeit inauguriert und dabei die Spaltung der Perspektiven vervielfältigt, indem er den Zuschauer nicht nur bezogen auf das Ganze seiner Laufzeit mit widerstreitenden Gefühlen konfrontiert, sondern zudem in seinen einzel-

---

[125] Alle genannten Filme De Sicas sind von Cesare Zavattini geschrieben; man müsste im einzelnen untersuchen, welchen Anteil sein Einfluss an der Neigung dieses Regisseurs zu Stadtinszenierungen hat.

nen Teilen diverse Intensitäten von Trauer und Fröhlichkeit, Hoffnung und Verzweiflung immer wieder unterschiedlich kombiniert, so dass im Ergebnis ein Bild Neapels entsteht, in dem sich das Ergötzen an pittoresker *mediterraneità* und das Entsetzen über eine klaustrophobisch-abgeschlossene Gesellschaft untrennbar vermischen. Indes scheint die grundlegende Bestimmung des Paradigmas, ungeachtet der Möglichkeit einer weiteren Nuancierung, nunmehr fast abgeschlossen zu sein.

Zusammenfassend kann man kann sagen, dass die Poetik der Schmerzensspuren und die horizontale Stadtreise die fundamentalen Verfahren oder Strukturprinzipien darstellen, die sich die Stadtinszenierungen zunutze machen, um vermittels der spezifischeren ästhetischen Strategien, die wir soeben rekapituliert haben – die Einsetzung gespaltener Perspektiven im Entwurf einer Zuschauerposition, der Rückbezug auf den Zweiten Weltkrieg als Nullpunkt der Stadtinszenierung, die Verhandlung über Geschlechterverhältnisse vermittels bestimmter Raum- und Figurenkonstruktionen, die Gestaltung einer phantastischen Urbanität –, ihre Verhandlung über die italienische Nachkriegsgesellschaft zu eröffnen und durchzuführen. Wobei, wie bereits erwähnt, nicht in jedem Film sämtliche für das Paradigma konstitutiven Strategien zur Anwendung kommen müssen und man bezogen auf die Stadtinszenierungen insgesamt weitaus häufiger eine in ihrer Konstruktion höchst ambivalente Zuschauerposition oder die Befragung von Zuschreibungen an Männlichkeit und Weiblichkeit ausmachen wird als die Konfiguration urbaner Räume, die in der Art von LE NOTTI BIANCHE eine epistemologische Unsicherheit kennzeichnet.

Wenn wir uns nun L'ECLISSE zuwenden, so zielt die Analyse nicht darauf, einen Aspekt der Stadtinszenierungen zu bestimmen, der unserer Aufmerksamkeit bislang entgangen wäre. Vielmehr lässt sich an Antonionis Film dartun, wie die Grenzen der Möglichkeiten des Paradigmas der Stadtinszenierung mit den Grenzen der Möglichkeiten eines überkommenen Denkens von Gemeinschaft zusammenfallen oder sie zumindest tangieren. Der Versuch, diese Behauptung zu verstehen, führt unweigerlich zurück zur zentralen These der vorliegenden Arbeit: Dass das italienische Nachkriegskino vermittels seiner Stadtinszenierungen als eine Idee von Geschichtlichkeit begriffen werden kann.

Ein Puzzlespiel von Blinden?
Vielleicht jedoch überrascht es, Antonionis Namen überhaupt in einem solchen Zusammenhang auftauchen zu sehen. Schließlich gilt er vielen als ein Regisseur, der nicht nur De Sicas Fahrrad loswerden wollte,[126] son-

---

126 Vgl. Deleuze 1991, 39. Es geht hier natürlich um das Fahrrad aus LADRI DI BICICLETTE, das emblematisch einsteht für die Präokkupation der ›neorealistischen Meisterwerke‹ mit den Verheerungen der Armut.

dern dem Anspruch, den Zuschauern vermittels des Kinos einen Blick auf die soziale Wirklichkeit zu eröffnen, rundweg ablehnend gegenüberstand. Tatsächlich ist die Literatur voller Einschätzungen, die diese Sichtweise im Wesentlichen bestätigen; zumindest ein starker Strang der Rezeption Antonionis – vermutlich derjenige, der die Wahrnehmung des Regisseurs am meisten prägt – vertritt die These, dass die Verschrottung von De Sicas Fahrrad eine Hinwendung zu Ich-Bezogenheit und Selbstreflexivität nach sich zieht. Bei Pierre Sorlin beispielsweise liest man, Filme wie L'AVVENTURA, LA NOTTE oder eben L'ECLISSE hätten die Zeit, das Kino und den Zuschauer zum Thema,[127] würden in ihrer ganzen Machart die eigene Künstlichkeit ausstellen, anstatt ein Fenster zur Realität aufzutun.[128] Ähnlich betont Thomas Christen die Neigung Antonionis, ein Spiel mit seinem Publikum zu treiben, indem er dessen Erwartungen an Figurenkonstruktion, Dramaturgie und narrative Abläufe zielgerichtet frustriere[129] – ein Spiel, so sollte man hinzufügen, das sein Genügen an Erkundungen der kinematografischen Form findet. Das Soziale tritt hierbei nur soweit in Erscheinung, wie es die Darstellung des Liebeskummers gutbetuchter Intellektueller erfordert. Morando Morandini ist etwa der Meinung, Antonioni hätte sich

> [...] schon in seinem ersten Film, CRONACA DI UN AMORE [...] vom Neorealismus distanziert. Seither setzte er sich mit einer bisweilen fast an Monomanie grenzenden Hartnäckigkeit mit den Themen und Problemen – oder besser: Neurosen – der neo-kapitalistischen Gesellschaft auseinander: Paarbeziehungen, emotionale Krisen, Einsamkeit, Kommunikationsschwierigkeiten, existentielle Entfremdung. Seine Filme sind der »Blues« des Bürgertums, bei dem die nur leicht verschleierte Autobiografie als Zeitzeugnis dient.[130]

Diese Sätze finden gleichsam ein Echo in den folgenden Ausführungen Irmbert Schenks über die Ästhetik Antonionis:

> Seine Vorstellung des »vereinzelten Einzelnen« (Marx, auch mit dem Begriff der »Monade«) oder von »Entfremdung« ist nicht am Begriff der Arbeit festgemacht, sondern an der Wahrnehmung der Kommunikationsformen und -inhalte der Menschen (die in seinen italienischen Filmen aus sozial privilegierten und historisch fortgeschrittenen Klassen und Schichten Mittel- und vor allem Norditaliens kommen). Daraus folgert er den Solipsismus des Bewusstseins, die von den anderen

---

127 Vgl. Sorlin 1996, 131.
128 Vgl. Sorlin 1991, 169.
129 Vgl. Christen 2002, 109-123.
130 Morandini 1998, 326.

geschiedene Subjektivität des Einzelnen – woraus nicht zufällig sowohl die Konstatierung der Unmöglichkeit glücklicher Beziehungen zwischen Menschen und der Identitätslosigkeit subjek-tiver Individualität wie die Infragestellung der Wahrnehmungs- und Erkenntnisfähigkeit des Menschen folgen. Die »Helden« Antonionis entstehen sowohl aus ihrer zunehmenden Fremdheit zur Außenwelt wie der zur eigenen Innenwelt. Seine Argumentationssphäre sind die »Zwänge zweiter innerer Natur«, in denen die »Bearbeitung ›eigener Natur‹« nur noch in Formen der »Krankheit der Gefühle« möglich ist. In Entsprechung zur Verfahrensweise Antonionis, sozusagen auf der »äußeren Seite« der Triebnatur zu bleiben, entstehen die schlagwortartigen Zusammenfassungen seiner Themen in der Sekundärliteratur wie z.b. Kommunikationsunfähigkeit, Langeweile, Einsamkeit, Pessimismus, Verzweiflung, Entfremdung, Selbstentfremdung, Verdinglichung oder der Hinweis, in seinen Filmen sei die Natur nicht mehr natürlich, seien Menschen und Dinge versteinert.[131]

Im Licht der Ausführungen Morandinis und Schenks versteht man, weshalb sich Antonioni vor allem in den sechziger Jahren häufig der Kritik ausgesetzt sah, rundweg ein Verräter an neorealistischen Idealen zu sein, dessen Kunst sich in amouröser Nabelschau und müßigem Trübsal-Blasen, verpackt in überkonstruierte Bilder, erschöpfe.[132] Zugleich jedoch verwundert die Schärfe der Trennungen. Warum eigentlich erscheint es so unvereinbar, die Möglichkeiten der kinematografischen Gestaltung zu erweitern und ›ein Fenster auf die Wirklichkeit‹ zu öffnen? Warum sollte es unabdingbar sein, dass Filme hungernde Straßenkinder oder verzweifelte Arbeiter zu ihren Protagonisten machen, wenn sie die Verwerfungen eines Gemeinwesens offen legen wollen, das unter dem Druck einer rückhaltlosen Ökonomisierung immer weiter zerfällt?
Mit anderen Worten: vielleicht gibt es Kurzschlüsse in der Rezeption Antonionis, die auf einem eingeschränkten Verständnis seiner Filme be-

131 Schenk 2008, 70. Seinerseits rekurriert Schenk auf Überlegungen des »guten Antonioni-Kenners« Guido Aristarco Vgl. ebenda, 86. Und auch die Charakterisierung der Filme des Regisseurs aus den frühen sechziger Jahren, die man bei Gian Piero Brunetta findet, schlägt in dieselbe Kerbe: »La sua immagine si situa sulla frontiera più avanzata della ricerca visiva cinematografica del dopoguerra. Anche la comunicazione diventa sempre più precaria, perché si perdono le ragioni del comunicare, il senso delle parole, il valore dei sentimenti, la percezione delle cose: ›Ci sono giorni in cui non ho niente da dirti‹ afferma Lea Massari in una delle prime scene de L'AVVENTURA: questa condizione è destinata a cronicizzarsi. Il suo cinema diventa il rappresentante d'una condizione umana di progressivo sradicamento dell'individuo dall'ambiente e di perdita del sé che viene definita alienazione.« Brunetta 2003, 288f.
132 Vgl. Landy 2000, 296. Marcia Landy freilich teilt diese Kritik an Antonioni nicht, sondern sieht ihn als Nachfolger des Neorealismus. Wir haben bereits gesehen, dass Landy nicht die einzige ist, die diese Position vertritt, auch wenn das Gros der Sekundärliteratur, was die Frage nach dem Verhältnis zwischen Antonioni und den ›neorealistischen Meisterwerken‹ angeht, zu eher gegenläufigen Einschätzungen gelangt.

ruhen; vielleicht kann auch eine Meditation über die Zeit, in der Liebe sich darstellt als Versuch von Blinden, ein Puzzle zusammenzusetzen, ›die Gemeinschaft in den Besitz der anschaulichen Form ihrer Idee bringen‹, wie Rancière sagen würde.[133] Dann wäre es möglicherweise so, dass Antonioni nicht notwendig die Absicht hegt, zusammen mit De Sicas Fahrrad den Anspruch loszuwerden, ein Bild der Gesellschaft zu gestalten, das dem Zuschauer eine Ein-Sicht jenseits seines Alltagsbewusstseins ermöglicht, sondern vielmehr darauf hofft, sich von einer bestimmten ›Idee der Gemeinschaft‹ zu befreien. Spinnt man diesen Faden weiter, wird sogar denkbar, dass die Welt etwa von L'AVVENTURA oder LA NOTTE nicht ganz so hoffnungslos sich darstellt, wie es auf den ersten Blick erscheinen mag. Hierbei steht nicht allein, ja nicht einmal zuvorderst die ›richtige‹ Interpretation eines Œuvres in Frage; zumindest vor dem Hintergrund der vorliegenden Arbeit geht es in erster Linie darum, wie sich der Entwurf von Geschichtlichkeit, den das italienische Nachkriegskino in den bislang untersuchten Stadtinszenierungen vornimmt, zu den Filmen Antonionis verhält. Wollte man die Befindlichkeit des modernen Menschen diagnostizieren, wäre solipsistische Depression wohl ein etwas mageres Ergebnis; und als Fluchtpunkt eines Entwurfs von Geschichtlichkeit wirkte eine solche Diagnose merkwürdig harmlos und beliebig, stünde jedenfalls im Widerspruch zu dem, was das italienische Nachkriegskino aus der Perspektive der Stadtinszenierungen vor allem auszeichnet: das Bemühen um eine fundamentale Offenheit in der Gestaltung des Verhältnisses zwischen dem Einzelnen und den Vielen, dem Individuum und der Gesellschaft, dem Menschen und der Historie – ein Bemühen, das, wie deutlich geworden sein sollte, nur bei oberflächlicher Betrachtung unvereinbar ist mit der Tatsache, dass diese Filme meist Trauer tragen. Kurz gesagt: es ist vielleicht zu offensichtlich, dass Antonioni von der »Unmöglichkeit glücklicher Beziehungen zwischen Menschen und der Identitätslosigkeit subjektiver Individualität« erzählt; in seiner erdrückenden Evidenz droht dieser Befund den Blick darauf zu versperren, dass der Bildlichkeit etwa von L'AVVENTURA auch Potentialitäten des Glücks oder der Zuversicht eingeschrieben sein könnten, die nicht unbedingt auf die Erfüllung des heterosexuellen Liebesideals gerichtet sein müssen.[134] Als Gegenstand der Analyse ist L'ECLISSE besonders geeignet, um diesen Ge-

---

133 Diese These würde beispielsweise Mark Shiel zumindest bezogen auf das Frühwerk Antonionis vertreten: »Although his films did turn to the interior of characters, this turn did not signify a rejection of exterior reality but a desire to trace its effects beyond the problems of material austerity. This was a neorealism still very much concerned with the social but approaching its subject by subtly different means.« Shiel 2006, 104.
134 Derartige Vorstellungen sind rar gesät in der Literatur über Antonioni. Diejenigen Autoren, die die soziale Bedeutung seines Werkes hervorzuheben suchen, scheinen ebenso wenig wie jene, die dessen vorgeblichen Solipsismus betonen, ohne Begriffe wie »Entfremdung« oder »Verdinglichung« auskommen zu können. Bereits in der zeitgenössischen Debatte lief die ›progressive‹ Les-

danken zu erproben, da er von den Filmen Antonionis, die dem Paradigma der Stadtinszenierung zuzurechnen sind – bei den anderen handelt es sich um CRONACA DI UN AMORE, LA NOTTE und IL DESERTO ROSSO (DIE ROTE WÜSTE, I/F 1964) –, derjenige sein dürfte, der am weitesten geht auf dem viel beschworenen Weg der Erforschung von Zeit und Einsamkeit vermittels einer höchst komplexen kinematografischen Konstruktion, und zudem über ein Ende verfügt, das unter die »bemerkenswertesten und beunruhigendsten Filmschlüsse der sechziger Jahre«[135] zählt.

Zeitliche und ontologische Faltungen
Eine Frau (Monica Vitti) trennt sich von ihrem langjährigen Geliebten (Francisco Rabal), lernt einen anderen Mann (Alain Delon) kennen, kommt mit ihm zusammen oder auch nicht – so etwa könnte man die Handlung von L'ECLISSE umreißen. Ergänzend ließe sich hinzufügen, dass die Frau Vittoria heißt und als Übersetzerin arbeitet, ihr ehemaliger Freund Sandro als Schriftsteller tätig ist und sie den Mann, in den sie sich später verlieben wird, an der Börse kennenlernt, wo er, unter anderem im Auftrag ihrer Mutter, mit Wertpapieren handelt. Der Name des Maklers ist Piero, und L'ECLISSE stellt von Anfang an klar, dass diese Liebenden verschiedenen Welten entstammen.[136] Dies wird deutlich, wenn man die jeweils erste Szene betrachtet, in der sich L'ECLISSE ganz einer seiner Hauptfiguren widmet: Vittorias Gang durch das frühmorgendliche Rom und Pieros hektischer Aktionismus am Tag des Börsenkrachs.
Nachdem sie – am Ende einer durchwachten Nacht, die offenbar von Streitereien und Versöhnungsversuchen erfüllt war – Sandros Wohnung verlassen hat, macht sich Vittoria zu Fuß auf durch die im Dämmerlicht daliegenden Straßen. Ihr Weg führt sie durch die im Südwesten Roms gelegene Trabantenstadt EUR, die nach Willen Mussolinis die Weltausstellung von 1942 beherbergen sollte, welche dann aufgrund des Krieges

---

art von Filmen wie L'AVVENTURA oder LA NOTTE auf die Formel hinaus, hier thematisiere ein Regisseur ›die Entfremdung des modernen Menschen in der kapitalistischen Welt‹ (vgl. Sitney 1995, 155ff.), und daran scheint sich bis heute wenig geändert zu haben.
135 Christen 2002, 144.
136 In einem feuilletonistischen Sprachgebrauch, der dazu neigt, Filmfiguren mit wirklichen Menschen gleichzusetzen, wäre es naheliegend zu sagen, dass Vittoria zu Träumereien und Schwermut neigt, während Piero vor allem schnelle Autos, schöne Frauen und Geld schätzt. Solche Psychologisierungen müssen allerdings erratisch bleiben, so lange sie nicht einhergehen mit einer Befragung der Art und Weise, wie der jeweilige Film seine Bildlichkeit im Allgemeinen konstruiert. Im Fall von Antonioni kommt man mit Seelendeutung sowieso nicht weit, da dieser Regisseur, wie Uta Felten schreibt, »eine Präferenz für unergründbare Protagonisten [zeigt], deren Gestik und Motorik sich nicht mehr einem decodierbaren Affekt zuordnen lassen. Lidia, die Protagonistin aus LA NOTTE, ist eine prototypische Nomadin im Zeichen einer negativen Anthropologie, deren Handlung sich nicht mehr auf der Basis traditioneller Erklärungsmuster entschlüsseln lässt.« Felten 2008, 93.

niemals stattfand.[137] Vittoria passiert einen pilzförmigen Wasserturm, der seltsamerweise – wir kommen darauf zurück – zugleich wie das Relikt einer unvordenklichen Vergangenheit anmutet und wie etwas, das, wenn man so sagen kann, die Zukunft überdauert hat. Bis auf das Klacken ihrer Schuhe auf dem Asphalt und die der Szene unterlegten Klänge einer minimalistischen, leicht unheilvoll anmutenden Musik ist es sehr still. Im Hintergrund erscheint der Palazzo dello Sport, während sich Vittoria, um eine Kurve kommend, der Kamera nähert, die sie dann ein kleines Stück begleitet, ehe Antonioni in eine Supertotale schneidet und seine Protagonistin beim Überqueren einer Straße zeigt, vorbei an einer Kreuzung. Man sieht eine kleine Baustelle, Reihen von Laternen, einige Pinien; außer Vittoria scheint kein Mensch unterwegs zu dieser frühen Stunde, nur ein einzelnes Auto fährt in der Ferne vorüber, und ein Bus macht sich auf, um unsichtbare Fahrgäste einzusammeln.

Diese wenigen Einstellungen offenbaren bereits, welche Welt es ist, die L'ECLISSE für Vittoria vorgesehen hat: Ganz gleich ob sie, auf einem Flugplatz stehend, in den Himmel blickt, um der Bahn von Düsenjägern zu folgen, sich nachts auf die Suche nach dem entlaufenen Hund einer Nachbarin begibt oder, wie in der beschriebenen Szene, durch die Viertel Roms geht: Vittoria ist die Figur, die alleine ist; ihr zugehörig sind die leeren Straßen und Plätze; jene Räume, aus denen das menschliche Leben mit all seiner Geschäftigkeit getilgt wurde und die nunmehr der Herrschaft einer toten Zeit unterstehen, welche die Dinge zu ihrem Recht kommen lässt.[138]

Vittorias Welt entspricht exakt den Zuschreibungen an die Ästhetik Antonionis, die bei Deleuze ihre mittlerweile klassische Formulierung gefunden haben. Gerade darin aber lässt sie sich Punkt für Punkt der Welt Pieros entgegensetzen, die ja nicht minder einen Teil der kinematografischen Konstruktion von L'ECLISSE bildet. Schon zu Beginn seines Arbeitstages, noch dräut kein Kurssturz, wenn Piero durch die Säulenhalle der Börse eilt, die Namen anderer Makler rufend, mit denen er Geschäfte

---

137 »However, the co-optation of modernist architecture by the fascist regime reached a low point with the work of rationalist architects for the Esposizione Universale Roma (EUR) of 1942. Sometimes known simply as E42, this was the SCIPIO AFRICANUS of Italian architecture and planning under fascism. Its origins lay in Piacentini's axial plans for Rome which proposed a coordinated arrangement of specialised ›cities‹ on the outskirts, each of which would be an extensive campus of buildings dedicated to a particular area of activity. E42 thus followed the Città dello sport (begun 1928), the Città universitaria (1935), the Città militare and the Città del cinema (Cinecittà, 1937). [...] The largest project undertaken during the fascist era, E42 was planned to be the venue of the largest world fair in history, to eclipse those of Chicago in 1933 and Paris in 1937, which the regime planned to organise around the theme of ›Twenty-Seven Centuries of Civilisation‹, explicitly linking fascist Rome with the foundation of ancient Rome in the seventh century B.C. For Mussolini, it was always conceived as an expression of empire in its historical references, its sheer scale, and its situation to the west of Rome on the via del Mare which led to the Mediterranean sea, the literal and symbolic source of the might of modern Italy and ancient Rome.« Shiel 2006, 72f.

138 Vgl. Deleuze 1991, 16.

machen will, oder an verschiedenen Telefonen ein hastiges Frage-Antwort-Spiel vollführend, ist die Differenz zu dem Modus, wie L'ECLISSE Vittoria eingeführt hat, unübersehbar: Den offenen Bildern, welche die Weite und Leere der Stadt vermessen, stehen Einstellungen eines Innenraumes gegenüber, der trotz seiner enormen Ausmaße stets bis zum Bersten gefüllt scheint durch die hin- und herhastenden Börsianer, deren Stimmen sich übertönen, vermischen und aneinander brechen, wenn sie à la criée Kauf- und Verkaufsaufträge tätigen. Ein Eindruck, der noch verstärkt wird durch die mächtigen Säulen, die die Halle untergliedern und gleichsam in eine Vielzahl von Planquadraten aufteilen, deren jedes Platz bietet für die Mikrodramen, welchen die Abfolgen von Hausse und Baisse die Bühne bereiten. Ebenso wird Vittorias eher ruhiger, oft leicht abwesend wirkender Gang mit den schnellen, zielgerichteten, dabei mitunter überstürzten Bewegungen Pieros kontrastiert, ihr Schweigen mit seinen Ausrufen. Die Spannung zwischen den Welten der beiden Protagonisten vergrößert sich in dem Maße, wie die Kurse fallen und das Treiben an der Börse tumultuöse Züge annimmt, bis sich schließlich, viele Milliarden Lire sind verloren, eine Stimmung dumpfer, gereizter oder verzweifelter Resignation unter den Maklern und ihren Kunden breit macht.

Präzise diese Entwicklung sorgt aber – indem sie die Kluft verbreitert, die die Inszenierung Vittorias von jener Pieros trennt – auch dafür, dass in der Differenz beider Welten eine Ähnlichkeit deutlich wird, die das Rätselhafte betrifft, welches ihnen auf je verschiedene Weise eignet. Im Falle der Protagonistin schreibt sich dieses Rätselhafte ein in eine Mise en Scène, die einen Wasserturm zu einem geheimnisvollen Artefakt werden lässt und den nächtlichen Park, in dem Vittoria sich schließlich wiederfindet, kaum dass sie den Hund der Nachbarin, übrigens einen schwarzen Pudel, entdeckt hat, in einen geradezu unweltlichen Ort verwandelt vermittels des Gesangs von Fahnenmasten, die sich im Wind wiegen, als wären sie lebende Wesen, die eine Feierlichkeit oder ein Gebet vollziehen.

Hinsichtlich Pieros besteht das Vorgehen von L'ECLISSE darin, die Geschäftemacherei an der Börse als eine Art profaner Liturgie zu zelebrieren. Es geht dabei nicht so sehr darum, ob die Tätigkeit der Makler auch in Wirklichkeit für Außenstehende esoterische Züge annehmen mag oder ob ein kundiger Zuschauer ohne weiteres verstehen könnte, was – aus ökonomischer Perspektive – in den Szenen vor sich geht, die Piero bei der Arbeit zeigen. Entscheidend ist vielmehr, dass Antonioni nichts tut, um die innere Logik der Vorgänge an der Börse zu offenbaren, sondern sein Augenmerk im Gegenteil auf jene Aspekte richtet, die ihnen einen rituellen Anschein verleihen: die beinahe rhythmischen Abläufe von Zweierbegegnungen, Gesprächsfetzen am Telefon und im wilden Geschrei sich ergehenden Massenansammlungen. Vielleicht wird man in dieser Inszenierungsweise eine satirische Absicht erblicken wollen: die Transformation der Börse in einen Tempel der Finanzwelt diente dann dazu, den Aberwitz der kapitalistischen Profitlogik in ihrem quasireligiösen Glauben an die unsichtbare, heilende Hand des Marktes anzuprangern.[139] Eine solche Deutung hat den Vorteil, dass sie – und zwar unabhängig davon, ob man der in ihr implizierten Kritik zustimmt oder nicht – die Oberflächlichkeit eines Blicks offen legt, der das Vorhandensein selbstreflexiver Formexperimente in Stellung bringt, um einem Film wie L'ECLISSE einen Bezug zur sozialen Realität jenseits einer wohlfeilen Melancholie abzusprechen.

Allerdings tut sie wenig, um die Beziehung zwischen den Welten Vittorias und Pieros zu erhellen. Denn es geht Antonioni nicht darum, einer Figur Recht zu geben und die andere bloßzustellen. Hingegen zielt L'ECLISSE darauf, Räumlichkeiten zu gestalten, die – in dem, was sie verbindet, ebenso wie in dem, was sie trennt – komplementär sind. Beide Welten, Vittorias und jene von Piero, unterstehen dabei dem Gesetz einer eigentümlichen zeitlichen und gewissermaßen auch ontologischen Faltung. Die Bilder einer westeuropäischen Großstadt in der zweiten Hälfte des zwanzigsten Jahrhunderts öffnen sich solcherart dem flüchtigen Ausblick auf Landschaften vor der menschlichen Zivilisation oder nach ihrem Ende, der Versuch, einen entlaufenen Hund wiederzufinden, mündet in der Wanderung durch ein nächtliches Märchenland, und die rastlose Geschäftigkeit von Spekulanten offenbart Züge eines Akolythentums. Aufseiten der Zuschauer entspricht der Verschachtelung verschiedener Bildräume die Affizierung mit komplexen Emotionen: Wenn Vittoria auf dem Rollfeld des »Aero Club Verona« zurückbleibt – ihre Freundin Anita, deren Mann und der Kopilot haben sich anderem zugewandt –, ist damit ein Augenblick der Einsamkeit und zugleich des Glücks gestaltet. Wie immer bei der Protagonistin von L'ECLISSE erhält auch dieser Augenblick die Signatur der Stille und der Leere. Ein Flugzeug hebt ab, und indem es sich entfernt, ist momentlang nur noch der Wind zu hören. Man sieht, wie Vittoria einige Schritte auf dem Rollfeld macht, das mehr einem Acker gleicht: Sie bleibt stehen, betrachtet zwei Maschinen, die gemächlich über die Piste fahren, einen Mechaniker, der ein weiteres Flugzeug auftankt, zwei Männer, die unter einer Art Laube verweilen, rauchend und plaudernd – gedämpfte Arbeitsgeräusche und Stimmen. Nach einem Schnitt ist wieder Vittoria im Bild: Allein steht sie auf dem Feld, nur beinahe den Mittelpunkt der Totalen bildend; weit im Hintergrund sind Lagerhallen, Wohnhäuser und, diesig und verschwommen, Hügel zu erkennen, über

---

139 In eine ähnliche Richtung scheint die Interpretation P. Adams Sitneys zu gehen: »[...] the Roman Borsa has little of the economic prestige and power of the Milan exchange which dominates Italian commerce. This suits Antonioni's emphasis on the role of players with small capital in the minor panic of collapsing prices. As he depicts it, the Rome stock market becomes the focus of chance operations and addictive anxieties which reflect the anxieties of national and international politics.« Sitney 1995, 160.

denen sich helle Wolken türmen; Vittoria hört das Jaulen der Düsenjäger, hebt den Blick, die Augen gegen die Sonne schützend... Ebenso, wie der wehmütige und zugleich distanziert-analytische Lyrismus derartiger Kompositionen verschiedenen Gefühlen, deren Verhältnis zueinander durchaus spannungsreich anmutet, die Tür zu öffnen vermag, entfaltet sich L'ECLISSE insgesamt in der beschriebenen Weise über die Schichtung von Bildlichkeiten, die sehr verschiedene Qualitäten hinsichtlich ihrer zeitlichen und topografischen Entwürfe aufweisen. Welches Ziel aber verfolgt Antonioni mit dieser ästhetischen Strategie?

»*Die Welt hofft auf ihre Bewohner*«
Tatsächlich setzt sich L'ECLISSE nicht nur vermittels der Inszenierung eines Börsenalltags, die man als satirisch oder kapitalismuskritisch empfinden mag, in Beziehung zur zeitgenössischen italienischen Gesellschaft. Hingegen kann man sagen, dass L'ECLISSE gerade in der beschriebenen Faltung und Schichtung verschiedener Zeitlichkeiten und Existenzformen, die sowohl die Gestaltung der Räume als auch die Position des Zuschauers betreffen, einen Weg sucht, um ›die Gemeinschaft in den Besitz der anschaulichen Form ihrer Idee zu bringen.‹ Denn wie so viele wichtige italienische Filme der sechziger Jahre – etwa Fellinis LA DOLCE VITA von 1960, Vittorio De Sicas IL BOOM von 1963 oder Carlo Lizzanis LA VITA AGRA von 1964 – versucht auch L'ECLISSE die Ambivalenzen der Epoche des »miracolo economico«, des italienischen »Wirtschaftswunders« zu begreifen, das die materiellen Lebensbedingungen so vieler Menschen verbesserte und zugleich eine neue soziale Zerrissenheit hervorbrachte, deren Folgen, zumindest aus der Perspektive der genannten Filme, nicht weniger verheerend waren als jene der Armut früherer Zeiten. Jedoch inszeniert Antonioni, im Unterschied etwa zu Lizzani, keine Anklage gegen Selbstsucht und Habgier, Heuchelei und Gleichgültigkeit, ebenso wenig geht es ihm darum, den Abgrund aufzuzeigen, der zwischen dem schönen Schein und der trostlosen Wirklichkeit klafft, wie dies Fellini und De Sica anstreben.
Vielmehr versucht er, die Situation in ihrer Potentialität zu erfassen. Indem L'ECLISSE seinen Protagonisten je eine eigene Welt zuweist, spannt der Film zugleich zwei Pole auf – nicht über eine psychologische Ausdeutung, sondern durch die Strukturierung der beiden Welten.[140] Der Passivität steht die Aktivität gegenüber, der Leere die Überfülle, der Innerlichkeit das zielgerichtete Streben. Es wird gewiss kein Zufall sein, dass diese

---

140 Ähnlich äußert sich Karl Prümm über das Verhältnis zwischen Figur und Raum in den Filmen Antonionis. Der Regisseur verwandle die »realen Räume [...] in narrative Landschaften, denen die Figuren unmittelbar zugeordnet werden. Die Räume fungieren dabei nicht im traditionellen Sinn als ›Seelenlandschaften‹, hier wird nicht das Innere nach außen gekehrt. Die Räume definieren vielmehr die Figuren in einer Totalität, die unabweisbar ist, zwingen die Figuren dazu, sich jenseits aller Verhüllungen und Verstellungen zu offenbaren.« Prümm 2008, 114.

Polarität sich auf eine Frau und einen Mann verteilt, die eine Liebesbeziehung eingehen. Aber Antonioni zielt nicht darauf, überkommene Zuschreibungen an Weiblichkeit und Männlichkeit zu beglaubigen; tatsächlich markieren die Pole, die mit Vittoria und Piero bezeichnet sind, vor allem Seinsmöglichkeiten innerhalb der spezifischen Geschichtlichkeit, die L'ECLISSE zu erforschen strebt. Die Polarität soll dabei nicht das letzte Wort behalten. Das wird daran deutlich, dass Antonionis Film – der den größten Teil seiner Szenen strikt an die Perspektive von Vittoria oder Piero anbindet, indem er ihre Inszenierung dem Gesetz der jeweiligen Welt unterwirft – die Trennungen von Passivität und Aktivität, Leere und Fülle, Innerlichkeit und Handlungsmacht in jenen Momenten aufbricht, die eine Kommunikation zwischen den Hauptfiguren realisieren. Vielleicht ist dies am leichtesten zu erkennen anhand des ersten Spaziergangs, den Vittoria und Piero zusammen unternehmen. Dieser Spaziergang, zugleich der eigentliche Beginn ihrer Liebesbeziehung, findet statt am Morgen, nachdem Pieros Sportwagen von einem Betrunkenen gestohlen wurde, während er selbst versuchte, Vittoria dazu zu überreden, ihn in ihre Wohnung einzulassen. Das Auto ist mitsamt dem Dieb – trauriges Ende eines humoristischen Augenblicks – in einem nah gelegenen See versunken, und die Spaziergangsszene fängt damit an, dass Piero, von Schaulustigen umgeben, untätig am Ufer des Sees steht, während ein Kran das Gefährt aus dem Wasser hievt. Antonioni wählt hier Einstellungen, die in der Ausgefülltheit des Kaders die Signatur von Pieros Welt tragen, während die Passivität des Wartens eher Vittoria zugewiesen scheint. Nach einem Schnitt dann ist Antonionis Protagonistin zu sehen, und auch diese Einstellung kann nicht mehr so eindeutig einer Welt beigeordnet werden, denn während die Straße, auf der Vittoria geht, vollkommen menschenleer ist, wirkt ihr Gang zielgerichteter als bei früheren Gelegenheiten – und tatsächlich bestätigt sie im darauf folgenden Gespräch mit Piero, dass sie ein Ziel gehabt habe: ihn zu treffen nämlich. Während die beiden gemeinsam durch einen Park und die anliegenden Straßen schlendern, kreiert Antonioni eine Art prekäres Gleichgewicht zwischen den Welten, in die seine Figuren sich zuvor versetzt sahen: Zu Beginn des Spaziergangs bleibt die Kamera nah bei Vittoria und Piero, konzentriert sich darauf, ihre Bewegungen und Mimik einzufangen; dann, nachdem die beiden den Park verlassen haben, schneidet Antonioni in eine Supertotale, welche an die einsamen Streifzüge seiner Protagonistin gemahnt. Vittoria und Piero sind nun aus großer Distanz zu sehen; sie beginnt, eine gänzlich unbelebte Straße entlang zu laufen, und er folgt ihr, ein wenig zögerlich zunächst. In ähnlicher Weise oszilliert auch die atmosphärische Gestaltung der Szene zwischen etwas Trennendem und Verbindendem: nicht mehr die Leere, die keine Annäherung der Figuren zuließ, aber auch nicht die Überfülle, die sie dazu zwang, sich noch den engsten Raum zu teilen, sondern eben dies: der Versuch einer Kommunikation, von dem man nicht weiß, ob er gelingen wird. Dass die Beziehung zwischen Vittoria und Piero sehr zerbrechlich, nichtsdestoweniger aber vorhanden ist, zeigt sich auch an den häufigen Wechseln in der Inszenierung ihrer gegenseitigen Bezugnahme: ihre Verständnislosigkeit, als er sich nicht um den Ertrunkenen bekümmert, sondern nur um die Schäden an seinem Auto; sein Stieren in ihren Ausschnitt; ihrer beider Freude, wenn Vittoria Piero mit Wasser bespritzt, gefolgt von einem bedrückenden Moment der Vereinzelung und des Schweigens, nachdem sie hinter einem Palmstrauch verschwunden ist. Hierzu gehört weiterhin das merkwürdige Ende der Szene: Pieros Ankündigung, er werde Vittoria einen Kuss geben, sowie sie auf der anderen Straßenseite angelangt wären, der gemeinsame Gang über den Zebrastreifen, sein Zögern und Zweifeln, ihr Lächeln und ihre anschließende Weigerung, sich küssen zu lassen, schließlich Pieros geisterhaftes Verschwinden: Als Vittoria, die ihn allein zurückgelassen hat, sich noch einmal umdreht, findet sie die Kreuzung, wo er soeben noch stand, verwaist vor. Die Perspektiven sind wieder scharf voneinander geschieden; die Welt der Leere hat sich erneut die Mise en Scène unterworfen.

Um zu verstehen, wie sich das in dieser Szene etablierte Pendeln zwischen einer Auflösung und Verfestigung der in den Figuren Vittoria und Piero inszenierten Seinsweisen mit der für L'ECLISSE so prägenden Schichtung verschiedener Zeitlichkeiten und ontologischer Qualitäten verbindet, ist es nötig, das Ende des Films in die Betrachtung einzubeziehen. Die letzten fünf Minuten von L'ECLISSE zeigen dem Zuschauer im Grunde vertraute Bilder. Man sieht das Viertel, in dem Vittoria lebt: die Parkanlage, wo sie mit Piero spazieren ging, einen Backsteinhaufen und ein in Renovation begriffenes Haus, wo sie auf ihn wartete, den Zaun mit der Wassertonne, in die sie nach dem verhinderten Kuss ein Holzstückchen fallen ließ, das dort noch immer schwimmt. Auch einige der Menschen, die sich durch diese Bilder bewegen, kommen dem Zuschauer von früheren Szenen her bekannt vor: so die Frau mit Kinderwagen und der Mann, der im Sulky durch die Straßen fährt. Vittoria und Piero sind also gegenwärtig in den letzten Einstellungen von L'ECLISSE; allein jedoch als Erinnerung und Reminiszenz. Denn wenn Antonioni am Ende seines Films bis in Kompositionsdetails hinein Bilder vorangegangener Szenen echot, so unterstreicht die Wiederholungsstruktur doch nur das Fehlen seiner Protagonisten.[141] Zuletzt hat der Zuschauer Vittoria und Piero gesehen, als sie sich mit dem Versprechen verabschiedeten, einander am selben Tag noch wieder zu treffen: »Alle otto. Solito posto.«[142] Da dieses Versprechen den

---

141 Thomas Christen spricht in diesem Zusammenhang von einer »Präsenz der Dinge«, der eine »Absenz der Protagonisten« gegenüberstehe. Vgl. Christen 2002, 144.
142 »Um Acht. Der übliche Ort.«

Abschluss einer Liebesszene bildete, die – in ähnlicher Weise wie der beschriebene Spaziergang – voll der Ambivalenzen war, hat man jene Absenz der Hauptfiguren als Grablegung der Beziehung zwischen Vittoria und Piero gedeutet: Offenbar wären die beiden, jeder für sich und im Stillen, zu der Entscheidung gelangt, einander nicht mehr sehen zu wollen.[143]

Tatsächlich unterstellt diese Interpretation Antonionis Film eine narrative Konventionalität, die er zu keinem Augenblick besitzt. Anstatt in der eher banalen Erkenntnis zu münden, zwei Liebende hätten sich aufgrund charakterlicher Inkompatibilität getrennt, zielt das Ende von L'ECLISSE darauf, dem Zuschauer das Wissen darum, was er da eigentlich sieht, immer weiter zu entziehen. Denn je länger man diese Bilder verfolgt, in denen sich Gegenwärtigkeit und Abwesenheit Vittorias und Pieros so eigentümlich vermischen, desto rätselhafter erscheinen sie: Die Tonne leckt, und die Kamera verfolgt das Wasser, wie es über Gras und Erde fließt und schließlich in der Gosse verrinnt – aber wer hat das Loch in die Tonne geschlagen und warum? Eine Frau steht an einer Haltestelle und wartet auf einen Bus, der nicht kommt, ungeduldig Ausschau haltend; eine andere Frau steht an einer Straßenecke, ebenfalls wartend offenbar, aber nicht auf den Bus, der mit quietschenden Reifen an ihr vorbei und um eine Kurve fährt – warum kam der Bus zunächst nicht und dann doch, und was macht die Frau an der Straßenecke? Ein Mann verlässt den Bus; die Zeitung, die er liest, kündet vom atomaren Wettrüsten und dem brüchigen Frieden; in die Lektüre vertieft, geht er in Richtung von spielenden Kindern. Zwei Jungen laufen auf eine Wiese, ein Arbeiter stellt den Rasensprenger ab, der die Wiese bewässert, eine Einstellung zeigt die in den Blättern glitzernden Tropfen, die darauf folgende die weiß gestrichene Seite eines Hauses mit vorspringenden Balkonen, auf dessen Dach ein Mann und eine Frau stehen, die ein Flugzeug betrachten, das seine Bahn durch den weiten Abendhimmel zieht. Aber was hat das alles miteinander zu tun? Das Wettrüsten und die Kinderspiele, die Wassertropfen und die Balkone, die Liebe, die bestehen mag zwischen Vittoria und Piero, und die Dämmerung, die sich nun langsam über die Straßen senkt?

Es sind ja alltägliche und alltäglichste Vorgänge, die Antonioni hier vorstellt. Streng genommen ist nichts geheimnisvoll an den Menschen oder ihrer Umgebung; eigentlich gibt es nichts, was überhaupt nach einer Erklärung verlangen würde. Und dennoch verwandeln sich das Viertel, die Stadt mehr und mehr in einen Un-Ort: etwas, womit man sich nicht auskennen kann. Antonioni erzielt diese Wirkung, indem er seine Bilder entsprechend einer Kompositionslogik ordnet, der etwas Strenges und zu-

---

143 Vgl. z.B. Sitney 1995, 158f., und Bordwell/Thompson 2004, 82. Thomas Christen greift diese Deutung auf, betont allerdings, dass es letztlich gar nicht darum ginge, was aus den beiden geworden ist. Vgl. Christen 2002, 144-148.

gleich Assoziatives anhaftet, da sie sich nicht über den Zusammenhang des Dargestellten erschließt, ebenso wie der Wechsel der Einstellungsgrößen, -winkel und -längen mitnichten willkürlich erscheint, sich aber auch keinen Gesetzmäßigkeiten fügt, die sich aus gängigen Vorstellungen davon, was ein Film sein soll, ableiten lassen. Wenn der Zuschauer dann schließlich angespannte Gesichter sieht, Blicke, deren Ziel ihm die Kamera vorenthält, und sich die Straßen mit der hereinbrechenden Nacht immer weiter leeren, dann vermag das Bild der hell strahlenden Laterne, mit dem L'ECLISSE endet, einzustehen für die umfassende und endgültige Vernichtung, welche die Zeitung heraufziehen sah.[144] Dann ist es, als hätte Antonioni hier den letzten Abend der Menschheit inszeniert. Oder aber es verhält sich ganz anders, und L'ECLISSE nimmt die furchtbare Bedrohung – mag sein jene Verdunkelung, die der Film im Titel trägt – zum Anlass, um gewissermaßen wahllos die Schönheit der Welt zu feiern mit einem Ende, das eben nicht nur Irritation und Bedrückung zeitigt, sondern dem im selben Moment ein schwer fasslicher Zauber eignet. Ein Zauber, der vielleicht – mehr noch als in den Nuancen des Lichts, der Feinheit der Texturen, der Plastizität dieser entrückten Welt also – gerade darin zum Ausdruck kommt, dass Antonioni das Ohr eines alten Mannes hier ebenso eine Detailaufnahme wert ist wie ein Rinnsal, das ein bisschen Dreck wegspült. In dieser Perspektive liegt der Sinn der ästhetischen Konstruktion von L'ECLISSE darin – sowohl in der konkreten Historizität der Bilder als auch in ihrer eigentümlichen Unzeitlichkeit; sowohl in der Beklemmung, die sie erwecken, als auch in ihrer Schönheit –, eine ›Wahrnehmungswelt zu entfalten‹, innerhalb derer sich die Potentialitäten einer Gemeinschaft denken lassen, die Vittoria, Piero und der Zuschauer als »Erwartung, Ereignis, Aufforderung«[145] erleben. Was sich von diesen Potentialitäten realisiert, ist eine offene Frage. Es ist aber tatsächlich eine offene Frage, denn Antonioni ist, wie Deleuze schreibt,

> [...] kein Autor, der die Unmöglichkeit zur Kommunikation in dieser Welt beklagt. Die Welt ist einfach in herrlichen Farben gemalt, während die sich in ihnen ausbreitenden Körper noch geist- und farblos sind. Die Welt hofft auf ihre Bewohner, die noch in der Neurose versunken sind.[146]

144 Vgl. zu dieser Lesart Sitney 1995, 158f. Hingegen interpretiert Matthias Bauer den Schluss von L'ECLISSE in exklusiver Bezugnahme auf die erotischen Verwicklungen zwischen Vittoria und Piero (vgl. Bauer 2008, 107f.), und Irmbert Schenk spricht gar von »einer Art Mini-Dokumentarfilm über die Stadtlandschaft und die Menschen des römischen EUR-Viertels«. Vgl. Schenk 2008, 71. Weit komplexer ist die Deutung Sandro Bernardis, für den die letzten Minuten des Films an eine Science-Fiction-Phantasie gemahnen, ob der eigentümlichen Leere und Entvölkertheit der Stadt, die Antonionis Arrangement zugleich eine prähistorische Anmutung verleiht: »[...] la ville semble retourner à la nature, au silence, à la vie primordiale de ses habitants qui, tels des animaux, rentrent chez eux.« Bernardi 2006, 114.
145 Vgl. Nancy 1988, 31.
146 Deleuze 1991, 264.

Abschied von der Gemeinschaft
Soeben war die Rede davon, dass L'ECLISSE seine Protagonisten, Vittoria und Piero, und desgleichen sein Publikum in den Stand versetzt, sich die Idee einer Gemeinschaft als »Erwartung, Ereignis, Aufforderung« zu vergegenwärtigen. Diese Formulierung gemahnt nicht zufällig an die Theoreme Jean-Luc Nancys, denen wir bereits begegneten im Zusammenhang mit der Frage, inwieweit die Stadtinszenierungen insgesamt eine Verhandlung über die Wertigkeit einer bestimmten Gemeinschaftskonzeption darstellen, die sich mit Nancys »verlorener oder zerbrochener Gemeinschaft« identifizieren ließe: ein Bund zwischen den Menschen, der die Einzelnen zu sich selbst finden lässt in dem Maße, wie sie des allumfassenden Geschicks teilhaftig werden – es anzunehmen und in ihm aufzugehen bereit sind –, das sie überspannt, vereinigt und eben das Wesen der Gemeinschaft und zugleich all ihrer Mitglieder ausmacht. Die »verlorene oder zerbrochene Gemeinschaft«, die wohlgemerkt immer von der Gesellschaft verloren oder zerbrochen wurde, ist ein Versprechen und eine Verheißung, das ewiges Ausharren oder unbedingte Niederwerfung verlangt, bezeichnet sie doch ein Ideal, das einer längst erloschenen Vergangenheit oder einer unerreichten Zukunft angehört. Ihr setzt Nancy eine andere Vorstellung von Gemeinschaft entgegen, die – um bereits zitierte Gedanken zu paraphrasieren – darauf beharrt, dass Gemeinschaft etwas sei, was nicht im Widerspruch zur Gesellschaft steht, was uns vielmehr ›ausgehend von der Gesellschaft zustößt, uns zustößt als Frage, Erwartung, Ereignis oder Aufforderung‹.[147]
Unter Bezugnahme auf Georges Bataille – das stete Gegenüber Nancys bei dessen Entwicklung einer eigenen Gemeinschaftstheorie – heißt es:

> […] die Gemeinschaft ist weder ein herzustellendes Werk noch eine verlorene Kommunion, sondern der Raum selbst, das Eröffnen eines Raums der Erfahrung des Draußen, des Außer-Sich-Sein. Im Zentrum dieser Erfahrung stand die Forderung nach einem »klaren Bewusstsein« der Trennung, das heißt nach einem »klaren Bewusstsein« […] darüber, dass die Immanenz, die Vertrautheit, nicht *wiedergefunden* werden kann und letztlich auch nicht soll, weil sie eben *nicht wiederzufinden ist*; diese Forderung kehrte zugleich die ganze Sehnsucht, die ganze Metaphysik der Einswerdung um.[148]

Die »Immanenz« – das also, »was von der Gemeinschaft ›verloren‹ ging«[149] – wird ersetzt durch die Möglichkeit einer »Mit-Teilung«. Und die Grenze, die Nancy an Batailles Denken feststellt, besteht gerade darin, dass er es aufgab,

---

147 Vgl. Nancy 1986, 31.
148 Ebenda, 45.
149 Ebenda, 32.

[...] die *Mit-Teilung* der Gemeinschaft und die Souveränität in der Mit-Teilung oder die *mit-geteilte Souveränität*, und zwar die zwischen den *Daseinen* mit- und auf-geteilte Souveränität zu denken, wobei die Daseine singuläre Existenzen sind und keine Subjekte, und ihre Beziehung – die Mit-Teilung selbst – weder eine Einswerdung noch eine Aneignung von Objekten ist, auch keine Anerkennung des Selbst, ja nicht einmal eine Kommunikation unter Subjekten, wie sie gemeinhin verstanden wird. Diese singulären Seienden werden jedoch selbst durch die Mit-Teilung konstituiert; sie werden durch die Mit-Teilung, die sie zu *anderen* macht, verteilt und im Raum platziert oder besser gesagt *im Raum verstreut*: Sie werden so füreinander jeweils andere und sind andere, unendlich andere für das Subjekt ihrer Verschmelzung, das in der Mit-Teilung, in der Ekstase der Mit-Teilung, verschwindet, und »mitteilt«, dass es nicht »vereint«.[150]

Um ein Verständnis davon zu ermöglichen, was dies bedeuten könnte, sei daran erinnert, dass der Körper im Lauf der Zeit ins Zentrum von Nancys Denken rückte. Schon in *Die undarstellbare Gemeinschaft* – dasjenige Werk, aus dem die zitierten Passagen stammen – kann man, schreibt Anja Streiter, »verfolgen, wie mit der Auflösung der Fata Morgana der Gemeinschaft der sterbliche Körper in den Blick gerät, ein Körper, der mit Sinnlichkeit, Sinn und Sinnlosigkeit konfrontiert.«[151] Streiter führt aus:

Dabei ist der von Nancy gedachte Körper nicht das Mittel oder der Ort der Wiederherstellung einer Gemeinschaft, die abhanden gekommen war. Der Körper ist ambivalent. Er ist nicht nur Quelle der Sinnlichkeit und damit, in Nancys Verständnis, des Sinns, er ist auch Unterbrechung des Sinns. Das genau gilt es zu spüren und auszuhalten. Man muss, so Nancy, damit in Berührung kommen, dass die Körper, die uns zueinander führen, uns trennen, dass sich mit ihnen, in all ihrer Sinnlichkeit, ein Abgrund des Sinns auftut. [...] Hier ist die Grenze, der Exzess, die Öffnung. Hier können wir erfahren, was uns gemeinsam ist: unser Getrennt-Sein und unsere Sterblichkeit. Darum geht es für Nancy in der Gemeinschaft. Gemeinschaft im Sinne von Nancy ergibt keinen Sinn. Sie macht vielmehr die Unterbrechung des Sinns spürbar. Gemeinschaft ist kein Unternehmen, das die Wunde der Trennung, der Endlichkeit und der Sterblichkeit heilen könnte. Gemeinschaft ist Konfrontation mit der Sinnlosigkeit. Sie realisiert sich im Teilen ihrer Grenzen, ihrer Unmöglichkeit.[152]

150 Ebenda, 56f.
151 Streiter 2009, 197.
152 Ebenda, 197f.

So gesehen erscheint die ›Mit-Teilung zwischen singulären Existenzen‹ als eine Berührung, die im selben Zug verbindet und trennt, annähert und entfernt, eint und scheidet – eine Berührung, die uns zu anderen macht, aber nicht zu *jemand* anderem, und die offenbar weder auf Dauer gestellt noch auf der Ebene von abstrakten Größen wie Volk, Klasse, Mensch, Bürger, Arbeiter, Wissenschaftler, Künstler, Mann oder Frau vollzogen werden kann, sondern immer wieder aufs Neue gewagt werden muss, in einem konkreten Augenblick, als etwas, das, wenn überhaupt, zwischen konkret anwesenden Sinnlichkeiten zur Geltung kommt. »Kein Kontakt ohne Abstand«, hat Nancy einmal lakonisch vermerkt,[153] und vielleicht verbirgt sich in diesen Worten sehr viel von dem Schmerz und der Schönheit, die ein Leben bereit zu halten vermag, das, wie Streiter schreibt, eben immer schon »sterbendes Leben« ist,[154] weshalb die Potentialitäten von Gelingen und Scheitern im Wagnis der Berührung möglicherweise nicht nur gleichzeitig, sondern letzten Endes auch gleichwertig angelegt sind. Oder anders ausgedrückt: das Gegensatzpaar von Gelingen und Scheitern, verstanden als die – auf welcher Ebene auch immer – sich einstellende oder ausbleibende Erfüllung innerhalb eines Miteinanders, verliert seine Bedeutung, wenn man die Gemeinschaft mit Nancy als etwas zu denken versucht, das sich »im Teilen ihrer Grenzen, ihrer Unmöglichkeit« verwirklicht. Da die »Mit-Teilung« die »singulär Seienden« konstituiert, aber nicht vereint, bedeutet die »Ekstase der Mit-Teilung« offenbar ein Scheitern im Gelingen, ein Gelingen im Scheitern und die Transzendierung von Gelingen und Scheitern.

Was nun heißt all das in Hinblick auf das Paradigma der Stadtinszenierung? Zunächst einmal sollte im Gang durch die Genealogie des kinematografischen Paradigmas deutlich geworden sein, dass schon die Vorläufer der Stadtinszenierungen des italienischen Nachkriegskinos mit dem Begriff der Gemeinschaft ringen. NAPOLI CHE CANTA und der klassische US-Gangsterfilm der dreißiger Jahre markieren die Pole dieses Bemühens. Für die Großstadt-Symphonie Leone Robertis gibt es nur die »verlorene oder zerbrochene Gemeinschaft«: Neapel selbst stiftet hier die Identität seiner Einwohner, die in eins fällt mit einem Dasein in der Sonne und am Meer, durchwoben von alten Bräuchen und wehmütigen Liedern. Indem die Armut die Neapolitaner ins Verbrechen treibt oder sie dazu zwingt, ihre Stadt zu verlassen, mithin die Liebenden und die Familien trennt, zerstört sie jede Möglichkeit von Glück. Der Umstand, dass NAPOLI CHE CANTA nicht an eine Rückkehr der Auswanderer glaubt, offenbart ebenso wie die schwelgerische Schwermut des Films, der in den Festen und Gesängen gerade noch einen Abglanz vergangener Herrlichkeit zu finden vermag, dass die »verlorene oder zerbrochene Gemeinschaft« eben

153 Nancy 2003, 52.
154 Vgl. Streiter 2009, 198.

immer schon verloren oder zerbrochen ist und nichts und niemand je vermöchte sie wiederzufinden oder die Scherben zusammenzufügen. Auch der Gangsterfilm kann die Gemeinschaft nur als »zerbrochen oder verloren« denken. Allerdings zieht er aus dieser Diagnose vollkommen andere Konsequenzen als die Großstadt-Symphonie Leone Robertis. In der Art eines verschmähten und verbitterten Liebhabers entschließen sich die paradigmatischen Genreproduktionen – Mervyn LeRoys LITTLE CAESAR, William A. Wellmans THE PUBLIC ENEMY und Howard Hawks' SCARFACE – SHAME OF A NATION – dazu, das Objekt ihrer Huldigung zu verunglimpfen. Anstelle der nostalgischen Reminiszenzen, mit denen NAPOLI CHE CANTA den Verlust dessen beklagt, was niemals war, tritt die zugleich glühende und eisige Raserei des Gangsters, der dem Despotismus seines Ich alle anderen Ansprüche zu unterwerfen bestrebt ist. Und als würde die maßlose Eigensucht der Ricos, Toms und Tonys gleichsam über die Grenzen ihres Selbst fließen, nach und nach die Diegese ausfüllen, schließlich bis an die Ränder des Bildraums vordringen, bleibt denn auch tatsächlich kaum der kleinste Rest gemeinschaftlicher Werte bestehen: Die aufrechten Bürger und Gesetzeshüter geben ebenso wenig wie die anständigen Freunde und Familienmitglieder ein überzeugendes Gegenmodell zum Gangster ab, da dessen Brutalität und Grausamkeit sich hier gespiegelt finden (Flaherty in LITTLE CAESAR) beziehungsweise durch Heuchelei, Bigotterie und Opportunismus (Joe und Olga in LITTLE CAESAR, Mike – vor seiner Wandlung – in THE PUBLIC ENEMY , sämtliche Vertreter des tugendhaften Amerikas in SCARFACE) oder bestenfalls durch dumpfe Arglosigkeit (die Mutter in THE PUBLIC ENEMY) ersetzt werden. »The World is Yours«, verkündet die Leuchtreklame vor dem Haus Tony Camontes, und zumindest insofern trifft dies zu, als die Welt der klassischen Genreproduktionen allein dem Gesetz des Gangsters gehorcht.

Die Filme Leone Robertis, LeRoys, Wellmans und Hawks' eint also ihre mangelnde Bereitschaft oder Fähigkeit, die Valenz eines Gemeinschaftsbegriffes in Frage zu stellen, der auf die »absolute Immanenz im Verhältnis des Menschen zum Menschen und der Gemeinschaft zur Gemeinschaft«[155] zielt, ohne die Idee der Gemeinschaft als solche zu verabschieden. Deshalb fällt es ihnen leicht, hinsichtlich dieses Problems eine Position zu beziehen. Sie widmen der »verlorenen oder zerbrochenen Gemeinschaft« eine herzzerreißende Elegie oder überschütten sie mit gekränktem Hohngelächter, und damit ist der Fall für sie erledigt. Dagegen vermögen sich die Stadtinszenierungen des italienischen Nachkriegskinos nicht mehr so einfach aus der Affäre zu ziehen. Wenn die Neubegründung des Kinos gleichermaßen eine Kritik der Avantgardepoetiken

---

155 Nancy 1986, 14.

und eine Hinwendung zum Genrekino Hollywoods erforderte, so impliziert diese gedankliche Bewegung nämlich eine Neujustierung des Verhältnisses zum Ideal der Gemeinschaft. Zumindest in Westeuropa hatten sämtliche Vorstellungen, die das Heil des Einzelnen darin erblickten, ihn mit seinen Nöten und Sehnsüchten in einer höheren Wahrheit aufgehen zu lassen, nach 1945 – vorsichtig ausgedrückt – viel von ihrem Glanz eingebüßt (und wurden, was die Linke betrifft, immer unhaltbarer, je vollständiger die Verbrechen des Stalinismus ans Licht kamen). Andererseits konnte es in Anbetracht der grauenvollen Verrohungen des Krieges kaum verlockend erscheinen, jegliche Hoffnung auf eine Verbindlichkeit aufzugeben, die hinausgeht über »den Zusammenschluss oder die Verteilung von Kräften und Bedürfnissen«, als welche Nancy die Gesellschaft definiert.[156]

Von diesem Dilemma zeugen die Stadtinszenierungen der fünfziger Jahre, denen wir im Verlauf vorliegender Arbeit begegnet sind.[157] Eine mögliche Perspektive auf De Sicas UMBERTO D., Blasettis PRIMA COMUNIONE, Rossellinis DOV'È LA LIBERTÀ...?, Germis IL FERROVIERE und Viscontis LE NOTTI BIANCHE besteht nämlich darin zu fragen, wie die Filme die für das Paradigma grundlegenden, von der Poetik der Schmerzensspuren und der horizontalen Stadtreise bereitgestellten Strukturprinzipien sowie die spezifischeren ästhetischen Strategien, die wir in der Rekapitulation der Einzelanalysen herauspräpariert haben – die Inauguration gespaltener Perspektiven zur Konstruktion von Zuschauerpositionen, die Bezugnahme auf den Zweiten Weltkrieg als Nullpunkt der Stadtinszenierung, die Befragung herrschender Zuschreibungen an Männlichkeit und Weiblichkeit mittels bestimmter Raum- und Figurenkonstruktionen, die Inszenierung einer phantastischen Urbanität –, zur Anwendung bringen, um in der Verhandlung über die italienische Nachkriegsgesellschaft zugleich auch die Verhandlung über das Ideal der Gemeinschaft zu führen. In dieser Perspektive zeigt sich, dass die Stadtinszenierungen die »verlorene oder zerbrochene Gemeinschaft« zu überwinden suchen und ihr zugleich verhaftet bleiben; eine Zerrissenheit, die ihren Ausdruck sowohl in der Poetik einzelner Filme findet als auch in der Entwicklung des Paradigmas insgesamt, wobei die hier in Rede stehende

---

156 Vgl. ebenda, 27.
157 Und dasselbe Dilemma hat möglicherweise dazu beigetragen, dass sich in Westeuropa nach dem Zweiten Weltkrieg eine neue Vorstellung von Politik entwickelte, die den Fokus vom Klassenkampf zum Geschlechterkonflikt verschob. Zumindest für das deutsche Nachkriegskino legen Annette Brauerhochs Untersuchungen über *Fräuleins und GIs* eine derartige Schlussfolgerung nahe; der Gedanke, der diese Untersuchungen insgesamt grundiert, kommt dabei wohl am deutlichsten in der Analyse von Peter Pewas' STRASSENBEKANNTSCHAFT (D 1948) zum Ausdruck: dass nämlich die Frage, welche Freiheiten und Rechte den Frauen zukommen, einstehen kann für jene nach dem allgemeinen Grad der Entwicklung einer Gesellschaft und vielleicht sogar für die Wahrhaftigkeit des Umgangs der jeweiligen Gesellschaft mit ihrer eigenen Geschichte. Vgl. Brauerhoch 2006; v.a. 277-287.

Entwicklung nicht in erster Linie chronologisch gedacht werden sollte, sondern einen den Stadtinszenierungen mal mehr, mal weniger deutlich eingeschriebenen Drang betrifft, an die Grenzen der eigenen Form zu gehen. DOV'È LA LIBERTÀ...? kann als Beispiel für einen Vertreter des Paradigmas gelten, der kaum darüber hinausreicht, die »verlorene oder zerbrochene Gemeinschaft« zu beklagen, wobei der Film natürlich weiß, dass diesem Ideal niemals eine Realität zukam: Es ist ja nicht nur die römische Gegenwart der fünfziger Jahre, die Salvatores Träume von einer, im vollen Sinn des Wortes, heilen Welt zerstört; vielmehr begreift der Barbier nach und nach, dass die Welt schon immer wund war und es immer sein wird, und er allein im Gefängnis eine Chance hat, sich gegen den Einbruch der Wirklichkeit zu verschanzen. Ähnliches lässt sich in Bezug auf PRIMA COMUNIONE sagen: Das Glück der Frau des Konditoreibesitzers und der Tochter des Straßenkehrers, des Hinkenden und der armen Schneiderin hängen davon ab, ob der österliche Geist tatsächlich eines Tages die Menschen ergreifen und »den Autor, den Regisseur, das Publikum und Carloni« gut machen wird; und auch wenn Blasetti die Sehnsucht nach umfassender Harmonie verspottet, so kann er sich als Alternative hierzu nur eine radikale Depravation vorstellen, bis zu dem Punkt, wo Rom in einem, wenngleich humoristisch inszenierten, Bürgerkrieg versinkt. Ganz anders verhält es sich im Fall von UMBERTO D. De Sicas Film macht Gemeinschaft tatsächlich als eine »Mit-Teilung« erahnbar, welche ›die singulär Seienden konstituiert, ohne sie zu vereinen‹. Die Beziehungen zwischen Umberto und seinem Hund sowie dem Dienstmädchen schöpfen eine Nähe aus Trennendem und finden im Fremden eine Vertrautheit. Mit Flaik und Maria teilt der alte Mann ›die Grenzen und die Unmöglichkeit‹ ihres Miteinanders, und indem UMBERTO D. eine derartige Verbundenheit in all ihrer Widersprüchlichkeit gestaltet – sie als etwas Gefährdetes und Unzulängliches zeigt, ohne sie dadurch im Geringsten abzuwerten –, eröffnet er einen durchaus hoffnungsvollen Prospekt, der gerade darin sich beweist, dass er nicht den Blick zu verstellen sucht auf das Elend und die Verlorenheit, die der Film zugleich in seiner Verhandlung über die italienische Nachkriegsgesellschaft bloßlegt.
Fragt man also nach dem Verhältnis der Stadtinszenierungen zum Ideal der Gemeinschaft, so treten eine Unsicherheit, ein Schwanken, ein Zweifel zutage – eine fundamentale Ambivalenz mit einem Wort, die nicht mit Wankelmut oder Beliebigkeit verwechselt werden darf, sondern die Signatur der Historizität bezeichnet, die das italienische Nachkriegskino aus Sicht der diesem Paradigma zugehörigen Filme gestaltet. Vielleicht sollte man umgekehrt sagen, dass sich in den Stadtinszenierungen eine spezifische Idee von Geschichtlichkeit verwirklicht findet, die das italienische Nachkriegskino insgesamt zu realisieren strebt. Und für diese Geschichtlichkeit ist eben die *Bereitschaft* zur Unsicherheit, zum Schwanken, zum

Zweifel konstitutiv, die die Filme ihrem Publikum nicht in Form irgendwelcher Botschaften oder wohlfeiler Wahrheiten ›übermitteln‹, die sie vielmehr *an* den Männern und Frauen im Kinosaal *hervorbringen*, indem sie die Zuschauer zum Teil einer Verhandlung über Gesellschaft und Gemeinschaft machen: gleichermaßen Subjekt und Objekt des historischen Prozesses, den PRIMA COMUNIONE oder LE NOTTI BIANCHE als ästhetische Erfahrung gestalten, mithin denk- und fühlbar werden lassen.

Wenn am Ende unserer Untersuchung über De Sicas UMBERTO D. die Rede davon war, dass das Paradigma der Stadtinszenierung, im Ganzen betrachtet, durch eine stete Befragung seiner Gültigkeit gekennzeichnet sei, so zielte diese Behauptung auf den Umstand, dass Filme wie DOV'É LA LIBERTA...? und IL FERROVIERE nicht nur auf ihre eigene Widersprüchlichkeit den Finger legen, sondern sich auch wechselseitig herausfordern: Salvatores Rückzug in seine heimelige Zelle, der ja auch eine Flucht in die Illusion einer Vergangenheit ist, steht der Weg Sandrinos gegenüber, der vielleicht hinausführen wird aus dem Gefängnis der Tradition. Dieses eine Beispiel soll verdeutlichen, dass die Stadtinszenierungen ihre ästhetischen, philosophischen und politischen Voraussetzungen anzuzweifeln bereit sind: Die dem Paradigma zuzurechnenden Filme schwelgen nicht in Geschichtsmelancholie, sondern ringen um die Offenheit des Bezuges zur eigenen Historizität, die eben auch Teil der Poetik der Schmerzensspuren ist; ebenso wenig begnügen sie sich damit, ein vernichtendes Urteil über die italienische Nachkriegsgesellschaft zu fällen, sondern nehmen die Verhandlung immer wieder bereitwillig auf, wenn ihre unglücklichen Helden und Heldinnen ein weiteres Mal sich anschicken, die horizontale Stadtreise zu durchlaufen. Mit einem Wort: die Stadtinszenierungen des italienischen Nachkriegskinos beharren – wider besseres Wissen, möchte man fast sagen – darauf, dass die Zukunft ungeschrieben sei.

Nirgends wird dies deutlicher als an dem Film, den wir zuletzt untersuchten: Antonionis L'ECLISSE. Die Schmerzensspuren verbinden das alltägliche Unglück Vittorias und Pieros hier nicht mit einem vergangenen, sondern mit einem kommenden Krieg – einem Krieg, der die Potenzierung sämtlicher von den Menschen bereits erbrachter Vernichtungsleistungen erwarten ließe, vermutlich bis zu dem Punkt, wo kaum etwas zu zerstören übrig bliebe. Dieser Krieg ist indessen keine Tatsache und schon gar kein Schicksal, sondern eine Möglichkeit; ebenso, wie es möglich, mitnichten jedoch gewiss ist, dass Vittoria und Piero ihre Beziehung beendet haben. Aber selbst wenn es sich so verhielte, selbst wenn das Scheitern der Liebe und obendrein die Auslöschung der Zivilisation als Fakta inszeniert wären, ginge L'ECLISSE dennoch nicht auf in herzenswunden Schwanengesängen und endzeitlichem Geraune. Vor und nach allen Interpretationen gibt es nämlich ›die in herrlichen Farben gemalte

Welt‹, der die Bildlichkeit des Films eine wundersame Stille schenkt, sowie weite, offene Räume und ein Dämmerlicht, in dem sie daliegt, als wäre sie noch oder wieder jung. Dass dies kaum zu zählen scheint, könnte daran liegen, dass an L'ECLISSE – und dasselbe gilt natürlich für die anderen Stadtinszenierungen Antonionis – das Maß der »verlorenen oder zerbrochenen Gemeinschaft« gelegt wird. So meint man, diese Filme erzählten allein von der »Unmöglichkeit glücklicher Beziehungen zwischen Menschen und der Identitätslosigkeit subjektiver Individualität« und sieht nicht, dass sie eine zauberische Leere gestalten, die dazu einlädt, vom Zuschauer mit den Gedanken und Gefühlen erfüllt zu werden, die er für angemessen hält. Gerade in Hinblick auf L'ECLISSE macht es indessen Sinn, von einer Gemeinschaft zu sprechen, die sich als »Mit-Teilung« realisiert: Diese Gemeinschaft stößt Vittoria und Piero zu, »als Frage, Erwartung, Ereignis, Aufforderung«, betrifft aber ebenso das Verhältnis der Figuren zu den sie umgebenden Räumen und die Beziehung des Zuschauers zu der vom Film ›verwirklichten Wahrnehmungswelt‹. In L'ECLISSE bedeutet die Erfahrung der Gemeinschaft also das von den Figuren, dem Film und dem Zuschauer geteilte Innewerden einer intellektuellen und emotionalen Grenze: jener Grenze, an der sich entgegengesetzte Potentialitäten von Weltbezüglichkeit zugleich scheiden und berühren. Und wenn es wahr ist, dass man, wie Nancy schreibt, überhaupt nur an der Grenze seines Denkens denkt,[158] sollte bezogen auf die Stadtinszenierungen Antonionis vielleicht seltener von Entfremdung und Verdinglichung gesprochen werden, und häufiger von Glück und Schönheit.

Jedenfalls markiert die Grenze, die L'ECLISSE weist, zugleich die Grenze des kinematografischen Paradigmas, das die vorliegende Arbeit zu ergründen versuchte. Weiter können die Stadtinszenierungen nicht gehen in ihrem Bemühen, die Wahrheit des Schmerzes anzuerkennen, der geblieben ist von den Hekatomben und umgekehrt die Wahrheit der Toten selbst bezeugt, und zugleich die Geschichtlichkeit der italienischen Nachkriegsgesellschaft als einen Prozess zu denken, um dessen Ende niemand zu wissen braucht, weil es eben noch nicht feststeht: eine unausgesetzte Verhandlung, die – in allem Erschütterndem und Empörendem, was sie zutage fördert – einen Wert an sich darstellt. Aus der Perspektive von L'ECLISSE wird auch deutlich, inwiefern es sich bei diesen Filmen um Heim-Suchungen handelt. In der Tat sind die Stadtinszenierungen auf der

---

158 Vgl. ebenda, 57. Natürlich können die Stadtinszenierungen keine positive Bestimmung der Gemeinschaft geben. Das liegt allein schon daran, dass es überhaupt nicht möglich ist, die Gemeinschaft in diesem Sinn zu denken. Nancy zumindest schreibt, er versuche, »äußerstenfalls eine Erfahrung aufzuzeigen – vielleicht keine Erfahrung, die wir machen, *sondern eine Erfahrung, die unser Sein ausmacht*. Wenn man sagt, dass die Gemeinschaft noch nie gedacht wurde, so meint dies, dass sie unser Denken herausfordert und nicht dessen Objekt ist. Und vielleicht soll sie dies auch nicht werden.« Ebenda, 59.

Suche nach einer Heimat – eine Heimat, die sie niemals finden und der sie in den Momenten am nächsten kommen, wo sie anerkennen, dass das Ziel ihrer Sehnsucht wahrscheinlich nicht existiert. Zugleich suchen sie ihr Publikum heim, erlegen es ihm auf, sich mit einer Geschichtlichkeit zu konfrontieren, in der nichts errettet oder wiedergutgemacht werden kann, die kaum Erklärungen anbietet und nicht einmal ein Gedächtnis stiftet, da in der Poetik der Schmerzensspuren die An- und Abwesenheit dessen, was zu erinnern ist, sich unauflöslich miteinander verbinden. Hingegen zielen die Stadtinszenierungen auf eine Möglichkeit des Sich-in-Beziehung-Setzens; sie wollen den Zuschauern die Mittel an die Hand geben, die Historizität ihrer Zeit – die vielleicht, trotz allem, noch immer (oder wieder) die unsere ist – intellektuell und emotional zu ergründen. Es geht also weder um Trost noch Zuversicht, sondern um eine Form von Verantwortlichkeit. Wer entscheiden wollte, ob das viel sei oder wenig, müsste eine Warte einnehmen, der wir uns auf den vorangegangenen Seiten nicht einmal anzunähern versucht haben. Sie läge jenseits der Stadt.

Literaturverzeichnis

Aprà, Adriano (1979) Comencini e Risi: elogio del mestiere. In: Il cinema italiano degli anni '50, hrsg. v. Giorgio Tinazzi. Venedig: Marsilio Editori, 201-209.

Aristoteles (1982) Poetik. Übersetzt und herausgegeben von Manfred Fuhrmann. Stuttgart: Philipp Reclam jun. GmbH & Co.

Balázs, Béla (2001) Der sichtbare Mensch oder die Kultur des Films [1924]. Frankfurt/M.: Suhrkamp Verlag.

Bauer, Matthias (2008) Die Erscheinung des Verschwindens. Michelangelo Antonioni, das romanhafte Abenteuer der Liebe und die Poetik des triangulären Begehrens. In: Das goldene Zeitalter des italienischen Films. Die 1960er Jahre, hrsg. v. Thomas Koebner und Irmbert Schenk. München: edition text + kritik, 99-112.

Bazin, André (2004a) Die Entwicklung des Western [1955]. In: ders.: Was ist Film?, hrsg. v. Robert Fischer. Berlin: Alexander Verlag, 267-277.

Bazin, André (2004b) Der filmische Realismus und die italienische Schule nach der Befreiung [1948]. In: ders.: Was ist Film?, hrsg. v. Robert Fischer. Berlin: Alexander Verlag, 295-326.

Bazin, André (2004c) Vittorio De Sica, Regisseur [1953]. In: ders.: Was ist Film?, hrsg. v. Robert Fischer. Berlin: Alexander Verlag, 353-373.

Bazin, André (2004d) LADRI DI BICICLETTE (FAHRRADDIEBE) [1949]. In: ders.: Was ist Film?, hrsg. v. Robert Fischer. Berlin: Alexander Verlag, 335-351.

Bazin, André (2004e) Ein großes Werk: UMBERTO D. [1952]. In: ders.: Was ist Film?, hrsg. v. Robert Fischer. Berlin: Alexander Verlag, 375-379.

Beeckmann, Gerald (2005) DER KLEINE CAESAR. In: Filmgenres. Kriminalfilm, hrsg. v. Knut Hickethier u. Katja Schumann. Stuttgart: Philipp Reclam jun. GmbH & Co., 68-71.

Benjamin, Walter (1955) Über den Begriff der Geschichte [1940]. In ders.: Illuminationen. Ausgewählte Schriften 1. Frankfurt/M.: Suhrkamp Verlag, 251-261.

Benjamin, Walter (1966) Der Sürrealismus [1929]. In: ders.: Angelus Novus. Ausgewählte Schriften 2. Frankfurt/M.: Suhrkamp Verlag, 200-215.

Benjamin, Walter (1974) Der Ursprung des deutschen Trauerspiels [1928]. Frankfurt/M.: Suhrkamp Verlag.

Bergson, Henri (1993) Das Lachen [1901]. In: Luzifer lacht – Philosophische Betrachtungen von Nietzsche bis Tabori, hrsg. v. Steffen Dietzsch. Leipzig: Reclam Verlag, 33-69.

Bernardi, Sandro (2006) Antonioni. Personnage paysage. Saint-Denis: Presses Universitaires de Vincennes.

Bieberstein, Rada (2008) Verbrechen aus Leidenschaft. Gesellschaftskritik in Pietro Germis sizilianischen Komödien der 1960er Jahre. In: Das goldene Zeitalter des italienischen Films. Die 1960er Jahre, hrsg. v. Thomas Koebner und Irmbert Schenk. München: edition text + kritik, 344-357.

Birkenhauer, Theresia (2004) Tragödie: Arbeit an der Demokratie. Auslotung eines Abstandes. In: Theater der Zeit, 59. Jg., Heft Nr. 11, 27-28.

Bollerey, Franziska (2006) Mythos Metropolis. Die Stadt als Sujet für Schriftsteller, Maler und Regisseure/ The City as a Motif for Writers, Painters and Film Directors. Berlin/Delft: Gebr. Mann Verlag.

Bordwell, David/Thompson, Kristin (2004) Film Art. An Introduction. New York u.a.: McGraw-Hill, Inc.

Borelli, Sauro (Hg.) (1990) Il fantasma della realtà. Florenz: La casa Usher.

Brauerhoch, Annette (2006) Fräuleins und GIs: Geschichte und Filmgeschichte. Frankfurt/M./Basel: Stroemfeld Verlag.

Brunetta, Gian Piero (2003) Guida alla storia del cinema italiano. 1905-2003. Turin: Einaudi.

Bruno, Giuliana. (1997) City Views: The Voyage of Film Images. In: The Cinematic City, hrsg. v. David B. Clarke. London/New York: Routledge, 46-58.

Buss, Robin (1989) Italian Films. London: B. T. Batsford Ltd.

Cardullo, Bert (2002) Vittorio De Sica: Director, Actor, Screenwriter. Jefferson: McFarland & Company, Inc.

Cavell, Stanley (1979) The World Viewed. Reflections on the Ontology of Film. Cambridge/London: Harvard University Press.

Cavell, Stanley (2001) Epilogue: After Half a Century. In: Robert Warshow: *The Immediate Experience. Movies, Comics, Theatre & Other Aspects of Popular Culture*. Cambridge/Massachusetts/London: Harvard University Press, S.289-300.
Cherchi Usai, Paolo (1998) Italien: Monumentales und Melodramatisches. In: *Geschichte des internationalen Films*, hrsg. v. Geoffrey Nowell-Smith. Stuttgart/Weimar: Verlag J.B. Metzler, 117-123.
Christen, Thomas (2002) Das Ende im Spielfilm. Vom klassischen Hollywood zu Antonionis offenen Formen. Marburg: Schüren Verlag GmbH.
Clair, Jean (2005) Eine faustische Melancholie. In: *Melancholie. Genie und Wahnsinn in der Kunst*, hrsg. v. Jean Clair. Ostfildern-Ruit: Hatje Cantz Verlag, 452-461.
Comand, Mariapia (2008) Dino Risi und die wunderbaren Lieder der Sirenen. Die Moderne und das Kino. In: *Das goldene Zeitalter des italienischen Films. Die 1960er Jahre*, hrsg. v. Thomas Koebner und Irmbert Schenk. München: edition text + kritik, 358-367.
Comolli, Jean-Louis (2004) Die Zukunft des Menschen? (Rund um den MANN MIT DER KAMERA). In: *Maske und Kothurn*, 50.Jg., Heft 1, *Dziga Vertov zum 100. Geburtstag* Band 2, hrsg. v. Klemens Gruber u. Aki Beckmann. Wien u.a.: Böhlau Verlag, 87-112.

Dalle Vacche, Angela (1992) The Body in the Mirror. Shapes of History in Italian Cinema. Princeton: Princeton University Press.
Deleuze, Gilles (1991) Das Bewegungs-Bild. Kino1 [1983]. Frankfurt/M.: Suhrkamp Verlag.
Deleuze, Gilles (1991) Das Zeit-Bild. Kino2 [1985]. Frankfurt/M.: Suhrkamp Verlag.
Demont, Paul (2005) Der antike Melancholiebegriff: von der Krankheit zum Temperament. In: *Melancholie. Genie und Wahnsinn in der Kunst*, hrsg. v. Jean Clair. Ostfildern-Ruit: Hatje Cantz Verlag, 34-37.
Denham, Scott/McCulloh, Mark (Hg.) (2006) W.G. Sebald. History – Memory – Trauma. Berlin/New York: Walter de Gruyter GmbH & Co. KG.
De Vincenti, Giorgio (2008) Die Jahre des Vertrauens. Das »Engagement« im italienischen Kino der 1960er Jahre. In: *Das goldene Zeitalter des italienischen Films. Die 1960er Jahre*, hrsg. v. Thomas Koebner und Irmbert Schenk. München: edition text + kritik, 39-49.
Dostojewski, Fjodor M. (1996) Helle Nächte. Ein empfindsamer Roman. Aus den Erinnerungen eines Träumers [1848]. In: ders.: *Der Doppelgänger. Frühe Romane und Erzählungen*. München/Zürich: R. Piper GmbH & Co. KG, 761-834.

Eisenstein, Sergej M. (1973) Schriften 2. Panzerkreuzer Potemkin, hrsg. v. Hans-Joachim Schlegel. München: Carl Hanser Verlag.
Elsaesser, Thomas (1986) Tales of Sound and Fury. In: *Film Genre Reader*, hrsg. v. Barry Keith Grant. Austin: University of Texas Press, 278-308. Erstmals erschienen unter dem Titel »Tales of Sound and Fury: Observations on the Family Melodrama« in: Monogram 4, 1972, 2-15.
Elsaesser, Thomas (1992) The New German Cinema's Historical Imaginary. In: *Framing the Past. The Historiography of German Cinema and Television*, hrsg. v. Bruce A. Murray und Christopher J. Wickham. Carbondale/Edwardsville: Southern Illinois University Press, 280-307.
Elsaesser, Thomas (1999) Das Weimarer Kino – aufgeklärt und doppelbödig. Berlin: Vorwerk 8.
Elsaesser, Thomas (2000) Weimar Cinema and after. Germany's Historical Imaginary. London/New York: Routledge.
Elsaesser, Thomas (2008) Melodrama: Genre, Gefühl oder Weltanschauung? In: *Das Gefühl der Gefühle – Zum Kinomelodram*, hrsg. v. Margrit Frölich, Klaus Gronenborn und Karsten Visarius. Marburg: Schüren Verlag GmbH, 11-34.
Engell, Lorenz (1992) Sinn und Industrie. Einführung in die Filmgeschichte. Frankfurt/M.: Campus Verlag GmbH.
Engell, Lorenz (2003) Bilder des Wandels. Weimar: VDG – Verlag und Datenbank für Geisteswissenschaftler.

Fanara, Giulia (2000) Pensare il neorealismo. Percorsi attraverso il neorealismo cinematografico italiano. Rom: Lithos editrice snc.
Felten, Uta (2008) Träumer und Nomaden. Zum figuralen Muster der Suche im Film von Michelangelo Antonioni. In: *Das goldene Zeitalter des italienischen Films. Die 1960er Jahre*, hrsg. v. Thomas Koebner und Irmbert Schenk. München: edition text + kritik, 90-98.

Früchtl, Josef (2004) Das unverschämte Ich. Eine Heldengeschichte der Moderne. Frankfurt/M.: Suhrkamp Verlag.

García Marquez, Gabriel (2002) Leben, um davon zu erzählen. Köln: Kiepenheuer & Witsch.

Gaughan, Martin (2003) Ruttmann's Berlin: Filming in a »Hollow Space«. In: *Screening the City*, hrsg. v. Mark Shiel u. Tony Fitzmaurice. London/New York: Verso, 41-57.

Görner, Rüdiger (Hg.) (2003) The Anatomist of Melancholy. Essays in Memory of W.G. Sebald. München: IUDICIUM Verlag GmbH.

Grafe, Frieda (2003) Zwanzig Jahre später. Was die Nouvelle Vague war. Nach einer Reihe im Münchener Filmmuseum [1981]. In: dies.: *Ausgewählte Schriften in Einzelbänden*, Bd. 3: *Nur das Kino. 40 Jahre mit der Nouvelle Vague*, hrsg. v. Enno Patalas. Berlin: Verlag Brinkmann & Bose, 106-115.

Grant, Barry Keith (Hg.) (1986) Film Genre Reader. Austin: University of Texas Press.

Grant, Barry Keith (Hg.) (1995) Film Genre Reader II. Austin: University of Texas Press.

Grant, Barry Keith (Hg.) (2003) Film Genre Reader III. Austin: University of Texas Press.

Grob, Norbert (2008) Vom Zauber »vergegenwärtigter Vergangenheit«. Luchino Visconti ästhetischer Realismus in IL GATTOPARDO. In: *Das goldene Zeitalter des italienischen Films. Die 1960er Jahre*, hrsg. v. Thomas Koebner und Irmbert Schenk. München: edition text + kritik, 214-224.

Groß, Bernhard (2008) Pier Paolo Pasolini. Figurationen des Sprechens. Berlin: Vorwerk 8.

Groß, Bernhard (2009) Stunde Null und LIEBE 47. Noch unveröffentlichtes Vortragsmanuskript.

Gruber, Klemens (2004) Der kreiselnde Kurbler. In: *Maske und Kothurn*, 50.Jg., Heft 1, *Dziga Vertov zum 100. Geburtstag Band 2*, hrsg. v. Klemens Gruber u. Aki Beckmann. Wien u.a.: Böhlau Verlag, 9-11.

Hansen-Löve, Aage A. (1996) Nachwort. In: Fjodor M. Dostojewski: *Der Doppelgänger. Frühe Romane und Erzählungen*. München/Zürich: R. Piper GmbH & Co. KG, 894-939.

Hardy, Phil (1998) Der amerikanische Kriminalfilm. In: *Geschichte des internationalen Films*, hrsg. v. Geoffrey Nowell-Smith. Stuttgart/Weimar: Verlag J.B. Metzler, 276-282.

Harman, Chris (1999) A People's History of the World. London/Chicago/Sydney: Bookmarks Publications Ltd.

Heath, Stephen (1986) Narrative Space. In: *Narrative, Apparatus, Ideology. A Film Theory Reader*, hrsg. v. Philip Rosen. New York: Columbia University Press, 379-420.

Kafka, Franz (1969) Sämtliche Erzählungen, hrsg. v. Paul Raabe. Frankfurt/M.: Fischer Verlag.

Kappelhoff, Hermann (1998) Empfindungsbilder – Subjektivierte Zeit im melodramatischen Film. In: *Zeitlichkeiten – Zur Realität der Künste*, hrsg. v. Theresia Birkenhauer u. Annette Storr. Berlin: Vorwerk 8, 145-157.

Kappelhoff, Hermann (1999) Jenseits der Wahrnehmung – Das Denken der Bilder. Ein Topos der Weimarer Avantgarde und ein »psychoanalytischer Film« von Georg Wilhelm Pabst. In: *Die Perfektionierung des Scheins. Das Kino der Weimarer Republik im Kontext der Künste. Mediengeschichte des Films Band 3*, hrsg. v. Harro Segeberg, 299-318.

Kappelhoff, Hermann (2004) Matrix der Gefühle. Das Kino, das Melodrama und das Theater der Empfindsamkeit. Berlin: Vorwerk 8.

Kappelhoff, Hermann (2005) Der Bildraum des Kinos: Modulationen einer ästhetischen Erfahrungsform. In: *Umwidmungen – architektonische und kinematografische Räume*, hrsg. v. Gertrud Koch. Berlin: Vorwerk 8, 93-119.

Kappelhoff, Hermann (2006a) Apriorische Gegenstände des Gefühls. Literarische Recherchen zum kinematografischen Bild. In: *Bildtheorie und Film*, hrsg. v. Thomas Koebner, Thomas Meder, Fabienne Liptay. München: edition text + kritik, 404-421.

Kappelhoff, Hermann (2006b) Die Dauer der Empfindung. Von einer spezifischen Bewegungsdimension des Kinos. In: *e_motion. Jahrbuch Tanzforschung Bd. 16*, hrsg. v. Margrit Bischof, Claudia Feest, Claudia Rosiny. Hamburg: Lit Verlag, 205-219.

Kappelhoff, Hermann (2008) Realismus: das Kino und die Politik des Ästhetischen. Berlin: Vorwerk 8.

Karpf, Stephen Louis (1973) The Gangster Film: Emergence, Variation and Decay of a Genre, 1930 – 1940. Ottawa: The Arno Press Cinema Program.

Kirchmann, Kay (1996) Als die Arbeiter die Fabrik der Fakten verließen oder: Was sieht der Mann mit der Kamera? Zu Dziga Vertovs »DER MANN MIT DER KAMERA«. In: »Im Spiegelkabinett der

Illusionen«. Filme über sich selbst, hrsg. v. Ernst Karpf, Doron Kiesel, Karsten Visarius. Marburg: Schüren Verlag GmbH, 95-103.

Klibansky, Raymond/Panofsky, Erwin/Saxl, Fritz (1990) Saturn und Melancholie. Studien zur Geschichte der Naturphilosophie und Medizin, der Religion und der Kunst. Frankfurt/M.: Suhrkamp Verlag.

Koch, Gertrud (1989) »Was ich erbeute, sind Bilder.« Zum Diskurs der Geschlechter im Film. Basel/Frankfurt /M.: Stroemfeld/Roter Stern.

Koch, Gertrud (1992a) Die Einstellung ist die Einstellung. Visuelle Konstruktionen des Judentums. Frankfurt/M.: Suhrkamp Verlag.

Koch, Gertrud (1992b) Kosmos im Film. Zum Raumkonzept von Benjamins »Kunstwerk«-Essay. In: *Leib- und Bildraum. Lektüren nach Benjamin*, hrsg. v. Sigrid Weigel. Köln/Weimar/Wien: Böhlau Verlag.

Koch, Gertrud (1996) Kracauer zur Einführung. Hamburg: Junius Verlag GmbH.

Koch, Gertrud (2001) Affekt oder Effekt. Was haben Bilder, was Worte nicht haben? In: *Das soziale Gedächtnis. Geschichte, Erinnerung, Tradierung*, hrsg. v. Harald Welzer. Hamburg: Hamburger Edition, 123-133.

Koebner, Thomas (2003) Von Caligari führt kein Weg zu Hitler. Zweifel an Siegfried Kracauers ›Master‹-Analyse. In: *Diesseits der 'Dämonischen Leinwand'. Neue Perspektiven auf das späte Weimarer Kino*, hrsg. v. Thomas Koebner, Norbert Grob, Bernd Kiefer. München: edition text + kritik, S. 15-38.

Korte, Helmut (1991) Die Welt als Querschnitt: BERLIN – DIE SINFONIE DER GROSSSTADT (1927). In: *Fischer Filmgeschichte*, Bd.2: *Der Film als gesellschaftliche Kraft 1925- 1944*. Frankfurt/M.: Fischer Verlag, 75-91.

Kracauer, Siegfried (1979) Von Caligari zu Hitler. Eine psychologische Geschichte des deutschen Films [1947]. Frankfurt /M.: Suhrkamp Verlag.

Kracauer, Siegfried (1985) Theorie des Films. Die Errettung der äußeren Wirklichkeit [1960]. Frankfurt/M.: Suhrkamp Verlag.

Kracauer, Siegfried (1992) Der verbotene Blick: Beobachtungen, Analysen und Kritiken, hrsg. v. Johanna Rosenberg. Leipzig: Reclam Verlag.

Landy, Marcia (2000) Italian Film. Cambridge u.a.: Cambridge University Press.

Laura, G. Ernesto (ohne Jahresangabe) Comedy Italian Style. Rom: A.N.I.C.A Publisher.

Long, J.J./Whitehead, Anne (Hg.) (2004) W.G. Sebald – A Critical Companion. Edinburgh: Edinburgh University Press Ltd.

Mann, Thomas (1983) Über mich selbst. Frankfurt/M.: Fischer Verlag.

Marcus, Millicent (1986) Italian Film in the Light of Neorealism. Princeton/Chichester: Princeton University Press.

Marks, Martin (1998) Musik und Stummfilm. In: *Geschichte des internationalen Films*, hrsg. v. Geoffrey Nowell-Smith. Stuttgart/Weimar: Verlag J.B. Metzler, 172-178.

Marx, Karl (1932) Ökonomisch-philosophische Manuskripte aus dem Jahre 1844. In: Karl Marx/ Friedrich Engels: *Werke*, Ergänzungsband, 1.Teil. Berlin: Dietz Verlag, 465-588.

McCarty, John (2004) Bullets over Hollywood. The American Gangster Picture from the Silents to THE SOPRANOS. Cambridge: Da Capo Press.

McCulloh, Mark R. (Hg.) (2003) Understanding W.G. Sebald. Columbia: University of South Carolina Press.

Meder, Thomas (1993) Vom Sichtbarmachen der Geschichte. Der italienische »Neorealismus«, Rossellinis PAISÀ und Klaus Mann. München: Trickster Verlag.

Menke, Bettine/Menke, Christoph (2007) Tragödie – Trauerspiel – Spektakel. Drei Weisen des Theatralen. In: *Tragödie – Trauerspiel – Spektakel*, hrsg. v. Bettine Menke u. Christoph Menke. Berlin: Theater der Zeit, 6-15.

Menke, Christoph (2005) Die Gegenwart der Tragödie. Versuch über Urteil und Spiel. Frankfurt/ M.: Suhrkamp Verlag.

Menke, Christoph (2007) Die Ästhetik der Tragödie. Romantische Perspektiven. In: *Tragödie – Trauerspiel – Spektakel*, hrsg. v. Bettine Menke u. Christoph Menke. Berlin: Theater der Zeit, 179-198.

Meyer, F. T. (2005) Filme über sich selbst. Strategien der Selbstreflexion im dokumentarischen Film. Bielefeld: transcript Verlag.

Miccichè, Lino (1975) Il cinema italiano degli anni '60. Venedig: Marsilio Editori.
Miccichè, Lino (1978) Per una verifica del neorealismo [1975]. In: Il neorealismo cinematografico italiano. Atti del convegno della X Mostra Internazionale del Nuovo Cinema, hrsg. v. Lino Miccichè. Venedig: Marsilio Editori, 7-28.
Miccichè, Lino (1979) Dal neorealismo al cinema del centrismo. In: Il cinema italiano degli anni '50, hrsg. v. Giorgio Tinazzi. Venedig: Marsilio Editori, 21-32.
Monaco, Paul (1987) Ribbons in Time. Movies and Society since 1945. Bloomington/Indianapolis: Indiana University Press.
Morandini, Morando (1998a) Italien: Vom Faschismus zum Neo-Realismus. In: Geschichte des internationalen Films, hrsg. v. Geoffrey Nowell-Smith. Stuttgart/Weimar: Verlag J.B. Metzler, 318-326.
Morandini, Morando (1998b) Italien: Autoren und andere. In: Geschichte des internationalen Films, hrsg. v. Geoffrey Nowell-Smith. Stuttgart/Weimar: Verlag J.B. Metzler, 540-549.
Munby, Jonathan (1999) Public Enemies, Public Heroes: Screening the Gangster from LITTLE CAESAR to TOUCH OF EVIL. Chicago/London: The University of Chicago Press.
Münz-Koenen, Ingrid (2006) Stadtmotive und Bilderformeln 1927 und 2002. Zwei Berlin-Sinfonien. In: Bildtheorie und Film, hrsg. v. Thomas Koebner, Thomas Meder, Fabienne Liptay. München: edition text + kritik, 439-453.
Musser, Charles (1998) Der frühe Dokumentarfilm. In: Geschichte des internationalen Films, hrsg. v. Geoffrey Nowell-Smith. Stuttgart/Weimar: Verlag J.B. Metzler, 80-88.

Nancy, Jean-Luc (1988) Die undarstellbare Gemeinschaft. Stuttgart: Edition Patricia Schwarz.
Nancy, Jean-Luc (2003) Corpus. Zürich/Berlin: diaphanes.
Nietzsche, Friedrich (1980) Die Geburt der Tragödie oder Griechentum und Pessimismus [1886]. In: ders.: Werke Band I, hrsg. v. Karl Schlechta. München/Wien: Carl Hanser Verlag, 7-134.

Overbey, David (1978) Introduction. In: Springtime in Italy. A Reader on Neo-Realism, hrsg. v. David Overbey. London: Talisman Books, 1-33.

Pearson, Roberta (1998) Das frühe Kino. In: Geschichte des internationalen Films, hrsg. v. Geoffrey Nowell-Smith. Stuttgart/Weimar: Verlag J.B. Metzler, 13-24.
Petrić, Vlada (1987) Constructivism in Film. THE MAN WITH THE MOVIE CAMERA. A Cinematic Analysis. London u.a.: Cambridge University Press.
Pravadelli, Veronica (2008) Viscontis Stilwandel von ROCCO E I SUOI FRATELLI zu VAGHE STELLE DELL'ORSA... Zwischen Kunstkino und Populärkultur. In: Das goldene Zeitalter des italienischen Films. Die 1960er Jahre, hrsg. v. Thomas Koebner und Irmbert Schenk. München: edition text + kritik, 202-213.
Prümm, Karl (2008) Antonioni auf Weltreise. Bilder-Bewegungen in BLOW UP und ZABRISKIE POINT. In: Das goldene Zeitalter des italienischen Films. Die 1960er Jahre, hrsg. v. Thomas Koebner und Irmbert Schenk. München: edition text + kritik, 113-128.

Rafter, Nicole (2000) Shots in the Mirror. Crime Films and Society. New York: Oxford University Press.
Rancière, Jacques (2003) Die Geschichtlichkeit des Films. In: Die Gegenwart der Vergangenheit. Dokumentarfilm, Fernsehen und Geschichte, hrsg. v. Eva Hohenberger u. Judith Keilbach, Berlin: Vorwerk 8, 230-246.
Rancière, Jacques (2005) Politik der Bilder. Berlin: diaphanes.
Rancière, Jacques (2006a) Die Aufteilung des Sinnlichen. Die Politik der Kunst und ihre Paradoxien. Berlin: b_books Verlag.
Rancière, Jacques (2006b) Film Fables. Oxford/New York: Berg.
Rausch, Andrew J. (2004) Turning Points in Film History. New York: Citadel Press.
Rees, A.L. (1998) Das Kino und die Avantgarde. In: Geschichte des internationalen Films, hrsg. v. Geoffrey Nowell-Smith. Stuttgart/Weimar: Verlag J.B. Metzler, 89-98.
Reich, Jacqueline (2004) Beyond the Latin Lover. Marcello Mastroianni, Masculinity, and Italian Cinema. Bloomington and Indianapolis: Indiana University Press.
Renzi, Renzo (Hg.) (1991) Sperduto nel buio. Il cinema muto italiano e il suo tempo. 1905-1930. Bologna: Cappelli.

Roberts, Graham (2000) THE MAN WITH THE MOVIE CAMERA. London/New York: I.B. Tauris Publishers.
Rohdie, Sam (1990) Antonioni. London: BFI.
Rodenberg, Hans-Peter (1991) Der Gangsterfilm und die Depression: SCARFACE (1930/32). In: Fischer Filmgeschichte, Bd.2: Der Film als gesellschaftliche Kraft 1925-1944. Frankfurt /M.: Fischer Verlag, 157-169.
Schenk, Irmbert (2008) Antonionis radikaler ästhetischer Aufbruch. Zwischen Moderne und Postmoderne. In: Das goldene Zeitalter des italienischen Films. Die 1960er Jahre, hrsg. v. Thomas Koebner und Irmbert Schenk. München: edition text + kritik, 67-89.
Schütte, Uwe (2003) »In einer wildfremden Gegend« – W.G. Sebalds Essays über die österreichische Literatur. In: The Anatomist of Melancholy. Essays in Memory of W.G. Sebald, hrsg. v. Rüdiger Görner. München: IUDICIUM Verlag GmbH, 63-74.
Scialò, Pasquale (Hg.) (2002) Sceneggiata. Rappresentazioni di un genere popolare. Neapel: Guida.
Sebald, W.G. (1994a) Die Ausgewanderten. Vier lange Erzählungen. Frankfurt/M.: S. Fischer Verlag.
Sebald, W.G. (1994b) Die Beschreibung des Unglücks. Zur österreichischen Literatur von Stifter bis Handke. Frankfurt/M.: S. Fischer Verlag.
Sebald, W.G. (1997) Die Ringe des Saturn. Eine englische Wallfahrt. Frankfurt/M.: S. Fischer Verlag.
Sebald, W.G. (2000) Logis in einem Landhaus. Über Gottfried Keller, Johann Peter Hebel, Robert Walser und andere. Frankfurt/M.: S. Fischer Verlag.
Sebald, W.G. (2003) Austerlitz. Frankfurt/M.: S. Fischer Verlag.
Sebald, W.G. (2006) Campo Santo, hrsg. v. Sven Meyer. Frankfurt/M.: S. Fischer Verlag.
Seeßlen, Georg (1977) Der Asphalt-Dschungel. Eine Einführung in die Mythologie, Geschichte, und Theorie des amerikanischen Gangster-Films. München: Bernhard Roloff Verlag (Programm Roloff und Seeßlen).
Shiel, Mark (2006) Italian Neorealism. Rebuilding the Cinematic City. London/New York: Wallflower Press.
Simmel, Georg (1984) Die Großstädte und das Geistesleben [1901]. In: ders.: Das Individuum und die Freiheit. Essais. Berlin: Verlag Klaus Wagenbach, S. 192-204.
Sitney, P. Adams (1995) Vital Crises in Italian Cinema. Iconography, Stylistics, Politics. Austin: University of Texas Press.
Sobchack, Vivian (1988) The Scene of the Screen. Beitrag zu einer Phänomenologie der 'Gegenwärtigkeit' im Film und in den elektronischen Medien. In: Materialität der Kommunikation, hrsg. v. Hans Ulrich Gumbrecht u. K. Ludwig Pfeiffer. Frankfurt/M.: Suhrkamp Verlag, 416-527.
Sorlin, Pierre (1991) European cinemas, European societies 1939-1990. London/New York: Routledge.
Sorlin, Pierre (1996) Italian National Cinema. 1896-1996. London/New York: Routledge.
Stam, Robert/Burgoyne, Robert/Flitterman-Lewis, Sandy (1992) New Vocabularies in Film Semiotics. Structuralism, post-structuralism and beyond. London/New York: Routledge.
Steinbauer-Grötsch, Barbara (1997) Die lange Nacht der Schatten. Film noir und Filmexil. Berlin: Bertz Verlag.
Stiglegger, Marcus (2005) SCARFACE, DAS NARBENGESICHT. In: Filmgenres. Kriminalfilm, hrsg. v. Knut Hickethier u. Katja Schumann. Stuttgart: Philipp Reclam jun. GmbH & Co., 71- 74.
Strathausen, Carsten (2003) Uncanny Spaces: The City in Ruttmann and Vertov. In: Screening the City, hrsg. v. Mark Shiel u. Tony Fitzmaurice. London/New York: Verso, 15-40.
Streiter, Anja (2006) Jacques Doillon. Autorenkino und Filmschauspiel. Berlin: Vorwerk 8.
Streiter, Anja (2009) Auf Leben und Tod. Jean-Luc Nancy und Claire Denis. In: Der Einsatz des Lebens. Lebenswissen, Medialisierung, Geschlecht, hrsg. v. Astrid Deuber-Mankowsky, Christoph F. E. Holzhey und Anja Michaelsen. Berlin: b_books Verlag, 191-203.
Szondi, Peter (1978) Versuch über das Tragische. In: ders.: Schriften I, hrsg. v. Jean Bollack et al. Frankfurt/M.: Suhrkamp Verlag, 149-260.
Thompson, Kristin/Bordwell, David (1994) Film History. An Introduction. New York u.a.: McGraw-Hill, Inc.

Torri, Bruno (1979) Cinema e film negli anni cinquanta. In: *Il cinema italiano degli anni '50*, hrsg. v. Giorgio Tinazzi. Venedig: Marsilio Editori, 33-49.
Trakl, Georg (1984) Werke. Entwürfe. Briefe. Stuttgart: Philipp Reclam, jun.

Vertov, Dziga (1998a) Kinoki – Umsturz [1923]. In: *Texte zur Theorie des Films*, hrsg. v. Franz-Josef Albersmeier. Stuttgart: Philipp Reclam jun. GmbH & Co., 36-50.
Vertov, Dziga (1998b) »Kinoglaz« [1924]. In: *Texte zur Theorie des Films*, hrsg. v. Franz-Josef Albersmeier. Stuttgart: Philipp Reclam jun. GmbH & Co., 51-53.
Vertov, Dziga (1998c) Wir. Variante eines Manifestes [1922]. In: *Texte zur Theorie des Films*, hrsg. v. Franz-Josef Albersmeier. Stuttgart: Philipp Reclam jun. GmbH & Co., 31-35.
Vertov, Dziga (2004) Mein Film [1929]. In: *Maske und Kothurn*, 50.Jg., Heft 1, *Dziga Vertov zum 100. Geburtstag Band 2*, hrsg. v. Klemens Gruber u. Aki Beckmann. Wien u.a.: Böhlau Verlag, 12-13.

Warshow, Robert (2001a) The Gangster as Tragic Hero [1948]. In: ders.: *The Immediate Experience. Movies, Comics, Theatre & Other Aspects of Popular Culture*. Cambridge/Massachusetts/London: Harvard University Press, S. 97-103.
Warshow, Robert (2001b) Movie Chronicle: The Westerner [1954]. In: ders.: *The Immediate Experience. Movies, Comics, Theatre & Other Aspects of Popular Culture*. Cambridge/Massachusetts/London: Harvard University Press, S. 105-124.
Warshow, Robert (2001c) Father and Son – and the FBI [1952]. In: ders.: *The Immediate Experience. Movies, Comics, Theatre & Other Aspects of Popular Culture*. Cambridge/Massachusetts/London: Harvard University Press, S. 133-141.
Warshow, Robert (2001d) MONSIEUR VERDOUX [1947]. In: ders.: *The Immediate Experience. Movies, Comics, Theatre & Other Aspects of Popular Culture*. Cambridge/Massachusetts/London: Harvard University Press, S. 177-191.
Warshow, Robert (2001e) Re-Viewing the Russian Movies [1955]. In: ders.: *The Immediate Experience. Movies, Comics, Theatre & Other Aspects of Popular Culture*. Cambridge/Massachusetts/London: Harvard University Press, S. 239-252.
Warshow, Robert (2001f) PAISAN [1948]. In: ders.: *The Immediate Experience. Movies, Comics, Theatre & Other Aspects of Popular Culture*. Cambridge/Massachusetts/London: Harvard University Press, S. 221-229.
Wood, Robin (2003) Hollywood from Vietnam to Reagan... and Beyond. New York/Chichester: Columbia University Press.

Yaquinto, Marilyn (1998) Pump 'Em Full of Lead. A Look at Gangsters on Film. New York: Twayne Publishers.

Zagarrio, Vito (1979) La generazione del neorealismo di fronte agli anni cinquanta. In: *Il cinema italiano degli anni '50*, hrsg. v. Giorgio Tinazzi. Venedig: Marsilio Editori, 99-116.
Zavattini, Cesare (1978) A Thesis on Neo-Realism [1952-1954]. In: *Springtime in Italy. A Reader on Neo-Realism*, hrsg. v. David Overbey. London: Talisman Books, 67-78.

Filmografie

Im Folgenden sind in alphabetischer Reihenfolge alle Filme aufgelistet, die in der vorliegenden Arbeit einer eingehenderen Analyse unterzogen werden. Bestimmte und unbestimmte Artikel wurden bei der Anordnung nicht berücksichtigt.

BERLIN, DIE SINFONIE DER GROSSSTADT
D 1927; Regie: Walter Ruttmann

ČELOVEK S KINOAPPARATOM (DER MANN MIT DER KAMERA)
SU 1929; Regie: Dziga Vertov

DOV'È LA LIBERTÀ...? (WO IST DIE FREIHEIT?)
I 1954; Regie: Roberto Rossellini

L'ECLISSE (LIEBE 1962)
I/F 1962; Regie: Michelangelo Antonioni

IL FERROVIERE (DAS ROTE SIGNAL)
I 1956; Regie: Pietro Germi

LITTLE CAESER (DER KLEINE CAESER)
USA 1931; Regie: Mervyn LeRoy

THE MUSKETEERS OF PIG ALLEY (DIE MUSKETIERE VON PIG ALLEY)
USA 1912; Regie: D.W. Griffith

NAPOLI CHE CANTA
I 1926; Regie: Roberto Leone Roberti

LE NOTTI BIANCHE (WEISSE NÄCHTE)
I/F 1957; Regie: Luchino Visconti

PRIMA COMUNIONE (DER GÖTTERGATTE)
I/F 1950; Regie: Alessandro Blasetti

THE PUBLIC ENEMY (DER ÖFFENTLICHE FEIND)
USA 1931; Regie: William A. Wellman

UMBERTO D.
I 1952; Regie: Vittorio De Sica

Danksagung

Ich danke Hermann Kappelhoff, Anja Streiter, Ilka Brombach, Sarah-Mai Dang, David Gaertner, Christine Busch, Romy Kühnert, Michael Bender, Inken Frost, Armen Avanessian, Björn Martens, Reinald Gußmann und Reinhard Lohmann.

Mein besonderer Dank gilt Bernhard Groß, der die Entstehung dieser Arbeit sozusagen vom ersten Gedanken bis zum letzten Seufzer begleitet hat.

Schließlich möchte ich meiner Familie danken, für die Unterstützung auch in unguten Zeiten.